PROBLEMAS DE ESTADÍSTICA

Juan López de la Manzanara Barbero
CATEDRÁTICO DE ESTADÍSTICA EN LA UNIVERSIDAD COMPLUTENSE DE MADRID

PROBLEMAS DE ESTADÍSTICA

Ediciones Pirámide, S. A. · Madrid

Reimpresión septiembre 1995

Juan Ignacio Luca de Tena, 15. 28027 Madrid
Depósito Legal: S. 651-1995
ISBN: 84-368-0064-8
Printed in Spain
Impreso en Gráficas Varona
Polígono «El Montalvo», parcela 49
37008 Salamanca

PRÓLOGO

Con el título *Problemas de Estadística*, presenta Ediciones Pirámide el libro escrito por Juan López de la Manzanara, profesor de la Universidad Complutense de Madrid. Estas líneas introductorias pretenden ofrecer una perspectiva global sobre el autor y su obra, desde el punto de vista de alguien que hallándose, en principio, fuera del uno y la otra, considera, sin embargo, que se encuentra muy próximo a ambos.

En primer lugar, debo de dejar constancia de que el autor ha pretendido (y, en mi opinión, logrado) presentar una obra escrita que se corresponda fielmente con su trabajo académico. El profesor universitario ha abandonado por un momento el aula, ha callado su voz y ha tomado la pluma para expresarse por escrito; mas el cambio ha sido puramente instrumental (con las correspondientes adaptaciones impuestas por el medio, evidentemente), porque la persona que ha preparado estos problemas ha continuado siendo el mismo que, día a día, imparte sus cursos en la Universidad. Creo que ésta es una importante característica que, a mi entender, debe ser resaltada, pues la obra resulta, así, fiel reflejo de la vida académica e intelectual de su autor. Considero que en la actual situación de la Universidad quienes hemos optado por dedicarnos a ella plenamente (quién sabe si, como el célebre economista Lord Jóhn M. Keynes, dijera porque «a la Universidad sólo se dedican quienes no sirven para otra cosa») tenemos el deber de expresar nuestro compromiso vital con el testimonio de nuestra obra aún cuando ésta pudiera ser modesta. Es éste un principio que vengo defendiendo desde el día, todavía próximo, en que me incorporé definitivamente al Claustro Universitario, tras lo que Ortega denominó «segunda fiesta nacional» (las oposiciones); y creo en él porque opino que si la sociedad, a través de unos mecanismos cuya justicia y eficacia no es del caso criticar aquí, nos ha confiado el privilegio de poder dirigirnos a personas que, en muchos casos, se hallan en un momento álgido de su formación, debemos de dejar constancia escrita de nuestro trabajo, tanto si éste ofrece unos mínimos «presentables» de calidad como si no los llegase a reunir, pues, en el primer supuesto, nuestra onda expansiva será mayor, y por tanto más eficaz, que la que dimana de la clase diaria, y en el segundo, con la crítica que recibamos, podremos descender algún peldaño en el pedestal en que, consciente o inconscientemente, propendemos a situarnos los hombres de Universidad, con lo que nuestra tarea podrá mejorarse y redundará, por ello, en una mayor eficacia ulterior.

Coherencia, pues, entre autor y obra; coherencia que, además, expresa el profundo sentido de responsabilidad intelectual y profesional de Juan López de la Manzanara, pues ha tratado de ofrecer una expresión elevadamente representativa de su manera de entender la Estadística como ciencia. Yo reconozco que en este punto no puedo manifestarme con la imparcialidad que desearía, pues el modo de entender esta ciencia del autor y el mío son totalmente coincidentes, por lo que mis afirmaciones sobre la metodología de la obra han de encontrarse teñidas de un inevitable subjetivismo que no deseo ocultar. La primera característica de este libro de problemas es que es bastante más que una mera colección de ejercicios, mejor o peor resueltos, más o menos ingeniosos, más o menos extensa...; se trata, por encima de todo ello, de un conjunto de problemas que tratan de superar lo que en diversas ocasiones yo mismo he calificado de falaz dicotomía teoría-práctica. Si por teoría entendemos la descripción racional de la realidad, es claro que nada más «práctico» que la propia teoría; si por práctica entendemos una forma de saber *cómo* y *por qué* hacer, nada más «teórico» que la práctica. Este libro, puede fácilmente advertirse sin más que examinar brevemente sus páginas, es, en la acepción antes reseñada, eminentemente «práctico» y, por ello, rigurosamente «teórico». Una segunda característica de la obra es la de su entendimiento de la Estadística como una ciencia que, sirviéndose inevitablemente de la Matemática, no es en sí misma matemática; claro que quienes cultivamos esta parcela del saber humano empleamos métodos y procedimientos de carácter matemático, aunque es cierto que lo hacemos en cuanto medio, pues nuestro fin no es estudiar las relaciones formales existentes entre los entes lógicos que manejamos. Y, en este sentido, esta obra otorga el relieve que justamente merece la dimensión sustantivamente estadística de las cuestiones abordadas, utilizando el lenguaje matemático, con su rigor, riqueza y sencillez lógica, para tratar parcelas del conocimiento que, muchas veces, se hallarían en niveles aparentemente muy lejanos de los que aquí se exponen. (Por ejemplo, la teoría de la probabilidad, cuyo carácter matemático, desde el punto de vista expositivo, es indudable, ¿realmente debe de inscribirse en el campo de las ciencias matemáticas? ¿Nó es antes que nada un concepto de raigambre filosófica, profundamente debatido, en cuanto a su existencia concierne, por diferentes escuelas de pensamientos?). Una tercera característica de esta obra es la de que aparece en un contexto científico y, si se me permite decirlo, humano bien delimitado; en efecto, no se trata de la obra de un autor que trabaja aislado, sino la de un profesor universitario que se desenvuelve en su diario quehacer dentro de un ámbito preciso, en interrelación permanente con su «ambiente». Ello, lógicamente, ha de dejarse sentir en la vida que alienta en las páginas de este libro, pues la experiencia que ellas traslucen no es exclusivamente la aislada del autor, sino la que éste incorpora de la respuesta que recibe de sus alumnos y de los interrogantes que formulan sus compañeros de la docencia. Así, los cinco grandes capítulos o partes en que la obra se ha estructurado, expresan unas vivencias que, de alguna manera, pueden calificarse como representativas de las que sentimos un grupo de profesores que trabajamos básicamente en la Facultad de Ciencias Económicas y Empresariales de la Universidad Complutense.

Algo debo decir también sobre el autor. Bien cierto es que lo importante, cara a la objetivación externa, son las obras, pero no menos cierto es que detrás de cada una de éstas se halla la persona que la acomete. También aquí debo de reconocer mi absoluta falta de imparcialidad —que yo pretendería no se encontrase reñida con la objetividad que trato de mantener—, pues el autor, antes que compañero en la docencia, responde al concepto entrañable y auténtico de «amigo», expresión aquí más sustantiva que adjetiva. Juan López de la Manzanara, matemático de formación, hombre inquieto en su devenir diario, profesor brillante, competente y honesto, viene desempeñando sus actividades docentes en la Facultad de Ciencias Económicas y Empresariales de la Universidad Complutense, primero, y en otros Centros, después, desde octubre de 1969. Desde esa fecha he tenido la suerte de contar con su amistad y con su colaboración, especialmente útil para mí en muchos momentos, sobre todo cuando, con el escasísimo plazo de dos meses, me ví, o por mejor decir, nos vimos, en el trance de organizar una nueva asignatura de esa Facultad, la denominada Estadística Empresarial. No soy partidario de panegíricos que podrían resultar ya escasos, ya abrumadores (para el tipo humano del autor), y por ello no me extenderé más en este punto, pero debo de decir a quien lea estas líneas, que las páginas que siguen corresponden al trabajo de un hombre inteligente, responsable y honrado, que vive para la enseñanza en la Universidad y que, hoy, comienza a escribir con pulso firme.

Manuel López Cachero
Catedrático de la Universidad Complutense de Madrid

Nota del autor

El tratamiento de las cuestiones contenidas en el presente libro viene explicado por un doble motivo: uno, evidente, por el propio fin que todo libro de problemas posee en orden a constituir un complemento a la teoría a la que sirve; otro, por las personas a las que va dirigido.

Consecuentemente con el primero, al comienzo de cada parte se hace referencia a las cuestiones teóricas que lo fundamentan, incluyendo bajo un epígrafe titulado «comentario inicial» un ánalisis de las cuestiones teóricas que motivan los problemas que en la parte se resuelven. Se ha eludido la elaboración de esquemas-resumen teóricos por entender que, a veces de forma involuntaria, terminan convirtiéndose en sustitutos, y no con ventaja, de la propia teoría.

El libro va dirigido, y es el segundo motivo que justifica el tratamiento seguido, con preferencia a personas con tendencia a integrar en un todo la «solución estadística» del problema planteado con las formulaciones matemáticas que le auxilian en la determinación numérica de aquélla. Tendencia que se acentúa cuando los desarrollos matemáticos que la determinación numérica pueda requerir son extensos (desarrollos evidentes para lectores cuyo conocimiento de la Matemática, o simplemente del Cálculo matemático, sea suficiente). Por ello, en los problemas propuestos se ha intentado, a través de la explicación reiterada del significado estadístico de las expresiones empleadas, evitar este inconveniente.

Por último, sería el primero en lamentar que este libro no lograra ser exponente, necesariamente modesto, de la labor que un grupo de compañeros de la Facultad de Ciencias Económicas y Empresariales de la Universidad Complutense, y afortunadamente yo con ellos, vienen realizando dentro de la enseñanza. A todos ellos, puesto que de una forma u otra están presentes en este trabajo, quisiera expresarles mi gratitud y, particularmente, a Manuel López Cachero, no sólo por ser la persona que encauza y dirige las inquietudes y trabajo de todo el grupo, si no porque al haber aceptado la responsabilidad, frente a la Universidad, de mi formación como profesor universitario, en el empeño es generoso con su tiempo, paciencia y comprensión.

Índice

PARTE PRIMERA

Cálculo de probabilidades

Postulados fundamentales.
Teorema de las Probabilidades Totales.
Teorema de Bayes.

Cálculo de Probabilidades

CUESTIONES TEÓRICAS QUE FUNDAMENTAN ESTA PARTE

Los problemas de esta primera parte fundamentan su resolución en las cuestiones teóricas que hacen referencia a la noción formal de la probabilidad, los postulados fundamentales en que dicha noción se apoya, la noción de dependencia e independencia en probabilidad y el estudio de la rectificación de la probabilidad con base a nueva información.

COMENTARIO INICIAL

Al analizar los postulados por los que ha de regirse toda medida para ser considerada una probabilidad*:

1.º $0 \leq P(S) \leq 1$

2.º $P(\Omega) = 1$

3.º $P\left(\bigcup_{i=1}^{n} S_i\right) = \sum_{i=1}^{n} P(S_i) \qquad S_i \cap S_j = \phi, \ \forall i \neq j$

4.º $P(S_i/S_j) = \dfrac{P(S_i \cap S_j)}{P(S_j)} \qquad P(S_j) \neq \phi$

5.º $P\left(\bigcup_{j=1}^{\infty} S_i\right) = \sum_{j=1}^{\infty} P(S_i) \qquad S_i \cap S_j = \phi, \ \forall i \neq j$

se observará que, para un gran número de sucesos, obtenidos por composición de las cuatro operaciones definidas sobre la colección Ω de sucesos, sus probabilidades no vienen «explicitadas» en dichos postulados. Así, por ejemplo, podríamos preguntarnos:

—¿Cómo medir en probabilidad el suceso complementario?

—¿Cómo medir en probabilidad el suceso $A \cup B$, cuando los sucesos A y B *no* son incompatibles?

y la relación de preguntas de este tipo podía continuarse, habida cuenta que el número de sucesos que se derivan por composición de las cuatro operaciones definidas sobre la colección Ω, es prácticamente ilimitado. Por ello, y estando clara

* *Fundamentos y métodos de Estadística*, M. López Cachero, Pirámide, Madrid, 1977.

la imposibilidad de ser exhaustivos en este punto, parte de los problemas de este primer tema tienen como objetivo la obtención de las probabilidades para algunos de tales tipos de sucesos, en base:

—a las propiedades que satisfacen las operaciones definidas para ellos, hecha, pues la abstracción sobre la naturaleza de los sucesos, considerándolos como entes con los que se opera de acuerdo con ciertas reglas.

—a los postulados en los que se apoya la noción de probabilidad.

De esta forma, se podrá notar, que los resultados de los problemas constituyen verdaderas «consecuencias» que se siguen de dichos postulados —por tanto, la no necesidad de incluirlos en ellos— suponiendo, pues, ejemplos de cómo debe abordarse el medir en probabilidad cualquier suceso que se obtenga por composición de las cuatro operaciones definidas sobre Ω, y, consecuentemente, el papel fundamental que desempeñan los postulados en orden a constituir la base del cálculo de probabilidades.

Una vez resuelto el problema de cómo medir en probabilidad un suceso —sea elemental o derivado por composición— se aborda la resolución de problemas donde se plantea el estudio de la dependencia e independencia en probabilidad: harán referencia a cómo determinar la probabilidad del suceso condicionado atendiendo a la *información* que incorpora el suceso condicionante en su presentación. Por ello deberá recordarse, que al definir el suceso condicionado, la «referencia» es el suceso condicionante, por lo que el problema debe quedar resuelto analizando el concepto de independencia en probabilidad, notando que cuando la información que el suceso condicionante proporciona modifica la medida en probabilidad del suceso condicionado, los sucesos serán dependientes en probabilidad. En otros términos: será la valoración de la información que el suceso condicionante traiga consigo la que nos permita establecer la independencia o dependencia en probabilidad.

Por último, los problemas que restan, plantean la metodología a seguir cuando se pretende determinar una probabilidad «a posteriori», que rectifica a otra conocida «a priori», recordando que dicha modificación es debida a nueva información, y la forma en que es rectificada la probabilidad «a priori», a través de la expresión que proporciona el teorema de Bayes, los problemas ponen el énfasis en la elaboración de las *verosimilitudes*, por ser la gran dificultad que se plantea a la hora de obtener la solución correcta de ellos, puesto que, en la mayor parte de los casos, las verosimilitudes, probabilidades condicionadas, no son obtenidas correctamente, siendo causa de ello una lectura superficial de la información que se dispone y, a veces, una interpretación errónea del significado de la probabilidad condicionada.

1. Comprobar que, cualquiera que sea el suceso A, se verifica:

$$P(\bar{A}) = 1 - P(A)$$

donde $\bar{A}$ representa el suceso complementario del suceso A.

Resolución:

Consideremos los sucesos A y su complementrario $\bar{A}$. Dichos sucesos son, evidentemente, incompatibles:

$$A \cap \bar{A} = \phi$$

Así, la probabilidad del suceso $A \cup \bar{A}$, podrá expresarse en la forma:

$$P(A \cup \bar{A}) = P(A) + P(\bar{A})$$

habida cuenta el tercer postulado de la probabilidad.

Por otra parte, los sucesos A y $\bar{A}$ son tales que:

$$A \cup \bar{A} = \Omega$$

por lo que

$$P(A \cup \bar{A}) = P(\Omega) = 1$$

habida cuenta el segundo postulado de la probabilidad.

De ahí que, al ser:

$$P(A \cup \bar{A}) = P(A) + P(\bar{A})$$
$$P(A \cup \bar{A}) = P(\Omega) = 1$$

se siga que:

$$P(A) + P(\bar{A}) = 1$$

y, en definitiva:

$$P(\bar{A}) = 1 - P(A)$$

2. Comprobar que la probabilidad del suceso ϕ, suceso imposible, es igual a cero.

Resolución:

El suceso ϕ y el suceso Ω son, evidentemente, sucesos complementarios entre sí. De ahí que, con base en el resultado del problema anterior, puede expresarse la probabilidad del suceso ϕ en la forma:

$$P(\phi) = 1 - P(\Omega)$$

y, habida cuenta el segundo postulado de la probabilidad,

$$P(\Omega) = 1$$

se tiene, en definitiva:

$$P(\phi) = 1 - P(\Omega) = 1 - 1 = 0$$

3. Sean $P(A)$, $P(B)$ y $P(A \cap B)$, las probabilidades de los sucesos A, B y $A \cap B$, respectivamente. Determinar, en función de ellas,

1) $P(A \cap \bar{B})$.
2) $P(\bar{A} \cap B)$.

Resolución:

1) El suceso A puede expresarse en la forma:

$$A = (A \cap \bar{B}) \cup (A \cap B)$$

y, al ser los sucesos $(A \cap \bar{B})$ y $(A \cap B)$ incompatibles, puesto que:

$$(A \cap \bar{B}) \cap (A \cap B) = A \cap (\bar{B} \cap B) = A \cap \phi = \phi$$

se tiene, por el tercer postulado, que

$$P(A) = P[(A \cap \bar{B}) \cup (A \cap B)] = P(A \cap \bar{B}) + P(A \cap B)$$

de donde:

$$P(A \cap \bar{B}) = P(A) - P(A \cap B)$$

2) El segundo caso es análogo al anterior, referido ahora al suceso B; así, al ser:

$$B = (\bar{A} \cap B) \cup (A \cap B)$$

y ser los sucesos $(\bar{A} \cap B)$ y $(A \cap B)$ incompatibles, puesto que:

$$(\bar{A} \cap B) \cap (A \cap B) = (\bar{A} \cap A) \cap B = \phi \cap B = \phi$$

se tiene, por el tercer postulado:

$$P(\bar{A} \cap B) = P(B) - P(A \cap B)$$

4. Sean $P(A)$, $P(B)$ y $P(A \cap B)$, las probabilidades de los sucesos A, B y $A \cap B$, respectivamente. Determinar, en función de ellas, la probabilidad del suceso $A \cup B$.

Resolución:

Obviamente, consideramos a los sucesos A y B compatibles, puesto que de no ser así, se tendría, por el tercer postulado:

$$P(A \cup B) = P(A) + P(B)$$

Siendo, pues, los sucesos A y B compatibles, el suceso $A \cup B$ puede expresarse en la forma:

$$A \cup B = (A \cap B) \cup (A \cap \bar{B}) \cup (\bar{A} \cap B)$$

y puesto que los sucesos $(A \cap B)$, $(A \cap \bar{B})$ y $(\bar{A} \cap B)$ son entre sí incompatibles, tal y como hemos verificado en el problema 3, se tendrá, por el tercer postulado:

$$\begin{aligned} P(A \cup B) &= P[(A \cap B) \cup (A \cap \bar{B}) \cup (\bar{A} \cap B)] = \\ &= P(A \cap B) + P(A \cap \bar{B}) + P(\bar{A} \cap B) \end{aligned}$$

y habida cuenta de los resultados obtenidos en el problema 3, para las probabilidades:

$$\begin{aligned} P(A \cap \bar{B}) &= P(A) - P(A \cap B) \\ P(\bar{A} \cap B) &= P(B) - P(A \cap B) \end{aligned}$$

se sigue:

$$\begin{aligned} P(A \cup B) &= P(A \cap B) + P(A) - P(A \cap B) - P(B) - P(A \cap B) = \\ &= P(A) + P(B) - P(A \cap B) \end{aligned}$$

5. Basándose en el resultado obtenido en el problema 4, determinar:

$$P(A \cup B \cup C)$$

Resolución:

Obviamente, consideraremos que los tres sucesos A, B, y C son entre sí compatibles.

Así, como el suceso $(A \cup B \cup C)$ puede expresarse en la forma:

$$A \cup B \cup C = (A \cup B) \cup C$$

aplicando el resultado obtenido en el problema 4, a los sucesos $A \cup B$ y C, se tendrá:

$$P(A \cup B \cup C) = P[(A \cup B) \cup C] = P(A \cup B) + P(C) - P[(A \cup B) \cap C]$$

Como el suceso $(A \cup B) \cap C$, puede ser expresado en la forma:

$$(A \cup B) \cap C = (A \cap C) \cup (B \cap C)$$

se tiene que, al aplicar de nuevo el resultado obtenido en el problema 4, es

$$P[(A \cup B) \cap C] = P[(A \cap C) \cup (B \cap C)] = \\ = P(A \cap C) + P(B \cap C) - P(A \cap B \cap C)$$

y por análogas consideraciones:

$$P(A \cup B) = P(A) + P(B) - P(A \cap B)$$

De ahí que, en definitiva:

$$P(A \cup B \cup C) = P(A) + P(B) - P(A \cap B) + P(C) - P(A \cap C) - P(B \cap C) + \\ + P(A \cap B \cap C) = P(A) + P(B) + P(C) - P(A \cap B) - \\ - P(A \cap C) - P(B \cap C) + P(A \cap B \cap C)$$

6. Comprobar que, para cualesquiera que sean los sucesos A y B, con $P(B) > 0$, se verifica:

$$P(A/B) + P(\bar{A}/B) = 1$$

Resolución:

Por definición de la probabilidad del suceso condicionado:

$$P(\bar{A}/B) = \frac{P(\bar{A} \cap B)}{P(B)}$$

y, habida cuenta el resultado obtenido en el problema 3, al ser:

$$P(\bar{A} \cap B) = P(B) - P(A \cap B)$$

se sigue

$$P(\bar{A}/B) = \frac{P(B) - P(A \cap B)}{P(B)} = 1 - \frac{P(A \cap B)}{P(B)} = 1 - P(A/B)$$

Por tanto:

$$P(A/B) + P(\bar{A}/B) = 1$$

7. Comprobar que, para cualesquiera que sean los sucesos A, B y C, con $P(C) > 0$, se verifica:

$$P(A \cup B/C) = P(A/C) + P(B/C) - P(A \cap B/C)$$

Resolución:

Por definición de la probabilidad del suceso condicionado:

$$P(A \cup B/C) = \frac{P[(A \cup B) \cap C]}{P(C)}$$

Habida cuenta que el suceso $[(A \cup B) \cap C]$ puede expresarse en la forma:

$$(A \cup B) \cap C = (A \cap C) \cup (B \cap C)$$

se tendrá:

$$\begin{aligned} P[(A \cup B) \cap C] &= P[(A \cap C) \cup (B \cap C)] = \\ &= P(A \cap C) + P(B \cap C) - P(A \cap B \cap C) \end{aligned}$$

sin más que considerar el resultado obtenido en el problema 4.
Así:

$$\begin{aligned} P(A \cup B/C) &= \frac{P(A \cap C) + P(B \cap C) - P[(A \cap B) \cap C]}{P(C)} = \\ &= \frac{P(A \cap C)}{P(C)} + \frac{P(B \cap C)}{P(C)} - \frac{P[(A \cap B) \cap C]}{P(C)} = \\ &= P(A/C) + P(B/C) - P(A \cap B/C) \end{aligned}$$

habiendo tenido en cuenta, de nuevo, la definición de la probabilidad del suceso condicionado.

8. Comprobar que, cualesquiera que sean los sucesos A y B, se verifica:

$$P(A \cap B) \leq P(A) \leq P(A \cup B) \leq P(A) + P(B)$$

Resolución:

1) $P(A \cap B) \leq P(A)$.

En efecto, sabemos, porque hemos usado tal relación en el problema 3, que:

$$P(A) = P(A \cap \bar{B}) + P(A \cap B)$$

y al ser $P(A \cap \bar{B}) \geq 0$ —por el primer postulado—, se sigue:

$$P(A \cap B) \leq P(A)$$

Análogamente:

$$P(A \cap B) \leq P(B)$$

2) $P(A) \leq P(A \cup B)$

Según el resultado obtenido en el problema 4, es:

$$P(A \cup B) = P(A) + P(B) - P(A \cap B)$$

con lo que resultará ser $P(A \cup B)$ igual a $P(A)$ más una cantidad no negativa —$P(B) \geq P(A \cap B)$—, consecuencia del apartado anterior. Es, pues:

$$P(A) \leq P(A \cup B)$$

3) De:

$$P(A \cup B) = P(A) + P(B) - P(A \cap B)$$

se sigue, al ser $P(A \cap B) \geq 0$,

$$P(A \cup B) \leq P(A) + P(B)$$

Por tanto, es:

$$P(A \cap B) \leq P(A) \leq P(A \cup B) \leq P(A) + P(B)$$

9. Sean A y B dos sucesos independientes en probabilidad. Comprobar que son independientes entre sí, los sucesos,

1) $\bar{A}$ y B.
2) A y $\bar{B}$.
3) $\bar{A}$ y $\bar{B}$.

Resolución:

Puesto que la independencia en probabilidad de dos sucesos viene caracterizada porque «la probabilidad de la presentación conjunta es igual al producto de las probabilidades de cada uno de ellos», a lo largo del ejercicio se tratará, pues, de comprobar:

1) $P(\bar{A} \cap B) = P(\bar{A}) \cdot P(B)$.
2) $P(A \cap \bar{B}) = P(A) \cdot P(\bar{B})$.
3) $P(\bar{A} \cap \bar{B}) = P(\bar{A}) \cdot P(\bar{B})$.

1) Del problema 3, se tiene que:

$$P(\bar{A} \cap B) = P(B) - P(A \cap B)$$

y al ser, por hipótesis, A y B sucesos independientes en probabilidad.

$$P(A \cap B) = P(A) \cdot P(B)$$

con lo que,

$$P(\bar{A} \cap B) = P(B) - P(A) \cdot P(B) = P(B) \cdot [1 - P(A)] = P(\bar{A}) \cdot P(B)$$

2) Análogamente, se tiene que:

$$P(A \cap \bar{B}) = P(A) - P(A \cap B)$$

siguiéndose:

$$P(A \cap B) = P(A) \cdot P(B)$$

con lo que:

$$P(A \cap \bar{B}) = P(A) - P(A) \cdot P(B) = P(A)[1 - P(B)] = P(A) \cdot P(\bar{B})$$

3) Considerando la relación obtenida en el problema 3, para el suceso $(\bar{A} \cap \bar{B})$, se tiene:

$$P(\bar{A} \cap \bar{B}) = P(\bar{A}) - P(\bar{A} \cap B)$$

y al ser los sucesos $\bar{A}$ y B independientes, como hemos comprobado en 1), es:

$$P(\bar{A} \cap \bar{B}) = P(\bar{A}) - P(\bar{A}) \cdot P(B) = P(\bar{A})[1 - P(B)] = P(\bar{A}) \cdot P(\bar{B})$$

10. Sean A, B y C tres sucesos independientes en probabilidad. Comprobar que son independientes entre sí, los sucesos:

1) $\bar{A}, B, C$.
2) $\bar{A}, \bar{B}, C$.
3) $\bar{A}, \bar{B}, \bar{C}$.

NOTA: Es suficiente para que tres sucesos A, B, y C sean independientes en probabilidad que se verifique:

$$P(A \cap B) = P(A) \cdot P(B) \quad ; \quad P(A \cap C) = P(A) \cdot P(C) \quad ; \quad P(B \cap C) = P(B) \cdot P(C)$$

esto es, son independientes dos a dos, y:

$$P(A \cap B \cap C) = P(A) \cdot P(B) \cdot P(C)$$

Resolución:

1) Para comprobar que los sucesos $\bar{A}, B, C$ son independientes en probabilidad, tendremos que comprobar que:

1*a*)

$$P(\bar{A} \cap B) = P(\bar{A}) \cdot P(B) \quad ; \quad P(\bar{A} \cap C) = P(\bar{A}) \cdot P(C) \quad ; \quad P(B \cap C) = P(B) \cdot P(C)$$

1*b*)

$$P(\bar{A} \cap B \cap C) = P(\bar{A}) \cdot P(B) \cdot P(C)$$

Del problema 9 queda automáticamente comprobado 1*a*) al ser independientes, por hipótesis A, B, C, y por ello A y B, A y C, B y C.

Pasemos pues a resolver 1*b*).

Considerando la relación obtenida en el problema 3, para el suceso: $\bar{A} \cap [B \cap C]$, se tiene:

$$P[\bar{A} \cap (B \cap C)] = P(B \cap C) - P[A \cap (B \cap C)]$$

y al ser independientes A, B y C, y por tanto B y C, se verifica:

$$P(B \cap C) = P(B) \cdot P(C)$$
$$P(A \cap B \cap C) = P(A) \cdot P(B) \cdot P(C)$$

con lo que:

$$P(\bar{A} \cap B \cap C) = P(B) \cdot P(C) - P(A) \cdot P(B) \cdot P(C) = P(B) \cdot P(C)\,[1 - P(A)] =$$
$$= P(\bar{A}) \cdot P(B) \cdot P(C)$$

2) Análogamente se tendrá:

$$P(\bar{A} \cap \bar{B} \cap C) = P(\bar{A} \cap C) - P(\bar{A} \cap B \cap C)$$

Del hecho de que $\bar{A}$ y C sean independientes al serlo A y C, —problema 9—, y del resultado del apartado anterior, se sigue:

$$P(\bar{A} \cap \bar{B} \cap C) = P(\bar{A}) \cdot P(C) - P(\bar{A}) \cdot P(B) \cdot P(C) = P(\bar{A}) \cdot P(C) \cdot [1 - P(B)] = \\ = P(\bar{A}) \cdot P(\bar{B}) \cdot P(C)$$

3) Al igual que en los dos casos anteriores, bastará comprobar que:

$$P(\bar{A} \cap \bar{B} \cap \bar{C}) = P(\bar{A}) \cdot P(\bar{B}) \cdot P(\bar{C})$$

ya que $\bar{A}$ y $\bar{B}$, $\bar{A}$ y $\bar{C}$, $\bar{B}$ y $\bar{C}$, son independientes —problema 9— al serlo A y B, A y C, B y C.

Expresemos $P(\bar{A} \cap \bar{B} \cap \bar{C})$, en la forma:

$$P(\bar{A} \cap \bar{B} \cap \bar{C}) = P(\bar{A} \cap \bar{B}) - P(\bar{A} \cap \bar{B} \cap C)$$

Habida cuenta el resultado obtenido en 2), y la independencia de $\bar{A}$ y $\bar{B}$, es:

$$P(\bar{A} \cap \bar{B} \cap \bar{C}) = P(\bar{A}) \cdot P(\bar{B}) - P(\bar{A}) \cdot P(\bar{B}) \cdot P(C) = \\ = P(\bar{A}) \cdot P(\bar{B})[1 - P(C)] = P(\bar{A}) \cdot P(\bar{B}) \cdot P(\bar{C})$$

11. Comprobar que si los sucesos A y B son independientes en probabilidad, se verifica:

$$P(A \cup B) = 1 - P(\bar{A}) \cdot P(\bar{B})$$

Resolución:

La probabilidad del suceso $A \cup B$ puede ser expresada, con base en el resultado obtenido en el problema 4, en la forma:

$$P(A \cup B) = P(A) + P(B) - P(A \cap B)$$

Como, por hipótesis los sucesos A y B son independientes en probabilidad, la probabilidad del suceso $A \cap B$, vendrá expresada en la forma:

$$P(A \cap B) = P(A) \cdot P(B)$$

resultando, entonces:

$$P(A \cup B) = P(A) + P(B) - P(A) \cdot P(B) = \\ = P(A)[1 - P(B)] + P(B) = \\ = P(A) \cdot P(\bar{B}) + P(B) = \\ = P(A) \cdot P(\bar{B}) + 1 - P(\bar{B})$$

habida cuenta del resultado del problema 1, en donde se obtuvo:

$$P(\bar{B}) = 1 - P(B)$$

Así:

$$P(A \cup B) = P(\bar{B})[P(A) - 1] + 1 =$$
$$= P(\bar{B})(-P(\bar{A})) + 1 = 1 - P(\bar{A}) \cdot P(\bar{B})$$

12. Una urna contiene dos bolas blancas y tres bolas rojas. Efectuadas dos extracciones sucesivas, determinar la probabilidad de extraer una bola blanca y, a continuación, una bola roja:

1) Cuando habiendo extraído la primera bola ésta es devuelta a la urna para realizar la segunda extracción —extracciones con reemplazamiento—.

2) Cuando habiendo extraído la primera bola ésta *no* es devuelta a la urna para realizar la segunda extracción —extracciones sin reemplazamiento—.

Resolución:

Si convenimos en representar por:

—B: el suceso consistente en extraer una bola blanca.
—R: el suceso consistente en extraer una bola roja.

La probabilidad pedida, en ambos casos, será representada por:

$$P(B \cap R)$$

que, sabemos, es:

$$P(B \cap R) = P(B) \cdot P(R/B)$$

siendo, pues, las probabilidades a determinar: $P(B)$ y $P(R/B)$.

1) Extracciones con reemplazamiento:

—$P(B)$: probabilidad de extraer una bola blanca, será:

$$P(B) = \frac{2}{5}$$

—$P(R/B)$: probabilidad de extraer una bola roja, sabiendo que en la primera extracción se obtuvo una bola blanca. Se determinará teniendo en cuenta que, en el supuesto que nos desenvolvemos (una vez extraída la bola blanca es reintegrada a la urna para efectuar la segunda extracción) la información de que disponemos al ir a extraer la segunda bola es ésta: la composición de la urna *no* se ha modificado, es decir, la presentación del suceso B, suceso condicionante, no modifica el grado de la incertidumbre que provoca el suceso extraer bola roja, siendo por tanto:

$$P(R/B) = \frac{3}{5}$$

igual a:

$$P(R) = \frac{3}{5}$$

resultando, pues, los sucesos R/B y B independientes en probabilidad.

Por ello:

$$P(B \cap R) = P(B) \cdot P(R/B) = P(B) \cdot P(R) = \frac{2}{5} \cdot \frac{3}{5} = \frac{6}{25}$$

2) Extracciones sin reemplazamiento:

—$P(B)$: probabilidad de extraer una bola blanca, será:

$$P(B) = \frac{2}{5}$$

—$P(R/B)$: probabilidad de extraer una bola roja sabiendo que en la primera extracción se obtuvo una bola blanca. Se determinará teniendo en cuenta que, en el supuesto que nos desenvolvemos, (una vez extraída la bola blanca *no* es reintegrada a la urna para efectuar la segunda extracción), la información de que disponemos al ir a extraer la segunda bola es ésta: la composición de la urna se ha modificado, es decir, la presentación del suceso B, suceso condicionante, modifica el grado de la incertidumbre que provoca el suceso extraer bola roja, por cuanto que la composición de la urna es ahora, al efectuar la segunda extracción: una bola blanca y tres bolas rojas. Por ello:

$$P(R/B) = \frac{3}{4}$$

que *no* es igual a:

$$P(R) = \frac{3}{5}$$

y por tanto los sucesos R/B y B *no* son independientes en probabilidad.

Por ello:

$$P(B \cap R) = P(B) \cdot P(R/B) = \frac{2}{5} \cdot \frac{3}{4} = \frac{6}{20}$$

13. Una urna contiene dos bolas blancas y tres bolas rojas. Efectuadas dos extracciones sucesivas, determinar la probabilidad de que la segunda bola extraída sea una bola roja:

1) Si se suponen las extracciones con reemplazamiento (ver problema 12).
2) Si se suponen las extracciones sin reemplazamiento (ver problema 12).

Resolución:

Si convenimos en representar por:

—B: al suceso consistente en extraer una bola blanca.
—R: al suceso consistente en extraer una bola roja.

y por:

$$S$$

al suceso cuya probabilidad nos piden, suceso consistente en obtener una bola roja en la segunda extracción cualquiera que haya sido el resultado obtenido en la primera extracción.
Representando, entonces, por:

—$B \cap R$: extraídas sucesivamente dos bolas, la primera es de color blanco y la segunda de color rojo.
—$R \cap R$: extraídas sucesivamente dos bolas, la primera es de color rojo y la segunda de color rojo.

El suceso S se presentará si se presenta el suceso $(B \cap R)$ *o* el suceso $(R \cap R)$, por lo que podrá expresarse:

$$S = (B \cap R) \cup (R \cap R)$$

donde los sucesos $(B \cap R)$ y $(R \cap R)$ son, evidentemente, incompatibles, por lo que:

$$P(S) = P[(B \cap R) \cup (R \cap R)] = P(B \cap R) + P(R \cap R)$$

Pasemos, ya, a determinar $P(S)$.

1) Extracciones con reemplazamiento:

Teniendo en cuenta el supuesto en que nos desenvolvemos (extracciones con reemplazamiento), serán:

$$P(B \cap R) = P(B) \cdot P(R/B) = P(B) \cdot P(R)$$
$$P(R \cap R) = P(R) \cdot P(R/R) = P(R) \cdot P(R)$$

y por tanto:

$$P(B \cap R) = \frac{2}{5} \cdot \frac{3}{5} = \frac{6}{25}$$
$$P(R \cap R) = \frac{3}{5} \cdot \frac{3}{5} = \frac{9}{25}$$

con lo que:

$$P(S) = \frac{6}{25} + \frac{9}{25} = \frac{15}{25} = \frac{3}{5}$$

2) Extracciones sin reemplazamiento:

Habida cuenta el supuesto en que nos desenvolvemos (extracciones sin reemplazamiento), serán:

$$P(B \cap R) = P(B) \cdot P(R/B)$$
$$P(R \cap R) = P(R) \cdot P(R/R)$$

y por tanto:

$$P(B \cap R) = \frac{2}{5} \cdot \frac{3}{4} = \frac{6}{20}$$
$$P(R \cap R) = \frac{3}{5} \cdot \frac{2}{4} = \frac{6}{20}$$

con lo que:

$$P(S) = \frac{6}{20} + \frac{6}{20} = \frac{12}{20} = \frac{3}{5}$$

14. De un lote de piezas, del que se sabe que el 5 % son defectuosas, se efectúan extracciones con reemplazamiento —se extrae una pieza y una vez observada, se devuelve al lote—. Determinar la probabilidad de que, en tres extracciones, resulte una sola pieza defectuosa.

Resolución:

Representemos al suceso consistente en que:

—resulte una pieza defectuosa en una extracción, por D.
—resulte una pieza no defectuosa en una extracción, por B.
—resulte una pieza defectuosa en tres extracciones, por S.

Queremos calcular, pues, $P(S)$, siendo:

$$P(D) = 0{,}05 \qquad P(B) = 0{,}95$$

por los datos proporcionados.

Como quiera que el suceso S se da, cuando al menos se da uno de los sucesos:

—$D \cap B \cap B$: que la pieza defectuosa se extraiga en primer lugar
—$B \cap D \cap B$: que la pieza defectuosa se extraiga en segundo lugar
—$B \cap B \cap D$: que la pieza defectuosa se extraiga en tercer lugar

que son las tres formas diferentes en que el suceso S puede darse, se tendrá:

$$S = (D \cap B \cap B) \cup (B \cap D \cap B) \cup (B \cap B \cap D)$$

con lo cual:

$$P[S] = P[(D \cap B \cap B) \cup (B \cap D \cap B) \cup (B \cap B \cap D)]$$

y como quiera que las tres formas en que S puede darse son incompatibles entre sí —por el tercer postulado—, es:

$$P(S) = P(D \cap B \cap B) + P(B \cap D \cap B) + P(B \cap B \cap D)$$

y para determinar las probabilidades de los sucesos $(D \cap B \cap B)$, $(B \cap D \cap B)$, $(B \cap B \cap D)$, tendremos en cuenta que los resultados de cada extracción son independientes entre sí, con lo que —problema 10—,

$$P(D \cap B \cap B) = P(D) \cdot P(B) \cdot P(B) = (0{,}05)\,(0{,}95)\,(0{,}95) = 0{,}045125$$
$$P(B \cap D \cap B) = P(B) \cdot P(D) \cdot P(B) = (0{,}95)\,(0{,}05)\,(0{,}95) = 0{,}045125$$
$$P(B \cap B \cap D) = P(B) \cdot P(B) \cdot P(D) = (0{,}95)\,(0{,}95)\,(0{,}05) = 0{,}045125$$

Con ello,

$$P(S) = 0{,}045125 + 0{,}045125 + 0{,}045125 = 0{,}1354$$

15. Determinar la probabilidad del suceso consistente en extraer una bola blanca de una urna que contiene cuatro bolas de dos colores, blanco y rojo, supuesto que las distintas composiciones de la urna sean igualmente probables.

Resolución:

El suceso cuya probabilidad se pide es el de extraer una bola blanca de una urna, respecto de la cual la única información que se posee es el total de bolas que contiene (cuatro) pero no la composición que posee. Por ello, se trata de determinar la probabilidad del suceso consistente en *extraer una bola blanca de una urna, cualquiera que sea la composición de ésta*, suceso que representaremos por B.

Representemos por θ_1, θ_2 y θ_3 las tres posibles composiciones que la urna puede tener, esto es:

Composición	N.º de bolas blancas	N.º de bolas rojas
θ_1	3	1
θ_2	2	2
θ_3	1	3

Como las distintas composiciones de la urna son tales que:

a)

$$\theta_1 \cup \theta_2 \cup \theta_3 = \Omega$$

es decir, al menos una de ellas se ha de dar (la urna debe poseer una de esas tres composiciones).

b)

$$\theta_i \cap \theta_j = \phi \qquad \forall i \neq j \qquad (i = 1, 2, 3; j = 1, 2, 3)$$

es decir, las distintas composiciones son incompatibles entre sí (si la urna posee la composición θ_i, no poseerá la composición θ_j, para $i \neq j$).

c)
$$\theta_i \cap B \neq \phi \qquad \forall i \qquad (i = 1, 2, 3)$$

es decir, el suceso B es compatible con cualquiera que sea la composición que la urna posea.

La probabilidad del suceso B que puede acaecer con diversas modalidades: θ_1, θ_2, θ_3 (las distintas composiciones de la urna), vendrá dada por:

$$P(B) = P(B/\theta_1) \cdot P(\theta_1) + P(B/\theta_2)\, P(\theta_2) + P(B/\theta_3) \cdot P(\theta_3) \qquad (1)$$

Al ser dadas, en el enunciado, las probabilidades correspondientes a las distintas composiciones:

$$P(\theta_i) = \frac{1}{3} \qquad \forall i$$

puesto que se están suponiendo igualmente probables, sólo nos resta calcular las $P(B/\theta_i)$, $(i = 1, 2, 3)$, (es decir las probabilidades del suceso B en cada una de las composiciones), para determinar $P(B)$, según (1).

Ahora bien:

a) $P(B/\theta_1)$: es la probabilidad de extraer una bola blanca de la urna, *sabiendo* que la composición de ésta es: tres bolas blancas y una bola roja. Luego, se tendrá:

$$P(B/\theta_1) = \frac{3}{4}$$

b) $P(B/\theta_2)$: es la probabilidad de extraer una bola blanca de la urna, *sabiendo* que la composición de ésta es: dos bolas blancas y dos bolas rojas. Luego, se tendrá

$$P(B/\theta_2) = \frac{2}{4} = \frac{1}{2}$$

c) $P(B/\theta_3)$: es la probabilidad de extraer una bola blanca de la urna, *sabiendo* que la composición de ésta es: una bola blanca y tres bolas rojas. Luego, se tendrá:

$$P(B/\theta_3) = \frac{1}{4}$$

Con ello, disponiendo los cálculos que indica la expresión (1) en la forma:

$P(\theta_i)$	$P(B/\theta_i)$	$P(B/\theta_i) \cdot P(\theta_i)$
$P(\theta_1) = \frac{1}{3}$	$P(B/\theta_1) = \frac{3}{4}$	$P(B/\theta_1) \cdot P(\theta_1) = \frac{1}{3} \cdot \frac{3}{4}$
$P(\theta_2) = \frac{1}{3}$	$P(B/\theta_2) = \frac{1}{2}$	$P(B/\theta_2) \cdot P(\theta_2) = \frac{1}{3} \cdot \frac{1}{2}$
$P(\theta_3) = \frac{1}{3}$	$P(B/\theta_3) = \frac{1}{4}$	$P(B/\theta_3) \cdot P(\theta_3) = \frac{1}{3} \cdot \frac{1}{4}$
		$\sum_{i=1}^{3} P(B/\theta_i) \cdot P(\theta_i) = \frac{1}{2}$

la probabilidad pedida será:

$$P(B) = \sum_{i=1}^{3} P(B/\theta_i) \cdot P(\theta_i) = \frac{1}{2}$$

16. Una urna *A* contiene cinco bolas negras y dos bolas rojas. Otra urna *B*, contiene tres bolas negras y dos bolas rojas. Se traslada una bola de la urna *A* a la urna *B*, y a continuación se extrae una bola de la urna *B*. Establecer:

1) La probabilidad de que la bola extraída de la urna *B*, sea una bola roja.
2) Si, efectivamente, la bola extraída de la urna *B* es una bola roja, determinar la probabilidad de que la bola trasladada fuese una bola negra.

Resolución:

1) Representemos por *r* al suceso consistente en extraer una bola roja de la urna *B*. Como quiera que, al trasladar una bola de la urna *A* a la urna *B*, no conocemos de qué color es la bola trasladada, la composición de la urna *B* es, ahora, desconocida. Respecto de la urna *B*, entonces, sabemos lo siguiente:

a) Que el número total de bolas que contiene, (de dos colores: negro y rojo), es seis.

b) Que las dos posibles composiciones θ_1, θ_2 que puede tener son:

Composición	N.º de bolas rojas	N.º de bolas negras
θ_1	3	3
θ_2	2	4

poseyendo la urna *B* la composición θ_1 si la bola trasladada es de color rojo, y la composición θ_2 si la bola trasladada es de color negro.

Además las composiciones θ_1 y θ_2 son tales que:

a')

$$\theta_1 \cup \theta_2 = \Omega$$

es decir, la urna *B* debe tener la composición θ_1 o la composición θ_2.

b')

$$\theta_1 \cap \theta_2 = \phi$$

es decir, si la urna *B* tiene la composición θ_1 no tiene la composición θ_2, y recíprocamente.

c')

$$r \cap \theta_i \neq \phi \qquad \forall i \ (i = 1, 2)$$

es decir, el suceso *r* es compatible con cualquiera que sea la composición que la urna *B* posea.

Por ello, la probabilidad del suceso *r* (extraer una bola roja de la urna *B* cualquiera que sea la composición de ésta), vendrá dada por:

$$P(r) = P(r/\theta_1) \cdot P(\theta_1) \cdot + P(r/\theta_2) \cdot P(\theta_2) \qquad (1)$$

Pasemos, ahora a determinar $P(\theta_i)$ y $P(r/\theta_i)$, $(i = 1, 2)$.

Determinación de las $P(\theta_i)$:

a) $P(\theta_1)$: es la probabilidad de que la urna *B* posea la composición θ_1. Será:

$$P(\theta_1) = \frac{2}{7}$$

puesto que la urna *B* posee la composición θ_1 si la bola trasladada de la urna *A* a la urna *B* es de color rojo, y la probabilidad de que la bola extraída de la urna *A* (para ser trasladada) sea roja es $\frac{2}{7}$.

b) $P(\theta_2)$: es la probabilidad de que la urna *B* posea la composición θ_2. Será:

$$P(\theta_2) = \frac{5}{7}$$

puesto que la urna *B* posee la composición θ_2 si la bola trasladada de la urna *A* a la urna *B* es de color negro, y la probabilidad de que la bola extraída de la urna *A*, (para ser trasladada), sea negra es $\frac{5}{7}$.

Determinación de la $P(r/\theta_i)$:

a) $P(r/\theta_1)$: es la probabilidad de extraer una bola roja de la urna *B*, *sabiendo* que la composición de la urna *B* es θ_1. Será:

$$P(r/\theta_1) = \frac{3}{6}$$

puesto que, si la urna *B* posee la composición θ_1, el número de bolas que contiene es: tres rojas y tres negras.

b) $P(r/\theta_2)$: es la probabilidad de extraer una bola roja de la urna *B*, *sabiendo* que la composición de la urna *B* es θ_2. Será:

$$P(r/\theta_2) = \frac{2}{6}$$

puesto que, si la urna *B* posee la composición θ_2, el número de bolas que contiene es: dos rojas y cuatro negras.

Con ello, disponiendo los cálculos que indica la expresión (1) en la forma:

$P(\theta_i)$	$P(r/\theta_i)$	$P(r/\theta_i) \cdot P(\theta_i)$
$P(\theta_1) = \frac{2}{7}$	$P(r/\theta_1) = \frac{3}{6}$	$P(r/\theta_1) \cdot P(\theta_1) = \frac{6}{42}$
$P(\theta_2) = \frac{5}{7}$	$P(r/\theta_2) = \frac{2}{6}$	$P(r/\theta_2) \cdot P(\theta_2) = \frac{10}{42}$
		$\sum_{i=1}^{2} P(r/\theta_i) \cdot P(\theta_i) = \frac{16}{42}$

la probabilidad del suceso *r* pedida será:

$$P(r) = \sum_{i=1}^{2} P(r/\theta_i) \cdot P(\theta_i) = \frac{16}{42} = 0{,}3809$$

2) Si convenimos en representar por θ_r y θ_n a los sucesos consistentes en:

—θ_r: que la bola trasladada de la urna *A* a la urna *B* es de color rojo

—θ_n: que la bola trasladada de la urna *A* a la urna *B* es de color negro,

es evidente que:

$$P(\theta_r) = P(\theta_1) = \frac{2}{7}$$

$$P(\theta_n) = P(\theta_2) = \frac{5}{7}$$

por lo dicho en el apartado anterior (si la bola trasladada es de color rojo, la composición de la urna *B* es θ_1, mientras que si la bola trasladada es de color negro, la composición de la urna *B* es θ_2). Por idéntica razón:

$$P(r/\theta_r) = P(r/\theta_1) = \frac{3}{6} = \frac{1}{2}$$

$$P(r/\theta_n) = P(r/\theta_2) = \frac{2}{6} = \frac{1}{3}$$

donde r/θ_r y r/θ_n representan a los sucesos:

—r/θ_r: extraer una bola de color rojo de la urna *B*, *sabiendo* que la bola trasladada es de color rojo.

—r/θ_n: extraer una bola de color rojo de la urna *B*, *sabiendo* que la bola trasladada es de color negro.

El suceso cuya probabilidad pretendemos determinar ahora, lo representaremos por θ_n/r, suceso consistente en que la bola trasladada de la urna *A* a la urna *B* sea de color negro, *sabiendo* que la bola extraída de la urna *B* es de color rojo. Y, como quiera que $P(\theta_n)$ es conocida e igual a $\frac{5}{7}$, como hemos visto, la probabilidad $P(\theta_n/r)$ vendrá dada por:

$$P(\theta_n/r) = \frac{P(r/\theta_n) \cdot P(\theta_n)}{P(r/\theta_n) \cdot P(\theta_n) + P(r/\theta_r) \cdot P(\theta_r)} \qquad (2)$$

por ser $P(\theta_n/r)$ la probabilidad rectificada de la probabilidad $P(\theta_n)$, *haciendo uso de la información* que proporciona el suceso r (que la bola extraída de la urna *B* es de color rojo).

Al ser conocidas, ya, $P(\theta_r)$, $P(\theta_n)$, $P(r/\theta_r)$, $P(r/\theta_n)$, dispondremos, para la determinación de la probabilidad $P(\theta_n/r)$, los cálculos que indica la expresión (2) en la forma:

$P(\theta_r) = \frac{2}{7}$	$P(r/\theta_r) = \frac{1}{2}$	$P(r/\theta_r) \cdot P(\theta_r) = \frac{1}{7}$
$P(\theta_n) = \frac{5}{7}$	$P(r/\theta_n) = \frac{1}{3}$	$P(r/\theta_n) \cdot P(\theta_n) = \frac{5}{21}$
		$P(r/\theta_r) \cdot P(\theta_r) + P(r/\theta_n) \cdot P(\theta_n) = \frac{8}{21}$

resultando ser la probabilidad pedida:

$$P(\theta_n/r) = \frac{\frac{5}{21}}{\frac{8}{21}} = \frac{5}{8} = 0{,}625$$

17. Una empresa dedicada a la fabricación de automóviles, desea lanzar al mercado un nuevo modelo en el año 1980. Al estudiar la posible situación económica que existirá en dicho año contempla tres alternativas: existencia de inflación, estabilidad o depresión, estimando:

1) Dichas alternativas igualmente probables.

2) La probabilidad de que se lance el nuevo modelo al mercado en: 0,7, si existe inflación, 0,4 si existe estabilidad y 0,1 si la situación es de depresión.

Cuál será la probabilidad de que el nuevo modelo esté en el mercado en el año 1980.

Resolución:

El suceso, cuya probabilidad se va a determinar, es el consistente en lanzar al mercado un nuevo modelo en el año 1980 *cualquiera que sea la alternativa que presente la situación económica*, suceso que representaremos por A.

Si representamos a los sucesos:

—Existencia de inflación, por θ_1.
—Existencia de estabilidad por θ_2.
—Existencia de depresión, por θ_3.

estas alternativas son tales que:

a)

$$\theta_1 \cup \theta_2 \cup \theta_3 = \Omega$$

es decir, en el año 1980 o existirá inflación, o estabilidad o depresión.

b)

$$\theta_i \cap \theta_j = \phi \qquad \forall i \neq j \qquad (i = 1, 2, 3; j = 1, 2, 3)$$

es decir, si la situación económica en el año 1980 es θ_i, no será θ_j, para $i \neq j$. Por ejemplo: si existe inflación, no existirá estabilidad, no existirá depresión.

c)

$$\theta_i \cap A \neq \phi \qquad \forall i \qquad (i = 1, 2, 3)$$

es decir, el suceso *A* es compatible con cualquiera que sea la alternativa que presente la situación económica en el año 1980.

Por ello, la probabilidad del suceso *A*, que puede acaecer con las modalidades θ_1, θ_2, θ_3 (las tres alternativas diferentes que puede presentar la situación económica en el año 1980) vendrá dada por:

$$P(A) = P(A/\theta_1) \cdot P(\theta_1) + P(A/\theta_2) \cdot P(\theta_2) + P(A/\theta_3) \cdot P(\theta_3) \qquad (1)$$

Pasemos, pues, a determinar $P(\theta_i)$ y $P(A/\theta_i)$, $(i = 1, 2, 3)$.

Determinación de las $P(\theta_i)$:

Como quiera que, según la estimación de la empresa, las tres alternativas contempladas son igualmente probables, se tendrá:

$$P(\theta_i) = \frac{1}{3} \qquad \forall i \qquad (i = 1, 2, 3)$$

Determinación de las $P(A/\theta_i)$:

a) $P(A/\theta_i)$: es la probabilidad de que se lance el nuevo modelo al mercado en el año 1980, *sabiendo* que la situación económica es de inflación. Será:

$$P(A/\theta_1) = 0{,}7$$

según la estimación efectuada por la empresa.

b) $P(A/\theta_2)$: es la probabilidad de que se lance el nuevo modelo al mercado en el año 1980, *sabiendo* que la situación económica es de estabilidad. Será:

$$P(A/\theta_2) = 0{,}4$$

según la estimación efectuada por la empresa.

c) $P(A/\theta_3)$: es la probabilidad de que se lance el nuevo modelo al mercado en el año 1980, *sabiendo* que la situación económica es de depresión. Será:

$$P(A/\theta_3) = 0{,}1$$

según la estimación efectuada por la empresa.

Así, pues, disponiendo los cálculos que indica la expresión (1) en la forma:

$P(\theta_i)$	$P(A/\theta_i)$	$P(A/\theta_i) \cdot P(\theta_i)$
$P(\theta_1) = \frac{1}{3}$	$P(A/\theta_1) = 0{,}7$	$P(A/\theta_1) \cdot P(\theta_1) = \frac{1}{3}\,0{,}7$
$P(\theta_2) = \frac{1}{3}$	$P(A/\theta_2) = 0{,}4$	$P(A/\theta_2) \cdot P(\theta_2) = \frac{1}{3}\,0{,}4$
$P(\theta_3) = \frac{1}{3}$	$P(A/\theta_3) = 0{,}1$	$P(A/\theta_3) \cdot P(\theta_3) = \frac{1}{3}\,0{,}1$
		$\sum_{i=1}^{3} P(A/\theta_i) \cdot P(\theta_i) = 0{,}4$

la probabilidad pedida $P(A)$ será:

$$P(A) = \sum_{i=1}^{3} P(A/\theta_i) \cdot P(\theta_i) = 0{,}4$$

18. El servicio de estudios de una empresa, que proyecta concurrir en un mercado donde sólo existiría otra empresa competidora, estima que, al finalizar el ejercicio económico, sus ventas superarán las 100.000 unidades con una probabilidad de:

—0,8, si el precio fijado por la empresa competidora para su artículo es «alto».
—0,5, si el precio fijado por la empresa competidora para su artículo es «medio».
—0,1, si el precio fijado por la empresa competidora para su artículo es «bajo».

Además, por situaciones anteriores, el servicio de estudios determina que la probabilidad de que la empresa competidora:

—Fije precio «alto», es de 0,3
—Fije precio «medio», es de 0,5.
—Fije precio «bajo», es de 0,2.

Determinar la probabilidad de que las ventas de la empresa superen las 100.000 unidades.

Resolución:

El suceso consistente en que las ventas superen 100.000 unidades, *cualquiera que sea el precio fijado para su artículo por la competencia*, lo representaremos por V, y es el suceso cuya probabilidad vamos a determinar.

Si representamos por θ_1, θ_2 y θ_3 a los sucesos consistentes en:

—Que la competencia fije precio «alto», por θ_1
—Que la competencia fije precio «medio», por θ_2
—Que la competencia fije precio «bajo», por θ_3

estas modalidades de los precios, son tales que,

a)

$$\theta_1 \cup \theta_2 \cup \theta_3 = \Omega$$

es decir, la competencia adoptará durante el ejercicio económico, para su artículo o el precio «alto», o el precio «medio», o el precio «bajo».

b)

$$\theta_i \cap \theta_j = \phi \qquad \forall i \neq j \qquad (i = 1, 2, 3; j = 1, 2, 3)$$

es decir, si la competencia adopta la modalidad θ_i, no adoptará θ_j, para $i \neq j$, (por ejemplo: si fija el precio «alto», no fijará el precio «medio», ni fijará el precio «bajo»).

c)

$$\theta_i \cap V \neq \phi \qquad \forall i \qquad (i = 1, 2, 3)$$

es decir, que el suceso V es compatible con cualquiera de las tres modalidades θ_1, θ_2, θ_3.

Por ello, la probabilidad del suceso V, vendrá dada por la expresión:

$$P(V) = P(V/\theta_1) \cdot P(\theta_1) + P(V/\theta_2) \cdot P(\theta_2) + P(V/\theta_3) \cdot P(\theta_3) \qquad (1)$$

Pasemos a determinar las probabilidades $P(\theta_i)$ y $P(V/\theta_i)$, $(i = 1, 2, 3)$.

Determinación de las $P(\theta_i)$:

a) $P(\theta_1)$: es la probabilidad de que la empresa competidora fije precio «alto». Será:

$$P(\theta_1) = 0{,}3$$

b) $P(\theta_2)$: es la probabilidad de que la empresa competidora fije precio «medio». Será:

$$P(\theta_2) = 0{,}5$$

c) $P(\theta_3)$: es la probabilidad de que la empresa competidora fije precio «bajo». Será:

$$P(\theta_3) = 0{,}2$$

probabilidades, todas ellas, estimadas por el servicio de estudios.

Determinación de la $P(V/\theta_i)$:

a) $P(V/\theta_1)$: es la probabilidad de que las ventas de la empresa superen las 100.000 unidades *sabiendo* que la empresa competidora fija precio «alto». Será:

$$P(V/\theta_1) = 0{,}8$$

b) $P(V/\theta_2)$: es la probabilidad de que las ventas de la empresa superen las 100.000 unidades, *sabiendo* que la empresa competidora fija precio «medio». Será:

$$P(V/\theta_2) = 0{,}5$$

c) $P(V/\theta_3)$: es la probabilidad de que las ventas de la empresa superen las 100.000 unidades, *sabiendo* que la empresa competidora fija precio «bajo». Será:

$$P(V/\theta_3) = 0{,}1$$

probabilidades, todas ellas, estimadas por el servicio de estudios.

Con ello, disponiendo los cálculos indicados por la expresión (1), en la forma:

$P(\theta_i)$	$P(V/\theta_i)$	$P(V/\theta_i)\cdot P(\theta_i)$
$P(\theta_1) = 0{,}3$ $P(\theta_2) = 0{,}5$ $P(\theta_3) = 0{,}2$	$P(V/\theta_1) = 0{,}8$ $P(V/\theta_2) = 0{,}5$ $P(V/\theta_3) = 0{,}1$	$P(V/\theta_1)\cdot P(\theta_1) = 0{,}3\cdot 0{,}8$ $P(V/\theta_2)\cdot P(\theta_2) = 0{,}5\cdot 0{,}5$ $P(V/\theta_3)\cdot P(\theta_3) = 0{,}2\cdot 0{,}1$
		$\sum_{i=1}^{3} P(V/\theta_i)\cdot P(\theta_i) = 0{,}51$

se tendrá:

$$P(V) = \sum_{i=1}^{3} P(V/\theta_i)\, P(\theta_i) = 0{,}51$$

que es la probabilidad pedida.

19. Una persona tiene dos negocios en funcionamiento, A y B. El primer negocio puede producir mayor beneficio, pero en el 25 % de los balances arroja pérdida, mientras que en el segundo, donde la perspectiva de beneficio es menor, arroja pérdida sólo en el 5 % de los casos. Se supone que el conjunto de operaciones es análogo en ambos negocios. Si, analizado el resultado económico de una de las operaciones, arrojase pérdida, ¿cuál sería la probabilidad de que dicha operación correspondiese al negocio B?

Resolución:

Representemos a los sucesos:

—La operación corresponde al negocio A, por θ_A.
—La operación corresponde al negocio B, por θ_B.
—Resultado económico de una de las operaciones arroja pérdida, por C.

El suceso cuya probabilidad se pide, podrá, en consecuencia, representarse así:

$$\theta_B/C$$

esto es, será el suceso consistente en que la operación corresponda al negocio B, *sabiendo* que el resultado económico arroja pérdida.

Como quiera que $P(\theta_B)$ (probabilidad de que la operación corresponda al negocio B), es conocida, ya que según la información de que disponemos:

$$P(\theta_A) = P(\theta_B) = \frac{1}{2}$$

por ser el conjunto de las operaciones análogo en los dos negocios, se tendrá que $P(\theta_B/C)$ vendrá dada por:

$$P(\theta_B/C) = \frac{P(C/\theta_B) \cdot P(\theta_B)}{P(C/\theta_A) \cdot P(\theta_A) + P(C/\theta_B) \cdot P(\theta_B)} \quad (1)$$

puesto que $P(\theta_B/C)$ es la probabilidad rectificada de la probabilidad $P(\theta_B)$, *haciendo uso de la información* proporcionada por el suceso C (que el resultado económico de la operación arroja pérdida).

Pasemos, pues, a determinar $P(C/\theta_A)$ y $P(C/\theta_B)$, puesto que $P(\theta_A)$ y $P(\theta_B)$ están determinadas ya.

Determinación de $P(C/\theta_A)$ y $P(C/\theta_B)$:

a) $P(C/\theta_A)$: es la probabilidad de que la operación arroje pérdida, *sabiendo* que corresponde al negocio A. Será:

$$P(C/\theta_A) = 0{,}25$$

puesto que, según la información de que disponemos, el 25 % de las operaciones del negocio A arrojan pérdida.

b) $P(C/\theta_B)$: es la probabilidad de que la operación arroje pérdida, *sabiendo* que corresponde al negocio B. Será:

$$P(C/\theta_B) = 0{,}05$$

puesto que, según la información de que disponemos, el 5 % de las operaciones del negocio B arrojan pérdida.

Con ello, disponiendo los cálculos que indica la expresión (1) en la forma:

$P(\theta_A) = \frac{1}{2}$	$P(C/\theta_A) = 0{,}25$	$P(C/\theta_A) \cdot P(\theta_A) = \frac{1}{2} \cdot 0{,}25$
$P(\theta_B) = \frac{1}{2}$	$P(C/\theta_B) = 0{,}05$	$P(C/\theta_B) \cdot P(\theta_B) = \frac{1}{2} \cdot 0{,}05$
		$P(C/\theta_A) \cdot P(\theta_A) + P(C/\theta_B) \cdot P(\theta_B) = 0{,}15$

se tiene que:

$$P(\theta_B/C) = \frac{0{,}025}{0{,}15} = 0{,}166$$

20. El volumen de producción diario en tres plantas diferentes de una fábrica, es de 500 unidades en la primera, 1.000 en la segunda, y 2.000 en la tercera. Sabiendo que el porcentaje de unidades defectuosas, producidas, en las tres plantas es del 1 %, 0,8 %, y 2 %, respectivamente, determinar la probabilidad de que:

1) Extraída una unidad, al azar, resulte *no* defectuosa.

2) Habiendo sido extraída una unidad defectuosa, haya sido producida en la primera planta.

Resolución:

1) Se trata de determinar la probabilidad de un suceso que representaremos por $\bar{D}$ (unidad extraída *no* defectuosa, cualquiera que sea la planta en que haya sido producida), suceso que puede acaecer con diversas modalidades que representaremos por θ_1, θ_2, θ_3 (θ_i representa que una unidad extraída haya sido producida en la planta i).

Como quiera que las modalidades: θ_1, θ_2, θ_3 son tales que:

a)

$$\theta_1 \cup \theta_2 \cup \theta_3 = \Omega$$

es decir, la unidad extraída, al azar, ha de haberse producido en la primera, o en la segunda o en la tercera planta.

b)

$$\theta_i \cap \theta_j = \phi \qquad \forall i \neq j \qquad (i = 1, 2, 3;\ j = 1, 2, 3)$$

es decir, si una unidad extraída ha sido producida en la planta i no ha podido ser producida en la planta j, para $i \neq j$.

c)

$$\bar{D} \cap \theta_i \neq \phi \qquad \forall i \qquad (i = 1, 2, 3)$$

es decir, la unidad no defectuosa extraída, ha podido ser producida en cualquiera de las tres plantas.
se tendrá que la probabilidad del suceso $\bar{D}$, vendrá dada por:

$$P(\bar{D}) = P(\bar{D}/\theta_1) \cdot P(\theta_1) + P(\bar{D}/\theta_2) \cdot P(\theta_2) + P(\bar{D}/\theta_3) \cdot P(\theta_3) \qquad (1)$$

Pasemos, entonces, a determinar las $P(\theta_i)$, ($\forall i = 1, 2, 3$), y $P(\bar{D}/\theta_i)$, ($\forall i = 1, 2, 3$).

Determinación de las $P(\theta_i)$:

a) $P(\theta_1)$: es la probabilidad de que la unidad extraída haya sido producida en la primera planta. Será:

$$P(\theta_1) = \frac{500}{500 + 1.000 + 2.000} = \frac{500}{3.500} = \frac{1}{7}$$

puesto que, según la información de que disponemos, son 500 unidades las producidas en la primera planta, del total de las 3.500 unidades producidas.

b) $P(\theta_2)$: es la probabilidad de que la unidad extraída haya sido producida en la segunda planta. Será:

$$P(\theta_2) = \frac{1.000}{500 + 1.000 + 2.000} = \frac{2}{7}$$

puesto que, según la información de que disponemos, son 1.000 las unidades producidas en la segunda planta, del total de las 3.500 unidades producidas.

c) $P(\theta_3)$: es la probabilidad de que una unidad extraída haya sido producida en la tercera planta. Será:

$$P(\theta_3) = \frac{2.000}{500 + 1.000 + 2.000} = \frac{4}{7}$$

puesto que, según la información de que disponemos, son 2.000 las unidades producidas en la tercera planta, del total de las 3.500 unidades producidas.

Determinación de las $P(\bar{D}/\theta_i)$:

a) $P(\bar{D}/\theta_1)$: es la probabilidad de que una unidad extraída sea no defectuosa, *sabiendo* que ha sido producida en la primera planta. Será:

$$P(\bar{D}/\theta_1) = 1 - P(D/\theta_1)$$

según sabemos por el problema 6 (representando por D el suceso consistente en extraer una unidad defectuosa), y al ser

$$P(D/\theta_1) = 0{,}01$$

puesto que, según la información de que disponemos, el 1 % de las unidades producidas «*en la primera planta*» son defectuosas, la probabilidad $P(\bar{D}/\theta_1)$ será:

$$P(\bar{D}/\theta_1) = 0{,}99 = \frac{99}{100}$$

b) $P(\bar{D}/\theta_2)$: es la probabilidad de que una unidad extraída sea no defectuosa, *sabiendo* que ha sido producida en la segunda planta. Será:

$$P(\bar{D}/\theta_2) = 1 - P(D/\theta_2)$$

según sabemos por el problema 6, y al ser:

$$P(D/\theta_2) = 0{,}008$$

puesto que, según la información de que disponemos, el 0,8 % de las unidades producidas «*en la segunda planta*» son defectuosas, la probabilidad $P(\bar{D}/\theta_2)$ será:

$$P(\bar{D}/\theta_2) = 0{,}992 = \frac{992}{1.000}$$

c) $P(\bar{D}/\theta_3)$: es la probabilidad de que una unidad extraída sea no defectuosa, *sabiendo* que ha sido producida en la tercera planta. Será:

$$P(\bar{D}/\theta_3) = 1 - P(D/\theta_3)$$

según sabemos por el problema 6, y al ser:

$$P(D/\theta_3) = 0{,}02$$

puesto que, según la información de que disponemos, el 2 % de las unidades producidas *en la tercera planta* son defectuosas, la probabilidad $P(\bar{D}/\theta_3)$ será:

$$P(\bar{D}/\theta_3) = 0{,}98 = \frac{98}{100}$$

Con ello, la probabilidad del suceso $\bar{D}$, teniendo en cuenta (1), será:

$$P(\bar{D}) = 0{,}99 \cdot \frac{1}{7} + 0{,}992 \cdot \frac{2}{7} + 0{,}98 \cdot \frac{4}{7} = 0{,}98485$$

2) Se trata de determinar la probabilidad del suceso que representaremos por θ_1/D (que la unidad extraída haya sido producida en la primera planta, *sabiendo* que dicha unidad es defectuosa).

Como quiera que la probabilidad de que la unidad extraída haya sido producida en la primera planta, $P(\theta_1)$, es conocida, todo el problema, ahora, estriba en hacer *uso de la información* que proporciona el hecho de que la unidad extraída es defectuosa, para *rectificar* $P(\theta_1)$. La *forma* en que esta probabilidad es rectificada sabemos que viene dada por la expresión:

$$P(\theta_1/D) = \frac{P(D/\theta_1) \cdot P(\theta_1)}{\sum_{i=1}^{3} P(D/\theta_i) \cdot P(\theta_i)} \tag{2}$$

Puesto que las probabilidades que figuran en el cociente del segundo miembro de (2) son conocidas (por haberse determinado en el apartado 1) de este problema), pasamos, ya, a determinar $P(\theta_1/D)$. Se tendrá, disponiendo los cálculos que indica la expresión (2) en la forma:

$P(\theta_i)$	$P(D/\theta_i)$	$P(D/\theta_i) \cdot P(\theta_i)$
$P(\theta_1) = \frac{1}{7}$	$P(D/\theta_1) = \frac{1}{100}$	$P(D/\theta_1) \cdot P(\theta_1) = \frac{1}{700}$
$P(\theta_2) = \frac{2}{7}$	$P(D/\theta_2) = \frac{0{,}8}{100}$	$P(D/\theta_2) \cdot P(\theta_2) = \frac{1{,}6}{700}$
$P(\theta_3) = \frac{4}{7}$	$P(D/\theta_3) = \frac{2}{100}$	$P(D/\theta_3) \cdot P(\theta_3) = \frac{8}{700}$
		$\sum_{i=1}^{3} P(D/\theta_i) \cdot P(\theta_i) = \frac{10{,}6}{700}$

que la probabilidad $P(\theta_1/D)$ es:

$$P(\theta_1/D) = \frac{\frac{1}{700}}{\frac{10,6}{700}} = \frac{1}{10,6} = 0,0943$$

que es la probabilidad pedida, probabilidad rectificada del suceso θ_1 con base en la información proporcionada por el acaecimiento del suceso D.

21. Una compañía dedicada al transporte público explota tres líneas periféricas de una gran ciudad, de suerte que: el 60 % de los autobuses cubren el servicio de la primera línea, el 30 % cubren el servicio de la segunda línea y el 10 % cubren el servicio de la tercera línea. Se sabe que la probabilidad de que, diariamente, un autobús se averíe es:

—Del 2 % en la primera línea.
—Del 4 % en la segunda línea.
—Del 1 % en la tercera línea.

Determinar:

1) La probabilidad de que, en un día, un autobús sufra avería.
2) Sabiendo que un autobús ha sufrido una avería en un día determinado, ¿cuál es la probabilidad de que preste servicio en la primera línea?

Resolución:

1) Representemos por A (suceso consistente en que un autobús sufra avería en un día, cualquiera que sea la línea en la que presta el servicio) al suceso cuya probabilidad $P(A)$ hay que determinar. Es claro que dicho suceso puede acaecer con tres modalidades diferentes que representaremos por θ_1, θ_2, θ_3 (representando θ_i el hecho de que un autobús preste el servicio en la línea i).

Como quiera que las modalidades θ_1, θ_2, θ_3, son tales que:

a)

$$\theta_1 \cup \theta_2 \cup \theta_3 = \Omega$$

es decir, un autobús debe prestar servicio en cualquiera de las tres líneas

b)

$$\theta_i \cap \theta_j = \phi \qquad \forall i \neq j \qquad (i = 1, 2, 3; j = 1, 2, 3)$$

es decir, si un autobús presta servicio en la línea i no lo presta en la línea j, para $i \neq j$.

c)

$$A \cap \theta_i \neq \phi \qquad \forall i \qquad (i = 1, 2, 3)$$

es decir, el autobús que sufra avería, puede estar prestando servicio en cualquiera de las tres líneas.
se tendrá que la probabilidad del suceso A, vendrá dada por:

$$P(A) = P(A/\theta_1) \cdot P(\theta_1) + P(A/\theta_2) \cdot P(\theta_2) + P(A/\theta_3) \cdot P(\theta_3) \qquad (1)$$

Pasemos, ahora, a determinar las $P(\theta_i)$, y $P(A/\theta_i)$, $(i = 1, 2, 3)$.

Determinación de las $P(\theta_i)$:

a) $P(\theta_1)$: es la probabilidad de que un autobús preste el servicio en la primera línea. Será:

$$P(\theta_1) = 0{,}6$$

puesto que según la información de que disponemos, el 60 % de los autobuses de la compañía prestan el servicio en la línea primera.

b) $P(\theta_2)$: es la probabilidad de que un autobús preste el servicio en la segunda línea. Será:

$$P(\theta_2) = 0{,}3$$

puesto que, según la información de que disponemos, el 30 % de los autobuses de la compañía prestan el servicio en la segunda línea.

c) $P(\theta_3)$: es la probabilidad de que un autobús preste el servicio en la tercera línea. Será:

$$P(\theta_3) = 0{,}1$$

puesto que, según la información de que disponemos, el 10 % de los autobuses de la compañía prestan el servicio en la tercera línea.

Determinación de las $P(A/\theta_i)$:

a) $P(A/\theta_1)$: es la probabilidad de que un autobús sufra avería en un día, *sabiendo* que presta el servicio en la primera línea. Será:

$$P(A/\theta_1) = 0{,}02$$

puesto que, según la información de que disponemos, el 2 % de los autobuses *de la primera línea* sufren avería por día.

b) $P(A/\theta_2)$: es la probabilidad de que un autobús sufra avería en un día, *sabiendo* que presta el servicio en la segunda línea. Será:

$$P(A/\theta_2) = 0{,}04$$

puesto que, según la información de que disponemos, el 4 % de los autobuses *de la segunda línea* sufren avería por día.

c) $P(A/\theta_3)$: es la probabilidad de que un autobús sufra avería en un día, *sabiendo* que presta el servicio en la tercera línea. Será:

$$P(A/\theta_3) = 0{,}01$$

puesto que, según la información de que disponemos, el 1 % de los autobuses *de la tercera línea* sufren avería por día.

Con ello, la probabilidad del suceso A, teniendo en cuenta (1), será:

$$\boxed{P(A) = (0{,}02) \cdot (0{,}6) + (0{,}04) \cdot (0{,}3) + (0{,}01) \cdot (0{,}1) = 0{,}025}$$

2) Vamos a determinar ahora la probabilidad del suceso que representaremos por θ_1/A (que el autobús preste el servicio en la primera línea, *sabiendo* que dicho autobús ha sufrido avería).

Como quiera que la probabilidad de que un autobús preste el servicio en la primera línea $P(\theta_1)$, es conocida, todo el problema estriba en *hacer uso de la información* que proporciona el hecho de que el autobús en cuestión ha sufrido avería, para *rectificar* $P(\theta_1)$. La *forma* en que esta probabilidad es rectificada sabemos que viene dada por la expresión:

$$P(\theta_1/A) = \frac{P(A/\theta_1) \cdot P(\theta_1)}{\sum_{i=1}^{3} P(A/\theta_i) \cdot P(\theta_i)} \tag{2}$$

Puesto que las probabilidades que figuran en el cociente del segundo miembro de (2) son conocidas (por haberse determinado en el apartado 1) de este problema), pasamos, ya, a determinar $P(\theta_1/A)$. Se tendrá, disponiendo los cálculos que indica la expresión (2) en la forma:

$P(\theta_i)$	$P(A/\theta_i)$	$P(A/\theta_i) \cdot P(\theta_i)$
$P(\theta_1) = 0{,}6$	$P(A/\theta_1) = \frac{2}{100} = 0{,}02$	$P(A/\theta_1) \cdot P(\theta_1) = 0{,}012$
$P(\theta_2) = 0{,}3$	$P(A/\theta_2) = \frac{4}{100} = 0{,}04$	$P(A/\theta_2) \cdot P(\theta_2) = 0{,}012$
$P(\theta_3) = 0{,}1$	$P(A/\theta_3) = \frac{1}{100} = 0{,}01$	$P(A/\theta_3) \cdot P(\theta_3) = 0{,}001$
		$\sum_{i=1}^{3} P(A/\theta_i) \cdot P(\theta_i) = 0{,}025$

que la probabilidad, $P(\theta_1/A)$, es:

$$P(\theta_1/A) = \frac{0{,}012}{0{,}025} = 0{,}48$$

que es la probabilidad pedida, probabilidad rectificada del suceso θ_1 con base a la información proporcionada por el acaecimiento del suceso A.

PARTE SEGUNDA

Teoría general de las distribuciones de probabilidad

Distribuciones unidimensionales. Distribución de probabilidad de una variante unidimensional. Función de distribución. Momentos de una distribución: valor probable y varianza. Función característica de una distribución. Distribuciones bidimensionales. Distribución de probabilidad de una variante bidimensional. Función de distribución: conjunta marginal y condicionada. Regresión y correlación.

Teoría general de las distribuciones de probabilidad

CUESTIONES TEÓRICAS QUE FUNDAMENTAN ESTA PARTE

Los ejercicios de esta parte fundamentan su resolución en las cuestiones teóricas que hacen referencia al estudio de las distribuciones de probabilidad de una variable aleatoria o variante (uni y bidimensional): función de distribución, momentos de una distribución y función característica, así como, en el caso de las distribuciones bidimensionales: distribuciones marginales, distribuciones condicionadas, correlación y regresión. En suma todo lo que puede componer una teoría general de las distribuciones de probabilidad.

COMENTARIO INICIAL

Los problemas de esta segunda parte responden a la necesidad del «uso» de la modelización matemática en el estudio de las distribuciones de probabilidad, tanto para la obtención de ésta como para la determinación de los parámetros fundamentales que la caracterizan.

Recuérdese, al efecto, que establecido el concepto de variable aleatoria, del establecimiento del importante concepto de función de distribución:

$$F(x) = P(\xi \leq x)$$

y del análisis de sus propiedades, se sigue una clasificación y caracterización de las distribuciones de probabilidad que dicha función de distribución engendra:

Tipo de distribución	$F(x)$	Caracterización	Forma que toma la función de distribución	
Continua	Continua	$P(\xi = x_i) = 0, \ \forall i$	$F(x) = \int_{-\infty}^{x} f(x)\, dx$	$F(x) = \int_{-\infty}^{x} dF(x)$
Discreta	Escalonada	$P(\xi = x_i) \neq 0, \ \exists i$	$F(x) = \sum_{x_i \leq x} P(\xi = x_i)$	

consiguiéndose una tipología de las distribuciones de probabilidad que, corrientemente, se tratan por suponer estos dos tipos, «modelos» suficientes para explicar el comportamiento en probabilidad de la mayoría de los fenómenos aleatorios que se estudian.

Así, la Matemática, a través del concepto de variable aleatoria y de función de distribución, desempeña un papel fundamental e imprescindible en la teoría general de las distribuciones de probabilidad, facilitando la consecución del objetivo que se persigue, que no es otro, como se sabe, que el estudio de la distribución de probabilidad del fenómeno aleatorio en orden a conseguir la máxima información, en términos de probabilidad, acerca del comportamiento del fenómeno.

Conviene, no obstante la importancia y necesidad de la modelización Matemática, tener claro el papel que desempeña en todos los problemas que deban resolverse, por el peligro que supone el olvido del principal objetivo a que dicha modelización responde. Es corriente, en el que aborda por vez primera esta fase del estudio de la Estadística, «vaciar» de significado estadístico el símbolo matemático que emplea, con las negativas consecuencias que ello entraña: olvido de la íntima relación existente entre el concepto estadístico y la expresión formal que lo representa, en perjuicio de áquel.

Con objeto de evitar, en lo posible, las consecuencias aludidas, se recomienda al lector, fije claramente el significado estadístico que comportan los símbolos matemáticos que van a emplearse; un ejemplo debe aclarar lo dicho: la función de distribución, viniendo expresada a través de procesos matemáticos (integración o «sumas», según el tipo de distribución) *significa*, para todo valor de x, una *probabilidad*.

A lo largo de la parte se abordarán sucesivamente problemas correspondientes a:

1) La elaboración de distribuciones de probabilidad con base en la función de distribución, estableciendo previamente tres ejercicios que permitan precisar de manera clara cuál será la forma de medir la probabilidad correspondiente a un intervalo, cualquiera que sea el tipo de distribución a que nos refiramos. En todos ellos se insiste de manera reiterada en señalar el significado de las expresiones matemáticas empleadas, usando, para su mejor interpretación en algunos de ellos, del auxilio que supone la representación gráfica de cada uno de éstos. Igualmente se obtienen funciones de distribución con base en la distribución de probabilidad. El objetivo es claro: distinguir la idea de distribución de probabilidad del modelo matemático capaz de representarla, esto es, la función de distribución, evidente en el caso de las distribuciones de tipo discreto y, difícilmente discernible, para el caso de las distribuciones de probabilidad de tipo continuo. La expresión formal usada para la función de distribución es, en todos los casos la que se sigue del proceso de integración de Stieltjes que, como se sabe, permite tratar de manera unificada los dos tipos de distribución que se manejan, poniendo especial cuidado, a la hora de hacer uso del proceso de integración de Riemann, en atender a la forma en que vengan definidas las correspondientes funciones de densidad, así como la verificación por parte de éstas de sus propiedades, lo que permite insistir en qué tipos de funciones de punto del análisis matemático, constituyen funcio-

nes de densidad y, por tanto, funciones capaces de engendrar distribuciones de probabilidad de tipo continuo.

Las aplicaciones de los conceptos de distribución de probabilidad, función de distribución y función de densidad, a situaciones concretas, completan este primer bloque de ejercicios.

2) La obtención de los parámetros fundamentales, cuando existan, valor probable (valor medio esperado o esperanza matemática) y varianza, constituyen un segundo tipo de ejercicios, cuyo objetivo, obviamente, de tener claro el significado estadístico que poseen (síntesis de la información que proporciona la distribución de probabilidad, y valoración de esa información sintetizada, respectivamente), no es otro que familiarizarse con la resolución de las expresiones formales (procesos de integración o «sumas», según el tipo de distribución), que ayudan a obtenerlos. Las limitaciones que en orden a su existencia, y por tanto su determinación, poseen las expresiones matemáticas usadas, se analizan a través de ciertas distribuciones; distribuciones, por tanto, carentes de dichos parámetros.

La interpretación estadística, de los resultados obtenidos, vienen expuestos con base a una serie de ejercicios que hacen uso de los enunciados correspondientes a los casos concretos a que antes hemos aludido.

3) El tratamiento de todas las cuestiones planteadas para las distribuciones unidimensionales se tratan, por último, en el caso de las distribuciones bidimensionales, habida cuenta que el significado estadístico es el mismo con independencia de la «dimensión» en que el problema se plantee, aparte, obviamente, de las cuestiones específicas que corresponden a distribuciones de esta clase; así, el análisis de las distribuciones marginales, en las que se trata de explicar el comportamiento en probabilidad de una de las variantes con independencia de la otra, la determinación de las distribuciones condicionadas, básicas para el estudio de la posible dependencia existente entre las variantes que se estudian, el grado de concausalidad, correlación, y la determinación del comportamiento probable de una de las variantes, haciendo uso de la información que la otra proporciona, regresión. Ciertamente que en parte de los ejercicios planteados, estas dos últimas cuestiones no son propuestas; ello es debido a que las variantes son estocásticamente independientes y, obviamente, los resultados referentes a estos puntos pueden ser predichos con base en los conceptos teóricos que se posean. Debe resaltarse, ahora, el resultado que se obtendrá en el problema 77, por cuanto supone un ejemplo donde se comprueba que incorrelación no implica, en general, independencia.

22. Comprobar que, siendo $F(x)$ la función de distribución de una variante ξ, cualesquiera que sean los números reales a y b, se verifica:

1) $P(a < \xi \leq b) = F(b) - F(a)$
2) $P(a \leq \xi \leq b) = F(b) - F(a) + P(\xi = a)$
3) $P(a < \xi < b) = F(b) - F(a) - P(\xi = b)$
4) $P(a \leq \xi < b) = F(b) - F(a) - P(\xi = b) + P(\xi = a)$

***Resolución*:**

1) Consideremos el suceso $(\xi \leq b)$, suceso que podemos expresar en la forma:

$$(\xi \leq b) = (a < \xi \leq b) \cup (\xi \leq a)$$

Al ser los sucesos $(a < \xi \leq b)$ y $(\xi \leq a)$ dos sucesos incompatibles, puesto que:

$$(a < \xi \leq b) \cap (\xi \leq a) = \phi$$

se tendrá, teniendo en cuenta el tercer postulado de la probabilidad,

$$P(\xi \leq b) = P(a < \xi \leq b) + P(\xi \leq a)$$

y, por tanto:

$$P(a < \xi \leq b) = P(\xi \leq b) - P(\xi \leq a) \qquad (1)$$

Ahora bien, como por definición de función de distribución, $F(x)$, de una variante ξ, es:

$$F(x) = P(\xi \leq x)$$

se tiene:

$$F(a) = P(\xi \leq a)$$
$$F(b) = P(\xi \leq b)$$

con lo que la probabilidad del suceso $(a < \xi \leq b)$ dada por (1), podrá expresarse, en términos de la función de distribución, en la forma:

$$\boxed{P(a < \xi \leq b) = F(b) - F(a)}$$

2) El suceso $(a \leq \xi \leq b)$, podemos expresarlo en la forma:

$$(a \leq \xi \leq b) = (a < \xi \leq b) \cup (\xi = a)$$

con lo que al ser los sucesos $(a < \xi \leq b)$ y $(\xi = a)$ dos sucesos incompatibles, puesto que:

$$(a < \xi \leq b) \cap (\xi = a) = \phi$$

se tendrá, teniendo en cuenta el tercer postulado de la probabilidad,

$$P(a \leq \xi \leq b) = P(a < \xi \leq b) + P(\xi = a)$$

Teniendo en cuenta el resultado obtenido en el apartado 1) de este problema, la probabilidad del suceso $(a \leq \xi \leq b)$ podrá expresarse, en términos de la función de distribución, en la forma:

$$\boxed{P(a \leq \xi \leq b) = F(b) - F(a) + P(\xi = a)}$$

3) Consideremos el suceso $(a < \xi \leq b)$, suceso que podrá expresarse en la forma:

$$(a < \xi \leq b) = (a < \xi < b) \cup (\xi = b)$$

con lo que, al ser los sucesos $(a < \xi < b)$ y $(\xi = b)$ incompatibles, puesto que:

$$(a < \xi < b) \cap (\xi = b) = \phi$$

se tendrá, teniendo en cuenta el tercer postulado de probabilidad,

$$P(a < \xi \leq b) = P(a < \xi < b) + P(\xi = b)$$

y por tanto:

$$P(a < \xi < b) = P(a < \xi \leq b) - P(\xi = b)$$

Habida cuenta del resultado obtenido en el apartado 1) de este problema, la probabilidad del suceso $(a < \xi < b)$ podrá expresarse, en términos de la función de distribución, en la forma:

$$\boxed{P(a < \xi < b) = F(b) - F(a) - P(\xi = b)}$$

4) El suceso $(a \leq \xi < b)$ podrá expresarse en la forma:

$$(a \leq \xi < b) = (a < \xi < b) \cup (\xi = a)$$

y siendo los sucesos $(a < \xi < b)$ y $(\xi = a)$ incompatibles, puesto que:

$$(a < \xi < b) \cap (\xi = a) = \phi$$

la probabilidad del suceso $(a \leq \xi < b)$ podrá expresarse, teniendo en cuenta el tercer postulado de la probabilidad:

$$P(a \leq \xi < b) = P(a < \xi < b) + P(\xi = a)$$

Considerando el resultado obtenido en el apartado 3) de este problema, la probabilidad del suceso $(a \leq \xi < b)$ podrá expresarse, en términos de la función de distribución, en la forma:

$$\boxed{P(a \leq \xi < b) = F(b) - F(a) - P(\xi = b) + P(\xi = a)}$$

23. Comprobar que, si la distribución de probabilidad de la variante ξ es de tipo continuo, se verifica:

$$P(\xi = x) = 0 \qquad \forall x$$

Resolución:

Si la distribución de probabilidad de la variante ξ es de tipo continuo, la función de distribución $F(x)$ que la engendra es una función *continua*.

Consideremos, entonces, el intervalo $(x - h,\ x + h]$, para $h > 0$.

Será:

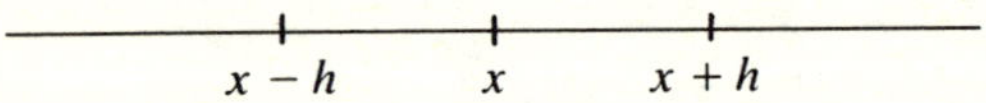

$$0 \leq P(\xi = x)$$

habida cuenta de que la probabilidad es no negativa, y:

$$P(\xi = x) \leq P(x - h < \xi \leq x + h) \qquad \forall h$$

de donde,

$$P(\xi = x) \leq F(x + h) - F(x - h)$$

expresión que podemos escribir en la forma:

$$P(\xi = x) \leq [F(x + h) - F(x)] - [F(x - h) - F(x)]$$

Entonces, para $h \to 0$:

$$F(x + h) - F(x) \to 0$$
$$F(x - h) - F(x) \to 0$$

puesto que la función de distribución, $F(x)$, es continua, resultando con ello que $P(\xi = x)$ se halla constantemente comprendida entre dos expresiones que tienden a cero. Por tanto:

$$P(\xi = x) = 0$$

24. Si la distribución de probabilidad de la variante ξ es de tipo *continuo*, comprobar que:

$$P(a < \xi \leq b) = P(a \leq \xi \leq b) = P(a \leq \xi < b) = P(a < \xi < b)$$

Resolución:

Cualquiera que sea la distribución de probabilidad de la variante ξ, sabemos, con base en los resultados obtenidos en el problema 22, que:

$$\begin{aligned} P(a < \xi \leq b) &= F(b) - F(a) \\ P(a \leq \xi \leq b) &= F(b) - F(a) + P(\xi = a) \\ P(a \leq \xi < b) &= F(b) - F(a) - P(\xi = b) + P(\xi = a) \\ P(a < \xi < b) &= F(b) - F(a) - P(\xi = b) \end{aligned}$$

Ahora bien, si en este caso la distribución de probabilidad de la variante ξ es de tipo continuo, habida cuenta de que este tipo de distribución se caracteriza porque «la probabilidad de que la varianza ξ tome *un* valor x es cero»:

$$P(\xi = x) = 0$$

se tendrá:

$$\begin{aligned} P(\xi = a) &= 0 \\ P(\xi = b) &= 0 \end{aligned}$$

con lo que:

$$\begin{aligned} P(a < \xi \leq b) &= F(b) - F(a) \\ P(a \leq \xi \leq b) &= F(b) - F(a) + P(\xi = a) = F(b) - F(a) + 0 = F(b) - F(a) \\ P(a \leq \xi < b) &= F(b) - F(a) - P(\xi = b) + P(\xi = a) = F(b) - F(a) - 0 + 0 = \\ &= F(b) - F(a) \\ P(a < \xi < b) &= F(b) - F(a) - P(\xi = b) = F(b) - F(a) - 0 = F(b) - F(a) \end{aligned}$$

y, por tanto:

$$\boxed{P(a < \xi \leq b) = P(a \leq \xi \leq b) = P(a \leq \xi < b) = P(a < \xi < b)}$$

25. Dada la variante ξ, cuya distribución de probabilidad es:

$\xi = x_i$:	1	2	3	4	5
$P(\xi = x_i) = P_i$:	$\frac{2}{8}$	$\frac{1}{8}$	$\frac{2}{8}$	$\frac{2}{8}$	$\frac{1}{8}$

Determinar:

1) La representación gráfica de la distribución de probabilidad de la variante ξ.
2) La función de distribución de la variante ξ.
3) La probabilidad:

$$P(1 < \xi \leq 2{,}7)$$

4) La probabilidad:

$$P(1 \leq \xi < 3{,}5)$$

Resolución:

1) La representación gráfica de la distribución de probabilidad de la variante ξ, puesto que la probabilidad se halla concentrada en los puntos 1, 2, 3, 4, 5, será:

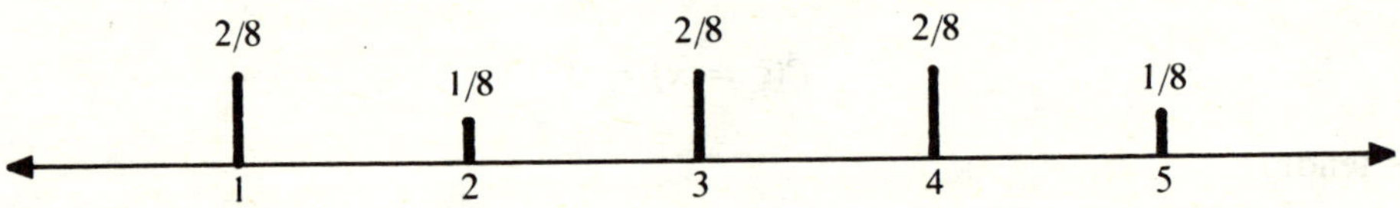

2) Por definición, sabemos que la función de distribución $F(x)$:

$$F(x) = P(\xi \leq x)$$

y al ser, en este caso, la distribución de probabilidad de la variante ξ de tipo discreto, la función de distribución *toma la forma*:

$$F(x) = P(\xi \leq x) = \sum_{x_i \leq x} P(\xi = x_i)$$

esto es, para su *determinación*, procederemos a «sumar» las probabilidades concentradas en los puntos x_i que estén a la izquierda del punto x, y la probabilidad del punto x si en él existiese probabilidad.

Por ello, tendremos:

a) $\forall x$, tal que, $x < 1$:

$$F(x) = \sum_{x_i \leq x} P(\xi = x_i) = 0$$

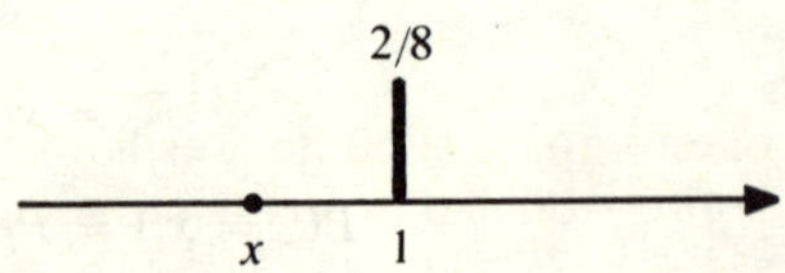

puesto que si x está a la izquierda del punto 1, la probabilidad *hasta* el punto x es cero.

b) Para $x = 1$:

$$F(1) = \sum_{x_i \leq 1} P(\xi = x_i) = P(\xi = 1) = \frac{2}{8}$$

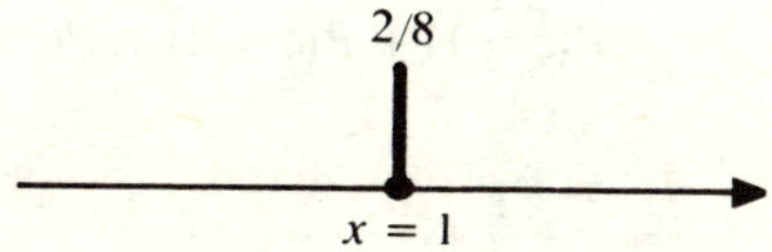

puesto que *hasta* el punto $x = 1$, la única probabilidad existente es, precisamente, la que corresponde a dicho punto.

c) $\forall x$, tal que, $1 < x < 2$:

$$F(x) = \sum_{x_i \leq x} P(\xi = x_i) = P(\xi = 1) = \frac{2}{8}$$

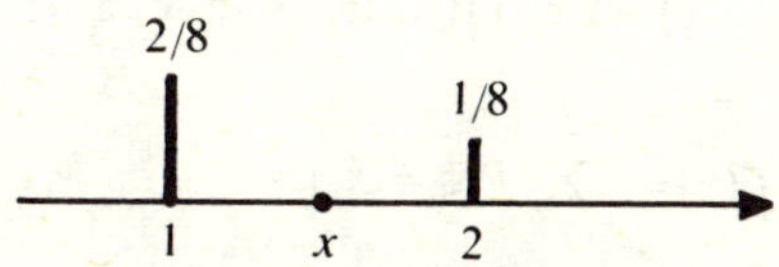

puesto que si el punto x está a la derecha del punto 1, y a la izquierda del punto 2, la probabilidad existente *hasta* dicho punto x es, sólo, la que corresponde al punto 1.

d) Para $x = 2$:

$$F(2) = \sum_{x_i \leq 2} P(\xi = x_i) = P(\xi = 1) + P(\xi = 2) =$$
$$= \frac{2}{8} + \frac{1}{8} = \frac{3}{8}$$

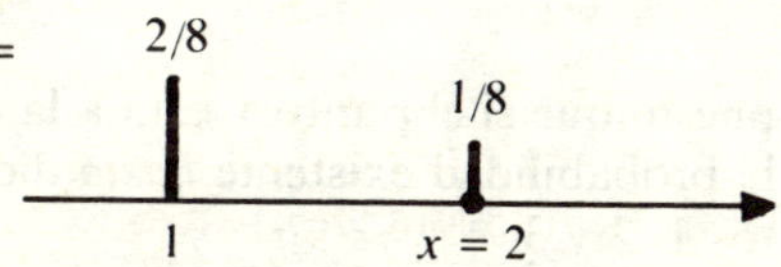

ya que *hasta* el punto $x = 2$, la probabilidad existente es la que corresponde sólo a los puntos 1 y 2.

e) $\forall x$, tal que, $2 < x < 3$:

$$F(x) = \sum_{x_i \leq x} P(\xi = x_i) = P(\xi = 1) +$$
$$+ P(\xi = 2) = \frac{2}{8} + \frac{1}{8} = \frac{3}{8}$$

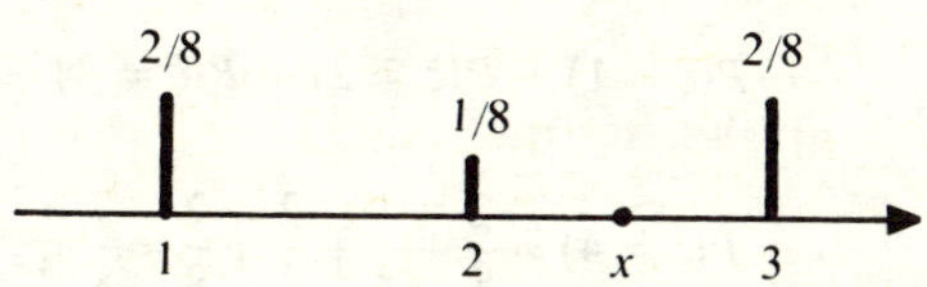

puesto que si el punto x está a la derecha del punto 2, y a la izquierda del punto 3, la probabilidad existente *hasta* dicho punto x es la que corresponde sólo a los puntos 1 y 2.

f) Para $x = 3$:

$$F(3) = \sum_{x_i \leq 3} P(\xi = x_i) =$$

$$= P(\xi = 1) + P(\xi = 2) + P(\xi = 3) =$$

$$= \frac{2}{8} + \frac{1}{8} + \frac{2}{8} = \frac{5}{8}$$

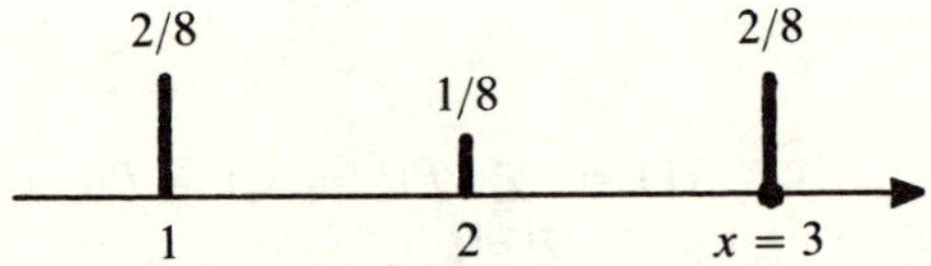

ya que *hasta* el punto $x = 3$, la probabilidad existente es la que corresponde sólo a los puntos 1, 2 y 3.

g) $\forall x$, tal que, $3 < x < 4$:

$$F(x) = \sum_{x_i \leq x} P(\xi = x_i) =$$

$$= P(\xi = 1) + P(\xi = 2) + P(\xi = 3) =$$

$$= \frac{2}{8} + \frac{1}{8} + \frac{2}{8} = \frac{5}{8}$$

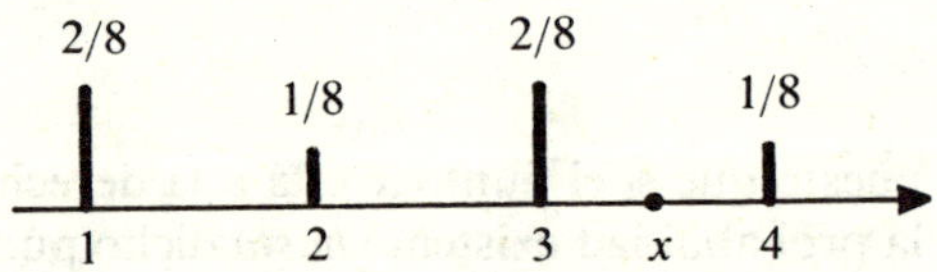

puesto que si el punto x está a la derecha del punto 3, y a la izquierda del punto 4, la probabilidad existente *hasta* dicho punto x es la que corresponde sólo a los puntos 1, 2 y 3.

h) Para $x = 4$:

$$F(4) = \sum_{x_i \leq 4} P(\xi = x_i) =$$

$$= P(\xi = 1) + P(\xi = 2) + P(\xi = 3) +$$

$$+ P(\xi = 4) = \frac{2}{8} + \frac{1}{8} + \frac{2}{8} + \frac{2}{8} = \frac{7}{8}$$

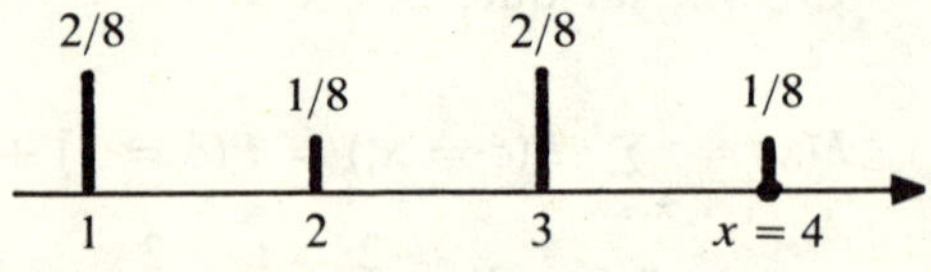

ya que *hasta* el punto $x = 4$, la probabilidad existente es la que corresponde sólo a los puntos 1, 2, 3 y 4.

i) $\forall x$, tal que, $4 < x < 5$:

$$F(x) = \sum_{x_i \le x} P(\xi = x_i) =$$

$$= P(\xi = 1) + P(\xi = 2) + P(\xi = 3) +$$

$$+ P(\xi = 4) = \frac{2}{8} + \frac{1}{8} + \frac{2}{8} + \frac{2}{8} = \frac{7}{8}$$

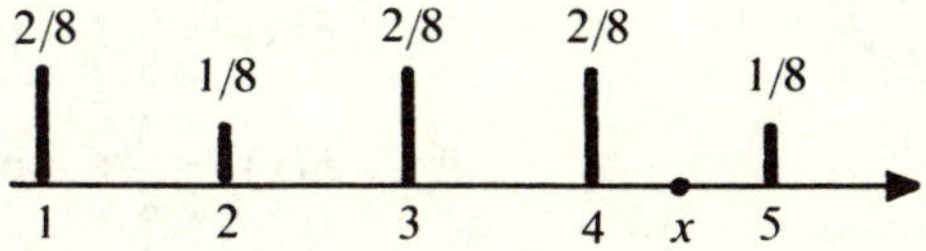

puesto que si el punto x está a la derecha del punto 4, y a la izquierda del punto 5, la probabilidad existente *hasta* dicho punto x es la que corresponde sólo a los puntos 1, 2, 3 y 4.

j) Para $x = 5$:

$$F(5) = \sum_{x_i \le 5} P(\xi = x_i) =$$

$$= P(\xi = 1) + P(\xi = 2) + P(\xi = 3) +$$

$$+ P(\xi = 4) + P(\xi = 5) =$$

$$= \frac{2}{8} + \frac{1}{8} + \frac{2}{8} + \frac{2}{8} + \frac{1}{8} = 1$$

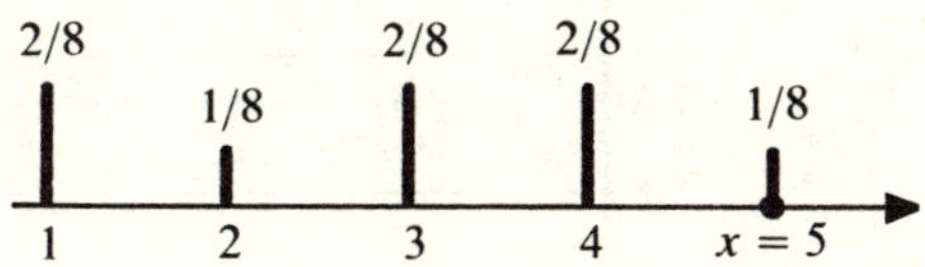

ya que *hasta* el punto $x = 5$, la probabilidad existente es la que corresponde sólo a los puntos 1, 2, 3, 4 y 5.

k) $\forall x$, tal que, $5 < x$:

$$F(x) = \sum_{x_i \le x} P(\xi = x_i) =$$

$$= P(\xi = 1) + P(\xi = 2) + P(\xi = 3) +$$

$$+ P(\xi = 4) + P(\xi = 5) =$$

$$= \frac{2}{8} + \frac{1}{8} + \frac{2}{8} + \frac{2}{8} + \frac{1}{8} = 1$$

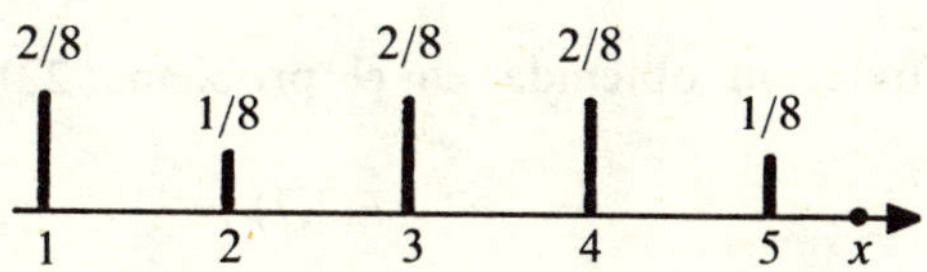

puesto que si el punto x está a la derecha del punto 5, la probabilidad existente hasta dicho punto x es la que corresponde sólo a los puntos 1, 2, 3, 4 y 5.

Por tanto, la definición de la función de distribución de la variante ξ es:

$$F(x) = 0 \quad \text{para} \quad x < 1$$
$$F(x) = \frac{2}{8} \quad \text{para} \quad 1 \leq x < 2$$
$$F(x) = \frac{3}{8} \quad \text{para} \quad 2 \leq x < 3$$
$$F(x) = \frac{5}{8} \quad \text{para} \quad 3 \leq x < 4$$
$$F(x) = \frac{7}{8} \quad \text{para} \quad 4 \leq x < 5$$
$$F(x) = 1 \quad \text{para} \quad 5 \leq x$$

siendo su representación gráfica:

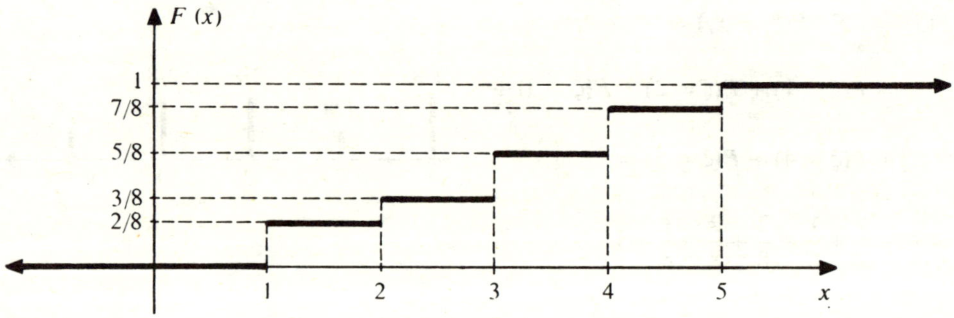

3) Para determinar:

$$P(1 < \xi \leq 2{,}7)$$

haremos uso de la definición de la función de distribución, puesto que sabemos que:

$$P(1 < \xi \leq 2{,}7) = F(2{,}7) - F(1)$$

(relación obtenida en el problema 22). Con ello, al ser:

$$F(2{,}7) = \frac{3}{8} \quad \text{ya que} \quad 2{,}7 \in [2{,}3)$$
$$F(1) = \frac{2}{8} \quad \text{ya que} \quad 1 \in [1{,}2)$$

se tendrá:

$$\boxed{P(1 < \xi \leq 2{,}7) = \frac{3}{8} - \frac{2}{8} = \frac{1}{8}}$$

4) Para determinar:

$$P(1 \leq \xi < 3{,}5)$$

recuérdese (ver problema 22) que dicha probabilidad venía dada, en términos de la función de distribución, en la forma:

$$P(1 \leq \xi < 3{,}5) = F(3{,}5) - F(1) - P(\xi = 3{,}5) + P(\xi = 1)$$

con lo que, teniendo en cuenta:

$F(3{,}5) = \frac{5}{8}$ ya que $3{,}5 \in [3,4)$

$F(1) = \frac{2}{8}$ ya que $1 \in [1,2)$

$P(\xi = 3{,}5) = 0$ ya que en $x = 3{,}5$ *no* hay probabilidad, según la distribución de probabilidad de ξ.

$P(\xi = 1) = \frac{2}{8}$ según la distribución de probabilidad de ξ.

es:

$$\boxed{P(1 \leq \xi < 3{,}5) = \frac{5}{8} - \frac{2}{8} - 0 + \frac{2}{8} = \frac{5}{8}}$$

26. Dada la variante ξ, cuya función de distribución $F(x)$ viene definida por:

$F(x) = 0$ para $x < 0$

$F(x) = \frac{1}{4}$ para $0 \leq x < 1$

$F(x) = \frac{2}{4}$ para $1 \leq x < 2$

$F(x) = \frac{3}{4}$ para $2 \leq x < 3$

$F(x) = 1$ para $3 \leq x$

determinar:

1) La representación gráfica de dicha función de distribución.
2) La distribución de probabilidad que dicha función de distribución engendra.
3) Las probabilidades:

$$P(\xi = 1{,}7) \qquad P(\xi = 2) \qquad P(1{,}2 < \xi < 3)$$

Resolución:

1) La representación gráfica de la función de distribución será:

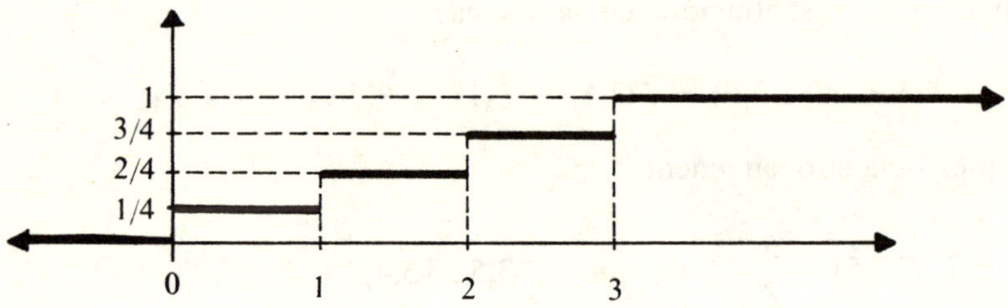

2) Al ser la función de distribución *escalonada*, la distribución de probabilidad que engendra, será una distribución de tipo *discreto*. Las probabilidades se hallarán concentradas, pues, en puntos donde la función de distribución presenta «saltos» o «discontinuidades», siendo, en nuestro caso:

a) Para $x = 0$, el «salto» de $F(x)$ es igual a $\frac{1}{4}\cdot$ Luego:

$$P(\xi = 0) = \frac{1}{4}$$

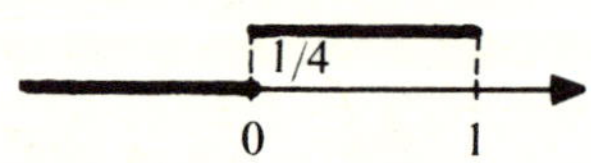

b) Para $x = 1$, el «salto» de $F(x)$ es igual a $\frac{1}{4}\cdot$ Luego:

$$P(\xi = 1) = \frac{1}{4}$$

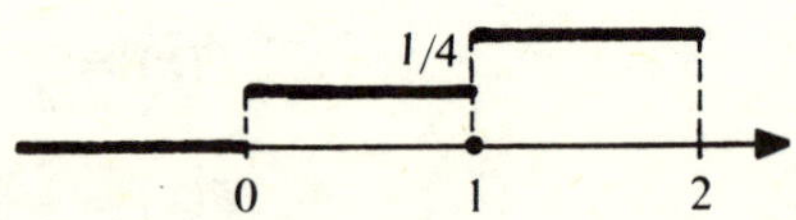

c) Para $x = 2$, el «salto» de $F(x)$ es igual a $\frac{1}{4}\cdot$ Luego:

$$P(\xi = 2) = \frac{1}{4}$$

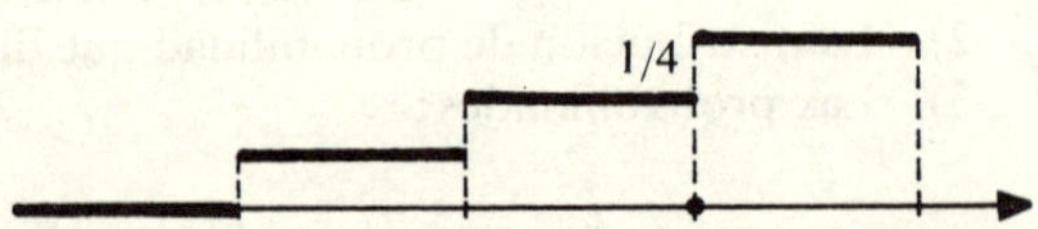

d) Para $x = 3$, el «salto» de $F(x)$ es igual a $\frac{1}{4}$. Luego:

$$P(\xi = 3) = \frac{1}{4}$$

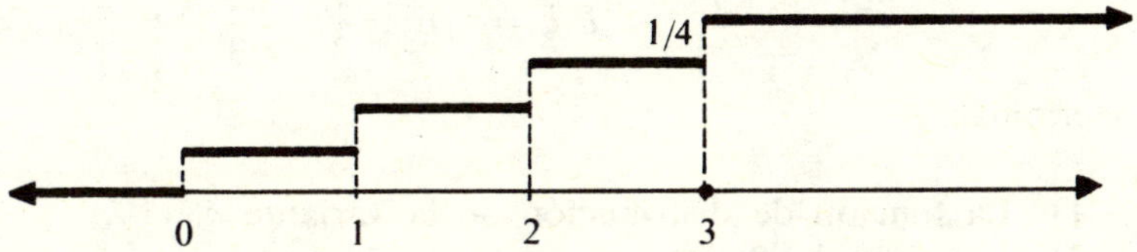

Con ello, la distribución de probabilidad de la variante ξ, será:

$\xi = x_i$	0	1	2	3
$P(\xi = x_i) = P_i$	$\frac{1}{4}$	$\frac{1}{4}$	$\frac{1}{4}$	$\frac{1}{4}$

3) Pasemos a determinar las probabilidades: $P(\xi = 1{,}7)$, $P(\xi = 2)$ y $P(1{,}2 < \xi < 3)$:

a) $P(\xi = 1{,}7) = 0$, puesto que según la distribución de probabilidad de la variante ξ, obtenida en el apartado 2) de este problema, la probabilidad sólo se concentra en los puntos 0, 1, 2, 3.

b) $P(\xi = 2) = \frac{1}{4}$, ya que así ha quedado establecido al determinar la distribución de probabilidad de la variante ξ.

c) $P(1{,}2 < \xi < 3) = F(3) - F(1{,}2) - P(\xi = 3)$, según la relación obtenida en el problema 22. Por tanto, al ser:

$$F(3) = 1 \quad \text{ya que} \quad 3 \in [3, \infty)$$

$$F(1{,}2) = \frac{2}{4} \quad \text{ya que} \quad 1{,}2 \in [1, 2)$$

$$P(\xi = 3) = \frac{1}{4} \quad \text{dada por la distribución de probabilidad de } \xi,$$

En consecuencia:

$$\boxed{P(1{,}2 < \xi < 3) = 1 - \frac{2}{4} - \frac{1}{4} = \frac{1}{4}}$$

27. Dada la variante ξ, cuya distribución de probabilidad es:

$\xi = x_i$	0	1
$P(\xi = x_i)$	$\frac{1}{3}$	$\frac{2}{3}$

determinar:

1) La función de distribución de la variante ξ.
2) Las probabilidades:

$$P(\xi > 1), \quad P(\xi \leq 2{,}4), \quad P(\xi = 0{,}5), \quad P(-2 < \xi \leq 0{,}5).$$

Resolución:

La distribución de probabilidad dada es de tipo *discreto*, puesto que, para los puntos $x_i = 0$ y $x_i = 1$, es:

$$P(\xi = x_i) \neq 0$$

es decir, el *total* de la probabilidad se halla concentrada *en los puntos* 0 y 1.

La representación gráfica de la distribución de probabilidad será:

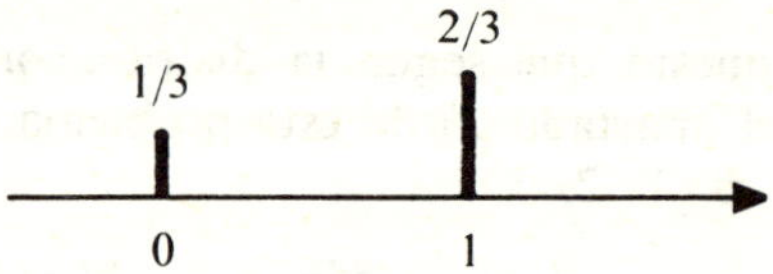

1) Para la determinación de la función de distribución procederemos en la forma siguiente: como quiera que dicha función viene definida por:

$$F(x) = P(\xi \leq x)$$

es decir, el valor de la función de distribución en un punto x es igual a la probabilidad existente *hasta* dicho punto x, es claro que:

a) Cuando el punto x esté a la izquierda del punto 0, $x < 0$, será:

$$F(x) = P(\xi \leq x) = 0$$

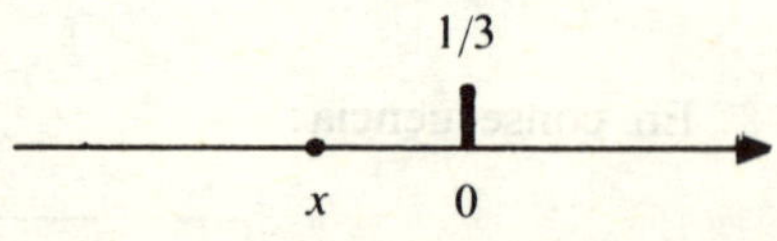

pues, según observamos en la representación gráfica, no hay probabilidad ni en el punto x ni a su izquierda.

b) Cuando el punto x coincide con el punto 0, $x = 0$, será:

$$F(0) = P(\xi \leq 0) = \frac{1}{3}$$

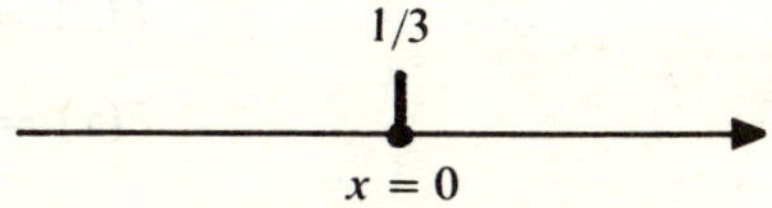

puesto que, según observamos en la representación gráfica, la probabilidad existente *hasta* el punto 0, es sólo la que corresponde a dicho punto.

c) Cuando el punto x esté a la derecha del punto 0, pero a la izquierda del punto 1, $0 < x < 1$, es:

$$F(x) = P(\xi \leq x) = \frac{1}{3}$$

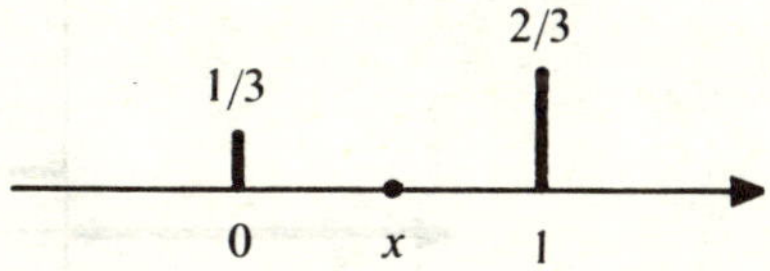

puesto que, según observamos en la representación gráfica, la probabilidad existente *hasta* el punto x es sólo la que corresponde al punto 0 (que está a la izquierda del punto x).

d) Cuando el punto x coincide con el punto 1, $x = 1$, es:

$$F(1) = P(\xi \leq 1) = P(\xi = 0) + P(\xi = 1) = 1$$

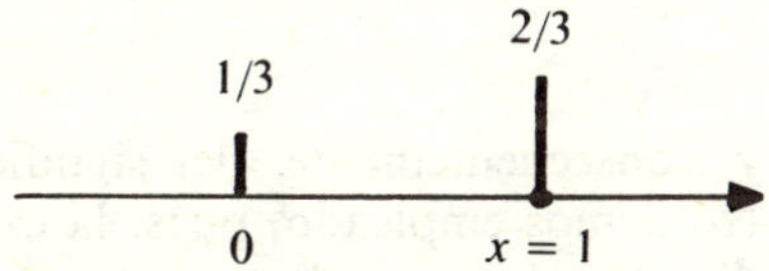

puesto que, según observamos por la representación gráfica, la probabilidad existente *hasta* el punto 1, es la que corresponde a dicho punto 1 y la que corresponde al punto 0 (que está a la izquierda del punto 1).

e) Cuando el punto x esté a la derecha del punto 1, $1 < x$, es:

$$F(x) = P(\xi \leq x) = P(\xi = 0) + P(\xi = 1) = 1$$

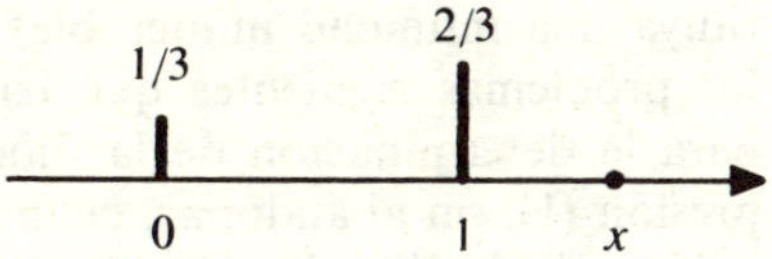

puesto que, según observamos por la representación gráfica, la probabilidad existente *hasta* el punto x, es la que corresponde a los puntos 0 y 1 (ambos a la izquierda del punto x).

De esta forma, la definición de $F(x)$ es:

$$F(x) = 0 \quad \text{si} \quad x < 0$$

$$F(x) = \frac{1}{3} \quad \text{si} \quad 0 \leq x < 1$$

$$F(x) = 1 \quad \text{si} \quad 1 \leq x$$

siendo su representación gráfica:

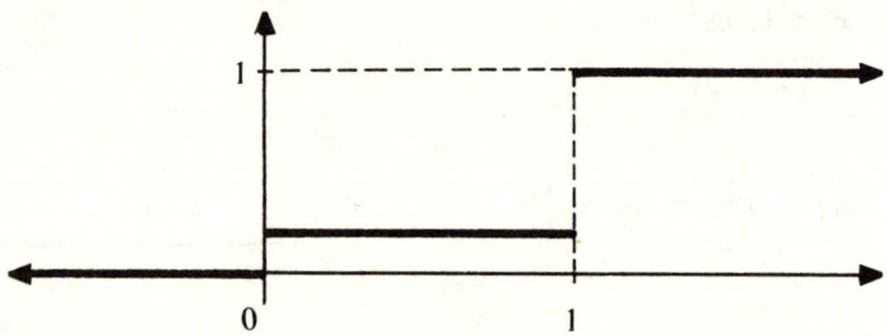

Puede notarse que, para la determinación de la función de distribución, nos hemos auxiliado de la representación gráfica de la distribución de probabilidad, habiendo hecho uso, sólo, de la definición de dicha función:

$$F(x) = P(\xi \leq x)$$

y, consecuentemente, del significado estadístico que dicha definición comporta. No hemos empleado, pues, la expresión formal (fórmula) que *toma* la función de distribución para el caso en que la distribución sea de tipo *discreto* y que, como sabemos es:

$$F(x) = \sum_{\forall x_i \leq x} P(\xi = x_i) \qquad (1)$$

Ciertamente, para distribuciones más complicadas que la propuesta (y especialmente cuando el número de puntos con probabilidad distinta de cero constituya una infinidad numerable) será necesario el empleo de la expresión (1). En los problemas siguientes que hagan referencia a distribuciones de tipo discreto, para la determinación de la función de distribución procederemos usando la expresión (1), sin abandonar, cuando sea posible, el auxilio que representa la imagen gráfica de la distribución de probabilidad.

2) Pasemos a determinar las probabilidades pedidas en el enunciado, haciendo uso, en primer lugar, de la distribución de probabilidad de la variante ξ.

a) $P(\xi > 1)$: es la probabilidad existente a la derecha del punto 1, que es:

$$P(\xi > 1) = 0$$

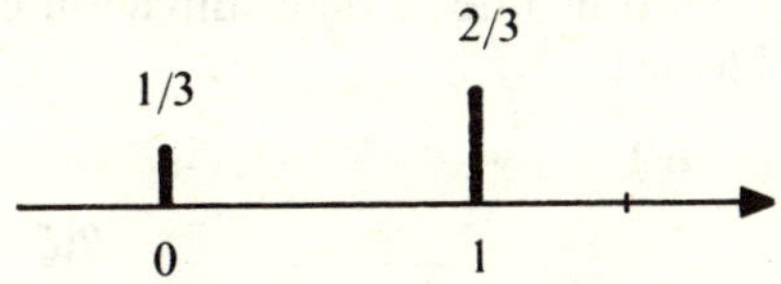

puesto que, según observamos en la representación gráfica, a la derecha del punto 1 no existe probabilidad alguna.

b) $P(\xi \leq 2{,}4)$: es la probabilidad existente *hasta el punto* 2,4, que es:

$$P(\xi \leq 2{,}4) = 1$$

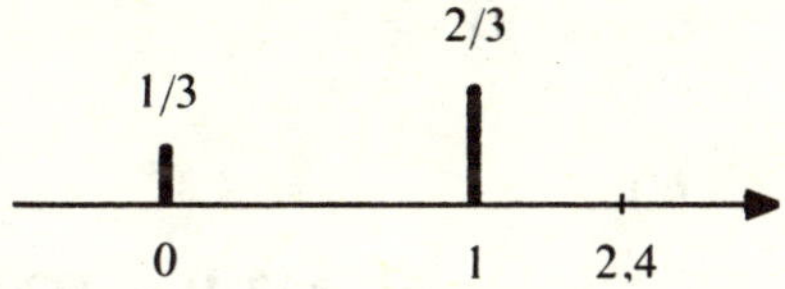

puesto que, no habiendo probabilidad en el punto 2,4, sin embargo a su izquierda está la probabilidad correspondiente a los puntos 0 y 1 que, como sabemos, es el total de la probabilidad (igual a uno).

c) $P(\xi = 0{,}5)$: es la probabilidad correspondiente al punto 0,5, que es:

$$P(\xi = 0{,}5) = 0$$

puesto que, según la distribución de probabilidad de la variante ξ, los únicos puntos para los cuales la probabilidad es distinta de cero, son los puntos 0 y 1.

d) $P(-2 < \xi \leq 0{,}5)$: es la probabilidad que hay a la derecha del punto -2, *hasta* el punto 0,5 que es:

$$P(-2 < \xi \leq 0{,}5) = \frac{1}{3}$$

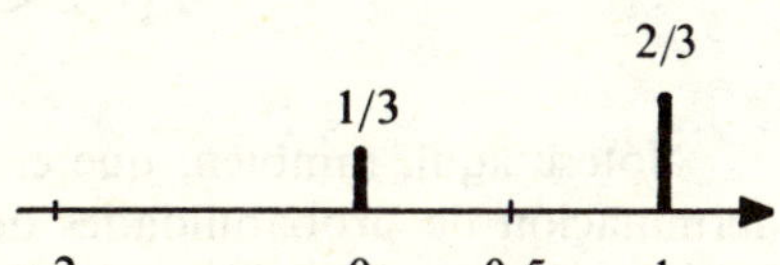

puesto que, según observamos por la representación gráfica, el único punto con probabilidad distinto de cero en dicho intervalo, es el punto 0, cuya probabilidad es $\frac{1}{3}$.

Es claro que, puesto que la función de distribución es el modelo matemático que engendra la distribución de probabilidad de una variante ξ, las probabilidades anteriores podrían determinarse a través de tal función. Sería, entonces, haciendo uso de la determinación efectuada para $F(x)$ en el apartado 1) de este problema:

a')

$$P(\xi > 1) = 1 - P(\xi \leq 1)$$

por ser los sucesos $(\xi > 1)$ y $(\xi \leq 1)$ complementarios; y teniendo en cuenta que:

$$P(\xi \leq 1) = F(1) = 1 \quad \text{ya que} \quad 1 \in [1, \infty)$$

según el resultado obtenido, en el apartado 1) de este problema, para $F(x)$, será:

$$P(\xi > 1) = 0$$

b')

$$P(\xi \leq 2{,}4) = F(2{,}4) = 1 \quad \text{ya que} \quad 2{,}4 \in [1, \infty)$$

c')

$$P(-2 < \xi \leq 0{,}5) = F(0{,}5) - F(-2)$$

(ver problema 22), y teniendo en cuenta que:

$$F(-2) = 0 \quad \text{ya que} \quad -2 \in (-\infty, 0)$$
$$F(0{,}5) = \frac{1}{3} \quad \text{ya que} \quad \frac{1}{3} \in [0, 1)$$

habida cuenta de la determinación de $F(x)$ en el apartado 1) de este problema, con lo cual:

$$P(-2 < \xi \leq 0{,}5) = \frac{1}{3} - 0 = \frac{1}{3}$$

Nótese aquí, también, que el empleo de la función de distribución para la determinación de probabilidades del tipo de las calculadas, ahora, simplificará notablemente su obtención sobre todo, insistimos, en distribuciones discretas más complicadas que la propuesta en este problema.

28. Dada la variante ξ, tal que,

$$P(\xi = r) = k \cdot \frac{r-1}{n} \quad \text{para} \quad r = 2, 3, 4, \ldots, n$$
$$P(\xi = r) = 0 \quad \text{para cualquier otro valor de } r$$

determinar k, para que $P(\xi = r)$ sea la función de cuantía que defina la distribución de probabilidad de la variante ξ.

Resolución:

La distribución de probabilidad de la variante ξ será de tipo *discreto*, puesto que la probabilidad se hallará concentrada en un número finito de puntos: 2, 3, ..., n.

Para determinar el valor de k que haga a $P(\xi = r)$ función de cuantía, recordemos que $P(\xi = r)$ deberá verificar:

a) $P(\xi = r) \geq 0$.

b) $\sum_{\forall r} P(\xi = r) = 1$.

Usemos de la condición *b*) para la determinación de k. En efecto, se tendrá:

$$1 = \sum_{\forall r} P(\xi = r) = \sum_{r=2}^{n} k \cdot \frac{r-1}{n} = \frac{k}{n} \sum_{r=2}^{n} (r-1)$$

ya que, como sumamos según r, todo lo que no depende de r figura como constante en el proceso de suma seguido; por tanto:

$$1 = \sum_{\forall r} P(\xi = r) = \frac{k}{n} \sum_{r=2}^{n} (r-1) = \frac{k}{n}[1 + 2 + 3 + \cdots + (n-1)] =$$
$$= \frac{k}{n} \frac{[1 + (n-1)](n-1)}{2}$$

puesto que:

$$[1 + 2 + 3 + \cdots + (n-1)]$$

no es más que la suma de los $(n - 1)$ primeros números naturales (progresión aritmética). Por tanto:

$$1 = \frac{k}{2}(n-1)$$

de donde se sigue que:

$$k = \frac{2}{n-1}$$

que, evidentemente, es positivo: $k > 0$ (al ser n un número natural mayor que 1).

Por tanto, $P(\xi = r)$, para k, así determinado, es:

$$P(\xi = r) = \frac{2(r-1)}{n(n-1)} \qquad \text{para} \qquad r = 2, 3, 4, \ldots, n$$
$$P(\xi = r) = 0 \qquad \text{para cualquier otro valor de } r$$

que es la función de cuantía (es trivial, ya que verifica a) y b)) que define a la distribución de probabilidad de la variante ξ.

29. Dada la variante ξ, tal que:

$$P(\xi = r) = e^{-m}\frac{m^r}{r!} \qquad \text{para} \qquad r = 0, 1, 2, 3, \ldots \qquad (m \in R^+)$$
$$P(\xi = r) = 0 \qquad \text{para cualquier otro valor de } r$$

comprobar que $P(\xi = r)$, así definida, es la función de cuantía que define la distribución de probabilidad de la variante ξ.

Resolución:

Es claro, pues, que la distribución de probabilidad de la variante ξ es de tipo *discreto*, puesto que la probabilidad se halla concentrada en una infinidad numerable de puntos: 0, 1, 2, 3, ... (todos los enteros positivos y el cero).

Si $P(\xi = r)$, así definida, es efectivamente la función de cuantía, deberá verificar:

a) $P(\xi = r) \geq 0$
b) $\sum_{\forall r} P(\xi = r) = 1$

Pasemos a comprobarlo:

a) $P(\xi = r) \geq 0$, puesto que:

$$P(\xi = r) = \frac{m^r}{r!}\frac{1}{e^m} > 0 \qquad \text{si} \qquad r = 0, 1, 2, 3, \ldots$$

al ser r positivo o nulo y m un número real positivo; y

$$P(\xi = r) = 0 \qquad \text{para cualquier otro valor de } r$$

b)

$$\sum_{\forall r} P(\xi = r) = \sum_{r=0}^{\infty} P(\xi = r) = \sum_{r=0}^{\infty} e^{-m} \cdot \frac{m^r}{r!}$$

Ahora bien, como se va a «sumar» según r, lo que *no* dependa de r figura en el proceso como constante, con lo cual:

$$\sum_{\forall r} P(\xi = r) = e^{-m} \sum_{r=0}^{\infty} \frac{m^r}{r!}$$

y siendo:

$$\sum_{r=0}^{\infty} \frac{m^r}{r!}$$

el desarrollo en serie de potencias de la función e^{-m}, podremos escribir:

$$\sum_{\forall r} P(\xi = r) = e^{-m}e^m = e^0 = 1$$

Luego, la función $P(\xi = r)$ es función de cuantía.

30. Dada la variante ξ, cuya distribución de probabilidad viene definida por la función de cuantía $P(\xi = r)$:

$$P(\xi = x) = \frac{3}{2}\frac{1}{x!(4 - x)!} \qquad \text{para} \qquad x = 0, 1, 2, 3, 4$$

$$P(\xi = x) = 0 \qquad \text{para cualquier otro valor de } x$$

determinar:

1) La función de distribución de la variante ξ.
2) Las probabilidades:

$$P(\xi = 3), \qquad P(1 \leq \xi \leq 2{,}5), \qquad P(\xi \leq 2{,}5)$$

Resolución:

1) Por definición, sabemos que la función de distribución $F(x)$ es:

$$F(x) = P(\xi \leq x)$$

y al ser, en este caso, la distribución de probabilidad, de la variante ξ, de tipo discreto, la función de distribución toma la forma:

$$F(x) = P(\xi \leq x) = \sum_{x_i \leq x} P(\xi = x_i)$$

esto es, para su *determinación* procederemos a «sumar» las probabilidades concentradas en los puntos x_i que estén a la izquierda del punto x y la probabilidad del punto x si en él existiese probabilidad.

Ahora bien, la distribución de probabilidad de la variante ξ, que define la función de cuantía $P(\xi = x)$, es:

$\xi = x_i$	0	1	2	3	4
$P(\xi = x_i)$	$\frac{3}{48}$	$\frac{3}{12}$	$\frac{3}{8}$	$\frac{3}{12}$	$\frac{3}{48}$

puesto que:

$$P(\xi = 0) = \frac{3}{2} \cdot \frac{1}{0!(4-0)!} = \frac{3}{48}$$

$$P(\xi = 1) = \frac{3}{2} \cdot \frac{1}{1!(4-1)!} = \frac{3}{12}$$

$$P(\xi = 2) = \frac{3}{2} \cdot \frac{1}{2!(4-2)!} = \frac{3}{8}$$

$$P(\xi = 3) = \frac{3}{2} \cdot \frac{1}{3!(4-3)!} = \frac{3}{12}$$

$$P(\xi = 4) = \frac{3}{2} \cdot \frac{1}{4!(4-4)!} = \frac{3}{48}$$

siendo la representación gráfica de dicha distribución de probabilidad:

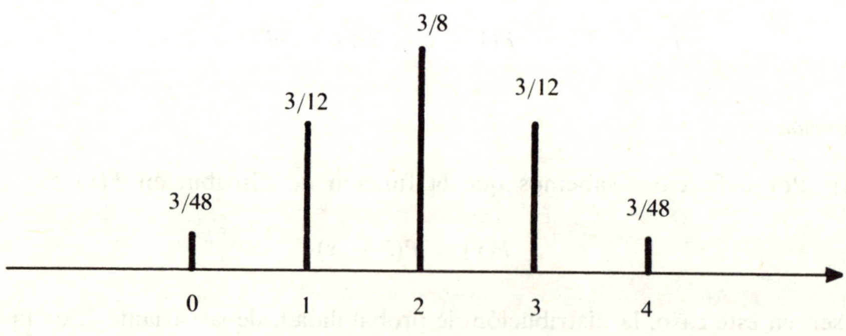

Pasemos, ya, a determinar la función de distribución $F(x)$:

a) $\forall x$, tal que, $x < 0$:

$$F(x) = \sum_{x_i \le x} P(\xi = x_i) = 0$$

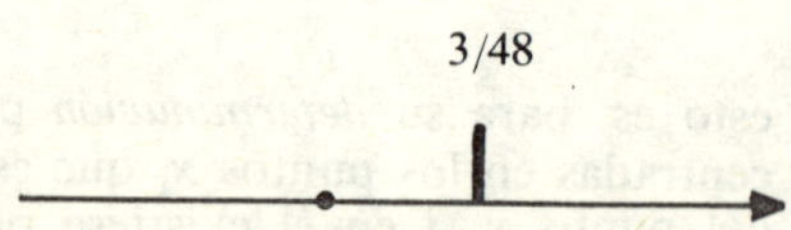

puesto que si x está a la izquierda del punto 0, la probabilidad *hasta* el punto x es cero.

b) Para $x = 0$:

$$F(0) = \sum_{x_i \leq 0} P(\xi = x_i) = P(\xi = 0) = \frac{3}{48}$$

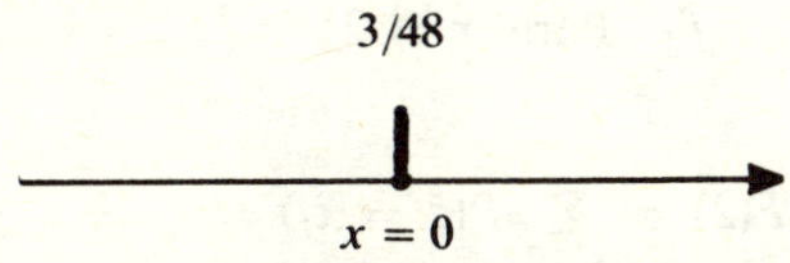

puesto que *hasta* el punto $x = 0$, la única probabilidad existente es, precisamente, la que corresponde a dicho punto.

c) $\forall x$, tal que, $0 < x < 1$:

$$F(x) = \sum_{x_i \leq x} P(\xi = x_i) = P(\xi = 0) = \frac{3}{48}$$

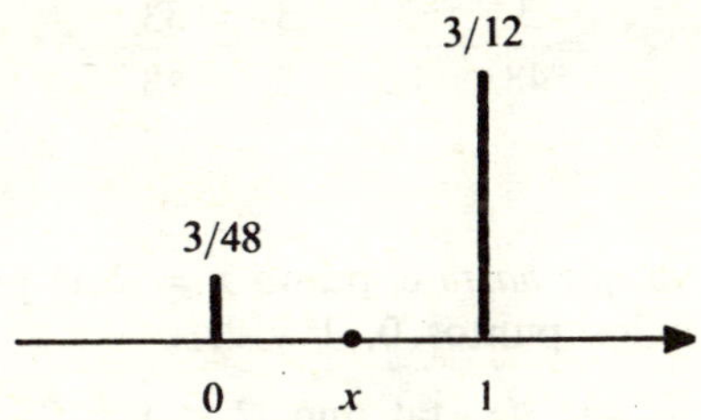

puesto que si el punto x está a la derecha del punto 0, y a la izquierda del punto 1, la probabilidad existente *hasta* dicho punto x, es la que corresponde, sólo, al punto 0.

d) Para $x = 1$:

$$F(1) = \sum_{x_i \leq 1} P(\xi = x_i) =$$

$$= P(\xi = 0) + P(\xi = 1) =$$

$$= \frac{3}{48} + \frac{3}{12} = \frac{15}{48}$$

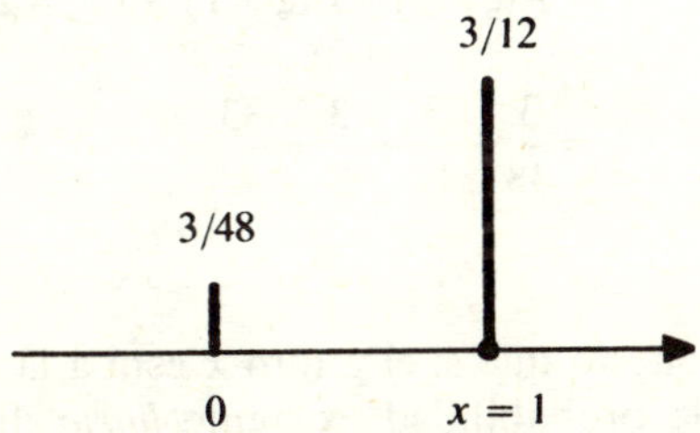

ya que, *hasta* el punto $x = 1$, la probabilidad existente es la que corresponde, sólo, a los puntos 0 y 1.

e) $\forall x$, tal que, $1 < x < 2$:

$$F(x) = \sum_{x_i \leq x} P(\xi = x_i) =$$

$$= P(\xi = 0) + P(\xi = 1) =$$

$$= \frac{3}{48} + \frac{3}{12} = \frac{15}{48}$$

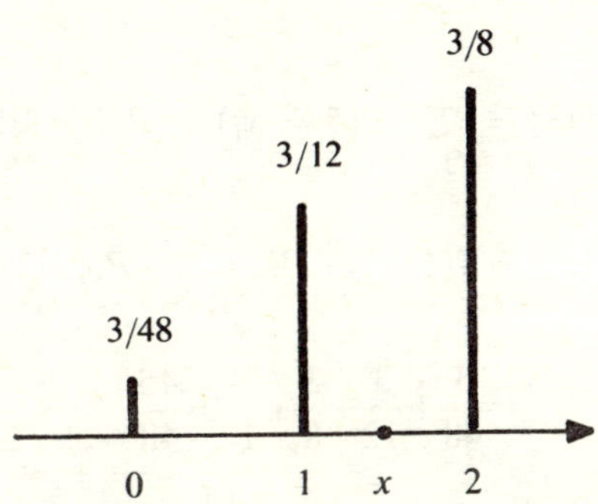

puesto que si el punto x está a la derecha del punto 1 y a la izquierda del punto 2, la probabilidad existente *hasta* dicho punto x, es la que corresponde, sólo, a los puntos 0 y 1.

f) Para $x = 2$:

$$F(2) = \sum_{x_i \leq 2} P(\xi = x_i) =$$

$$= P(\xi = 0) + P(\xi = 1) + P(\xi = 2) =$$

$$= \frac{3}{48} + \frac{3}{12} + \frac{3}{8} = \frac{33}{48}$$

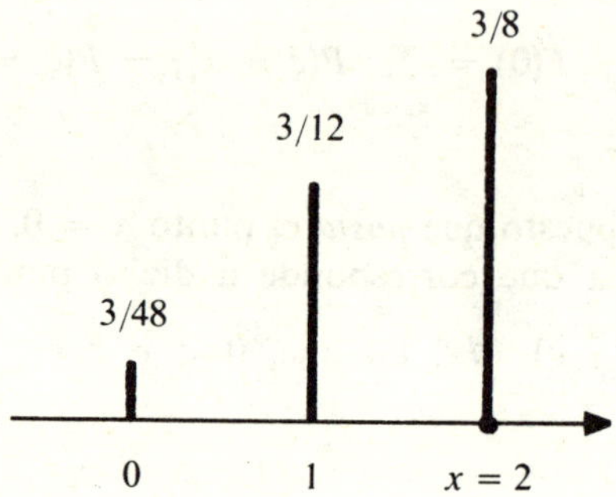

ya que *hasta* el punto $x = 2$, la probabilidad existente es la que corresponde, sólo, a los puntos 0, 1 y 2.

g) $\forall x$, tal que, $2 < x < 3$:

$$F(x) = \sum_{x_i \leq 4} P(\xi = x_i) =$$

$$= P(\xi = 0) + P(\xi = 1) + P(\xi = 2) =$$

$$= \frac{3}{48} + \frac{3}{12} + \frac{3}{8} = \frac{33}{48}$$

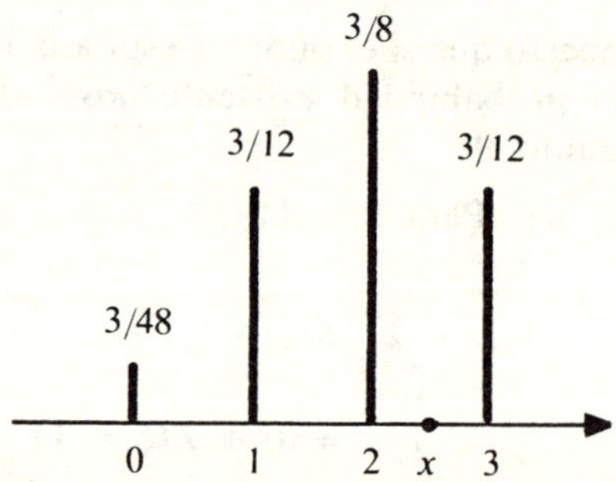

puesto que si el punto x está a la derecha del punto 2 y a la izquierda del punto 3, la probabilidad existente *hasta* dicho punto x, es la que corresponde, sólo, a los puntos 0, 1 y 2.

h) Para $x = 3$:

$$F(3) = \sum_{x_i \leq 3} P(\xi = x_i) = P(\xi = 0) +$$

$$+ P(\xi = 1) + P(\xi = 2) + P(\xi = 3) =$$

$$= \frac{3}{48} + \frac{3}{12} + \frac{3}{8} + \frac{3}{12} = \frac{45}{48}$$

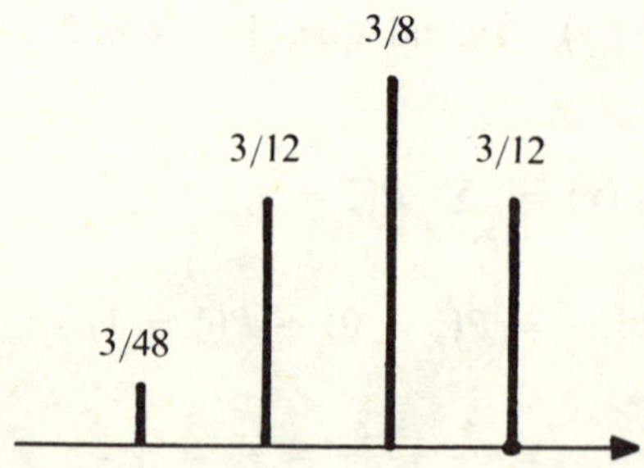

ya que *hasta* el punto $x = 3$, la probabilidad existente es la que corresponde, sólo, a los puntos 0, 1, 2 y 3.

i) $\forall x$, tal que, $3 < x < 4$:

$$F(x) = \sum_{x_i \leq x} P(\xi = x_i) = P(\xi = 0) +$$

$$+ P(\xi = 1) + P(\xi = 2) + P(\xi = 3) =$$

$$= \frac{3}{48} + \frac{3}{12} + \frac{3}{8} + \frac{3}{12} = \frac{45}{48}$$

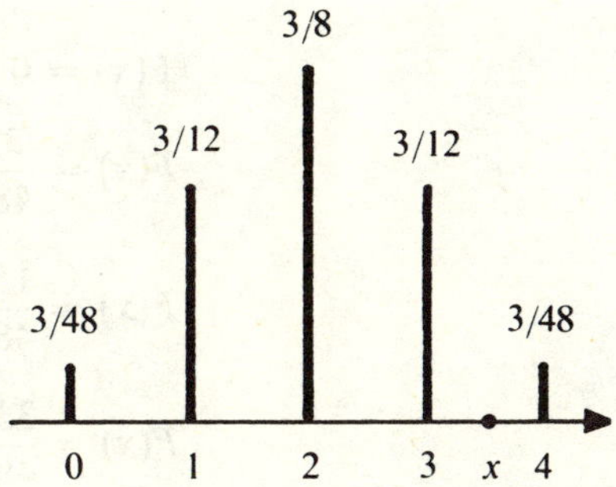

puesto que si el punto x está a la derecha del punto 3 y a la izquierda del punto 4, la probabilidad *hasta* dicho punto x, es la que corresponde, sólo, a los puntos 0, 1, 2, 3.

j) Para $x = 4$:

$$F(4) = \sum_{x_i \leq 4} P(\xi = x_i) = P(\xi = 0) +$$

$$+ P(\xi = 1) + P(\xi = 2) + P(\xi = 3) +$$

$$+ P(\xi = 4) = \frac{3}{48} + \frac{3}{12} + \frac{3}{8} + \frac{3}{12} +$$

$$+ \frac{3}{48} = 1$$

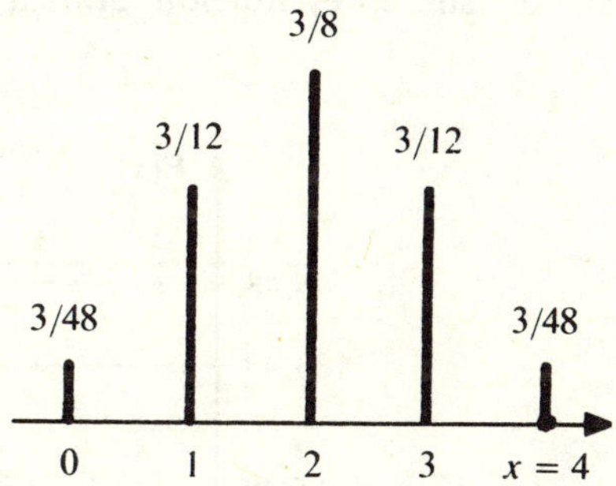

ya que *hasta* el punto $x = 4$, la probabilidad existente es la que corresponde, sólo, a los puntos 0, 1, 2, 3 y 4.

k) $\forall x$, tal que, $4 < x$:

$$F(x) = \sum_{x_i \leq x} P(\xi = x_i) = P(\xi = 0) +$$

$$+ P(\xi = 1) + P(\xi = 2) + P(\xi = 3) +$$

$$+ P(\xi = 4) = \frac{3}{48} + \frac{3}{12} + \frac{3}{8} + \frac{3}{12} +$$

$$+ \frac{3}{48} = 1$$

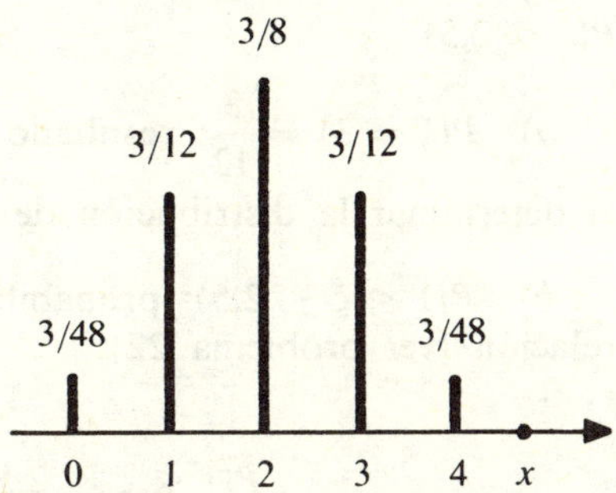

puesto que si el punto x está a la derecha del punto 4, la probabilidad existente *hasta* dicho punto x, es la que corresponde, sólo, a los puntos 0, 1, 2, 3 y 4.

Por tanto, la función de distribución $F(x)$, de la variante ξ, vendrá definida así:

$$F(x) = 0 \quad \text{para} \quad x < 0$$

$$F(x) = \frac{3}{48} \quad \text{para} \quad 0 \leq x < 1$$

$$F(x) = \frac{15}{48} \quad \text{para} \quad 1 \leq x < 2$$

$$F(x) = \frac{33}{48} \quad \text{para} \quad 2 \leq x < 3$$

$$F(x) = \frac{45}{48} \quad \text{para} \quad 3 \leq x < 4$$

$$F(x) = 1 \quad \text{para} \quad 4 \leq x$$

siendo su representación gráfica:

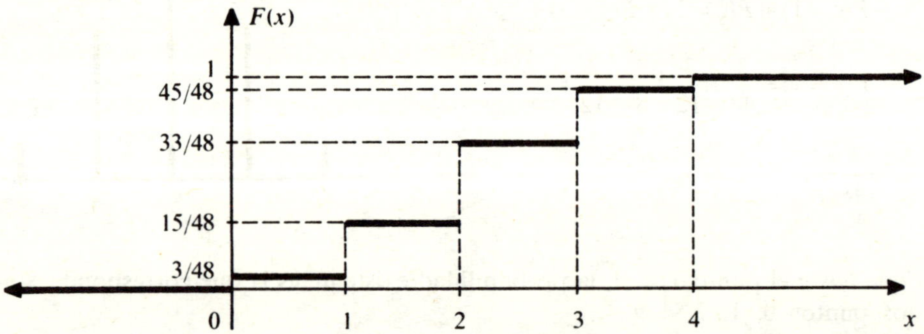

2) Determinaremos, ahora, las probabilidades $P(\xi = 3)$, $P(1 \leq \xi \leq 2{,}5)$, $P(\xi \leq 2{,}5)$:

a) $P(\xi = 3) = \frac{3}{12}$: resultado que fue establecido por la función de cuantía al determinar la distribución de probabilidad de la variante ξ.

b) $P(1 \leq \xi \leq 2{,}5)$: probabilidad que determinaremos teniendo en cuenta la relación (ver problema 22):

$$P(1 \leq \xi \leq 2{,}5) = F(2{,}5) - F(1) + P(\xi = 1)$$

y al ser:

$$F(2{,}5) = \frac{33}{48} \qquad \text{puesto que} \qquad 2{,}5 \in [2,\ 3)$$

$$F(1) = \frac{15}{48} \qquad \text{puesto que} \qquad 1 \in [1,\ 2)$$

$$P(\xi = 1) = \frac{3}{12}$$ probabilidad establecida por la función de cuantía, al determinar la distribución de probabilidad de la variante ξ

se tendrá:

$$P(1 \leq \xi \leq 2{,}5) = \frac{33}{48} - \frac{15}{48} + \frac{3}{12} = \frac{30}{48}$$

c) $P(\xi \leq 2{,}5)$: probabilidad que determinaremos teniendo en cuenta que, por definición:

$$P(\xi \leq 2{,}5) = F(2{,}5)$$

con lo que, al ser:

$$F(2{,}5) = \frac{33}{48} \qquad \text{puesto que} \qquad 2{,}5 \in [2,\ 3)$$

es:

$$P(\xi \leq 2{,}5) = \frac{33}{48}$$

31. Dada la variante ξ, cuya distribución de probabilidad viene definida por la función de densidad:

$$f(x) = 0 \qquad \text{para} \qquad x \leq 0$$

$$f(x) = \frac{1}{9}(x + 1) \qquad \text{para} \qquad 0 < x \leq 1$$

$$f(x) = \frac{4}{9}\left(x - \frac{1}{2}\right) \qquad \text{para} \qquad 1 < x \leq \frac{3}{2}$$

$$f(x) = \frac{4}{9}\left(\frac{5}{2} - x\right) \qquad \text{para} \qquad \frac{3}{2} < x \leq 2$$

$$f(x) = \frac{1}{9}(4 - x) \qquad \text{para} \qquad 2 < x \leq 3$$

$$f(x) = \frac{1}{9} \qquad \text{para} \qquad 3 < x \leq 6$$

$$f(x) = 0 \qquad \text{para} \qquad 6 < x$$

determinar:

1) La representación gráfica de la función de densidad $f(x)$.
2) La función de distribución de la variante ξ.
3) La probabilidad $P(1{,}3 < \xi < 2{,}4)$.

Resolución:

1) La representación gráfica de la función de densidad será la siguiente:

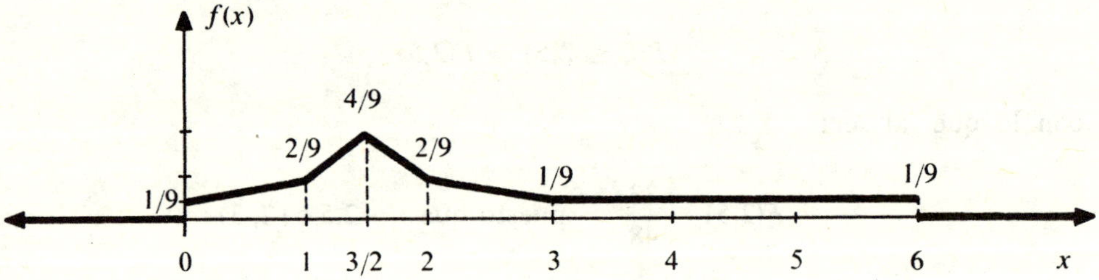

2) Pasemos a determinar la función de distribución $F(x)$; por definición sabemos que:

$$F(x) = P(\xi \leq x)$$

y al ser, en este caso, la distribución de la variante ξ de tipo continuo, la función de distribución *toma la forma*:

$$F(x) = P(\xi \leq x) = \int_{-\infty}^{x} f(x)\, dx$$

esto es, para su *determinación*, procederemos a integrar la correspondiente función de densidad.

Como la expresión $F(x)$ depende del extremo superior x de la integral de la función de densidad $f(x)$, y esta última no viene definida por «ecuación única» en su campo de definición, cuando vaya a determinarse la integral:

$$\int_{-\infty}^{x} f(x)\,dx$$

habrá que tener presente:

a) A qué intervalo pertenece el punto x, extremo superior del intervalo de integración.

b) Si la función de densidad $f(x)$, función integrando, viene o no, definida por expresión algebraica única en todo el intervalo $(-\infty, x]$.

Teniendo, pues, en cuenta lo dicho:

a) $\forall x$, tal que, $x < 0$, se tiene:

$$F(x) = \int_{-\infty}^{x} f(x)\,dx$$

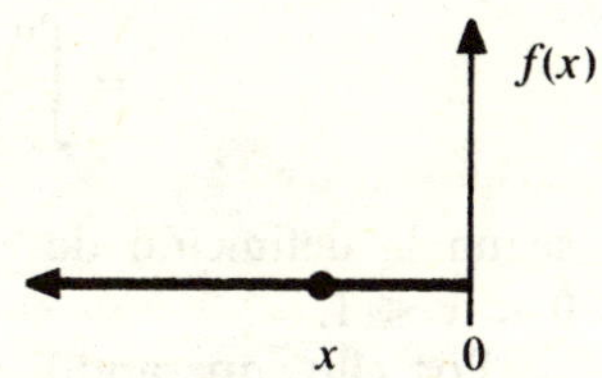

y en el intervalo de integración $(-\infty, x]$ si $x < 0$, la función de densidad $f(x)$ viene definida por expresión algebraica única:

$$f(x) = 0$$

Luego:

$$\boxed{F(x) = \int_{-\infty}^{x} 0\,dx = 0} \quad \text{para} \quad x < 0$$

b) $\forall x$, tal que, $0 < x \leq 1$, se tiene:

$$F(x) = \int_{-\infty}^{x} f(x)\,dx$$

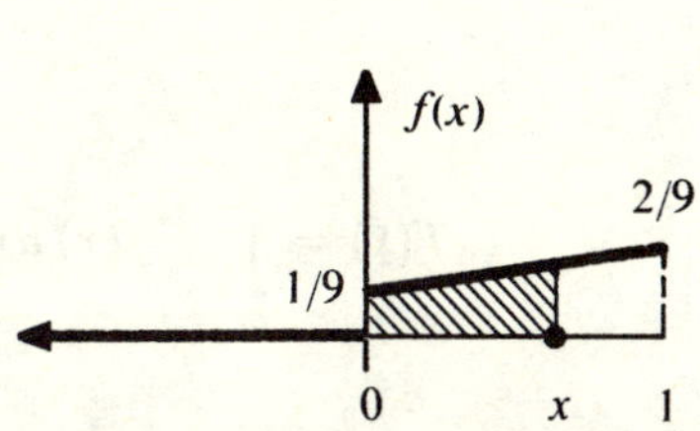

y en el intervalo de integración $(-\infty, x]$, si $0 < x \leq 1$, la función de densidad $f(x)$ *no* viene definida por expresión algebraica única, sino que:

$f(x) = 0$ para los puntos del intervalo $(-\infty, 0]$

$f(x) = \frac{1}{9}(x+1)$ para los puntos del intervalo $(0, x]$, si $0 < x \leq 1$

por lo que el intervalo de integración $(-\infty, x]$ habrá que «partirlo» en tantos subintervalos parciales como expresiones algebraicas distintas definan a la función de densidad. De esta forma:

$$\int_{-\infty}^{x} f(x)\,dx = \int_{-\infty}^{0} f(x)\,dx + \int_{0}^{x} f(x)\,dx$$

por la conocida propiedad aditiva del intervalo de integración, resultando:

$$F(x) = \int_{-\infty}^{x} f(x)\,dx = \int_{-\infty}^{0} f(x)\,dx + \int_{0}^{x} f(x)\,dx =$$
$$= \int_{-\infty}^{0} 0 \cdot dx + \int_{0}^{x} \frac{1}{9}(x+1)\,dx$$

según la definición de $f(x)$ en el intervalo $(-\infty, 0]$ y en el intervalo $(0, x]$, si $0 < x \leq 1$.

Por ello, operando, se tiene:

$$F(x) = 0 + \frac{1}{9}\left[\frac{x^2}{2} + x\right]_0^x = \frac{1}{9}\left[\frac{x^2}{2} + x\right]$$

Luego, para cualquier x tal que, $0 < x \leq 1$:

$$\boxed{F(x) = \frac{1}{9}\left[\frac{x^2}{2} + x\right]}$$

c) $\forall x$, tal que, $1 < x \leq \frac{3}{2}$, se tiene:

$$F(x) = \int_{-\infty}^{x} f(x)\,dx$$

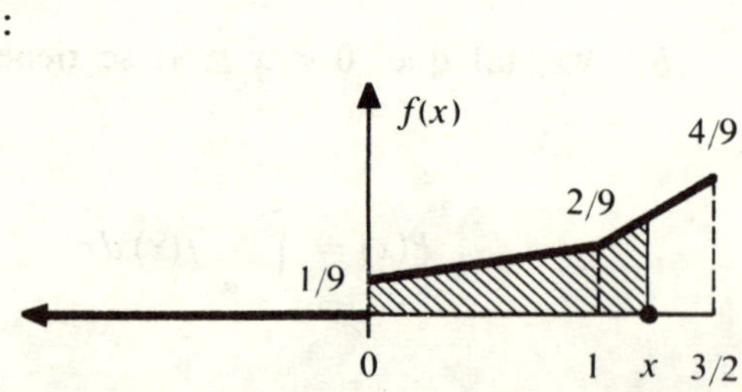

y en el intervalo de integración $(-\infty, x]$, si $1 < x \leq \frac{3}{2}$, la función de densidad

$f(x)$ *no* viene definida por expresión algebraica única, sino que:

$f(x) = 0$ para los puntos del intervalo $(-\infty, 0]$

$f(x) = \frac{1}{9}(x + 1)$ para los puntos del intervalo $(0, 1]$

$f(x) = \frac{4}{9}\left(x - \frac{1}{2}\right)$ para los puntos del intervalo $(0, x]$ si $1 < x \leq \frac{3}{2}$

por lo que el intervalo de integración $(-\infty, x]$ habrá que «partirlo» en tantos subintervalos como expresiones algebraicas distintas definan a la función de densidad. De esta forma:

$$\int_{-\infty}^{x} f(x)\, dx = \int_{-\infty}^{0} f(x)\, dx + \int_{0}^{1} f(x)\, dx + \int_{1}^{x} f(x)\, dx$$

por la conocida propiedad aditiva del intervalo de integración, resultando:

$$F(x) = \int_{-\infty}^{0} f(x)\, dx + \int_{0}^{1} f(x)\, dx + \int_{1}^{x} f(x)\, dx =$$

$$= \int_{-\infty}^{0} 0 \cdot dx + \int_{0}^{1} \frac{1}{9}(x + 1)\, dx + \int_{1}^{x} \frac{4}{9}\left(x - \frac{1}{2}\right) dx$$

según la definición de $f(x)$ en el intervalo $(-\infty, 0]$, en el intervalo $(0, 1]$ y en el intervalo $[1, x]$, si $1 < x \leq \frac{3}{2}$.

Por ello, operando, se tiene:

$$F(x) = 0 + \frac{1}{9}\left[\frac{x^2}{2} + x\right]_0^1 + \frac{4}{9}\left[\frac{x^2}{2} - \frac{x}{2}\right]_1^x =$$

$$= 0 + \frac{3}{18} + \frac{4}{9}\left(\frac{x^2}{2} - \frac{x}{2}\right) = \frac{4}{9}\left(\frac{x^2}{2} - \frac{x}{2}\right) + \frac{3}{18}$$

Luego, para cualquier x tal que, $1 < x \leq \frac{3}{2}$:

$$\boxed{F(x) = \frac{4}{9}\left(\frac{x^2}{2} - \frac{x}{2}\right) + \frac{3}{18}}$$

d) $\forall x$, tal que, $\frac{3}{2} < x \leq 2$, se tiene:

$$F(x) = \int_{-\infty}^{x} f(x)\,dx$$

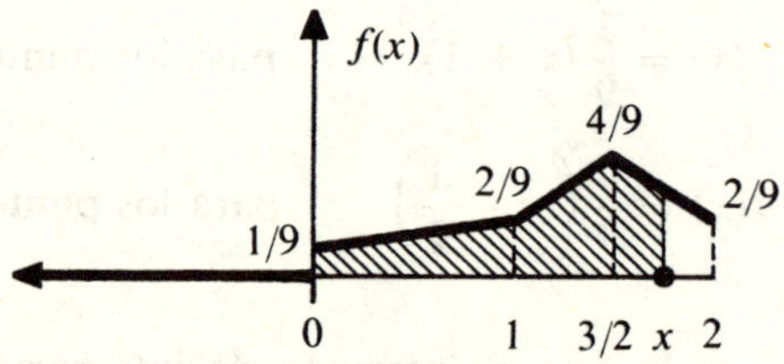

y en el intervalo de integración $(-\infty, x]$, si $\frac{3}{2} < x \leq 2$, la función de densidad *no* viene definida por expresión algebraica única, sino que,

$f(x) = 0$ para los puntos del intervalo $(-\infty, 0]$

$f(x) = \frac{1}{9}(x + 1)$ para los puntos del intervalo $(0, 1]$

$f(x) = \frac{4}{9}\left(x - \frac{1}{2}\right)$ para los puntos del intervalo $\left(1, \frac{3}{2}\right]$

$f(x) = \frac{4}{9}\left(\frac{5}{2} - x\right)$ para los puntos del intervalo $\left(\frac{3}{2}, x\right]$ si $\frac{3}{2} < x \leq 2$

por lo que el intervalo de integración $(-\infty, x]$ habrá que «partirlo» en tantos subintervalos parciales como ecuaciones distintas definan a la función de densidad. De esta forma:

$$\int_{-\infty}^{x} f(x)\,dx = \int_{-\infty}^{0} f(x)\,dx + \int_{0}^{1} f(x)\,dx + \int_{1}^{3/2} f(x)\,dx + \int_{3/2}^{x} f(x)\,dx$$

por la conocida propiedad aditiva del intervalo de integración, resultando:

$$F(x) = \int_{-\infty}^{0} 0 \cdot dx + \int_{0}^{1} \frac{1}{9}(x + 1)\,dx + \int_{1}^{3/2} \frac{4}{9}\left(x - \frac{1}{2}\right) dx + \int_{3/2}^{x} \frac{4}{9}\left(\frac{5}{2} - x\right) dx$$

según la definición de $f(x)$ en el intervalo $(-\infty, 0]$, en el intervalo $(0, 1]$, en el intervalo $\left(1, \frac{3}{2}\right]$ y en el intervalo $\left(\frac{3}{2}, x\right]$, si $\frac{3}{2} < x \leq 2$.

Por ello, operando, se tiene:

$$F(x) = 0 + \frac{1}{9}\left[\frac{x^2}{2} + x\right]_0^1 + \frac{4}{9}\left[\frac{x^2}{2} - \frac{x}{2}\right]_1^{3/2} + \frac{4}{9}\left[\frac{5}{2}x - \frac{x^2}{2}\right]_{3/2}^{x} =$$

$$= 0 + \frac{3}{18} + \frac{3}{18} + \frac{4}{9}\left(\frac{5}{2}x - \frac{x^2}{8} - \frac{21}{8}\right) = \frac{4}{9}\left(\frac{5}{2}x - \frac{x^2}{8}\right) - \frac{15}{18}$$

Luego, para cualquier x tal que, $\frac{3}{2} < x \leq 2$:

$$\boxed{F(x) = \frac{4}{9}\left(\frac{5}{2}x - \frac{x^2}{8}\right) - \frac{15}{18}}$$

e) $\forall x$, tal que, $2 < x \leq 3$, se tiene:

$$F(x) = \int_{-\infty}^{x} f(x)\,dx$$

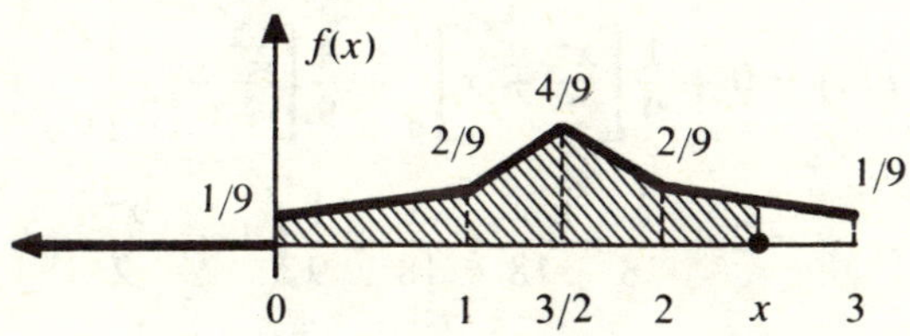

y en el intervalo de integración $(-\infty, x]$, si $2 < x \leq 3$, la función de densidad *no* viene definida por expresión algebraica única, sino que:

$f(x) = 0$ para los puntos del intervalo $(-\infty, 0]$

$f(x) = \frac{1}{9}(x + 1)$ para los puntos del intervalo $(0, 1]$

$f(x) = \frac{4}{9}\left(x - \frac{1}{2}\right)$ para los puntos del intervalo $\left(1, \frac{3}{2}\right]$

$f(x) = \frac{4}{9}\left(\frac{5}{2} - x\right)$ para los puntos del intervalo $\left(\frac{3}{2}, x\right]$

$f(x) = \frac{1}{9}(4 - x)$ para los puntos del intervalo $(2, x]$, si $2 < x \leq 3$

por lo que el intervalo de integración $(-\infty, x]$ habrá que «partirlo» en tantos subintervalos parciales como expresiones algebraicas distintas definan a la función de densidad. De esta forma:

$$\int_{-\infty}^{x} f(x)\,dx = \int_{-\infty}^{0} f(x)\,dx + \int_{0}^{1} f(x)\,dx + \int_{1}^{3/2} f(x)\,dx + \int_{3/2}^{2} f(x)\,dx + \int_{2}^{x} f(x)\,dx$$

por la conocida propiedad aditiva del intervalo de integración, resultando:

$$F(x) = \int_{-\infty}^{0} 0 \cdot dx + \int_{0}^{1} \frac{1}{9}(x+1)\,dx + \int_{1}^{3/2} \frac{4}{9}\left(x - \frac{1}{2}\right) dx +$$

$$+ \int_{3/2}^{2} \frac{4}{9}\left(\frac{5}{2} - x\right) dx + \int_{2}^{x} \frac{1}{9}(4 - x)\,dx$$

según la definición de $f(x)$ en el intervalo $(-\infty, 0]$, en el intervalo $(0, 1]$, en el intervalo $\left(1, \frac{3}{2}\right]$, en el intervalo $\left(\frac{3}{2}, 2\right]$ y en el intervalo $(2, x]$, si $2 < x \leq 3$. Por ello, operando, se tiene:

$$F(x) = 0 + \frac{1}{9}\left[\frac{x^2}{2} + x\right]_0^1 + \frac{4}{9}\left[\frac{x^2}{2} - \frac{x}{2}\right]_1^{3/2} + \frac{4}{9}\left[\frac{5}{2}x - \frac{x^2}{2}\right]_{3/2}^{2} + \frac{1}{9}\left[4x - \frac{x^2}{2}\right]_2^x =$$

$$= 0 + \frac{3}{18} + \frac{3}{18} + \frac{3}{18} + \frac{1}{9}\left(4x - \frac{x^2}{2} - 6\right) = \frac{1}{9}\left(4x - \frac{x^2}{2}\right) - \frac{3}{18}$$

Luego, para cualquier x tal que, $2 < x \leq 3$:

$$\boxed{F(x) = \frac{1}{9}\left(4x - \frac{x^2}{2}\right) - \frac{3}{18}}$$

f) $\forall x$, tal que, $3 < x \leq 6$, se tiene que:

$$F(x) = \int_{-\infty}^{x} f(x)\,dx$$

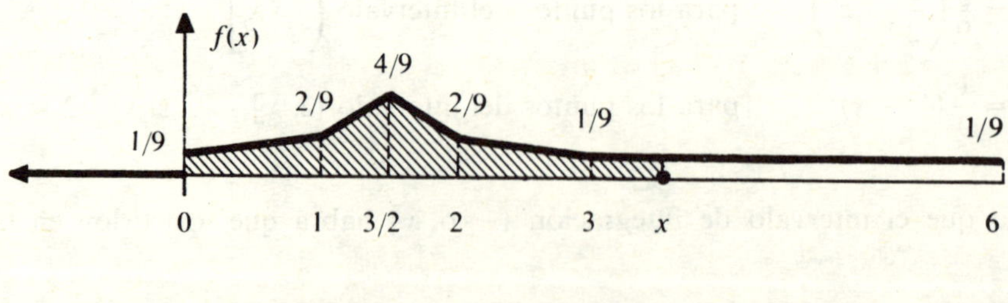

y en el intervalo de integración $(-\infty, x]$, si $3 < x \leq 6$, la función de densidad *no* viene definida por expresión algebraica única, sino que:

$f(x) = 0$ para los puntos del intervalo $(-\infty, 0]$

$f(x) = \frac{1}{9}(x + 1)$ para los puntos del intervalo $(0, 1]$

$f(x) = \frac{4}{9}\left(x - \frac{1}{2}\right)$ para los puntos del intervalo $\left(1, \frac{3}{2}\right]$

$f(x) = \frac{4}{9}\left(\frac{5}{2} - x\right)$ para los puntos del intervalo $\left(\frac{3}{2}, 2\right]$

$f(x) = \frac{1}{9}(4 - x)$ para los puntos del intervalo $(2, 3]$

$f(x) = \frac{1}{9}$ para los puntos del intervalo $(3, x]$ si $3 < x \leq 6$

por lo que el intervalo de integración $(-\infty, x]$ habrá que «partirlo» en tantos subintervalos parciales como expresiones algebraicas distintas definan a la función de densidad. De esta forma:

$$\int_{-\infty}^{x} f(x)\,dx = \int_{-\infty}^{0} f(x)\,dx + \int_{0}^{1} f(x)\,dx + \int_{1}^{3/2} f(x)\,dx + \int_{3/2}^{2} f(x)\,dx + \int_{2}^{3} f(x)\,dx + \int_{3}^{x} f(x)\,dx$$

por la conocida propiedad aditiva del intervalo de integración, resultando:

$$F(x) = \int_{-\infty}^{0} 0 \cdot dx + \int_{0}^{1} \frac{1}{9}(x + 1)\,dx + \int_{1}^{3/2} \frac{4}{9}\left(x - \frac{1}{2}\right)dx + \int_{3/2}^{2} \frac{4}{9}\left(\frac{5}{2} - x\right)dx + \int_{2}^{3} \frac{1}{9}(4 - x)\,dx + \int_{3}^{x} \frac{1}{9}\,dx$$

según la definición de $f(x)$ en el intervalo $(-\infty, 0]$, en el intervalo $(0, 1]$, en el intervalo $\left(1, \frac{3}{2}\right]$, en el intervalo $\left(\frac{3}{2}, 2\right]$, en el intervalo $(2, 3]$ y en el intervalo $(3, x]$, si $3 < x \leq 6$.

Por ello, operando, se tiene:

$$F(x) = 0 + \frac{1}{9}\left[\frac{x^2}{2} + x\right]_0^1 + \frac{4}{9}\left[\frac{x^2}{2} - \frac{x}{2}\right]_1^{3/2} + \frac{4}{9}\left[\frac{5}{2}x - \frac{x^2}{2}\right]_{3/2}^2 + \frac{1}{9}\left[4x - \frac{x^2}{2}\right]_2^3 + \frac{1}{9}[x]_3^x = 0 + \frac{3}{18} + \frac{3}{18} + \frac{3}{18} + \frac{3}{18} + \frac{1}{9}(x-3) = \frac{1}{9}(x-3) + \frac{12}{18}$$

Luego, para cualquier x tal que $3 < x \leq 6$,

$$\boxed{F(x) = \frac{1}{9}(x-3) + \frac{12}{18}}$$

g) $\forall x$, tal que $6 < x$, se tiene:

$$F(x) = \int_{-\infty}^{x} f(x)\,dx$$

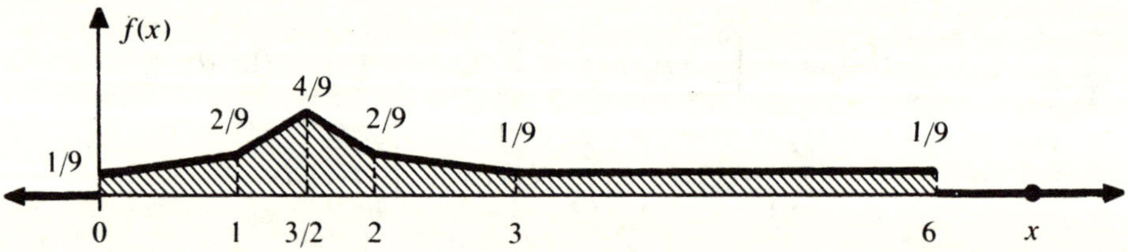

y en el intervalo de integración $(-\infty, x]$, si $6 < x$, la función de densidad *no* viene definida por expresión algebraica única, sino que:

$f(x) = 0$	para los puntos del intervalo $(-\infty, 0]$
$f(x) = \frac{1}{9}(x+1)$	para los puntos del intervalo $(0, 1]$
$f(x) = \frac{4}{9}\left(x - \frac{1}{2}\right)$	para los puntos del intervalo $\left(1, \frac{3}{2}\right]$
$f(x) = \frac{4}{9}\left(\frac{5}{2} - x\right)$	para los puntos del intervalo $\left(\frac{3}{2}, 2\right]$
$f(x) = \frac{1}{9}(4 - x)$	para los puntos del intervalo $(2, 3]$

$$f(x) = \frac{1}{9} \qquad \text{para los puntos del intervalo } (3, 6]$$

$$f(x) = 0 \qquad \text{para los puntos del intervalo } (6, x], \quad \text{si} \quad 6 < x$$

por lo que el intervalo de integración $(-\infty, x]$ habrá que «partirlo» en tantos subintervalos parciales como expresiones algebraicas distintas definan a la función de densidad. De esta forma:

$$\int_{-\infty}^{x} f(x)\,dx = \int_{-\infty}^{0} f(x)\,dx + \int_{0}^{1} f(x)\,dx + \int_{1}^{3/2} f(x)\,dx + \int_{3/2}^{2} f(x)\,dx +$$
$$+ \int_{2}^{3} f(x)\,dx + \int_{3}^{6} f(x)\,dx + \int_{6}^{x} f(x)\,dx$$

por la conocida propiedad aditiva del intervalo de integración, resultando:

$$F(x) = \int_{-\infty}^{0} 0 \cdot dx + \int_{0}^{1} \frac{1}{9}(x+1)\,dx + \int_{1}^{3/2} \frac{4}{9}\left(x - \frac{1}{2}\right) dx + \int_{3/2}^{2} \frac{4}{9}\left(\frac{5}{2} - x\right) dx +$$
$$+ \int_{2}^{3} \frac{1}{9}(4 - x)\,dx + \int_{3}^{6} \frac{1}{9}\,dx + \int_{6}^{x} 0 \cdot dx =$$
$$= 0 + \frac{1}{9}\left[\frac{x^2}{2} + x\right]_0^1 + \frac{4}{9}\left[\frac{x^2}{2} - \frac{x}{2}\right]_1^{3/2} + \frac{4}{9}\left[\frac{5}{2}x - \frac{x^2}{2}\right]_{3/2}^{2} +$$
$$+ \frac{1}{9}\left[4x - \frac{x^2}{2}\right]_2^3 + \frac{1}{9}[x]_3^6 + 0 =$$
$$= 0 + \frac{3}{18} + \frac{3}{18} + \frac{3}{18} + \frac{3}{18} + \frac{3}{9} + 0 = 1$$

Luego, para cualquier x tal que, $6 < x$:

$$\boxed{F(x) = 1}$$

De los resultados anteriores, se sigue que la función de distribución viene definida así:

$$F(x) = 0 \qquad \text{para} \quad x \leq 0$$
$$F(x) = \frac{1}{9}\left(\frac{x^2}{2} + x\right) \qquad \text{para} \quad 0 < x \leq 1$$
$$F(x) = \frac{4}{9}\left(\frac{x^2}{2} - \frac{x}{2}\right) + \frac{3}{18} \qquad \text{para} \quad 1 < x \leq \frac{3}{2}$$
$$F(x) = \frac{4}{9}\left(\frac{5}{2}x - \frac{x^2}{8}\right) - \frac{15}{18} \qquad \text{para} \quad \frac{3}{2} < x \leq 2$$

$$F(x) = \frac{1}{9}\left(4x - \frac{x^2}{2}\right) - \frac{3}{18} \qquad \text{para} \qquad 2 < x \leq 3$$

$$F(x) = \frac{1}{9}(x - 3) + \frac{12}{18} \qquad \text{para} \qquad 3 < x \leq 6$$

$$F(x) = 1 \qquad \text{para} \qquad 6 < x$$

3) Para determinar la probabilidad:

$$P(1{,}3 < \xi < 2{,}4)$$

usaremos de la definición de la función de distribución de la variante ξ, obtenida en el apartado 2) de este problema, puesto que:

$$P(1{,}3 < \xi < 2{,}4) = P(1{,}3 < \xi \leq 2{,}4) = F(2{,}4) - F(1{,}3)$$

ya que la distribución de probabilidad de la variante ξ es de tipo continuo, y en este tipo de distribuciones se verifica que:

$$P(1{,}3 < \xi < 2{,}4) = P(1{,}3 < \xi \leq 2{,}4)$$

según vimos en el problema 24. Entonces, como:

$$F(2{,}4) = \frac{1}{9}\left(4(2{,}4) - \frac{(2{,}4)^2}{2}\right) - \frac{3}{18} = 0{,}58 \qquad \text{al ser} \qquad 2{,}4 \in (2, 3]$$

$$F(1{,}3) = \frac{4}{9}\left(\frac{(1{,}3)^2}{2} - \frac{1{,}3}{2}\right) + \frac{3}{18} = 0{,}25 \qquad \text{al ser} \qquad 1{,}3 \in \left(1, \frac{3}{2}\right]$$

se tiene que:

$$\boxed{P(1{,}3 < \xi < 2{,}4) = 0{,}58 - 0{,}25 = 0{,}33}$$

que es la probabilidad pedida.

32. Dada la variante ξ, cuya distribución de probabilidad viene definida por la función de densidad:

$$f(x) = \frac{1}{3} \qquad \text{para} \qquad 0 < x < 3$$

$$f(x) = 0 \qquad \text{para cualquier otro valor de } x,$$

establecer:

1) Que $f(x)$ así definida es, ciertamente, la función de densidad que define a la distribución de probabilidad de la variante ξ.

2) La función de distribución de la variante ξ.

3) Las probabilidades:

$$P(-2 < \xi \leq -1), \qquad P(1 < \xi < 2{,}4).$$

Resolución:

1) Si $f(x)$ es, ciertamente, función de densidad deberá verificar, como sabemos, las dos condiciones,

a) $$f(x) \geq 0$$

b) $$\int_{-\infty}^{+\infty} f(x)\, dx = 1$$

a) Tal y como se ha definido $f(x)$ es claro que:

$$f(x) = \frac{1}{3} > 0 \qquad \text{para} \qquad 0 < x < 3$$

$$f(x) = 0 \qquad \text{para cualquier otro valor de } x$$

Por tanto, la primera condición la verifica.

b) Para ver si $f(x)$ verifica que,

$$\int_{-\infty}^{+\infty} f(x)\, dx = 1$$

habremos de tener presente que $f(x)$ *no* viene definida por expresión algebraica única en el intervalo de integración $(-\infty, \infty)$, sino que:

$$f(x) = 0 \qquad \text{para} \qquad x \leq 0$$

$$f(x) = \frac{1}{3} \qquad \text{para} \qquad 0 < x < 3$$

$$f(x) = 0 \qquad \text{para} \qquad 3 \leq x$$

por lo que, aplicando la propiedad aditiva del intervalo de integración, escribiremos:

$$\int_{-\infty}^{+\infty} f(x) = \int_{-\infty}^{0} f(x)\, dx + \int_{0}^{3} f(x)\, dx + \int_{3}^{+\infty} f(x)\, dx$$

y teniendo en cuenta, por tanto, la definición de la función de densidad $f(x)$ en cada uno de los subintervalos parciales, se tendrá:

$$\int_{-\infty}^{+\infty} f(x)\,dx = \int_{-\infty}^{0} 0 \cdot dx + \int_{0}^{3} \frac{1}{3}\,dx + \int_{3}^{+\infty} 0 \cdot dx = \int_{0}^{3} \frac{1}{3}\,dx$$

y de ahí:

$$\int_{-\infty}^{+\infty} f(x)\,dx = \int_{0}^{3} \frac{1}{3}\,dx = \frac{1}{3}\,[x]_0^3 = \frac{1}{3}\,(3 - 0) = \frac{3}{3} = 1$$

lo que evidencia que, $f(x)$, así definida, verifica la condición *b*). Luego, ciertamente, $f(x)$ es la función de densidad que define la distribución de probabilidad de la variante ξ.

Su representación gráfica es:

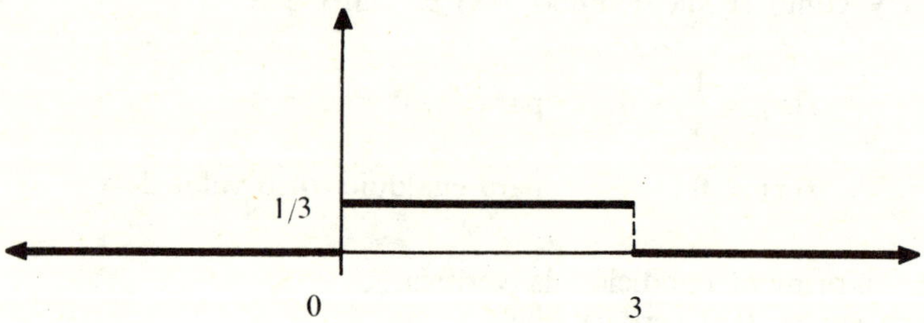

2) Es claro que la distribución de probabilidad de la variante ξ es de tipo *continuo*; la función de distribución, que por definición es:

$$F(x) = P(\xi \leq x)$$

en este tipo de distribuciones *toma la forma*:

$$F(x) = P(\xi \leq x) = \int_{-\infty}^{x} f(x)\,dx$$

esto es, para su determinación habremos de integrar la función de densidad observando que la función de distribución depende del extremo superior x de la integral anterior, y que la función de densidad *no* viene definida por expresión algebraica única para todo valor x, procederemos teniendo en cuenta:

a) a qué intervalo pertenece el punto x, extremo superior del intervalo de integración.

b) si la función de densidad $f(x)$, función integrando, viene o no definida por expresión algebraica única en todo el intervalo $(-\infty, x]$.

Así, pues:

a) $\forall x$, tal que, $x \leq 0$, se tiene:

$$F(x) = \int_{-\infty}^{x} f(x)\,dx = \int_{-\infty}^{x} 0 \cdot dx = 0$$

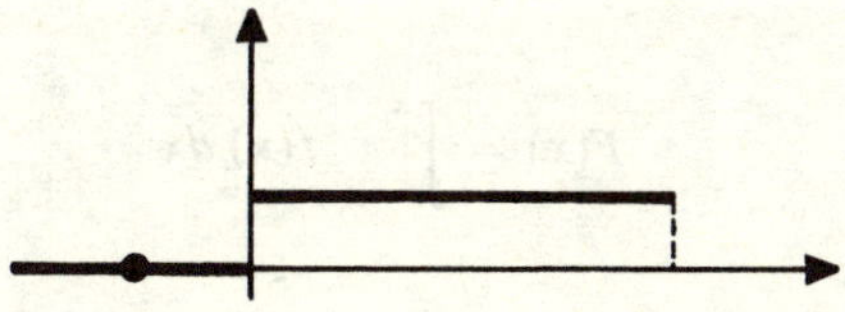

puesto que, según sabemos:

$$\text{si} \quad x \leq 0, \quad f(x) = 0$$

b) $\forall x$, tal que, $0 < x < 3$, se tiene:

$$F(x) = \int_{-\infty}^{x} f(x)\,dx$$

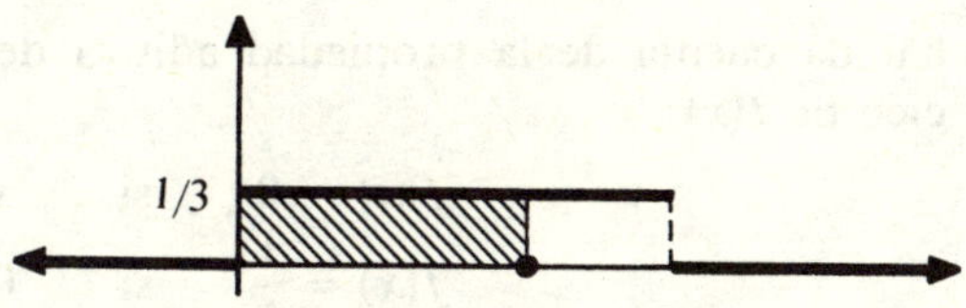

Ahora bien, como en el intervalo de integración $(-\infty, x]$ si $0 < x < 3$, la función de densidad $f(x)$ *no* viene definida por expresión algebraica única, habrá que «partir» el intervalo de integración en tantos subintervalos parciales como expresiones algebraicas definan a $f(x)$:

$$F(x) = \int_{-\infty}^{x} f(x)\,dx = \int_{-\infty}^{0} f(x)\,dx + \int_{0}^{x} f(x)\,dx = \int_{-\infty}^{0} 0 \cdot dx + \int_{0}^{x} \frac{1}{3}\,dx$$

puesto que:

$$f(x) = 0 \qquad \text{en el intervalo } (-\infty, 0]$$

$$f(x) = \frac{1}{3} \qquad \text{si} \quad 0 < x < 3$$

Con ello:

$$F(x) = 0 + \frac{1}{3}[x]_0^x = 0 + \frac{1}{3}x = \frac{x}{3}$$

c) $\forall x$, tal que, $3 \leq x$, se tiene:

$$F(x) = \int_{-\infty}^{x} f(x)\,dx$$

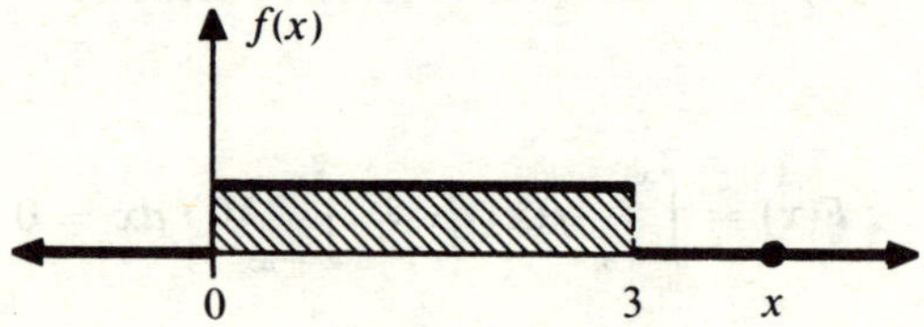

y como quiera que $f(x)$ *no* viene definida por expresión algebraica única en el intervalo de integración $(-\infty, x]$, se tendrá:

$$F(x) = \int_{-\infty}^{x} f(x)\,dx = \int_{-\infty}^{0} f(x)\,dx + \int_{0}^{3} f(x)\,dx + \int_{3}^{x} f(x)\,dx =$$

$$= \int_{-\infty}^{0} 0 \cdot dx + \int_{0}^{3} \frac{1}{3}\,dx + \int_{3}^{x} 0 \cdot dx$$

habida cuenta de la propiedad aditiva del intervalo de integración, y la definición de $f(x)$:

$$f(x) = 0 \quad \text{si} \quad x \leq 0$$
$$f(x) = \frac{1}{3} \quad \text{si} \quad 0 < x < 3$$
$$f(x) = 0 \quad \text{si} \quad 3 \leq x$$

Con ello:

$$F(x) = 0 + \frac{1}{3}[x]_0^3 + 0 = 0 + \frac{1}{3}(3 - 0) + 0 = 1$$

Por tanto, la función de distribución $F(x)$, viene definida así:

$$F(x) = 0 \quad \text{si} \quad x \leq 0$$
$$F(x) = \frac{x}{3} \quad \text{si} \quad 0 < x < 3$$
$$F(x) = 1 \quad \text{si} \quad 3 \leq x$$

siendo, pues, su representación gráfica:

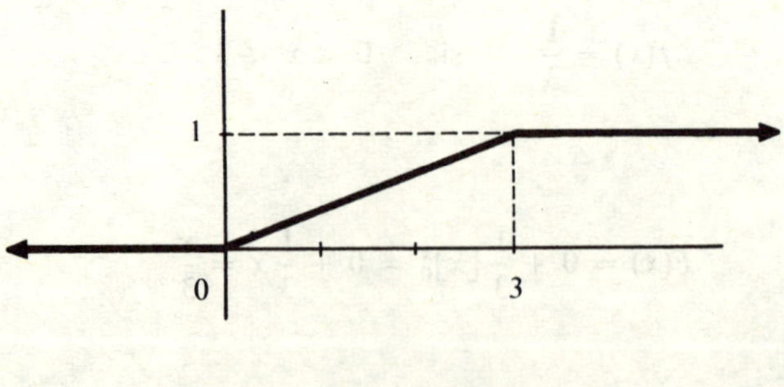

3) Determinemos las probabilidades $P(-2 < \xi \leq -1)$ y $P(1 < \xi < 2{,}4)$.

a) $P(-2 < \xi \leq -1)$: recordando los resultados obtenidos en el problema 24, se tendrá:

$$P(-2 < \xi \leq -1) = F(-1) - F(-2)$$

y al ser:

$$F(-1) = 0 \qquad \text{ya que} \qquad x \leq 0$$

$$F(-2) = 0 \qquad \text{ya que} \qquad x \leq 0$$

según la definición de $F(x)$ obtenida en el apartado anterior de este problema, resulta ser:

$$P(-2 < \xi \leq -1) = 0 - 0 = 0$$

b) $P(1 < \xi < 2{,}4)$: recordando los resultados obtenidos en el problema 24, se tendrá:

$$P(1 < \xi < 2{,}4) = P(1 < \xi \leq 2{,}4) = F(2{,}4) - F(1)$$

puesto que la distribución de probabilidad de la variante ξ es de tipo continuo, y al ser, por la definición de $F(x)$:

$$F(2{,}4) = \frac{(2{,}4)}{3} \qquad \text{ya que} \qquad 2{,}4 \in (0,\, 3)$$

$$F(1) = \frac{1}{3} \qquad \text{ya que} \qquad 1 \in (0,\, 3)$$

se tendrá:

$$P(1 < \xi < 2{,}4) = \frac{2{,}4}{3} - \frac{1}{3} = 0{,}46$$

33. Dada la variante ξ, cuya distribución de probabilidad viene definida por la función de densidad:

$$f(x) = 2x \qquad \text{para} \qquad 0 < x < 1$$

$$f(x) = 0 \qquad \text{para cualquier otro valor de } x$$

determinar:

1) La función de distribución correspondiente a la variante ξ.
2) Las probabilidades:

$$P(\xi = 0{,}75), \qquad P(-1 < \xi \leq 0{,}5), \qquad P(0{,}3 \leq \xi \leq 0{,}8)$$

Resolución:

La distribución de probabilidad dada es de tipo *continuo*, puesto que el *total* de la probabilidad se halla concentrado en *el intervalo* (0,1) distribuida en la forma que expresa la función de densidad $f(x)$, cuya representación gráfica es:

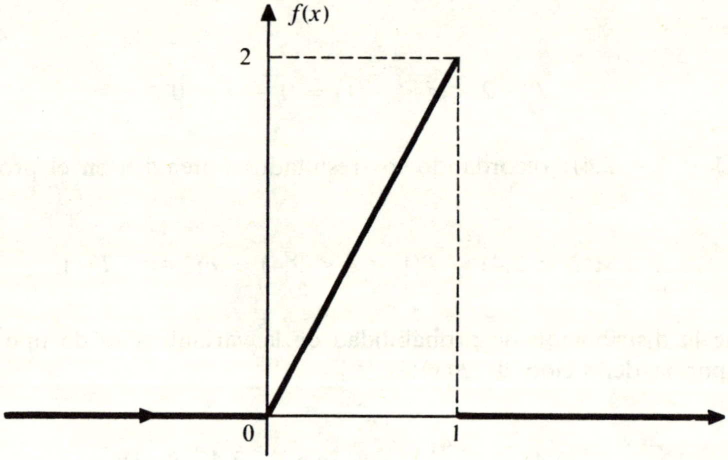

1) Recordando que, por definición, la función de distribución $F(x)$ es:

$$F(x) = P(\xi \leq x)$$

es decir, el valor de la función de distribución en un punto x es igual a la probabilidad existente *hasta* dicho punto x, es claro que:

a) Cuando el punto x esté a la izquierda del punto 0, $x < 0$, será:

$$F(x) = P(\xi \leq x) = 0$$

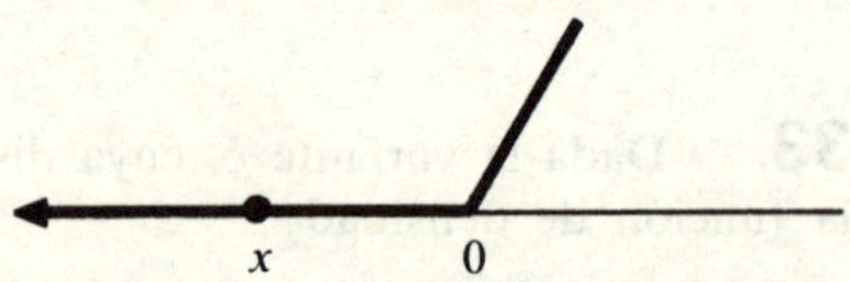

pues, según observamos en la representación gráfica, no existe probabilidad ni en el punto x ni a su izquierda.

b) Cuando el punto x esté a la derecha del punto 0, y a la izquierda del punto 1, $0 < x < 1$, se tendrá:

$$F(x) = P(\xi \leq x) = x^2$$

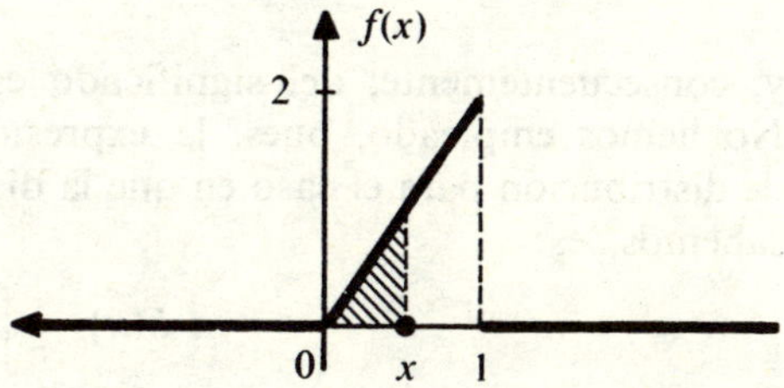

puesto que, según observamos en la representación gráfica, la probabilidad existente *hasta* el punto x es la representada por la zona rayada, ya que a la izquierda del punto 0, no existe probabilidad alguna, y entre el punto 0 y el punto x la probabilidad existente se distribuye según indica la función $f(x)$, que en ese intervalo (0,1), es:

$$f(x) = 2x$$

resultando ser la zona rayada igual a x^2 (área del triángulo de base x, y altura $2x$).

c) Cuando el punto x esté a la derecha del punto 1, $1 < x$, se tendrá:

$$F(x) = P(\xi \leq x) = 1$$

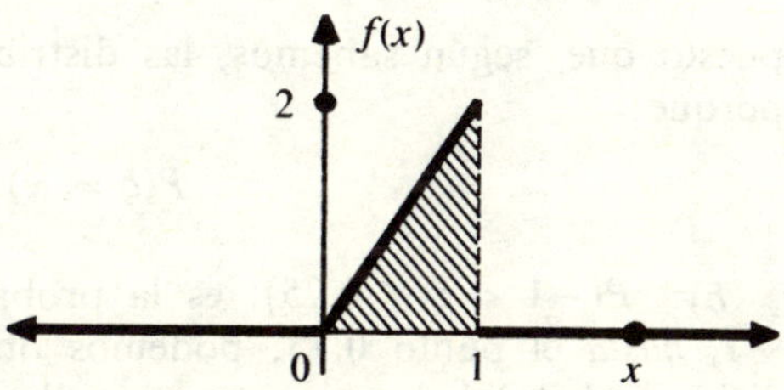

puesto que, según observamos en la representación gráfica, la probabilidad existente hasta el punto x es la representada por la zona rayada, que corresponde al *total* de la probabilidad, ya que, según la definición de la función $f(x)$, toda la probabilidad se halla concentrada en el intervalo (0, 1).

Así, pues, la función de distribución $F(x)$, viene definida así:

$$\begin{aligned} F(x) &= 0 && \text{si} \quad x \leq 0 \\ F(x) &= x^2 && \text{si} \quad 0 < x < 1 \\ F(x) &= 1 && \text{si} \quad 1 \leq x \end{aligned}$$

Puede notarse que, para la determinación de la función de distribución, nos hemos auxiliado de la representación gráfica de la función de densidad, habiendo hecho uso, sólo, de la definición de dicha función de distribución:

$$F(x) = P(\xi \leq x)$$

y, consecuentemente, del significado estadístico que dicha definición comporta. No hemos empleado, pues, la expresión formal (fórmula) que *toma* la función de distribución para el caso en que la distribución sea de tipo *continuo* y que, como sabemos, es:

$$F(x) = \int_{-\infty}^{x} f(x)\, dx \qquad (1)$$

(expresión que, interpretada geométricamente, la hace coincidente con el procedimiento seguido en este problema).

En los problemas que siguen, la determinación de la función de distribución se hará a través de la expresión (1), sin abandonar, cuando sea posible, el auxilio que proporciona la imagen gráfica de la distribución dada por la representación de la función de densidad.

2) Determinemos ahora las probabilidades:

a) $P(\xi = 0{,}75)$: es la probabilidad de que la variante ξ tome el valor 0,75, (probabilidad existente en el punto 0,75), que será:

$$P(\xi = 0{,}75) = 0$$

puesto que, según sabemos, las distribuciones de tipo continuo se caracterizan porque:

$$P(\xi = x) = 0 \qquad \forall x$$

b) $P(-1 < \xi \leq 0{,}75)$: es la probabilidad existente a la derecha del punto -1, *hasta* el punto 0,75; podemos observar, en la representación gráfica, que dicha probabilidad es la correspondiente a la zona rayada. Por tanto:

$$P(-1 < \xi \leq 0{,}75) = (0{,}75)^2 = 0{,}5625$$

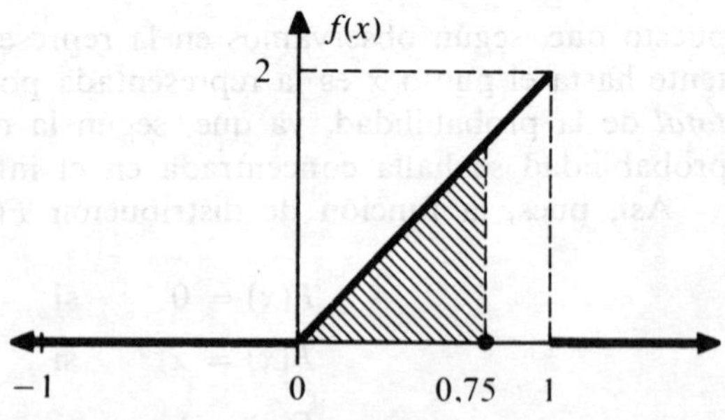

(área del triángulo de base 0,75, y altura 2(0,75)).

c) $P(0{,}3 \leq \xi \leq 0{,}8)$: es la probabilidad existente en el punto 0,3 y a su derecha, hasta el punto 0,8; por la representación gráfica, dicha probabilidad es la que corresponde a la zona rayada. Por tanto:

$$P(0{,}3 \leq \xi \leq 0{,}8) = 0{,}55$$

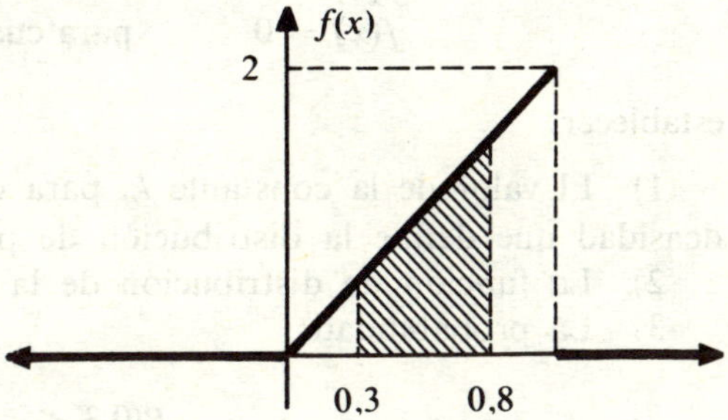

(área del trapecio de bases 2(0,3) y 2(0,8) y altura 0,5).

Al ser la función de distribución el modelo matemático que engendra la distribución de probabilidad de una variante ξ, podría entonces, haciendo uso de la determinación de $F(x)$ efectuada en el apartado 1) de este problema, determinarse dichas probabilidades a través de ella, en la forma:

b)

$$P(-1 < \xi \leq 0{,}75) = F(0{,}75) - F(-1) = (0{,}75)^2 - 0 = 0{,}5625$$

recordando el resultado obtenido en el problema 24, y que:

$$F(0{,}75) = (0{,}75)^2 = 0{,}5625 \qquad \text{puesto que} \qquad 0{,}75 \in (0, 1)$$

$$F(-1) = 0 \qquad \text{puesto que} \qquad -1 \in (-\infty, 0]$$

según lo obtenido en el apartado 1) de este problema.

c)

$$P(0{,}3 \leq \xi \leq 0{,}8) = P(0{,}3 < \xi \leq 0{,}8) = F(0{,}8) - F(0{,}3)$$

teniendo en cuenta el resultado del problema 24; y al ser:

$$F(0{,}8) = (0{,}8)^2 \qquad \text{puesto que} \qquad 0{,}8 \in (0, 1)$$

$$F(0{,}3) = (0{,}3)^2 \qquad \text{puesto que} \qquad 0{,}3 \in (0, 1)$$

según lo obtenido en el apartado 1) de este problema, es:

$$P(0{,}3 \leq \xi \leq 0{,}8) = (0{,}8)^2 - (0{,}3)^2 = 0{,}55$$

34. Dada una variante ξ cuya distribución de probabilidad viene definida por la función de densidad:

$$f(x) = kx^2 \qquad \text{para} \qquad 0 < x < 1$$
$$f(x) = 0 \qquad \text{para cualquier otro valor de } x$$

establecer:

1) El valor de la constante k, para que ciertamente, $f(x)$ sea la función de densidad que define la distribución de probabilidad de la variante ξ.
2) La función de distribución de la variante ξ.
3) La probabilidad:

$$P(0{,}3 \leq \xi \leq 0{,}7)$$

Resolución:

1) De las condiciones:

$$a) \quad f(x) \geq 0$$
$$b) \quad \int_{-\infty}^{+\infty} f(x)\,dx = 1$$

que debe verificar $f(x)$ para ser función de densidad, utilizamos la condición b) para la determinación de k.

Teniendo en cuenta que $f(x)$ *no* viene definida por expresión algebraica única en el intervalo de integración $(-\infty, +\infty)$, tendremos:

$$1 = \int_{-\infty}^{+\infty} f(x)\,dx = \int_{-\infty}^{0} f(x)\,dx + \int_{0}^{1} f(x)\,dx + \int_{1}^{+\infty} f(x)\,dx =$$
$$= \int_{-\infty}^{0} 0 \cdot dx + \int_{0}^{1} kx^2\,dx + \int_{1}^{+\infty} 0 \cdot dx =$$
$$= \int_{0}^{1} kx^2\,dx$$

habida cuenta la definición de $f(x)$ en los subintervalos en que hemos «partido» el intervalo de integración, y la propiedad «aditiva» del intervalo de integración.

Pasemos, pues, a resolver la ecuación:

$$1 = \int_{0}^{1} kx^2\,dx$$

se tendrá:

$$1 = k\left[\frac{x^3}{3}\right]_0^1 = k\left(\frac{1}{3} - 0\right) = \frac{k}{3}$$

de donde:

$$k = 3$$

Con ello, $f(x)$ definida así:

$$f(x) = 3x^2 \quad \text{para} \quad 0 < x < 1$$
$$f(x) = 0 \quad \text{para cualquier otro valor de } x$$

sería función de densidad si verificase la condición *a*). Pero, es evidente que:

$$f(x) = 3x^2 > 0 \quad \text{para} \quad 0 < x < 1$$
$$f(x) = 0 \quad \text{para cualquier otro valor de } x$$

Por tanto, $f(x)$ es, ciertamente, función de densidad.
Su representación gráfica es:

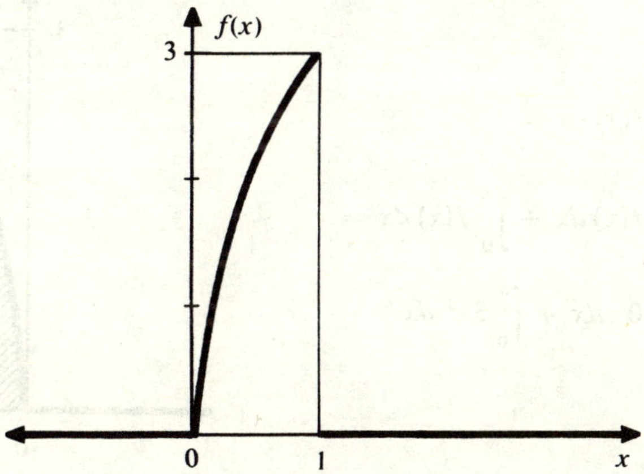

2) Por ser la distribución de probabilidad de la variante ξ de tipo continuo, la función de distribución $F(x) = P(\xi \leq x)$ tomará la forma

$$F(x) = \int_{-\infty}^{x} f(x)\, dx$$

donde, como en casos anteriores, habrá que tener en cuenta, al *no* venir $f(x)$ definida por expresión algebraica única en todo el campo real, a qué intervalo de ellos pertenece el extremo superior x del intervalo de integración.

Así:

a) $\forall x$, tal que, $x \leq 0$, se tiene:

$$F(x) = \int_{-\infty}^{x} f(x)\,dx = \int_{-\infty}^{x} 0 \cdot dx = 0$$

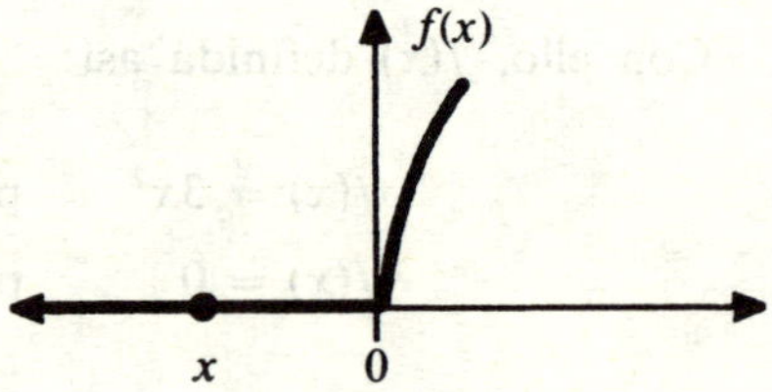

puesto que:

$$\text{si} \quad x \leq 0, \qquad f(x) = 0$$

b) $\forall x$, tal que, $0 < x < 1$, se tiene:

$$F(x) = \int_{-\infty}^{x} f(x)\,dx =$$

$$= \int_{-\infty}^{0} f(x)\,dx + \int_{0}^{x} f(x)\,dx =$$

$$= \int_{-\infty}^{0} 0 \cdot dx + \int_{0}^{x} 3x^2\,dx$$

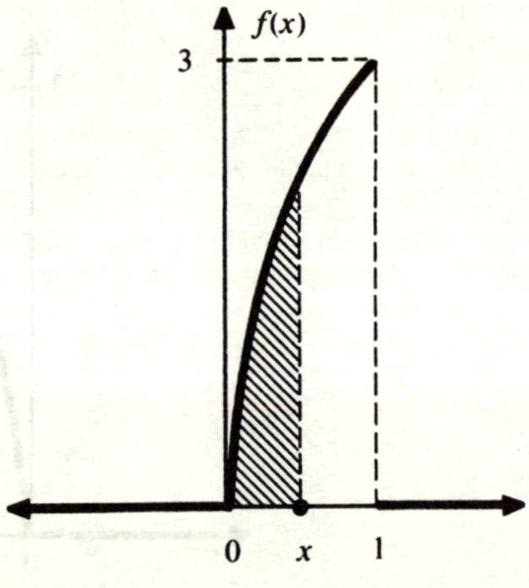

puesto que:

$$f(x) = 0 \quad \text{si} \quad x \leq 0$$
$$f(x) = 3x^2 \quad \text{si} \quad x \in (0, 1)$$

Con ello:

$$F(x) = 0 + 3\left[\frac{x^3}{3}\right]_0^x = 0 + 3\left(\frac{x^3}{3} - 0\right) = x^3$$

c) $\forall x$, tal que, $1 \leq x$, se tiene:

$$F(x) = \int_{-\infty}^{x} f(x)\,dx = \int_{-\infty}^{0} f(x)\,dx +$$

$$+ \int_{0}^{1} f(x)\,dx + \int_{1}^{x} f(x)\,dx =$$

$$= \int_{-\infty}^{0} 0 \cdot dx + \int_{0}^{1} 3x^2\,dx +$$

$$+ \int_{1}^{x} 0 \cdot dx$$

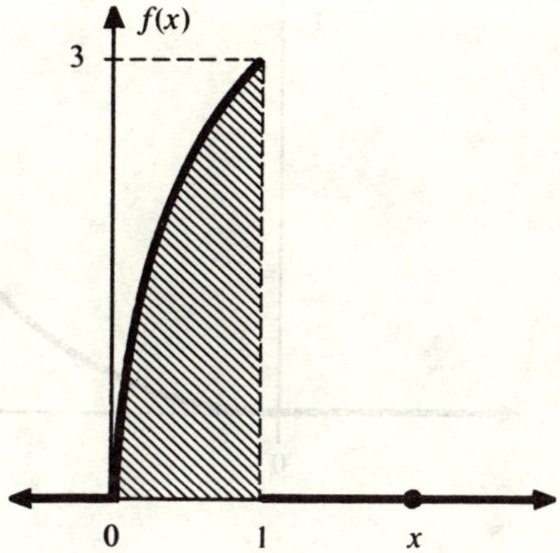

puesto que:

$$f(x) = 0 \quad \text{si} \quad x \leq 0$$
$$f(x) = 3x^2 \quad \text{si} \quad x \in (0, 1)$$
$$f(x) = 0 \quad \text{si} \quad 1 \leq x$$

Con ello:

$$F(x) = 0 + 3\left[\frac{x^3}{3}\right]_0^1 + 0 = 0 + 3\left(\frac{1^3}{3} - 0\right) + 0 = 1$$

La función de distribución $F(x)$ viene, pues, definida así:

$$F(x) = 0 \quad \text{para} \quad x \leq 0$$
$$F(x) = x^3 \quad \text{para} \quad 0 < x < 1$$
$$F(x) = 1 \quad \text{para} \quad 1 \leq x$$

Su representación gráfica es la que aparece en la página siguiente.

3) Para determinar la probabilidad $P(0{,}3 \leq \xi \leq 0{,}7)$, recordemos que:

$$P(0{,}3 \leq \xi \leq 0{,}7) = P(0{,}3 < \xi \leq 0{,}7) = F(0{,}7) - F(0{,}3)$$

según el resultado obtenido en el problema 24.

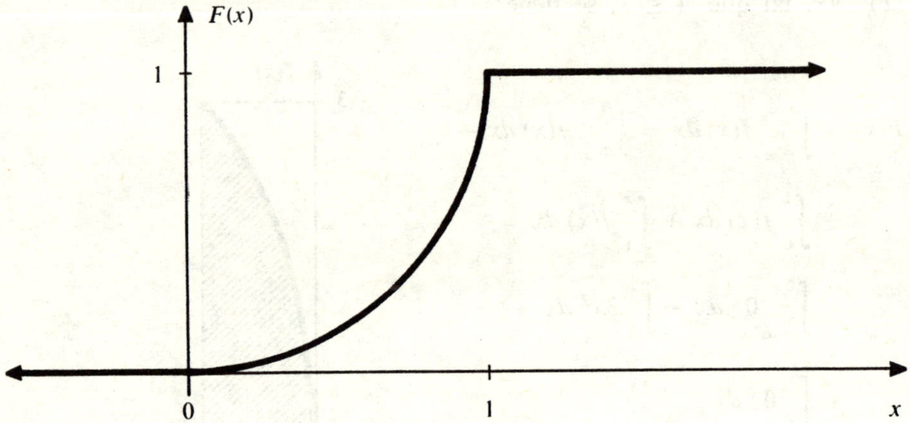

Por ello, como:

$$F(0{,}7) = (0{,}7)^3 \qquad \text{puesto que} \qquad 0{,}7 \in (0,\ 1)$$

$$F(0{,}1) = (0{,}3)^3 \qquad \text{puesto que} \qquad 0{,}3 \in (0,\ 1)$$

se tiene:

$$P(0{,}3 \leq \xi \leq 0{,}7) = (0{,}7)^3 - (0{,}3)^3 = 0{,}316$$

35. Dada una variante ξ cuya distribución de probabilidad viene definida por la función de densidad:

$$\begin{aligned} f(x) &= \theta \cdot e^{-\theta x} && \text{para} \quad x \geq 0 \\ f(x) &= 0 && \text{para} \quad x < 0 \end{aligned} \qquad (\theta \in R^+)$$

determinar el valor de θ para que, ciertamente, $f(x)$ sea la función de densidad que define a la distribución de probabilidad de la variante ξ.

Resolución:

Según sabemos, si $f(x)$ ha de ser función de densidad, deberá verificar:

a) $f(x) \geq 0, \qquad \forall x$

b) $\displaystyle\int_{-\infty}^{+\infty} f(x)\, dx = 1.$

Usando la condición *b*), vamos a determinar el valor de θ; como $f(x)$ *no* viene definida por expresión algebraica única, en el intervalo de integración $(-\infty, +\infty)$, se tendrá:

$$1 = \int_{-\infty}^{+\infty} f(x)\,dx = \int_{-\infty}^{0} f(x)\,dx + \int_{0}^{+\infty} f(x)\,dx =$$
$$= \int_{-\infty}^{0} 0 \cdot dx + \int_{0}^{+\infty} \theta \cdot e^{-\theta x}\,dx = \int_{0}^{+\infty} \theta \cdot e^{-\theta x}\,dx$$

habida cuenta de la definición de $f(x)$ en el intervalo $(-\infty, 0)$ y $[0, +\infty)$.

Con ello, pues, θ habrá de verificar la ecuación:

$$\int_{0}^{+\infty} \theta \cdot e^{-\theta x}\,dx = 1 \tag{1}$$

Pasemos a resolver la integral:

$$\int_{0}^{+\infty} \theta \cdot e^{-\theta x}\,dx$$

Efectuando el cambio de variable: $\theta x = t$, se tendrá:

$$\begin{matrix} \theta x = t \\ \theta\,dx = dt \end{matrix} \Rightarrow \begin{cases} x = 0 & t = 0 \\ x = +\infty & t = +\infty \end{cases}$$

con lo que:

$$\int_{0}^{+\infty} \theta \cdot e^{-\theta x}\,dx = \int_{0}^{+\infty} \theta \cdot e^{-t} \cdot \frac{dt}{\theta} = \int_{0}^{+\infty} e^{-t} \cdot dt = \Gamma(1) = 1$$

esto es, la integral:

$$\int_{0}^{+\infty} \theta \cdot e^{-\theta x}\,dx$$

es igual a la unidad; por tanto (1) es una identidad, lo que nos lleva a decir que:

$$\int_{0}^{+\infty} \theta \cdot e^{-\theta x}\,dx = 1$$

para todo valor de θ.

Se sigue, entonces, que la función:

$$\begin{matrix} f(x) = \theta \cdot e^{-\theta x} & \text{para} & x \geq 0 \\ f(x) = 0 & \text{para} & x < 0 \end{matrix}$$

sería función de densidad *cualquiera que sea el valor que θ tome*, si se verificase la condición *a*); es fácil evidenciar que $f(x) \geq 0$, $\forall x$, puesto que:

a) $f(x) = \theta \cdot e^{-\theta x} > 0$ para $x \geq 0$, con $\theta \in R^+$

b) $f(x) = 0$ para $x < 0$

Por tanto, $f(x)$ así definida es, ciertamente, función de densidad.

36. Determinar el valor de k, para que las funciones:

1)

$$f(x) = \frac{k}{1 + x^2} \quad , \quad \forall x \in R$$

2)

$$f(x) = k \cdot e^{-x^2/2} \quad , \quad \forall x \in R$$

3)

$$f(x) = k \cdot e^{-x} \cdot x^{p-1} \quad , \quad \forall x \in R^+ \quad \text{y} \quad p \in R^+$$
$$f(x) = 0 \quad , \quad \text{para cualquier otro valor de } x$$

4)

$$f(x) = k \cdot x^{p-1} \cdot (1 - x)^{q-1}, \quad \text{para} \quad 0 < x < 1 \quad \text{y} \quad p, q \in R^+$$
$$f(x) = 0 \quad , \quad \text{para cualquier otro valor de } x$$

sean funciones de densidad, de sendas distribuciones de probabilidad.

Resolución:

En todos los apartados de este problema tendremos que verificar las condiciones para que una función, $f(x)$, sea función de densidad:

a) $f(x) \geq 0$

b) $\int_{-\infty}^{+\infty} f(x)\, dx = 1$

usando de la condición *b*) para la determinación de k.

1) Si $f(x) = \dfrac{k}{1 + x^2}$, para todo x, número real, se tendrá:

$$1 = \int_{-\infty}^{+\infty} f(x)\, dx = \int_{-\infty}^{+\infty} \frac{k}{1 + x^2}\, dx = k \int_{-\infty}^{+\infty} \frac{1}{1 + x^2}\, dx$$

y debido a la simetría de la función $\frac{1}{1+x^2}$, podremos escribir:

$$1 = k \cdot 2 \int_0^{+\infty} \frac{1}{1+x^2}\, dx \tag{1}$$

Pero:

$$\int_0^{+\infty} \frac{1}{1+x^2}\, dx = \Big[\text{arc tg } x\Big]_0^{+\infty} = \text{arc tg }(+\infty) - \text{arc tg }(0) = \frac{\pi}{2} - 0 = \frac{\pi}{2}$$

con lo que, sustituyendo en (1):

$$1 = k \cdot 2 \cdot \frac{\pi}{2} \Rightarrow k = \frac{1}{\pi}$$

Por tanto:

$$f(x) = \frac{1}{\pi(1+x^2)} \qquad \forall x \in R$$

sería función de densidad, si $f(x) \geq 0$, $\forall x \in R$; pero, es evidente que,

$$f(x) = \frac{1}{\pi(1+x^2)} > 0 \qquad \forall x \in R$$

Luego:

$$f(x) = \frac{1}{\pi(1+x^2)} \qquad \forall x \in R$$

es, ciertamente, función de densidad.

2) Si:

$$f(x) = k \cdot e^{-x^2/2}$$

para todo x, número real, se tendrá:

$$1 = \int_{-\infty}^{+\infty} f(x)\, dx = \int_{-\infty}^{+\infty} k \cdot e^{-x^2/2}\, dx = k \int_{-\infty}^{+\infty} e^{-x^2/2}\, dx$$

y debido a la simetría de la función:

$$e^{-x^2/2}$$

podremos escribir:

$$1 = k \cdot 2 \int_0^{+\infty} e^{-x^2/2}\, dx \tag{2}$$

Para resolver la integral:

$$\int_0^{+\infty} e^{-x^2/2}\, dx$$

efectuemos el cambio:

$$\frac{x^2}{2} = t \Rightarrow x = \sqrt{2t} \Rightarrow \begin{cases} x = 0, & t = 0 \\ x = +\infty, & t = +\infty \end{cases}$$

$$x\, dx = dt \Rightarrow dx = \frac{dt}{\sqrt{2}\sqrt{t}}$$

con lo que:

$$\int_0^{+\infty} e^{-x^2/2}\, dx = \int_0^{+\infty} e^{-t} \cdot \frac{dt}{\sqrt{2} \cdot \sqrt{t}} = \frac{1}{\sqrt{2}} \int_0^{+\infty} t^{-1/2} \cdot e^{-t} \cdot dt =$$

$$= \frac{1}{\sqrt{2}} \cdot \Gamma\left(\frac{1}{2}\right) = \frac{\sqrt{\pi}}{\sqrt{2}}$$

Volviendo a la expresión (2), se tiene:

$$1 = k \cdot \frac{2\sqrt{\pi}}{\sqrt{2}} = k \cdot \sqrt{2} \cdot \sqrt{\pi} = k \cdot \sqrt{2\pi}$$

de donde

$$k = \frac{1}{\sqrt{2\pi}}$$

Por tanto:

$$f(x) = \frac{1}{\sqrt{2\pi}} \cdot e^{-x^2/2} \qquad \forall x \in R$$

sería función de densidad, si $f(x) \geq 0$, $\forall x \in R$; es evidente que:

$$f(x) = \frac{1}{\sqrt{2\pi}} \cdot e^{-x^2/2} > 0 \quad \forall x \in R$$

Luego:

$$f(x) = \frac{1}{\sqrt{2\pi}} e^{-x^2/2} \qquad \forall x \in R$$

es, ciertamente, función de densidad.

3) Si:

$$f(x) = k \cdot e^{-x} \cdot x^{p-1} \qquad \forall x \in R^+ \qquad \text{y} \qquad p \in R^+$$

$$f(x) = 0 \qquad \text{para cualquier otro valor de } x$$

se tendrá:

$$1 = \int_{-\infty}^{+\infty} f(x)\,dx = \int_{-\infty}^{0} f(x)\,dx + \int_{0}^{+\infty} f(x)\,dx =$$

$$= \int_{-\infty}^{0} 0 \cdot dx + \int_{0}^{+\infty} k \cdot e^{-x} \cdot x^{p-1}\,dx =$$

$$= k \int_{0}^{-\infty} e^{-x} \cdot x^{p-1} \cdot dx \qquad (3)$$

habida cuenta de cómo se ha definido $f(x)$ en todo el intervalo de integración $(-\infty, +\infty)$.

Como:

$$\int_{0}^{+\infty} e^{-x} \cdot x^{p-1} \cdot dx = \Gamma(p)$$

se tiene en (3):

$$1 = k \cdot \Gamma(p) \Rightarrow k = \frac{1}{\Gamma(p)}$$

Por ello:

$$f(x) = \frac{1}{\Gamma(p)} \cdot e^{-x} \cdot x^{p-1} \qquad \forall x \in R^+$$

sería función de densidad, si $f(x) \geq 0$, $\forall x \in R$; pero, es evidente que:

$$f(x) = \frac{1}{\Gamma(p)} e^{-x} \cdot x^{p-1} > 0 \qquad \forall x \in R^+$$

$$f(x) = 0 \qquad \text{para cualquier otro valor de } x$$

Luego:

$$f(x) = \frac{1}{\Gamma(p)} e^{-x} \cdot x^{p-1} \qquad \forall x \in R^+$$
$$f(x) = 0 \qquad \text{para cualquier otro valor de } x$$

es, ciertamente, función de densidad.

4) Si:

$$f(x) = k \cdot x^{p-1} \cdot (1-x)^{q-1} \qquad \text{para} \quad 0 < x < 1 \quad \text{y} \quad p, q \in R^+$$
$$f(x) = 0 \qquad \text{para cualquier otro valor de } x$$

se tendrá:

$$1 = \int_{-\infty}^{+\infty} f(x)\,dx = \int_{-\infty}^{0} f(x)\,dx + \int_{0}^{1} f(x)\,dx + \int_{1}^{+\infty} f(x)\,dx =$$
$$= \int_{-\infty}^{0} 0 \cdot dx + \int_{0}^{1} k \cdot x^{p-1} \cdot (1-x)^{q-1}\,dx + \int_{1}^{+\infty} 0 \cdot dx =$$
$$= \int_{0}^{1} k \cdot x^{p-1} \cdot (1-x)^{q-1}\,dx = k \int_{0}^{1} x^{p-1} \cdot (1-x)^{q-1}\,dx \qquad (4)$$

habida cuenta de cómo está definida $f(x)$ en *todo* el intervalo de integración $(-\infty, +\infty)$.

Como

$$\int_{0}^{1} x^{p-1} \cdot (1-x)^{q-1}\,dx = B(p, q)$$

se tiene, en (4):

$$1 = k \cdot B(p, q) \Rightarrow k = \frac{1}{B(p, q)}$$

Por ello:

$$f(x) = \frac{1}{B(p, q)} \cdot x^{p-1} \cdot (1-x)^{q-1} \qquad \forall x \in R^+ \qquad p, q \in R^+$$
$$f(x) = 0 \qquad \text{para cualquier otro valor de } x$$

sería función de densidad si $f(x) \geq 0$; es evidente que:

$$f(x) = \frac{1}{B(p, q)} x^{p-1} \cdot (1-x)^{q-1} > 0 \qquad \text{para} \quad 0 < x < 1 \quad p, q \in R^+$$
$$f(x) = 0 \qquad \text{para cualquier otro valor de } x$$

Luego, ciertamente, la función $f(x)$ así definida,

$$f(x) = \frac{1}{B(p, q)} x^{p-1} \cdot (1 - x)^{q-1} \qquad \text{para} \quad 0 < x < 1 \qquad p, q \in R^+$$
$$f(x) = 0 \qquad \text{para cualquier otro valor de } x$$

es una función de densidad.

37. Aun estando sometidos a control diario los artículos ofrecidos a la venta en unos grandes almacenes, se estima que la probabilidad de que en un día sean vendidos r artículos defectuosos es:

$$\frac{2}{3}\left(\frac{1}{3}\right)^r \qquad r = 0, 1, 2, 3, \ldots$$

Determinar la probabilidad de que en un día sean vendidos:

1) Dos o más artículos defectuosos.
2) Cinco artículos defectuosos.
3) Tres o menos artículos defectuosos.

Resolución:

Si convenimos en representar el número, aleatorio, de artículos defectuosos vendidos diariamente por ξ, los sucesos, cuyas probabilidades vamos a determinar, vendrán expresados en la forma:

$$1) \quad \xi \geq 2 \qquad 2) \quad \xi = 5 \qquad 3) \quad \xi \leq 3$$

Entonces, al ser conocida la distribución de probabilidad de la variante ξ, puesto que la probabilidad de que sean vendidos r artículos defectuosos, $\xi = r$,

$$P(\xi = r) = \frac{2}{3}\left(\frac{1}{3}\right)^r \qquad r = 0, 1, 2, 3, \ldots$$

es conocida, las probabilidades a determinar las obtendremos con base a la función de probabilidad de la variante ξ. Así:

1) $P(\xi \geq 2)$: probabilidad de que, en un día, el número de artículos defectuosos vendidos sea de dos o más, vendrá expresada en la forma:

$$P(\xi \geq 2) = \sum_{r=2}^{\infty} P(\xi = r) = [P(\xi = 2) + P(\xi = 3) + P(\xi = 4) + \cdots]$$

o bien:

$$P(\xi \geq 2) = 1 - P(\xi < 2)$$

esto es, a través del suceso complementario $\xi < 2$, consistente, por tanto, en que el número de artículos defectuosos vendidos sea uno o ninguno. Por ello, como quiera que:

$$P(\xi < 2) = P(\xi = 0) + P(\xi = 1)$$

se tendrá, con base en la función de probabilidad de la variante ξ,

$$P(\xi < 2) = \frac{2}{3}\left(\frac{1}{3}\right)^0 + \frac{2}{3}\left(\frac{1}{3}\right) = \frac{8}{9}$$

con lo que:

$$P(\xi \geq 2) = 1 - P(\xi < 2) = 1 - \frac{8}{9} = \frac{1}{9}$$

2) $P(\xi = 5)$: probabilidad de que en un día, el número de artículos defectuosos vendidos sea igual a cinco; será:

$$P(\xi = 5) = \frac{2}{3}\left(\frac{1}{3}\right)^5 = \frac{2}{729}$$

habida cuenta la función de probabilidad de la variante ξ.

3) $P(\xi \leq 3)$: probabilidad de que en un día, el número de artículos defectuosos vendidos sea igual o inferior a tres; vendrá expresada en la forma:

$$P(\xi \leq 3) = \sum_{r=0}^{3} P(\xi = r)$$

esto es:

$$P(\xi \leq 3) = P(\xi = 0) + P(\xi = 1) + P(\xi = 2) + P(\xi = 3)$$

por lo que, habida cuenta la función de probabilidad de la variante ξ, es:

$$P(\xi \leq 3) = \frac{2}{3}\left(\frac{1}{3}\right)^0 + \frac{2}{3}\left(\frac{1}{3}\right)^1 + \left(\frac{2}{3}\right)\left(\frac{1}{3}\right)^2 + \frac{2}{3}\left(\frac{1}{3}\right)^3 =$$

$$= \frac{2}{3}\left[1 + \frac{1}{3} + \frac{1}{9} + \frac{1}{27}\right] = \frac{80}{81}$$

Así,

$$P(\xi \leq 3) = \frac{80}{81}$$

38. La cantidad de dinero ahorrada, aleatoria, por una persona en un mes, sigue la ley de probabilidad dada por la función de distribución:

$$F(x) = 0 \quad \text{para} \quad x < 0$$

$$F(x) = \frac{1}{2}x \quad \text{para} \quad 0 \leq x < 1$$

$$F(x) = \frac{1}{2} \quad \text{para} \quad 1 \leq x < 2$$

$$F(x) = \frac{1}{4}x \quad \text{para} \quad 2 \leq x < 4$$

$$F(x) = 1 \quad \text{para} \quad 4 \leq x$$

donde x viene expresada en miles de pesetas. Determinar la probabilidad de que, en un mes, la cantidad de dinero ahorrada:

1) Sea superior a 2.000 ptas.
2) Sea inferior a 4.500 ptas.
3) Sea superior a 500 ptas. y menor o igual a 2.500 ptas.

Resolución:

Si convenimos en representar la cantidad ahorrada, aleatoria, por la variante ξ, los sucesos, cuyas probabilidades vamos a determinar, vendrán representados:

$$1)\ \ \xi > 2 \qquad 2)\ \ \xi < 4{,}5 \qquad 3)\ \ 0{,}5 < \xi \leq 2{,}5$$

Como la distribución de probabilidad de la variante ξ es conocida, puesto que disponemos de la función de distribución, las probabilidades a determinar las obtendremos con base a dicha función. Así:

1) $P(\xi > 2)$: probabilidad de que la cantidad ahorrada sea superior a 2.000 pesetas; vendrá expresada en la forma:

$$P(\xi > 2) = 1 - P(\xi \leq 2) = 1 - F(2)$$

y como, por definición de la función de distribución, es:

$$F(2) = \frac{1}{4} \cdot 2 = \frac{1}{2} = 0{,}5$$

se tendrá:

$$P(\xi > 2) = 1 - 0{,}5 = 0{,}5$$

2) $P(\xi < 4{,}5)$: probabilidad de que la cantidad ahorrada sea inferior a 4.500 pesetas; vendrá expresada en la forma:

$$P(\xi < 4{,}5) = F(4{,}5) - P(\xi = 4{,}5)$$

y, habida cuenta que la distribución de probabilidad de la variante ξ es de tipo continuo, es:

$$P(\xi = 4{,}5) = 0$$

por lo que,

$$P(\xi < 4{,}5) = F(4{,}5)$$

resultando ser, por definición de la función de distribución,

$$P(\xi < 4{,}5) = 1$$

3) $P(0{,}5 < \xi \leq 2{,}5)$: probabilidad de que la cantidad ahorrada sea superior a 500 ptas. y menor o igual a 2.500 ptas.; vendrá expresada en la forma:

$$P(0{,}5 < \xi \leq 2{,}5) = F(2{,}5) - F(0{,}5)$$

Al ser, por la definición de la función de distribución,

$$F(2{,}5) = \frac{1}{4} \cdot 2{,}5 = 0{,}625$$

$$F(0{,}5) = \frac{1}{2} \cdot 0{,}5 = 0{,}25$$

se tendrá:

$$P(0{,}5 < \xi \leq 2{,}5) = 0{,}625 - 0{,}25 = 0{,}375$$

39. El beneficio aleatorio que una empresa, dedicada a la prestación de un servicio público, puede obtener a lo largo de un año, sigue la ley de probabilidad definida por la función de distribución:

$$F(x) = \frac{1}{2} e^{-(x/50)^2} \qquad \text{para} \qquad x \leq 0$$

$$F(x) = 1 - \frac{1}{2} e^{-(x/50)^2} \qquad \text{para} \qquad x > 0$$

donde x viene expresada en millones de pesetas.

Determinar la probabilidad de que el beneficio obtenido:

1) Sea mayor de 50 millones de pesetas.

2) Sea menor de -50 millones de pesetas (una cantidad negativa supone endeudamiento).

3) Sea 100 millones de pesetas o más, sin superar los 200 millones.

Resolución:

Si convenimos en representar el beneficio aleatorio por la variante ξ, los sucesos, cuyas probabilidades vamos a obtener, vendrán expresados en la forma:

1) $\xi > 50$ 2) $\xi < -50$ 3) $100 \leq \xi < 200$

Como quiera que la distribución de probabilidad de la variante ξ es conocida, puesto que disponemos de la función de distribución, las probabilidades a determinar serán obtenidas con base en dicha función. Así:

1) $P(\xi > 50)$: probabilidad de que el beneficio obtenido sea mayor de 50 millones de pesetas; vendrá expresada en la forma:

$$P(\xi > 50) = 1 - P(\xi \leq 50) = 1 - F(50)$$

con base en la función de distribución, y puesto que:

$$F(50) = 1 - \frac{1}{2} e^{-(50/50)^2} = 1 - \frac{1}{2} e^{-1} = 0{,}8160603$$

habida cuenta la definición de dicha función (donde se ha tomado $e^{-1} = 0{,}3678794$). Por ello:

$$P(\xi > 50) = 1 - 0{,}8160603 = 0{,}1839397$$

2) $P(\xi < -50)$: probabilidad de que el beneficio obtenido sea menor de -50 millones de pesetas; vendrá expresada en la forma:

$$P(\xi < -50) = P(\xi \leq -50) - P(\xi = -50) = F(-50)$$

con base en la función de distribución y, habida cuenta que al ser la distribución de probabilidad de la variante ξ de tipo continuo, es:

$$P(\xi = -50) = 0$$

Con ello,

$$F(-50) = \frac{1}{2} e^{-(50/50)^2} = \frac{1}{2} e^{-1} = 0{,}1839397$$

por la definición de la función de distribución. Por tanto:

$$P(\xi < -50) = 0{,}1839397$$

3) $P(100 \leq \xi < 200)$: probabilidad de que el beneficio obtenido sea de 100 millones de pesetas o más sin superar los 200 millones; vendrá expresada en la forma:

$$P(100 \leq \xi < 200) = F(200) - F(100) - P(\xi = 200) + P(\xi = 100)$$

con base en la función de distribución y en los resultados obtenidos en el problema 22. Como la distribución de probabilidad de la variante ξ es de tipo continuo, es:

$$P(\xi = 200) = 0 \qquad P(\xi = 100) = 0$$

resultando, por tanto:

$$P(100 \leq \xi < 200) = F(200) - F(100)$$

Así, al ser:

$$F(200) = 1 - \frac{1}{2} e^{-(200/50)^2} \qquad F(100) = 1 - \frac{1}{2} e^{-(100/50)^2}$$

por la definición de la función de distribución, es:

$$F(200) - F(100) = 1 - \frac{1}{2} e^{-16} - \left[1 - \frac{1}{2} e^{-4}\right] =$$

$$= \frac{1}{2} e^{-4} - \frac{1}{2} e^{-16} = \frac{e^{-4} - e^{-16}}{2} = 0{,}0092$$

(donde se ha tomado $e^{-4} = 0{,}0183156$, $e^{-16} = 0{,}00000011$).

Por tanto:

$$P(100 \leq \xi < 200) = 0{,}0092$$

40. La demanda diaria de un determinado tipo de artículo, sigue la ley de probabilidad definida por la función de densidad:

$$f(x) = 1 - \frac{1}{2}x \qquad \text{para} \qquad 0 \leq x \leq 2$$

$$f(x) = 0 \qquad \text{para el resto de los valores de } x$$

donde x viene expresado en miles de unidades. Determinar la probabilidad de que el número de unidades demandadas en un día:

1) No supere 3.500 unidades.
2) Esté comprendido entre 635 y 1.870 unidades.

Resolución:

Si convenimos en representar la demanda, aleatoria, por la variante ξ, los sucesos, cuyas probabilidades vamos a determinar, vendrán representados por:

$$1) \quad \xi \leq 3{,}5 \qquad\qquad 2) \quad 0{,}635 < \xi < 1{,}87$$

Habida cuenta de que la distribución de probabilidad de la variante ξ es conocida, puesto que disponemos de la función de densidad, las probabilidades a determinar las obtendremos con base en dicha función. Así:

1) $P(\xi \leq 3{,}5)$: probabilidad de que la demanda en un día, no supere 3.500 unidades; vendrá expresada en la forma:

$$P(\xi \leq 3{,}5) = F(3{,}5)$$

y, recordando que:

$$F(3{,}5) = \int_{-\infty}^{3,5} f(x)\,dx$$

se tendrá:

$$P(\xi \leq 3{,}5) = \int_{-\infty}^{3,5} f(x)\,dx$$

Como quiera que la función de densidad *no* viene expresada por una única expresión algebraica en el intervalo de integración $(-\infty, 3{,}5]$, habremos de proceder a dividir dicho intervalo en tantos subintervalos como expresiones algebraicas distintas definen a la función de densidad. Por ello:

$$P(\xi \leq 3{,}5) = \int_{-\infty}^{3,5} f(x)\,dx = \int_{-\infty}^{0} f(x)\,dx + \int_{0}^{2} f(x)\,dx + \int_{2}^{3,5} f(x)\,dx =$$

$$= \int_{-\infty}^{0} 0 \cdot dx + \int_{0}^{2} \left(1 - \frac{1}{2}x\right) dx + \int_{2}^{3,5} 0 \cdot dx = \int_{0}^{2} \left(1 - \frac{1}{2}x\right) dx$$

habida cuenta de la propiedad aditiva del intervalo de integración y de la definición de la función de densidad $f(x)$. Así, pues, como:

$$\int_{0}^{2} \left(1 - \frac{1}{2}x\right) dx = \left[x - \frac{x^2}{4}\right]_0^2 = 2 - 1 = 1$$

es:

$$P(\xi \leq 3{,}5) = 1$$

resultado evidente si se considera que, según la definición de la función de densidad $f(x)$, el número diario de unidades demandadas *no* supera 2.000 unidades.

2) $P(0{,}635 < \xi < 1{,}87)$: probabilidad de que la demanda, diaria, esté comprendida entre 635 y 1.870 unidades; vendrá expresada en la forma:

$$P(0{,}635 < \xi < 1{,}87) = F(1{,}87) - F(0{,}635) - P(\xi = 1{,}87)$$

a través de la función de distribución, y recordando que

$$F(1{,}87) - F(0{,}635) = \int_{0,635}^{1,87} f(x)\,dx$$

se tendrá, al ser $P(\xi = 1{,}87) = 0$, ya que la distribución es de tipo continuo,

$$P(0{,}635 < \xi < 1{,}87) = \int_{0,635}^{1,87} f(x)\,dx = \int_{0,635}^{1,87} \left(1 - \frac{1}{2}x\right) dx$$

puesto que en el intervalo de integración [0,635, 1,87] la función de densidad viene definida por:

$$f(x) = 1 - \frac{1}{2}x$$

Así, pues, como

$$\int_{0,635}^{1,87} \left(1 - \frac{1}{2}x\right) dx = \left[x - \frac{x^2}{4}\right]_{0,635}^{1,87} = 0,4616$$

es:

$$P(0,635 < \xi < 1,87) = 0,4616$$

41. El número de unidades vendidas mensualmente, de un determinado tipo de artículo, sigue la ley de probabilidad definida por la función de densidad:

$$f(x) = \frac{x}{25} \qquad \text{para} \quad 0 \leq x < 5$$

$$f(x) = \frac{1}{25}(10 - x) \qquad \text{para} \quad 5 \leq x \leq 10$$

$$f(x) = 0 \qquad \text{para cualquier otro valor de } x$$

donde x viene expresada en miles de unidades. Determinar la probabilidad de que el número de unidades vendidas en un mes:

1) Sea superior a 5.000 unidades.
2) Sea superior a 5.000 unidades, no superando las 7.500 unidades.

Resolución:

Si convenimos en representar las ventas aleatorias, mensuales, por la variante ξ, los sucesos, cuyas probabilidades vamos a determinar, vendrán representados por:

$$1) \quad 5 < \xi \qquad 2) \quad 5 < \xi \leq 7,5$$

puesto que x viene expresada en miles de unidades.

Como quiera que la distribución de probabilidad de la variante ξ es conocida, ya que disponemos de la función de densidad, las probabilidades a determinar serán obtenidas con base en dicha función. Así:

1) $P(\xi > 5)$: probabilidad de que la venta mensual supere 5.000 unidades; vendrá expresada en la forma:

$$P(\xi > 5) = 1 - P(\xi \leq 5) = 1 - F(5)$$

a través de la función de distribución, y recordando que:

$$F(5) = \int_{-\infty}^{5} f(x)\, dx$$

se tendrá:

$$P(\xi > 5) = 1 - \int_{-\infty}^{5} f(x)\, dx$$

Habida cuenta la definición de la función de densidad,

$$\int_{-\infty}^{5} f(x)\, dx = \int_{-\infty}^{0} f(x)\, dx + \int_{0}^{5} f(x)\, dx$$

puesto que dicha función no viene definida por una única expresión algebraica en el intervalo de integración $(-\infty, 5]$. Con ello:

$$\int_{-\infty}^{5} f(x)\, dx = \int_{-\infty}^{0} 0 \cdot dx + \int_{0}^{5} \frac{x}{25}\, dx = \left[\frac{x^2}{50}\right]_{0}^{5} = \frac{1}{2}$$

Por tanto:

$$P(\xi > 5) = 1 - P(\xi \leq 5) = 1 - \frac{1}{2} = \frac{1}{2}$$

2) $P(5 < \xi \leq 7{,}5)$: probabilidad de que la venta mensual supere 5.000 unidades no superando 7.500 unidades; vendrá expresada en la forma:

$$P(5 < \xi \leq 7{,}5) = F(7{,}5) - F(5)$$

a través de la función de distribución, y recordando que:

$$F(7{,}5) - F(5) = \int_{5}^{7,5} f(x)\, dx$$

se tendrá:

$$P(5 < \xi \leq 7{,}5) = \int_{5}^{7,5} f(x)\, dx$$

Por tanto:

$$\int_5^{7,5} f(x)\,dx = \int_5^{7,5} \frac{1}{25}(10 - x)\,dx =$$

$$= \left[\frac{1}{25}\left(10x - \frac{x^2}{2}\right)\right]_5^{7,5} = 0,375$$

resultando, pues:

$$P(5 < \xi \leq 7,5) = 0,375$$

42. Con objeto de establecer un plan de producción, una empresa ha estimado que la demanda, aleatoria, de sus potenciales clientes, se comportará, semanalmente, con arreglo a la ley de probabilidad definida por la función de densidad:

$$f(x) = \frac{3}{8}(4x - 2x^2) \qquad \text{para} \qquad 0 \leq x \leq 2$$

$$f(x) = 0 \qquad \text{para cualquier otro valor de } x$$

donde x viene expresada en millones de unidades.

¿Qué cantidad deberá tener dispuesta a la venta, al comienzo de cada semana, para poder satisfacer plenamente a la demanda, en dicho período, con una probabilidad de 0,5?

Resolución:

Si convenimos en representar la demanda aleatoria por la variante ξ, y por c, la cantidad que se deberá tener dispuesta a la venta al comienzo de la semana, se tendrá que:

$$\xi \leq c$$

representará el hecho de que la demanda, ξ, *no* supera a la cantidad ofrecida, c. Con ello, pues, el problema queda reducido a determinar el valor de c, tal que:

$$P(\xi \leq c) = 0,5$$

Como quiera que, conocida la función de densidad $f(x)$, es conocida la distribución de probabilidad de la variante ξ, se tendrá que:

$$P(\xi \leq c) = F(c) = \int_{-\infty}^{c} f(x)\,dx$$

con lo que determinaremos c a través de la ecuación:

$$\int_{-\infty}^{c} f(x)\,dx = 0{,}5$$

Como

$$\int_{-\infty}^{c} f(x)\,dx = \int_{-\infty}^{0} f(x)\,dx + \int_{0}^{c} f(x)\,dx =$$
$$= \int_{-\infty}^{0} 0 \cdot dx + \int_{0}^{c} \left[\frac{3}{8}(4x - 2x^2)\right] dx$$

habida cuenta la definición de la función de densidad, y supuesto que c pertenezca al intervalo [0,2], única posibilidad que podemos contemplar ya que, por el comportamiento estimado de la demanda, ésta no supera, en el período considerado, los dos millones de unidades (para valores de ξ mayores que 2, la probabilidad es cero) y, evidentemente, no puede ser inferior a cero.

Así, pues, la ecuación a resolver es:

$$\int_{0}^{c} \frac{3}{8}(4x - 2x^2)\,dx = 0{,}5$$

de donde, se sigue:

$$\frac{3}{8}\left[4 \cdot \frac{x^2}{2} - 2 \cdot \frac{x^3}{3}\right]_0^c = 0{,}5$$

que conduce a:

$$\frac{6}{8}c^2 - \frac{2}{8}c^3 = 0{,}5$$

Esta ecuación, en la variable c, tiene las raíces reales:

$$c_1 = 1 \qquad c_2 = 2{,}7320508 \qquad c_3 = -0{,}7320508$$

y, por lo dicho anteriormente, la única con sentido en el problema que tenemos planteado es:

$$c_1 = 1$$

por cuanto que, tanto c_2 como c_3 son valores que no pertenecen al intervalo [0,2], es decir, valores para los cuales la probabilidad es cero (son sucesos imposibles). De ahí, que la cantidad que haya que disponer a la venta, para satisfacer plenamente a la demanda con una probabilidad de 0,5, es de *un millón* de unidades.

43. Dada una variante ξ, cuya distribución de probabilidad viene definida por la función de distribución $F(x)$, comprobar que el momento de orden dos respecto al origen

$$\int_{-\infty}^{+\infty} x^2 \, dF(x)$$

si existe, puede ser expresado en la forma:

$$\int_{-\infty}^{+\infty} x^2 \, dF(x) = \int_{-\infty}^{+\infty} x(x-1) \, dF(x) + \int_{-\infty}^{+\infty} x \, dF(x)$$

Resolución:

Como:

$$\int_{-\infty}^{+\infty} x(x-1) \, dF(x) = \int_{-\infty}^{+\infty} (x^2 - x) \, dF(x)$$

y, habida cuenta la propiedad aditiva respecto al integrando, es:

$$\int_{-\infty}^{+\infty} x(x-1) \, dF(x) = \int_{-\infty}^{+\infty} x^2 \, dF(x) - \int_{-\infty}^{+\infty} x \, dF(x)$$

de donde, se sigue:

$$\int_{-\infty}^{+\infty} x^2 \, dF(x) = \int_{-\infty}^{+\infty} x(x-1) \, dF(x) + \int_{-\infty}^{+\infty} x \, dF(x)$$

como queríamos comprobar.

Aun no presentando, como acaba de verse, dificultad ninguna, comprobar esta relación, el detenernos en ella obedece al deseo de manifestarla explícitamente puesto que, en algunos problemas posteriores, su empleo se hará imprescindible a la hora de facilitar los resultados que se planteen.

44. Dada la variante ξ cuya distribución de probabilidad viene definida por la función de distribución:

$$F(x) = 0 \quad \text{para} \quad x < 1$$
$$F(x) = \frac{1}{4} \quad \text{para} \quad 1 \leq x < 3$$
$$F(x) = 1 \quad \text{para} \quad 3 \leq x$$

determinar el valor probable.

Resolución:

Por definición, sabemos, que el valor probable, cualquiera que sea el tipo de distribución de la variante ξ, viene expresado en la forma:

$$E[\xi] = \int_{-\infty}^{+\infty} x \, dF(x)$$

Como, en este caso, la distribución de probabilidad de la variante ξ es de tipo *discreto*, habida cuenta que la función de distribución es escalonada:

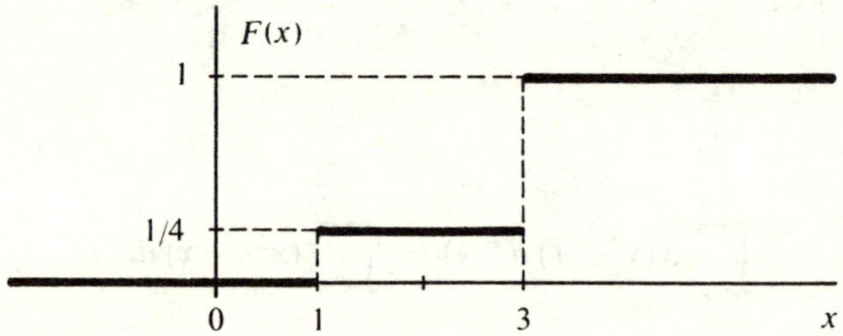

la integral:

$$\int_{-\infty}^{+\infty} x \, dF(x)$$

se transforma en un «sumatorio»: suma de productos de los valores de la variable, en los puntos donde la función de distribución presenta «saltos», por las probabilidades correspondientes a dichos puntos (probabilidades iguales a los «saltos» que experimenta la función de distribución en dichos puntos).

Así:

$$E[\xi] = \int_{-\infty}^{+\infty} x \, dF(x) = \sum_i x_i \cdot P(\xi = x_i) =$$
$$= 1 \cdot P(\xi = 1) + 3 \cdot P(\xi = 3)$$

y, al ser:

$$P(\xi = 1) = \frac{1}{4} \qquad P(\xi = 3) = \frac{3}{4}$$

puesto que los «saltos» que experimenta la función de distribución en los puntos 1 y 3 son $\frac{1}{4}$ y $\frac{3}{4}$, respectivamente, se tendrá:

$$E[\xi] = 1 \cdot \frac{1}{4} + 3 \cdot \frac{3}{4} = \frac{10}{4} = 2{,}5$$

45. Dada la variante ξ, cuya distribución de probabilidad viene definida por la función de distribución:

$$F(x) = 1 - e^{-x/5} \quad \text{para} \quad 0 \leq x$$

$$F(x) = 0 \quad \text{para cualquier otro valor de } x$$

determinar el valor probable y la varianza.

Resolución:

Por definición, sabemos que el valor probable y la varianza, cualquiera que sea el tipo de distribución de la variante ξ, vienen expresados en la forma:

$$E[\xi] = \int_{-\infty}^{+\infty} x \, dF(x) = \alpha_1$$

$$V[\xi] = \int_{-\infty}^{+\infty} (x - E[\xi])^2 \, dF(x) = \int_{-\infty}^{+\infty} (x - \alpha_1)^2 \, dF(x)$$

y, además, la varianza puede ser expresada, en términos de los momentos con respecto al origen, en la forma:

$$V[\xi] = \int_{-\infty}^{+\infty} x^2 \, dF(x) - \left[\int_{-\infty}^{+\infty} x \, dF(x)\right]^2 = \alpha_2 - \alpha_1^2$$

Como, en este caso, la distribución de probabilidad de la variante ξ es de tipo *continuo*, puesto que la función de distribución que la engendra es una función continua:

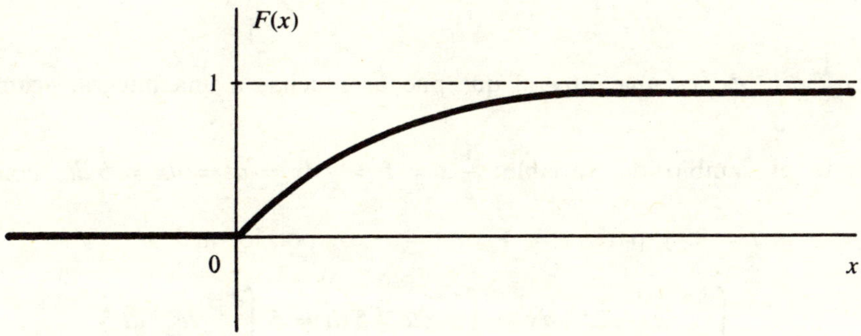

las integrales:

$$\int_{-\infty}^{+\infty} x \, dF(x) \quad , \quad \int_{-\infty}^{+\infty} x^2 \, dF(x)$$

se convierten en

$$\int_{-\infty}^{+\infty} x\, f(x)\, dx \quad , \quad \int_{-\infty}^{+\infty} x^2\, f(x)\, dx$$

habida cuenta que el proceso de integración de Stieltjes se transforma en el de Riemann, si la función de medida es continua, y donde $f(x)$ representa la función de densidad de la distribución, que, como sabemos, puede determinarse derivando la función de distribución:

$$F'(x) = f(x)$$

Así, al ser:

$$f(x) = \frac{1}{5} e^{-x/5} \qquad \text{para} \qquad 0 \leq x$$

$$f(x) = 0 \qquad \text{para cualquier otro valor de } x$$

se tendrá:

1)

$$\int_{-\infty}^{+\infty} x f(x)\, dx = \int_{-\infty}^{0} x \cdot 0\, dx + \int_{0}^{+\infty} x \frac{1}{5} e^{-x/5}\, dx =$$

$$= \int_{0}^{+\infty} x \frac{1}{5} e^{-x/5}\, dx$$

Pero:

$\int_{0}^{+\infty} x \frac{1}{5} e^{-x/5}\, dx$, es una integral que puede reducirse a una integral «gamma», mediante el cambio de variable: $\frac{1}{5} x = t \Rightarrow \frac{1}{5} dx = dt \Rightarrow dx = 5\, dt$; con ello para $x = 0$, $t = 0$, y para $x = +\infty$, $t = +\infty$, por lo que:

$$\int_{0}^{+\infty} x \frac{1}{5} e^{-x/5}\, dx = \int_{0}^{+\infty} te^{-t}\, 5\, dt = 5 \int_{0}^{+\infty} te^{-t}\, dt$$

siendo

$$\int_{0}^{+\infty} te^{-t}\, dt$$

la integral «gamma de 2», Γ(2), y por tanto:

$$\int_0^{+\infty} x \frac{1}{5} e^{-x/5}\, dx = 5 \cdot \Gamma(2) = 5[(2-1)!] = 5$$

2)

$$\int_{-\infty}^{+\infty} x^2 f(x)\, dx = \int_{-\infty}^{0} x^2 \cdot 0\, dx + \int_0^{+\infty} x^2 \frac{1}{5} e^{-x/5}\, dx =$$

$$= \int_0^{+\infty} x^2 \frac{1}{5} e^{-x/5}\, dx$$

y, por las mismas consideraciones que en 1), es:

$$\int_0^{+\infty} x^2 \frac{1}{5} e^{-x/5}\, dx = 5^2 \int_0^{+\infty} t^2 e^{-t}\, dt =$$

$$= 5^2[(3-1)!] = 50$$

habida cuenta, en ambos casos, que la función de densidad *no* viene definida por una única expresión algebraica en todo el intervalo de integración $(-\infty, +\infty)$.

Por tanto:

$$E[\xi] = 5$$

y:

$$V[\xi] = 50 - (5)^2 = 25$$

46. Dada la variante ξ cuya distribución de probabilidad viene definida por la función de distribución:

$$F(x) = 0 \quad \text{para} \quad x < 0$$

$$F(x) = x^2 \quad \text{para} \quad 0 \leq x < 1$$

$$F(x) = 1 \quad \text{para} \quad 1 \leq x$$

determinar el valor probable.

Resolución:

Por definición, sabemos que el valor probable, cualquiera que sea el tipo de distribución de la variante ξ, viene expresado en la forma:

$$E[\xi] = \int_{-\infty}^{+\infty} x\, dF(x)$$

Como, en este caso, la distribución de probabilidad de la variante ξ es de tipo *continuo*, habida cuenta que la función de distribución es continua:

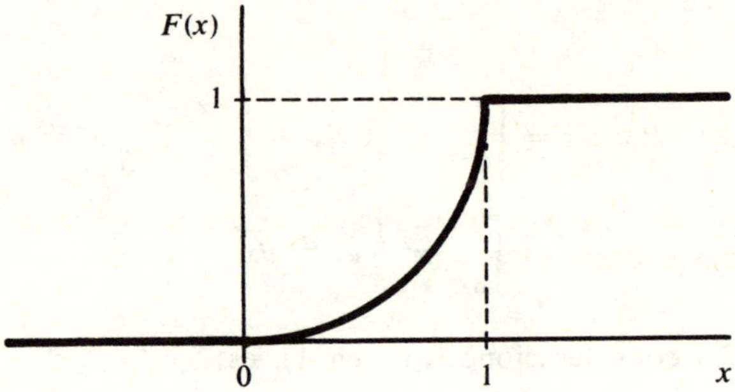

la integral:

$$\int_{-\infty}^{+\infty} x\, dF(x)$$

se convierte en:

$$\int_{-\infty}^{+\infty} x\, f(x)\, dx$$

habida cuenta que el proceso de integración de Stieltjes se transforma en el de Riemann, si la función de medida es continua, y donde $f(x)$ representa la función de densidad de la distribución, que, como sabemos, puede determinarse derivando la función de distribución

$$F'(x) = f(x)$$

Así, al ser:

$$\begin{array}{lll} f(x) = 0 & \text{para} & x < 0 \\ f(x) = 2x & \text{para} & 0 \leq x < 1 \\ f(x) = 0 & \text{para} & 0 \leq 1 \end{array}$$

se tendrá:

$$E[\xi] = \int_{-\infty}^{+\infty} x\, f(x)\, dx = \int_{-\infty}^{0} x \cdot 0 \cdot dx + \int_{0}^{1} x \cdot 2x\, dx + \int_{1}^{+\infty} x \cdot 0 \cdot dx =$$

$$= \int_{0}^{1} 2x^2\, dx = 2\left[\frac{x^3}{3}\right]_0^1 = 2 \cdot \left[\frac{1^3}{3}\right]$$

habida cuenta que la función de densidad *no* viene definida por una única expresión algebraica en todo el intervalo de integración $(-\infty, +\infty)$.

Por tanto

$$E[\xi] = \frac{2}{3} = 0{,}666$$

47. Dada la variante ξ, cuya distribución de probabilidad viene definida por la función de distribución:

$$\begin{array}{lll} F(x) = 0 & \text{para} & x \leq 0 \\ F(x) = x^{1/2} & \text{para} & 0 < x < 1 \\ F(x) = 1 & \text{para} & 1 \leq x \end{array}$$

determinar el valor probable y la varianza.

Resolución:

Por definición, sabemos que el valor probable y la varianza, cualquiera que sea el tipo de distribución de la variante ξ, vienen expresados en la forma:

$$E[\xi] = \int_{-\infty}^{+\infty} x \, dF(x) = \alpha_1$$

$$V[\xi] = \int_{-\infty}^{+\infty} (x - E[\xi])^2 \, dF(x) = \int_{-\infty}^{+\infty} (x - \alpha_1)^2 \, dF(x)$$

y, además, la varianza puede ser expresada, en términos de los momentos con respecto al origen, en la forma:

$$V[\xi] = \int_{-\infty}^{+\infty} x^2 \, dF(x) - \left[\int_{-\infty}^{+\infty} x \, dF(x)\right]^2 = \alpha_2 - \alpha_1^2$$

Como, en este caso, la distribución de probabilidad de la variante ξ es de tipo *continuo*, puesto que la función de distribución que la engendra es una función continua (ver figura página siguiente), las integrales:

$$\int_{-\infty}^{+\infty} x \, dF(x), \qquad \int_{-\infty}^{+\infty} x^2 \, dF(x)$$

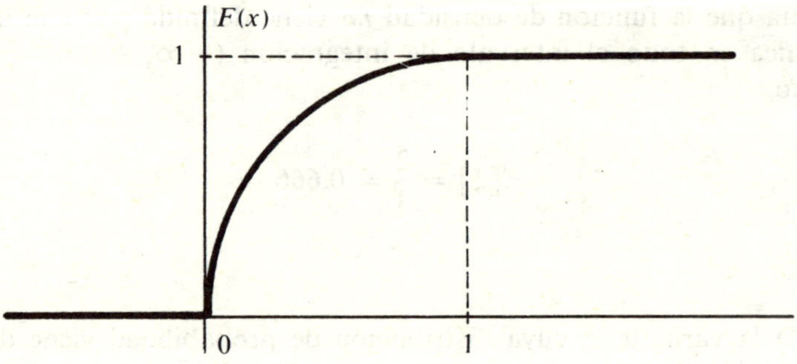

se convierten en:

$$\int_{-\infty}^{+\infty} x\, f(x)\, dx, \qquad \int_{-\infty}^{+\infty} x^2\, f(x)\, dx$$

habida cuenta que el proceso de integración de Stieltjes se transforma en el de Riemann si la función de medida es continua, y donde $f(x)$, representa la función de densidad de la distribución, que, como sabemos, puede determinarse derivando la función de distribución:

$$F'(x) = f(x)$$

Así, al ser:

$$f(x) = 0 \qquad \text{para} \qquad x \leq 0$$

$$f(x) = \frac{1}{2\sqrt{x}} \qquad \text{para} \qquad 0 < x < 1$$

$$f(x) = 0 \qquad \text{para} \qquad 1 \leq x$$

se tendrá:

1) $$\int_{-\infty}^{+\infty} x\, f(x)\, dx = \int_{-\infty}^{0} x \cdot 0 \cdot dx + \int_{0}^{1} x \frac{1}{2\sqrt{x}}\, dx + \int_{0}^{+\infty} x \cdot 0 \cdot dx =$$

$$= \int_{0}^{1} x \frac{1}{2\sqrt{x}}\, dx = \frac{1}{2}\left[\frac{x^{1/2+1}}{\frac{1}{2}+1}\right]_0^1 = \frac{1}{3}$$

2) $$\int_{-\infty}^{+\infty} x^2\, f(x)\, dx = \int_{-\infty}^{0} x^2 \cdot 0 \cdot dx + \int_{0}^{1} x^2 \frac{1}{2\sqrt{x}}\, dx + \int_{0}^{+\infty} x^2 \cdot 0 \cdot dx =$$

$$= \int_{0}^{1} x^2 \frac{1}{2\sqrt{x}}\, dx = \frac{1}{2}\left[\frac{x^{3/2+1}}{\frac{3}{2}+1}\right]_0^1 = \frac{1}{5}$$

habida cuenta, en ambos casos, que la función de densidad *no* viene definida por una única expresión algebraica en todo el intervalo de integración $(-\infty, +\infty)$.

Por tanto:

$$E[\xi] = \frac{1}{3} = 0{,}33$$

y:

$$V(\xi) = \frac{1}{5} - \left(\frac{1}{3}\right)^2 = \frac{1}{5} - \frac{1}{9} = \frac{4}{45} = 0{,}088$$

48. Dada la variante ξ cuya distribución de probabilidad es:

$$P(\xi = r) = \binom{n}{r} p^r q^{n-r} \quad \text{para} \quad r = 0, 1, 2, \ldots, n. \quad \text{con} \begin{cases} 0 < p < 1 \\ 0 < q < 1 \\ p + q = 1 \end{cases}$$

determinar el valor probable y la varianza.

Resolución:

Por definición, sabemos que el valor probable y la varianza, cualquiera que sea la distribución de probabilidad de la variante ξ, vienen expresados en la forma:

$$E[\xi] = \int_{-\infty}^{+\infty} x \, dF(x) = \alpha_1$$

$$V[\xi] = \int_{-\infty}^{+\infty} (x - E[\xi])^2 \, dF(x) = \int_{-\infty}^{+\infty} (x - \alpha_1)^2 \, dF(x)$$

y, además, la varianza puede ser expresada, en términos de los momentos de orden uno y dos respecto al origen, en la forma:

$$V[\xi] = \int_{-\infty}^{+\infty} x^2 \, dF(x) - \left[\int_{-\infty}^{+\infty} x \, dF(x)\right]^2 = \alpha_2 - \alpha_1^2$$

Como, en este caso, la distribución de probabilidad de la variante ξ es de tipo discreto, puesto que para los puntos $r = 0, 1, 2, \ldots, n$, es:

$$P(\xi = r) \neq 0$$

las integrales:

$$\int_{-\infty}^{+\infty} x \, dF(x), \qquad \int_{-\infty}^{+\infty} x^2 \, dF(x)$$

se transforman en «sumatorios», en este caso sumas finitas. Así:

$$\int_{-\infty}^{+\infty} x \, dF(x) = \sum_{r=0}^{n} r \, P(\xi = r)$$

$$\int_{-\infty}^{+\infty} x^2 \, dF(x) = \sum_{r=0}^{n} r^2 \, P(\xi = r)$$

Pasemos, pues, a determinar dichas sumas.

1) $$\sum_{r=0}^{n} r \, P(\xi = r) = \sum_{r=0}^{n} r \binom{n}{r} p^r q^{n-r} = \sum_{r=1}^{n} r \binom{n}{r} p^r q^{n-r}$$

habida cuenta que, el primer sumando, para $r = 0$, es igual a cero. Por ello, y teniendo en cuenta que $p + q = 1$, se tendrá:

$$\sum_{r=1}^{n} r \binom{n}{r} p^r q^{n-r} = \sum_{r=1}^{n} r \binom{n}{r} \cdot p^r (1 - p)^{n-r}$$

y puesto que:

$$\binom{n}{r} = \frac{n(n-1)(n-2) \ldots (n-r+1)}{r!} = \frac{n}{r} \left[\frac{(n-1)(n-2) \ldots (n-r+1)}{(r-1)!} \right] =$$

$$= \frac{n}{r} \binom{n-1}{r-1}$$

es:

$$\sum_{r=1}^{n} r \frac{n}{r} \binom{n-1}{r-1} p^r (1-p)^{n-r} = np \sum_{r=1}^{n} \binom{n-1}{r-1} p^{r-1} (1-p)^{n-r}$$

Como, según la fórmula del binomio de Newton, es:

$$\sum_{r=1}^{n} \binom{n-1}{r-1} p^{r-1} (1-p)^{n-r} = [p + (1-p)]^{n-1} = 1^{n-1} = 1$$

se sigue que:

$$\sum_{r=1}^{n} r \binom{n}{r} p^r q^{n-r} = np \, (1) = np$$

por lo que:

$$\sum_{r=0}^{n} r\,P(\xi = r) = \sum_{r=1}^{n} r\binom{n}{r} p^r q^{n-r} = np$$

2) Para la determinación de la suma

$$\sum_{r=0}^{n} r^2\,P(\xi = r)$$

recordemos que, del resultado del problema 43, se tiene:

$$\int_{-\infty}^{+\infty} x^2\,dF(x) = \int_{-\infty}^{+\infty} x(x-1)\,dF(x) + \int_{-\infty}^{+\infty} x\,dF(x)$$

que, en este caso, es:

$$\sum_{r=0}^{n} r^2\,P(\xi = r) = \sum_{r=0}^{n} r(r-1)\,P(\xi = r) + \sum_{r=0}^{n} r\,P(\xi = r)$$

Determinemos, pues:

$$\sum_{r=0}^{n} r(r-1)\,P(\xi = r)$$

Será:

$$\sum_{r=0}^{n} r(r-1)\,P(\xi = r) = \sum_{r=0}^{n} r(r-1)\binom{n}{r} p^r q^{n-r} = \sum_{r=2}^{n} r(r-1)\binom{n}{r} p^r q^{n-r}$$

habida cuenta que los dos primeros sumandos, para $r = 0$ y $r = 1$, son iguales a cero.

Por ello, y teniendo en cuenta que $p + q = 1$, se tendrá:

$$\sum_{r=2}^{n} r(r-1)\binom{n}{r} p^r q^{n-r} = \sum_{r=2}^{n} r(r-1)\binom{n}{r} p^r(1-p)^{n-r}$$

y, puesto que:

$$\binom{n}{r} = \frac{n(n-1)(n-2)\ldots(n-r+1)}{r!} = \frac{n(n-1)}{r(r-1)}\left[\frac{(n-2)\ldots(n-r+1)}{(r-2)!}\right]$$

es:

$$\sum_{r=2}^{n} r(r-1)\,\frac{n(n-1)}{r(r-1)}\binom{n-2}{r-2} p^r(1-p)^{n-r} = n(n-1)p^2 \sum_{r=2}^{n}\binom{n-2}{r-2} p^{r-2}(1-p)^{n-r}$$

Análogamente al caso anterior 1), es:

$$\sum_{r=2}^{n} \binom{n-2}{r-2} p^{r-2}(1-p)^{n-r} = [p + (1-p)]^{n-2} = (1)^{n-2} = 1$$

De ahí que:

$$\sum_{r=0}^{n} r(r-1)\, P(\xi = r) = \sum_{r=2}^{n} r(r-1) \binom{n}{r} p^r q^{n-r} = n(n-1)\, p^2$$

y por tanto,

$$\sum_{r=0}^{n} r^2\, P(\xi = r) = n(n-1)p^2 + np$$

Con ello,

$$E[\xi] = np$$

y

$$V[\xi] = n(n-1)p^2 + np - n^2p^2 = n^2p^2 - np^2 + np - n^2p^2 =$$
$$= np - np^2 = np(1-p) = npq$$

49. Dada la variante ξ cuya distribución de probabilidad es:

$$P(\xi = r) = \frac{m^r}{r!} e^{-m} \qquad \text{para} \qquad r = 0, 1, 2, 3, \ldots \qquad \text{y} \qquad m \in R^+$$

determinar el valor probable y la varianza.

Resolución:

Por definición sabemos que el valor probable y la varianza, cualquiera que sea el tipo de distribución de la variante ξ, vienen expresados en la forma:

$$E[\xi] = \int_{-\infty}^{+\infty} x\, dF(x)$$

$$V[\xi] = \int_{-\infty}^{+\infty} (x - E[\xi])^2\, dF(x) = \int_{-\infty}^{+\infty} (x - \alpha_1)^2\, dF(x)$$

y, además, la varianza puede ser expresada, en términos de los momentos de orden uno y dos con respecto al origen, en la forma:

$$V[\xi] = \int_{-\infty}^{+\infty} x^2\, dF(x) - \left[\int_{-\infty}^{+\infty} x\, dF(x)\right]^2 = \alpha_2 - \alpha_1^2$$

Como, en este caso, la distribución de probabilidad de la variante ξ es de tipo discreto, puesto que para los puntos $r = 0, 1, 2, \ldots$, es:

$$P(\xi = r) \neq 0$$

las integrales:

$$\int_{-\infty}^{+\infty} x\, dF(x) \quad , \quad \int_{-\infty}^{+\infty} x^2\, dF(x)$$

se transforman en «sumatorios», en este caso, series numéricas.

Así:

$$\int_{-\infty}^{+\infty} x\, dF(x) = \sum_{r=0}^{+\infty} r\, P(\xi = r)$$

$$\int_{-\infty}^{+\infty} x^2\, dF(x) = \sum_{r=0}^{+\infty} r^2\, P(\xi = r)$$

Pasemos, pues, a determinar las sumas de ambas series numéricas:

1) $$\sum_{r=0}^{+\infty} r\, P(\xi = r) = \sum_{r=0}^{+\infty} r\, e^{-m} \frac{m^r}{r!} = m\, e^{-m} \sum_{r=1}^{+\infty} \frac{m^{r-1}}{(r-1)!}$$

habida cuenta que e^{-m}, al no depender del índice de «sumación» r, figura como constante.

Y como,

$$\sum_{r=1}^{+\infty} \frac{m^{r-1}}{(r-1)!}$$

no es más que el desarrollo en serie de potencias de la función $y = e^m$, se tiene:

$$\sum_{r=1}^{+\infty} \frac{m^{r-1}}{(r-1)!} = e^m$$

por lo que:

$$\sum_{r=0}^{+\infty} r\, P(\xi = r) = m\, e^{-m}\, e^m = m$$

2) Para la determinación de la suma de la serie

$$\sum_{r=0}^{+\infty} r^2 P(\xi = r)$$

recordemos que, del resultado del problema 43, se tiene:

$$\int_{-\infty}^{+\infty} x^2 \, dF(x) = \int_{-\infty}^{+\infty} x(x-1) \, dF(x) + \int_{-\infty}^{+\infty} x \, dF(x)$$

que en este caso es:

$$\sum_{r=0}^{+\infty} r^2 P(\xi = r) = \sum_{r=0}^{+\infty} r(r-1) P(\xi = r) + \sum_{r=0}^{+\infty} r P(\xi = r)$$

Determinemos, pues:

$$\sum_{r=0}^{+\infty} r(r-1) P(\xi = r)$$

Será:

$$\sum_{r=0}^{+\infty} r(r-1) P(\xi = r) = \sum_{r=0}^{+\infty} r(r-1) \frac{m^r}{r!} e^{-m} = m^2 e^{-m} \sum_{r=2}^{+\infty} \frac{m^{r-2}}{(r-2)!}$$

y, por análogas consideraciones al caso anterior 1), será:

$$\sum_{r=2}^{+\infty} \frac{m^{r-2}}{(r-2)!} = e^m$$

con lo que:

$$\sum_{r=0}^{+\infty} r(r-1) P(\xi = r) = m^2 e^{-m} e^m = m^2$$

y por tanto:

$$\sum_{r=0}^{+\infty} r^2 P(\xi = r) = \sum_{r=0}^{+\infty} r^2 \frac{m^r}{r!} e^{-m} = m^2 + m$$

De ahí que:

$$E[\xi] = m$$

y

$$V[\xi] = m^2 + m - (m)^2 = m$$

50. Dada la variante ξ cuya distribución de probabilidad es:

$$P(\xi = r) = \frac{6}{\pi^2 r^2} \qquad \text{para} \qquad r = 1, 2, 3, \ldots$$

comprobar que, dicha distribución, carece de valor probable.

Resolución:

Por definición, sabemos que el valor probable, cualquiera que sea la distribución de probabilidad de la variante ξ, viene expresado en la forma:

$$E[\xi] = \int_{-\infty}^{+\infty} x \, dF(x)$$

y, por tanto, para que exista el valor probable, la correspondiente integral impropia que lo define debe ser convergente. Como, en este caso, la distribución de probabilidad de la variante ξ es de tipo *discreto*, puesto que para los puntos $r = 1, 2, 3, \ldots$, es:

$$P(\xi = r) \neq 0$$

la integral

$$\int_{-\infty}^{+\infty} x \, dF(x)$$

se transforma en un «sumatorio»:

$$\int_{-\infty}^{+\infty} x \, dF(x) = \sum_{r=1}^{+\infty} r \, P(\xi = r)$$

dependiendo, pues, la existencia del valor probable de la convergencia de la serie numérica:

$$\sum_{r=1}^{+\infty} r \, P(\xi = r) = \sum_{r=1}^{+\infty} r \frac{6}{\pi^2 r^2} = \sum_{r=1}^{+\infty} \frac{6}{\pi^2 r}$$

Ahora bien, esta serie puede escribirse en la forma:

$$\sum_{r=1}^{+\infty} \frac{6}{\pi^2 r} = \frac{6}{\pi^2} \sum_{r=0}^{+\infty} \frac{1}{r}$$

habida cuenta la propiedad distributiva. Por ello, como la serie:

$$\sum_{r=1}^{+\infty} \frac{1}{r} = 1 + \frac{1}{2} + \frac{1}{3} + \frac{1}{4} + \ldots$$

es *divergente*, la serie:

$$\sum_{r=1}^{+\infty} \frac{6}{\pi^2 r}$$

también será *divergente*. Por tanto,

$$E[\xi]$$

no existe, y la distribución carece, pues, de valor probable.

51. Dada la variante ξ, cuya distribución de probabilidad viene definida por la función de distribución:

$$F(x) = 1 - \frac{a^2}{x^2} \qquad \text{para } a < x$$

$$F(x) = 0 \qquad \text{para cualquier otro valor de } x$$

donde a es una constante positiva, determinar el valor probable y comprobar que la distribución carece de varianza.

Resolución:

Por definición, sabemos que el valor probable y la varianza, cualquiera que sea el tipo de distribución de la variante ξ, vienen expresados en la forma:

$$E[\xi] = \int_{-\infty}^{+\infty} x\, dF(x) = \alpha_1$$

$$V[\xi] = \int_{-\infty}^{+\infty} (x - E[\xi])^2\, dF(x) = \int_{-\infty}^{+\infty} (x - \alpha_1)^2\, dF(x)$$

y, además, la varianza puede ser expresada en términos de los momentos con respecto al origen, en la forma:

$$V[\xi] = \int_{-\infty}^{+\infty} x^2\, dF(x) - \left[\int_{-\infty}^{+\infty} x\, dF(x)\right]^2 = \alpha_2 - \alpha_1^2$$

Como, en este caso, la distribución de probabilidad de la variante ξ es de tipo *continuo*, puesto que la función de distribución que la engendra es una función continua, las integrales:

$$\int_{-\infty}^{+\infty} x\, dF(x) \quad , \quad \int_{-\infty}^{+\infty} x^2\, dF(x)$$

se convierten en:

$$\int_{-\infty}^{+\infty} x\, f(x)\, dx \quad , \quad \int_{-\infty}^{+\infty} x^2\, f(x)\, dx$$

habida cuenta que el proceso de integración de Stieltjes se transforma en el de Riemann, si la función de medida es continua, y donde $f(x)$ representa la función de densidad de la distribución que, como sabemos, puede obtenerse derivando la función de distribución:

$$F'(x) = f(x)$$

Así, al ser:

$$f(x) = \frac{2a^2}{x^3} \qquad \text{para} \qquad a < x$$

$$f(x) = 0 \qquad \text{para cualquier otro valor de } x$$

se tendrá:

1)

$$\int_{-\infty}^{+\infty} x\, f(x)\, dx = \int_{-\infty}^{a} x\, f(x)\, dx + \int_{a}^{+\infty} x\, f(x)\, dx =$$

$$= \int_{-\infty}^{a} x \cdot 0 \cdot dx + \int_{a}^{+\infty} x\, \frac{2a^2}{x^3}\, dx =$$

$$= \int_{a}^{+\infty} \frac{2a^2}{x^2}\, dx = 2a^2 \int_{a}^{+\infty} \frac{1}{x^2}\, dx =$$

$$= 2a^2 \left[-\frac{1}{x}\right]_a^{+\infty} = 2a$$

2)

$$\int_{-\infty}^{+\infty} x^2 f(x)\,dx = \int_{-\infty}^{a} x^2 f(x)\,dx + \int_{a}^{+\infty} x^2 f(x)\,dx =$$

$$= \int_{-\infty}^{a} x^2 \cdot 0 \cdot dx + \int_{a}^{+\infty} x^2 \frac{2a^2}{x^3}\,dx =$$

$$= \int_{a}^{+\infty} \frac{2a^2}{x}\,dx = 2a^2 \int_{a}^{+\infty} \frac{1}{x}\,dx$$

donde la integral:

$$\int_{a}^{+\infty} \frac{1}{x}\,dx$$

es *divergente*, por lo que:

$$\int_{-\infty}^{+\infty} x^2 f(x)\,dx$$

es *divergente*, luego *no* existe el momento de orden dos respecto al origen, α_2.

Por tanto:

$$E[\xi] = 2a$$

y $V[\xi]$ no existe, al *no* ser convergente la integral

$$\int_{-\infty}^{+\infty} x^2 f(x)\,dx$$

que define a α_2.

52. Dada la variante ξ cuya distribución de probabilidad viene definida por la función de distribución:

$$F(x) = 1 - \frac{1}{1+x} \qquad \text{para } 0 \leq x$$

$$F(x) = 0 \qquad \text{para cualquier otro valor de } x$$

comprobar que, dicha distribución, carece de valor probable.

Resolución:

Por definición, el valor probable, cualquiera que sea la distribución de probabilidad de la variante ξ, viene expresado en la forma:

$$E[\xi] = \int_{-\infty}^{+\infty} x \, dF(x)$$

y como, en este caso, la distribución de probabilidad de la variante ξ es de tipo continuo, puesto que la función de distribución es una función continua:

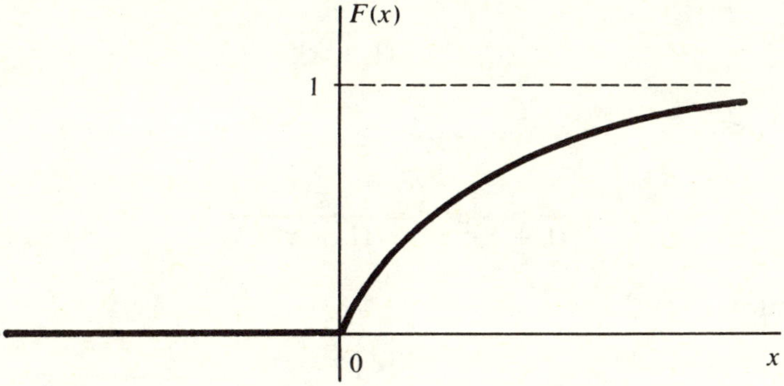

se tendrá:

$$E[\xi] = \int_{-\infty}^{+\infty} x \, dF(x) = \int_{-\infty}^{+\infty} x \, f(x) \, dx$$

habida cuenta que el proceso de integración de Stieltjes se transforma en el de Riemann si la función de medida es una función continua. Por tanto:

$$E[\xi] = \int_{-\infty}^{+\infty} x \, f(x) \, dx = \int_{-\infty}^{0} x \, f(x) \, dx + \int_{0}^{+\infty} x \, f(x) \, dx$$

y al estar definida la función de densidad (obtenida derivando la función de distribución),

$$f(x) = \frac{1}{(1 + x)^2} \qquad \text{para} \qquad 0 \leq x$$

$$f(x) = 0 \qquad \text{para cualquier otro valor de } x$$

se tiene:

$$E[\xi] = \int_{0}^{+\infty} x \frac{1}{(1 + x)^2} \, dx$$

Y como:

$$\int_a^{+\infty} g(x)\, dx$$

es divergente si existe un $\alpha \leq 1$ para el que:

$$g(x) \cdot x^\alpha > c > 0$$

siendo, en nuestro caso:

$$g(x) = \frac{x}{(1 + x)^2}$$

para $\alpha = 1$, es:

$$\frac{x}{(1 + x)^2} \cdot x = \frac{x^2}{(1 + x)^2} \to 1$$

Por tanto:

$$E[\xi]$$

no existe.

53. Dada la variante ξ cuya distribución de probabilidad viene definida por la función de densidad:

$$f(x) = \frac{1}{\pi} \cdot \frac{1}{1 + x^2} \qquad \text{para todo valor de } x$$

comprobar que, dicha distribución, carece de valor probable.

Resolución:

Por definición sabemos que el valor probable, cualquiera que sea la distribución de probabilidad de la variante ξ, viene expresado en la forma:

$$E[\xi] = \int_{-\infty}^{+\infty} x\, dF(x)$$

y, por tanto, para que exista el valor probable, la correspondiente integral impropia que lo define debe ser convergente. Como, en este caso, la distribución de probabilidad de la variante ξ es de tipo continuo, la integral:

$$\int_{-\infty}^{+\infty} x\, dF(x) = \int_{-\infty}^{+\infty} x\, f(x)\, dx$$

habida cuenta que el proceso de integración de Stieltjes se transforma en el de Riemann, si la función de medida $F(x)$, es continua.

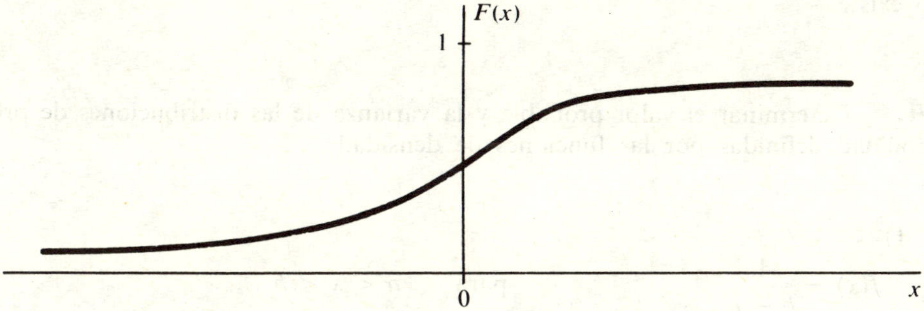

Por ello, habida cuenta la definición de la función de densidad, es:

$$\int_{-\infty}^{+\infty} x\, f(x)\, dx = \int_{-\infty}^{+\infty} \frac{1}{\pi} \cdot \frac{x}{1 + x^2}\, dx = \frac{1}{\pi} \int_{-\infty}^{+\infty} \frac{x}{1 + x^2}\, dx$$

donde la integral:

$$\int_{-\infty}^{+\infty} \frac{x}{1 + x^2}\, dx = \int_{-\infty}^{0} \frac{x}{1 + x^2}\, dx + \int_{0}^{+\infty} \frac{x}{1 + x^2}\, dx$$

y teniendo en cuenta que:

$$\int_{a}^{+\infty} g(x)\, dx$$

es divergente, si existe un $\alpha \leq 1$, para el que:

$$g(x) \cdot x^{\alpha} > c > 0$$

siendo, en nuestro caso,

$$g(x) = \frac{x}{1 + x^2}$$

para $\alpha = 1$, es:

$$\frac{x}{1 + x^2} \cdot x = \frac{x^2}{1 + x^2} \to 1$$

Por tanto,

$$E[\xi]$$

no existe.

54. Determinar el valor probable y la varianza de las distribuciones de probabilidad definidas por las funciones de densidad:

1)

$$f(x) = \frac{1}{b - a} \qquad \text{para} \quad a < x < b$$

$$f(x) = 0 \qquad \text{para cualquier otro valor de } x$$

2)

$$f(x) = \frac{1}{\sqrt{2\pi}} e^{-(1/2)x^2} \qquad \text{para todo valor de } x$$

3)

$$f(x) = \frac{1}{\Gamma(p)} e^{-x} \cdot x^{p-1} \qquad \text{para} \quad 0 < x \quad \text{y} \quad p \in R^+$$

$$f(x) = 0 \qquad \text{para cualquier otro valor de } x$$

4)

$$f(x) = \frac{1}{B(p, q)} x^{p-1}(1 - x)^{q-1} \quad \text{para } 0 < x < 1 \quad \text{y} \quad p, q \in R^+$$

$$f(x) = 0 \qquad \text{para cualquier otro valor de } x.$$

Resolución:

Para todos los apartados de este problema, al tratarse de distribuciones de tipo continuo, usaremos para determinar el valor probable y la varianza las expresiones:

$$E[\xi] = \int_{-\infty}^{+\infty} x\, dF(x) = \int_{-\infty}^{+\infty} x\, f(x)\, dx = \alpha_1$$

$$\begin{aligned} V[\xi] &= \int_{-\infty}^{+\infty} x^2\, dF(x) - \left[\int_{-\infty}^{+\infty} x\, dF(x)\right]^2 = \\ &= \int_{-\infty}^{+\infty} x^2 f(x)\, dx - \left[\int_{-\infty}^{+\infty} x\, f(x)\, dx\right]^2 = \\ &= \alpha_2 - \alpha_1^2 \end{aligned}$$

1.1) Determinación del valor probable $E[\xi]$.

Como:

$$\begin{aligned} E[\xi] &= \int_{-\infty}^{+\infty} x\, f(x)\, dx = \int_{-\infty}^{a} x\, f(x)\, dx + \int_{a}^{b} x\, f(x)\, dx + \int_{b}^{+\infty} x\, f(x)\, dx = \\ &= \int_{-\infty}^{a} x \cdot 0 \cdot dx + \int_{a}^{b} x \frac{1}{b-a}\, dx + \int_{b}^{+\infty} x \cdot 0 \cdot dx = \int_{a}^{b} x \frac{1}{b-a}\, dx \end{aligned}$$

habida cuenta la definición de la función de densidad, en este caso.

Al ser:

$$\int_{a}^{b} x \frac{1}{b-a}\, dx = \frac{1}{b-a}\left[\frac{x^2}{2}\right]_a^b = \frac{b^2 - a^2}{2(b-a)} = \frac{(b-a)(b+a)}{2(b-a)} = \frac{b+a}{2}$$

se tiene:

$$E[\xi] = \frac{b+a}{2}$$

1.2) Determinación de la varianza $V[\xi]$.

Como:

$$V[\xi] = \int_{-\infty}^{+\infty} x^2 f(x)\, dx - \left[\int_{-\infty}^{+\infty} x\, f(x)\, dx\right]^2$$

pasemos a determinar:

$$\int_{-\infty}^{+\infty} x^2 f(x)\, dx$$

que, habida cuenta la definición de la función de densidad,

$$\int_{-\infty}^{+\infty} x^2 f(x)\,dx = \int_{-\infty}^{a} x^2 f(x)\,dx + \int_{a}^{b} x^2 f(x)\,dx + \int_{b}^{+\infty} x^2 f(x)\,dx =$$

$$= \int_{-\infty}^{a} x^2 \cdot 0 \cdot dx + \int_{a}^{b} x^2 \frac{1}{b-a}\,dx + \int_{b}^{+\infty} x^2 \cdot 0 \cdot dx =$$

$$= \int_{a}^{b} x^2 \frac{1}{b-a}\,dx$$

Al ser:

$$\int_{a}^{b} x^2 \frac{1}{b-a}\,dx = \frac{1}{b-a}\int_{a}^{b} x^2\,dx = \frac{1}{b-a}\left[\frac{x^3}{3}\right]_a^b = \frac{b^3-a^3}{3(b-a)}$$

se tiene:

$$V[\xi] = \frac{b^3-a^3}{3(b-a)} - \left(\frac{b+a}{2}\right)^2$$

y, operando en el segundo miembro,

$$\frac{4b^3-4a^3-[3(b-a)(b+a)^2]}{12(b-a)} = \frac{4b^3-4a^3-[3b^3+3ab^2-3a^2b-3a^3]}{12(b-a)} =$$

$$= \frac{b^3-3b^2a+3a^2b-a^3}{12(b-a)} = \frac{(b-a)^3}{12(b-a)} = \frac{(b-a)^2}{12}$$

puede escribirse,

$$V[\xi] = \frac{(b-a)^2}{12}$$

2.1) Determinación del valor probable $E[(\xi]$.

Como:

$$E[\xi] = \int_{-\infty}^{+\infty} x f(x)\,dx = \int_{-\infty}^{+\infty} x \frac{1}{\sqrt{2\pi}} e^{-(1/2)x^2}\,dx$$

habida cuenta la definición de la función de densidad, en este caso.

Resolvamos:

$$\int_{-\infty}^{+\infty} x \frac{1}{\sqrt{2\pi}} e^{-(1/2)x^2}\, dx$$

teniendo en cuenta que

$$\int_{-\infty}^{+\infty} x \frac{1}{\sqrt{2\pi}} e^{-(1/2)x^2}\, dx = \int_{+\infty}^{-\infty} x \frac{1}{\sqrt{2\pi}} e^{-(1/2)x^2}\, dx$$

pues es, en este caso,

$$g(-x) = -g(x) \qquad \text{siendo} \qquad g(x) = \frac{x}{\sqrt{2\pi}} e^{-(1/2)x^2}$$

Por ello, se sigue.

$$\int_{-\infty}^{+\infty} x \frac{1}{\sqrt{2\pi}} e^{-(1/2)x^2}\, dx = 0$$

y es, en consecuencia,

$$E[\xi] = 0$$

2.2) Determinación de la varianza $V[\xi]$.

Como:

$$V[\xi] = \int_{-\infty}^{+\infty} x^2 f(x)\, dx - \left[\int_{-\infty}^{+\infty} x f(x)\, dx\right]^2$$

del resultado obtenido anteriormente en 2.1), se tiene, en este caso:

$$V[\xi] = \int_{-\infty}^{+\infty} x^2 f(x)\, dx = \frac{1}{\sqrt{2\pi}} \int_{-\infty}^{+\infty} x^2 e^{-(1/2)x^2}\, dx$$

Resolvamos:

$$\int_{-\infty}^{+\infty} x^2 e^{-(1/2)x^2}\, dx$$

teniendo en cuenta que, al ser la función:

$$g(x) = x^2 e^{-(1/2)x^2}$$

tal que:

$$g(x) = g(-x)$$

es:

$$\int_{-\infty}^{+\infty} x^2 e^{-(1/2)x^2}\, dx = 2\int_{0}^{+\infty} x^2 e^{-(1/2)x^2}\, dx$$

por lo que, efectuando el cambio de variable:

$$\frac{1}{2}x^2 = t \Rightarrow dx = \frac{dt}{\sqrt{2t}}$$

y siendo para

$$x = 0,\ t = 0, \qquad \text{y para} \qquad x = +\infty,\ t = +\infty,$$

se tiene:

$$2\int_{0}^{+\infty} x^2 e^{-(1/2)x^2}\, dx = 2\int_{0}^{+\infty} 2t\, e^{-t} \cdot \frac{dt}{\sqrt{2}\sqrt{t}} =$$

$$= \frac{4}{\sqrt{2}}\int_{0}^{+\infty} \frac{t}{\sqrt{t}} e^{-t} \cdot dt = \frac{4}{\sqrt{2}}\int_{0}^{+\infty} t^{1/2} e^{-t}\, dt =$$

$$= \frac{4}{\sqrt{2}}\Gamma\left(\frac{3}{2}\right) = \frac{4}{\sqrt{2}} \cdot \frac{1}{2}\Gamma\left(\frac{1}{2}\right) = \frac{2}{\sqrt{2}}\sqrt{\pi} = \sqrt{2}\,\sqrt{\pi}$$

puesto que:

$$\Gamma(3/2) = \int_{0}^{+\infty} t^{1/2} e^{-t}\, dt = \left(\frac{3}{2} - 1\right) \cdot \Gamma(1/2) = \frac{1}{2}\sqrt{\pi}$$

Así,

$$\frac{1}{\sqrt{2\pi}}\int_{-\infty}^{+\infty} x^2 e^{-(1/2)x^2}\, dx = \frac{1}{\sqrt{2}} \cdot \frac{1}{\sqrt{\pi}} \cdot \sqrt{2} \cdot \sqrt{\pi} = 1$$

y, por tanto:

$$V[\xi] = 1$$

3.1) Determinación del valor probable $E[\xi]$.
Como:

$$E[\xi] = \int_{-\infty}^{+\infty} x\,f(x)\,dx = \int_{-\infty}^{0} x\,f(x)\,dx + \int_{0}^{+\infty} x\,f(x)\,dx =$$

$$= \int_{-\infty}^{0} x \cdot 0 \cdot dx + \int_{0}^{+\infty} x \frac{1}{\Gamma(p)} x^{p-1}\,e^{-x}\,dx =$$

$$= \int_{0}^{+\infty} \frac{1}{\Gamma(p)} x^{p}\,e^{-x}\,dx$$

habida cuenta la definición de la función de densidad, en este caso.
Al ser:

$$\int_{0}^{+\infty} \frac{1}{\Gamma(p)} x^{p}\,e^{-x}\,dx = \frac{1}{\Gamma(p)} \int_{0}^{+\infty} x^{p}\,e^{-x}\,dx = \frac{\Gamma(p+1)}{\Gamma(p)}$$

y, al ser

$$\Gamma(p+1) = p\,\Gamma(p)$$

se tendrá:

$$E[\xi] = \frac{p\,\Gamma(p)}{\Gamma(p)} = p$$

3.2) Determinación de la varianza $V[\xi]$.
Como:

$$V[\xi] = \int_{-\infty}^{+\infty} x^2\,f(x)\,dx - \left[\int_{-\infty}^{+\infty} x\,f(x)\,dx\right]^2$$

pasemos a determinar:

$$\int_{-\infty}^{+\infty} x^2\,f(x)\,dx$$

que, habida cuenta la definición de la función de densidad,

$$\int_{-\infty}^{+\infty} x^2\,f(x)\,dx = \int_{-\infty}^{0} x^2\,f(x)\,dx + \int_{0}^{+\infty} x^2\,f(x)\,dx =$$

$$= \int_{-\infty}^{0} x^2 \cdot 0 \cdot dx + \int_{0}^{+\infty} x^2 \frac{1}{\Gamma(p)} x^{p-1}\,e^{-x}\,dx =$$

$$= \int_{0}^{+\infty} \frac{1}{\Gamma(p)} x^{p+1}\,e^{-x}\,dx$$

de donde se sigue,

$$\int_{0}^{+\infty} \frac{1}{\Gamma(p)} x^{p+1} e^{-x} \, dx = \frac{1}{\Gamma(p)} \int_{0}^{+\infty} x^{p+1} e^{-x} \, dx = \frac{\Gamma(p+2)}{\Gamma(p)}$$

y, al ser

$$\Gamma(p+2) = (p+1)\, p\, \Gamma(p)$$

se tendrá:

$$\int_{-\infty}^{+\infty} x^2 f(x) \, dx = \frac{(p+1)p\, \Gamma(p)}{\Gamma(p)} = p(p+1)$$

por lo que

$$V[\xi] = p(p+1) - p^2 = p$$

4.1) Determinación del valor probable $E[\xi]$.
Como:

$$E[\xi] = \int_{-\infty}^{+\infty} x f(x) \, dx = \int_{-\infty}^{0} x f(x) \, dx + \int_{0}^{1} x f(x) \, dx + \int_{1}^{+\infty} x f(x) \, dx =$$

$$= \int_{-\infty}^{0} x \cdot 0 \cdot dx + \int_{0}^{1} x \frac{1}{B(p, q)} x^{p-1} (1-x)^{q-1} \, dx + \int_{1}^{+\infty} x \cdot 0 \cdot dx =$$

$$= \int_{0}^{1} \frac{1}{B(p, q)} x^{p} (1-x)^{q-1} \, dx$$

habida cuenta la definición de la función de densidad, en este caso.
Al ser:

$$\int_{0}^{1} \frac{1}{B(p, q)} x^{p} (1-x)^{q-1} \, dx = \frac{1}{B(p, q)} \int_{0}^{1} x^{p} (1-x)^{q-1} \, dx = \frac{B(p+1, q)}{B(p, q)}$$

se tendrá, recordando que:

$$B(a, b) = \frac{\Gamma(a)\, \Gamma(b)}{\Gamma(a+b)}$$

es:

$$E[\xi] = \frac{\dfrac{\Gamma(p+1)\, \Gamma(q)}{\Gamma(p+q+1)}}{\dfrac{\Gamma(p)\, \Gamma(q)}{\Gamma(p+q)}} = \frac{\dfrac{p\, \Gamma(p)\, \Gamma(q)}{(p+q)\, \Gamma(p+q)}}{\dfrac{\Gamma(p)\, \Gamma(q)}{\Gamma(p+q)}} = \frac{p}{p+q}$$

4.2) Determinación de la varianza $V[\xi]$.
Como:

$$V[\xi] = \int_{-\infty}^{+\infty} x^2 f(x)\, dx - \left[\int_{-\infty}^{+\infty} x f(x)\, dx\right]^2$$

pasemos a determinar:

$$\int_{-\infty}^{+\infty} x^2 f(x)\, dx$$

que, habida cuenta la definición de la función de densidad,

$$\int_{-\infty}^{+\infty} x^2 f(x)\, dx = \int_{-\infty}^{0} x^2 f(x)\, dx + \int_{0}^{1} x^2 f(x)\, dx + \int_{1}^{+\infty} x^2 f(x)\, dx =$$

$$= \int_{-\infty}^{0} x^2 \cdot 0 \cdot dx + \int_{0}^{1} x^2 \frac{1}{B(p, q)} x^{p-1} (1 - x)^{q-1}\, dx +$$

$$+ \int_{1}^{+\infty} x^2 \cdot 0 \cdot dx = \int_{0}^{1} x^2 \frac{1}{B(p, q)} x^{p-1} (1 - x)^{q-1}\, dx =$$

$$= \int_{0}^{1} \frac{1}{B(p, q)} x^{p+1} (1 - x)^{q-1}\, dx$$

Al ser:

$$\int_{0}^{1} \frac{1}{B(p, q)} x^{p+1} (1 - x)^{q-1}\, dx = \frac{1}{B(p, q)} \int_{0}^{1} x^{p+1} (1 - x)^{q-1}\, dx = \frac{B(p + 2, q)}{B(p, q)}$$

con lo que, por las consideraciones efectuadas en el apartado anterior 4.1), se tiene:

$$\frac{B(p + 2, q)}{B(p, q)} = \frac{\dfrac{\Gamma(p + 2)\,\Gamma(q)}{\Gamma(p + q + 2)}}{\dfrac{\Gamma(p)\,\Gamma(q)}{\Gamma(p + q)}} = \frac{\dfrac{(p + 1)\, p\, \Gamma(p)\,\Gamma(q)}{(p + q + 1)\,(p + q)\,\Gamma(p + q)}}{\dfrac{\Gamma(p)\,\Gamma(q)}{\Gamma(p + q)}} =$$

$$= \frac{p(p + 1)}{(p + q)\,(p + q + 1)}$$

Por ello:

$$\int_{-\infty}^{+\infty} x^2 f(x)\, dx = \frac{p(p+1)}{(p+q)(p+q+1)}$$

y, por tanto:

$$V[\xi] = \frac{p(p+1)}{(p+q)(p+q+1)} - \frac{p^2}{(p+q)^2}$$

donde, operando en el segundo miembro, se obtiene:

$$V[\xi] = \frac{p\,q}{(p+q)^2\,(p+q+1)}$$

55. Determinar el valor probable de la distribución de la variante ξ, correspondiente al problema 37.

Resolución:

Habida cuenta que la variante ξ representa el número de artículos defectuosos vendido por la empresa, el valor probable:

$$E[\xi]$$

significará, en este caso, el *número medio esperado de artículos defectuosos vendidos* en el período considerado, un día.

Así, y puesto que

$$E[\xi] = \int_{-\infty}^{+\infty} x\, dF(x)$$

al ser la distribución de probabilidad de la variante ξ de tipo discreto, puesto que para los puntos $r = 0, 1, 2, 3, \ldots$, es:

$$P(\xi = r) \neq 0$$

se tendrá:

$$E[\xi] = \int_{-\infty}^{+\infty} x\, dF(x) = \sum_{r=0}^{+\infty} r\, P(\xi = r)$$

habida cuenta que el proceso de integración de Stieltjes se transforma en un «sumatorio», en este caso, una serie numérica.

Como quiera que:

$$\sum_{r=0}^{+\infty} r\, P(\xi = r) = \sum_{r=0}^{+\infty} r \frac{2}{3}\left(\frac{1}{3}\right)^r = \frac{2}{3}\sum_{r=1}^{+\infty} r\left(\frac{1}{3}\right)^r$$

puesto que para $r = 0$, el primer término es nulo.

Ahora bien, la serie potencial:

$$\sum_{r=0}^{+\infty} r\, x^r$$

es convergente para todo valor de x tal que: $-1 < x < 1$, resultando ser el desarrollo en serie de potencias de la función:

$$\frac{x}{(1-x)^2}$$

es decir:

$$\frac{x}{(1-x)^2} = \sum_{r=0}^{+\infty} r\, x^r$$

Al ser, en nuestro caso, $x = 1/3$, se tiene:

$$\sum_{r=1}^{+\infty} r\left(\frac{1}{3}\right)^r = \frac{1/3}{(1-1/3)^2} = \frac{1/3}{(2/3)^2} = \frac{3/9}{4/9} = \frac{3}{4}$$

resultando:

$$E[\xi] = \frac{2}{3}\cdot\frac{3}{4} = \frac{1}{2}$$

esto es, el *número medio esperado de artículos defectuosos vendidos* es de 0,5, o lo que es lo mismo, *no* llega a una unidad.

56. Determinar el valor probable de la distribución correspondiente al problema 38.

Resolución:

Habida cuenta que la variante ξ representa la cantidad ahorrada, el valor probable:

$$E[\xi]$$

significará, en este caso, *la cantidad media esperada de ahorro* en el período considerado, un mes.

Así, y puesto que:

$$E[\xi] = \int_{-\infty}^{+\infty} x\, dF(x)$$

al ser la distribución de probabilidad de la variante ξ de tipo continuo, se tendrá:

$$E[\xi] = \int_{-\infty}^{+\infty} x\, f(x)\, dx$$

habida cuenta que el proceso de integración de Stieltjes se transforma en el de Riemann si la función de medida es continua, y donde $f(x)$, función de densidad, será:

$$\begin{array}{lll} f(x) = 0 & \text{para} & x < 0 \\ f(x) = \dfrac{1}{2} & \text{para} & 0 \leq x < 1 \\ f(x) = 0 & \text{para} & 1 \leq x < 2 \\ f(x) = \dfrac{1}{4} & \text{para} & 2 \leq x < 4 \\ f(x) = 0 & \text{para} & 4 \leq x \end{array}$$

obtenida, como se sabe, derivando la función de distribución.

De ahí que:

$$E[\xi] = \int_{-\infty}^{+\infty} x\, f(x)\, dx = \int_{-\infty}^{0} x\, f(x)\, dx + \int_{0}^{1} x\, f(x)\, dx + \int_{1}^{2} x\, f(x)\, dx + \\ + \int_{2}^{4} x\, f(x)\, dx + \int_{4}^{+\infty} x\, f(x)\, dx$$

por lo que, habida cuenta la definición de la función de densidad:

$$E[\xi] = \int_{0}^{1} \frac{1}{2} x\, dx + \int_{2}^{4} \frac{1}{4} x\, dx = \frac{1}{2} \left[\frac{x^2}{2}\right]_0^1 + \frac{1}{4} \left[\frac{x^2}{2}\right]_2^4 = \frac{1}{4} + \frac{6}{4} = \frac{7}{4} = 1{,}75$$

esto es, la cantidad media de ahorro esperado resulta ser 1.750 pesetas al mes.

57. Determinar el valor probable de la distribución de la variante ξ, correspondiente al problema 39.

Resolución:

Habida cuenta que la variante ξ representa el beneficio obtenido por la empresa, el valor probable:

$$E[\xi]$$

significará, en este caso, el *beneficio medio esperado* en el período considerado, un año.

Así, y puesto que:

$$E[\xi] = \int_{-\infty}^{+\infty} x\, dF(x)$$

al ser la distribución de probabilidad de la variante ξ de tipo continuo, se tendrá:

$$E[\xi] = \int_{-\infty}^{+\infty} x\, f(x)\, dx$$

habida cuenta que el proceso de integración de Stieltjes se transforma en el de Riemann, si la función de medida es continua, y donde $f(x)$, función de densidad, será:

$$f(x) = -\frac{x}{50} e^{-(x/50)^2} \qquad \text{para} \qquad x \leq 0$$

$$f(x) = \frac{x}{50} e^{-(x/50)^2} \qquad \text{para} \qquad x > 0$$

obtenida, como se sabe, derivando la función de distribución.

De ahí que:

$$E[\xi] = \int_{-\infty}^{+\infty} x\, f(x)\, dx = \int_{-\infty}^{0} x\, f(x)\, dx + \int_{0}^{+\infty} x\, f(x)\, dx$$

y habida cuenta la definición de la función de densidad, se tiene:

$$E[\xi] = \int_{-\infty}^{0} x \left(-\frac{x}{50}\right) e^{-(x/50)^2}\, dx + \int_{0}^{+\infty} x \left(\frac{x}{50}\right) e^{-(x/50)^2}\, dx$$

en donde es evidente que:

$$E[\xi] = 0$$

esto es, el beneficio medio esperado por la empresa es *nulo*.

58. Determinar el valor probable de la distribución correspondiente al problema 40.

Resolución:

Habida cuenta que la variante ξ representa la demanda diaria, el valor probable:

$$E[\xi]$$

significará, en este caso, la *demanda media esperada* en el período considerado, un día.

Así, y puesto que:

$$E[\xi] = \int_{-\infty}^{+\infty} x \, dF(x)$$

al ser la distribución de probabilidad de la variante ξ de tipo continuo, se tendrá:

$$E[\xi] = \int_{-\infty}^{+\infty} x \, f(x) \, dx$$

habida cuenta que el proceso de integración de Stieltjes se transforma en el de Riemann, si la función de medida es continua, y donde $f(x)$ es, por el enunciado del problema 40,

$$f(x) = 1 - \frac{1}{2}x \qquad \text{para} \qquad 0 \leq x \leq 2$$

$$f(x) = 0 \qquad \text{para cualquier otro valor de } x$$

De ahí que:

$$E[\xi] = \int_{-\infty}^{+\infty} x \, f(x) \, dx = \int_{-\infty}^{0} x \, f(x) \, dx + \int_{0}^{2} x \, f(x) \, dx + \int_{2}^{+\infty} x \, f(x) \, dx =$$

$$= \int_{-\infty}^{0} x \cdot 0 \cdot dx + \int_{0}^{2} x \left(1 - \frac{1}{2}x\right) dx + \int_{2}^{+\infty} x \cdot 0 \cdot dx$$

habida cuenta la definición de la función de densidad. Por tanto:

$$E[\xi] = \int_{0}^{2} x \left(1 - \frac{1}{2}x\right) dx = \left[\frac{x^2}{2} - \frac{1}{2} \cdot \frac{x^3}{3}\right]_0^2 = \frac{4}{2} - \frac{1}{2} \cdot \frac{8}{3} = \frac{4}{6} = 0{,}666$$

esto es, la demanda media esperada resulta ser 666 unidades diarias.

59. Determinar el valor probable de la distribución de probabilidad correspondiente al problema 41.

Resolución:

Habida cuenta que la variante ξ representa el número de unidades vendidas mensualmente, el valor probable:

$$E[\xi]$$

significará, en este caso, la *venta media esperada* en el período considerado, un mes.

Así, y puesto que:

$$E[\xi] = \int_{-\infty}^{+\infty} x \, dF(x)$$

al ser la distribución de probabilidad de la variante ξ de tipo continuo, se tendrá:

$$E[\xi] = \int_{-\infty}^{+\infty} x \, f(x) \, dx$$

habida cuenta que el proceso de integración de Stieltjes se transforma en el de Riemann si la función de medida es continua, y donde $f(x)$ es, por el enunciado del problema 41,

$$f(x) = \frac{x}{25} \qquad \text{para} \qquad 0 \leq x < 5$$

$$f(x) = \frac{1}{25}(10 - x) \qquad \text{para} \qquad 5 \leq x \leq 10$$

$$f(x) = 0 \qquad \text{para cualquier otro valor de } x$$

De ahí que:

$$E[\xi] = \int_{-\infty}^{+\infty} x \, f(x) \, dx = \int_{-\infty}^{0} x \, f(x) \, dx + \int_{0}^{5} x \, f(x) \, dx + \int_{5}^{10} x \, f(x) \, dx +$$

$$+ \int_{10}^{+\infty} x \, f(x) \, dx = \int_{-\infty}^{0} x \cdot 0 \cdot dx + \int_{0}^{5} x \frac{x}{25} \, dx + \int_{5}^{10} x \frac{1}{25}(10 - x) \, dx +$$

$$+ \int_{10}^{+\infty} x \cdot 0 \cdot dx$$

habida cuenta la definición de la función de densidad. Por tanto:

$$E[\xi] = \int_0^5 x \frac{x}{25} dx + \int_5^{10} x \frac{1}{25} (10 - x) \, dx = \frac{1}{25} \left[\frac{x^3}{3} \right]_0^5 +$$

$$+ \frac{1}{25} \left[10 \frac{x^2}{2} - \frac{x^3}{3} \right]_5^{10} = \frac{5}{3} + \frac{20}{6} = \frac{30}{6} = 5$$

esto es, la venta media esperada resulta ser de 5.000 unidades mensuales.

60. Determinar el valor probable de la distribución de probabilidad correspondiente al problema 42.

Resolución:

Habida cuenta que la variante ξ representa la demanda semanal, el valor probable:

$$E[\xi]$$

significará, en este caso, la demanda media esperada en el período considerado, una semana.

Así, y puesto que:

$$E[\xi] = \int_{-\infty}^{+\infty} x \, dF(x)$$

al ser la distribución de probabilidad de la variante ξ de tipo continuo, se tendrá:

$$E[\xi] = \int_{-\infty}^{+\infty} x \, f(x) \, dx$$

habida cuenta que el proceso de integración de Stieltjes se transforma en el de Riemann si la función de medida es continua, y donde $f(x)$ es, por el enunciado del problema 42,

$$f(x) = \frac{3}{8} (4x - 2x^2) \qquad \text{para} \qquad 0 \leq x \leq 2$$

$$f(x) = 0 \qquad \text{para cualquier otro valor de } x$$

De ahí que:

$$E[\xi] = \int_{-\infty}^{+\infty} x\, f(x)\, dx = \int_{-\infty}^{0} x\, f(x)\, dx + \int_{0}^{2} x\, f(x)\, dx + \int_{2}^{+\infty} x\, f(x)\, dx =$$

$$= \int_{-\infty}^{0} x \cdot 0 \cdot dx + \int_{0}^{2} x \frac{3}{8}(4x - 2x^2)\, dx + \int_{2}^{+\infty} x \cdot 0 \cdot dx$$

habida cuenta la definición de la función de densidad. Por tanto:

$$E[\xi] = \int_{0}^{2} x \frac{3}{8}(4x - 2x^2)\, dx = \frac{3}{8}\int_{0}^{2} (4x^2 - 2x^3)\, dx =$$

$$= \frac{3}{8}\left[4\frac{x^3}{3} - 2\frac{x^4}{4}\right]_0^2 = \frac{3}{8}\left[\frac{32}{3} - 8\right] = 1$$

esto es, la demanda media esperada resulta ser 1.000.000 de unidades semanales.

61. Comprobar que si la función de densidad que define la distribución de probabilidad de una variante ξ verifica:

$$f(x) = f(-x)$$

(es, por tanto, una función *par*), la correspondiente función característica:

$$\varphi_\xi(t)$$

es una función real de la variable t.

Resolución:

Habida cuenta que la distribución de probabilidad de la variante ξ es de tipo continuo, la función característica vendrá expresada en la forma:

$$\varphi_\xi(t) = \int_{-\infty}^{+\infty} e^{itx} f(x)\, dx$$

y al ser:

$$e^{itx} = \cos t\, x + i \operatorname{sen} t\, x$$

se tendrá:

$$\varphi_\xi(t) = \int_{-\infty}^{+\infty} (\cos t\,x + i \operatorname{sen} t\,x)\, f(x)\, dx =$$

$$= \int_{-\infty}^{+\infty} \cos t\,x\, f(x) + i \int_{-\infty}^{+\infty} \operatorname{sen} t\,x\, f(x)\, dx$$

Como la función:

$$\operatorname{sen} t\,x$$

es tal que:

$$\operatorname{sen} t\,(-x) = -\operatorname{sen} t\,x$$

(es, pues, una función *impar*), se tiene:

$$\operatorname{sen} t\,(-x)\, f(-x) = -\operatorname{sen} t\,x\, f(x)$$

de donde al ser:

$$\operatorname{sen} t\,x\, f(x) = -[\operatorname{sen} t\,(-x)\, f(-x)]$$

se sigue:

$$\int_{-\infty}^{+\infty} \operatorname{sen} t\,x\, f(x)\, dx = \int_{+\infty}^{-\infty} \operatorname{sen} t\,x\, f(x)\, dx$$

y por tanto:

$$\int_{-\infty}^{+\infty} \operatorname{sen} t\,x\, f(x)\, dx = 0$$

De ahí que:

$$\varphi_\xi(t) = \int_{-\infty}^{+\infty} \cos t\,x\, f(x)\, dx = 2 \int_{0}^{+\infty} \cos t\,x\, f(x)\, dx$$

62. Dada la variante ξ cuya distribución de probabilidad es:

$$P(\xi = 0) = \frac{1}{3}$$

$$P(\xi = 1) = \frac{2}{3}$$

determinar la función característica.

Resolución:

Por definición, la función característica, cualquiera que sea la distribución de probabilidad de la variante ξ, viene expresada en la forma:

$$\varphi_\xi(t) = E[e^{it\xi}] = \int_{-\infty}^{+\infty} e^{itx}\, dF(x)$$

y como, en este caso, la distribución de probabilidad de la variante ξ es de tipo discreto, puesto que para los puntos $r = 0, 1$, es:

$$P(\xi = r) \neq 0$$

se tendrá que la integral:

$$\int_{-\infty}^{+\infty} e^{itx}\, dF(x) = \sum_{r=0}^{1} e^{itr}\, P(\xi = r)$$

esto es, se transforma en un «sumatorio», suma finita por ser finito el conjunto de puntos que poseen probabilidad distinta de cero.

Así:

$$\varphi_\xi(t) = \sum_{r=0}^{1} e^{itr}\, P(\xi = r) = e^{it0}\, P(\xi = 0) + e^{it1}\, P(\xi = 1) =$$

$$= e^{it0} \cdot \frac{1}{3} + e^{it1} \cdot \frac{2}{3}$$

y por tanto:

$$\varphi_\xi(t) = \frac{1}{3} + \frac{2}{3} e^{it}$$

63. Dada la variante ξ cuya distribución de probabilidad viene definida por la función de distribución:

$$F(x) = x \quad \text{para} \quad 0 \leq x \leq 1$$
$$F(x) = 0 \quad \text{para cualquier otro valor de } x$$

determinar la función característica.

Resolución:

Por definición, la función característica, cualquiera que sea la distribución de probabilidad de la variante ξ, viene expresada en la forma:

$$\varphi_\xi(t) = E[e^{it\xi}] = \int_{-\infty}^{+\infty} e^{itx}\, dF(x)$$

y como, en este caso, la distribución de probabilidad de la variante ξ es de tipo continuo, puesto que la función de distribución es una función continua, se tendrá:

$$\varphi_\xi(t) = E[e^{it\xi}] = \int_{-\infty}^{+\infty} e^{itx} f(x)\, dx$$

habida cuenta que el proceso de integración de Stieltjes se transforma en el de Riemann si la función de medida es continua, y puesto que la función de densidad $f(x)$ es:

$$f(x) = 1 \quad \text{para} \quad 0 \leq x \leq 1$$

$$f(x) = 0 \quad \text{para cualquier otro valor de } x$$

resultará:

$$\varphi_\xi(t) = \int_{-\infty}^{+\infty} e^{itx} f(x)\, dx = \int_{-\infty}^{0} e^{itx} \cdot 0 \cdot dx + \int_0^1 e^{itx} \cdot 1 \cdot dx +$$

$$+ \int_1^{+\infty} e^{itx} \cdot 0 \cdot dx = \int_0^1 e^{itx}\, dx$$

habida cuenta la definición de la función de densidad $f(x)$.

Como la integral:

$$\int_0^1 e^{itx}\, dx = \left[\frac{e^{itx}}{it}\right]_0^1 = \frac{e^{it1} - e^{it0}}{it} = \frac{e^{it}}{it}$$

resultará:

$$\varphi_\xi(t) = \frac{e^{it}}{it}$$

64. Dada la variante ξ cuya distribución de probabilidad es:

$$P(\xi = r) = \frac{m^r}{r!} e^{-m} \quad \text{para} \quad r = 0, 1, 2, \ldots \quad m \in R^+$$

determinar:

1) La función característica.
2) El valor probable y la varianza, con base en dicha función característica.

Resolución:

1) Por definición sabemos que la función característica, cualquiera que sea el tipo de distribución de la variante ξ, viene expresada en la forma:

$$\varphi_\xi(t) = E[e^{it\xi}] = \int_{-\infty}^{+\infty} e^{itx}\, dF(x)$$

y como, en este caso, la distribución de la variante ξ es de tipo discreto, puesto que para los puntos $r = 0, 1, 2, \ldots$, es:

$$P(\xi = r) \neq 0$$

la función de distribución de la variante ξ es escalonada, y la integral se transforma, pues, en un «sumatorio»:

$$\int_{-\infty}^{+\infty} e^{itx}\, dF(x) = \sum_{r=0}^{+\infty} e^{itr}\, P(\xi = r)$$

de donde:

$$\varphi_\xi(t) = \sum_{r=0}^{+\infty} e^{itr}\, P(\xi = r) = \sum_{r=0}^{+\infty} e^{itr} \frac{m^r}{r!} e^{-m}$$

Así,

$$\sum_{r=0}^{+\infty} e^{itr} \frac{m^r}{r!} e^{-m} = e^{-m} \sum_{r=0}^{+\infty} \frac{(me^{it})^r}{r!}$$

puesto que, al no depender del índice de sumación, e^{-m} figura como constante.

Como

$$\sum_{r=0}^{+\infty} \frac{(me^{it})^r}{r!} = \sum_{r=0}^{+\infty} \frac{u^r}{r!}, \text{ (llamando } u = me^{it}\text{)}$$

es el desarrollo en serie de potencias de la función e^u, se tendrá:

$$\sum_{r=0}^{+\infty} \frac{(me^{it})^r}{r!} = e^{me^{it}}$$

siendo, pues:

$$\varphi_\xi(t) = e^{-m} \cdot e^{me^{it}} = e^{m(e^{it} - 1)}$$

2) Para determinar el valor probable y la varianza, recordemos que, de existir, vienen expresados, con base en la función característica, en la forma:

$$E[\xi] = \frac{\varphi'_\xi(0)}{i}$$

$$V[\xi] = \frac{\varphi''_\xi(0)}{i^2} - \left[\frac{\varphi'_\xi(0)}{i}\right]^2$$

Pasemos a determinar las correspondientes derivadas de la función característica:

$$\varphi'_\xi(t) = [e^{m(e^{it}-1)}]' = ime^{it}(e^{m(e^{it}-1)})$$

$$\varphi''_\xi(t) = ime^{it}(ime^{it}\, e^{m(e^{it}-1)}) + i^2me^{it}(e^{m(e^{it}-1)}) =$$

$$= i^2m^2e^{2it}\, e^{m(e^{it}-1)} + i^2me^{it}\, e^{m(e^{it}-1)}$$

siendo, por tanto:

$$\varphi'_\xi(0) = im$$

$$\varphi''_\xi(0) = i^2m^2 + i^2m = i^2(m^2 + m)$$

De ahí que:

$$E[\xi] = \frac{im}{i} = m$$

$$V[\xi] = \frac{i^2(m^2 + m)}{i^2} - m^2 = m^2 + m - m^2 = m$$

65. Dada la variante ξ cuya distribución de probabilidad es:

$$P(\xi = r) = \binom{n}{r} p^r q^{n-r} \qquad \text{para} \qquad r = 0, 1, 2, \ldots, n$$

con $0 < p < 1$, $0 < q < 1$, $p + q = 1$, determinar:

1) La función característica.
2) El valor probable y la varianza, con base en dicha función característica.

Resolución:

1) Por definición sabemos que la función característica, cualquiera que sea el tipo de distribución de la variante ξ, viene expresada en la forma:

$$\varphi_\xi(t) = E[e^{it\xi}] = \int_{-\infty}^{+\infty} e^{itx}\, dF(x)$$

y como, en este caso, la distribución de probabilidad de la variante ξ es de tipo discreto, puesto que para los puntos $r = 0, 1, 2, \ldots, n$, es:

$$P(\xi = r) \neq 0$$

la función de distribución de la variante ξ es escalonada, y la integral se transforma, pues, en un «sumatorio»:

$$\int_{-\infty}^{+\infty} e^{itx}\, dF(x) = \sum_{r=0}^{n} e^{itr}\, P(\xi = r)$$

de donde:

$$\varphi_\xi(t) = \sum_{r=0}^{n} e^{itr}\, P(\xi = r) = \sum_{r=0}^{n} e^{itr} \binom{n}{r} p^r q^{n-r} =$$
$$= \sum_{r=0}^{n} \binom{n}{r} (e^{it} \cdot p)^r q^{n-r} = (p \cdot e^{it} + q)^n$$

sin más que recordar la expresión correspondiente al desarrollo del binomio de Newton.

Así:

$$\varphi_\xi(t) = (pe^{it} + q)^n$$

2) Para determinar el valor probable y la varianza, recordemos que, de existir, vienen expresados, con base en la función característica, en la forma:

$$E[\xi] = \frac{\varphi'_\xi(0)}{i}$$

$$V[\xi] = \frac{\varphi''_\xi(0)}{i^2} - \left[\frac{\varphi'_\xi(0)}{i}\right]^2$$

Pasemos a determinar las correspondientes derivadas de la función característica:

$$\varphi'_\xi(t) = n(pe^{it} + q)^{n-1}\, pie^{it} = npi(pe^{it} + q)^{n-1}\, e^{it}$$
$$\varphi''_\xi(t) = npi\, e^{it}\, [(n-1)\, pi\, e^{it}(p\, e^{it} + q)^{n-2}] + npi^2\, e^{it}(p\, e^{it} + q)^{n-1}$$
$$= n(n-1)\, p^2\, i^2\, e^{2it}(pe^{it} + q)^{n-2} + npi^2\, e^{it}(pe^{it} + q)^{n-1}$$

siendo, por tanto:

$$\varphi'_\xi(0) = npi(p + q)^{n-1} = npi$$

ya que $p + q = 1$, y:

$$\varphi''_\xi(0) = n(n-1)\,p^2\, i^2(p+q)^{n-2} + npi^2(p+q)^{n-1} = i^2[n(n-1)p^2 + np] =$$
$$= i^2[p^2n^2 - np^2 + np] = i^2[n^2p^2 + np(1-p)] = i^2(n^2p^2 + npq)$$

ya que $p + q = 1$.

De ahí que:

$$E[\xi] = \frac{npi}{i} = np$$

$$V[\xi] = \frac{i^2(n^2p^2 + npq)}{i^2} - (np)^2 =$$
$$= n^2p^2 + npq - n^2p^2 = npq$$

66. Dada la variante ξ cuya distribución de probabilidad es:

$$P(\xi = r) = p \cdot q^{r-1} \qquad \text{para} \qquad r = 1, 2, 3, \ldots$$

con $0 < p < 1$, $0 < q < 1$, $p + q = 1$, determinar:

1) La función característica.
2) El valor probable y la varianza, con base en dicha función característica.

Resolución:

1) Por definición sabemos que la función característica, cualquiera que sea el tipo de distribución de la variante ξ, viene expresada en la forma:

$$\varphi_\xi(t) = E[e^{it\xi}] = \int_{-\infty}^{+\infty} e^{itx}\, dF(x)$$

y como, en este caso, la distribución de probabilidad de la variante ξ es de tipo discreto, puesto que para los puntos $r = 1, 2, 3, \ldots$, es:

$$P(\xi = r) \neq 0$$

la función de distribución de la variante ξ es escalonada, y la integral se transforma, pues, en un «sumatorio» (en este caso, una serie numérica habida cuenta que el número de puntos para los cuales la probabilidad es distinta de cero, constituyen una infinidad numerable),

$$\int_{-\infty}^{+\infty} e^{itx}\, dF(x) = \sum_{r=1}^{+\infty} e^{itr}\, P(\xi = r)$$

de donde:

$$\varphi_\xi(t) = \sum_{r=1}^{+\infty} e^{itr} p\, q^{r-1} = pe^{it} \sum_{r=1}^{+\infty} e^{it(r-1)} q^{r-1} = pe^{it} \sum_{r=1}^{+\infty} (q\, e^{it})^{r-1}$$

Como:

$$\sum_{r=1}^{+\infty} (q\, e^{it})^{r-1} = \sum_{r=1}^{+\infty} u^{r-1} \qquad \text{(llamando} \qquad u = q\, e^{it})$$

es el desarrollo en serie de potencias de la función:

$$\frac{1}{1-u}$$

se tendrá:

$$\sum_{r=1}^{+\infty} (q\, e^{it})^{r-1} = \frac{1}{1 - q\, e^{it}}$$

siendo, pues:

$$\varphi_\xi(t) = p\, e^{it} \frac{1}{1 - q\, e^{it}}$$

2) Para determinar el valor probable y la varianza recordemos que, de existir, vienen expresados, con base en la función característica, en la forma:

$$E[\xi] = \frac{\varphi'_\xi(0)}{i}$$

$$V[\xi] = \frac{\varphi''_\xi(0)}{i^2} - \left[\frac{\varphi'_\xi(0)}{i}\right]^2$$

Pasemos a determinar las correspondientes derivadas de la función característica:

$$\varphi'_\xi(t) = (pe^{it}(1 - qe^{it})^{-1})' = pe^{it}\, i[(1 - qe^{it})^{-1} + qe^{it}(1 - qe^{it})^{-2}]$$

$$\varphi''_\xi(t) = pi\left[ie^{it}\left((1 - q\, e^{it})^{-1} + q\, e^{it}(1 - q\, e^{it})^{-2}\right) + iq\, e^{2it}\left((1 - q\, e^{it})^{-2} + \right.\right.$$
$$\left.\left. + (1 - q\, e^{it})^{-2} + 2q\, e^{it}(1 - q\, e^{it})^{-3}\right)\right]$$

siendo, por tanto:

$$\varphi'_\xi(0) = pi[(1-q)^{-1} + (1-q)^{-2}q] = pi\left[\frac{1}{p} + \frac{q}{p^2}\right] = i\left(\frac{p+q}{p}\right) = \frac{i}{p}$$

$$\varphi''_\xi(0) = pi[i(1-q)^{-1} + iq(1-q)^{-2} + iq(1-q)^{-2} + (1-q)^{-2} +$$
$$+ 2q(1-q)^{-3}] = pi[ip^{-1} + iqp^{-2} + iq(p^{-2} + p^{-2} + 2qp^{-3})] =$$
$$= i^2 + \frac{qi^2}{p} + \frac{2i^2q}{p} + \frac{2i^2q^2}{p^2} = \frac{i^2(p^2 + 3pq + 2q^2)}{p^2} = \frac{i^2(2-p)}{p^2}$$

ya que $p + q = 1$.

De ahí:

$$E[\xi] = \frac{\frac{i}{p}}{i} = \frac{1}{p}$$

$$V[\xi] = \frac{\frac{i^2(2-p)}{p^2}}{i^2} - \frac{1}{p^2} = \frac{2-p}{p^2} - \frac{1}{p^2} = \frac{1-p}{p^2} = \frac{q}{p^2}$$

67. Dada la variante ξ cuya distribución de probabilidad viene definida por la función de densidad:

$$f(x) = \frac{\lambda}{2}e^{-\lambda|x|} \qquad \text{para todo valor de } x$$

determinar la función característica.

Resolución:

Por definición, la función característica, cualquiera que sea la distribución de probabilidad de la variante ξ, viene expresada en la forma:

$$\varphi_\xi(t) = E[e^{it\xi}] = \int_{-\infty}^{+\infty} e^{itx}\, dF(x)$$

y, como en este caso la distribución de probabilidad de la variante ξ es de tipo continuo, se tendrá:

$$\varphi_\xi(t) = E[e^{it\xi}] = \int_{-\infty}^{+\infty} e^{itx} f(x)\, dx = \int_{-\infty}^{+\infty} e^{itx} \frac{\lambda}{2} e^{-\lambda|x|}\, dx$$

Como la función de densidad verifica:

$$f(-x) = f(x)$$

(esto es, es una función *par*), de acuerdo con el resultado obtenido en el problema 61, la función característica vendrá expresada en la forma:

$$\varphi_\xi(t) = 2\int_0^{+\infty} \cos t\,x \frac{\lambda}{2} e^{-\lambda x}\,dx = \lambda\int_0^{+\infty} e^{-\lambda x}\cos t\,x\,dx$$

con lo que, al ser:

$$\int_0^{+\infty} e^{-\lambda x}\cos t\,x\,dx = \left[\frac{e^{-\lambda x}(t \operatorname{sen} t\,x - \lambda\cos t\,x)}{\lambda^2 + t^2}\right]_0^{+\infty} = \frac{\lambda}{\lambda^2 + t^2}$$

se tiene:

$$\varphi_\xi(t) = \frac{\lambda^2}{\lambda^2 + t^2}$$

68. Dada la variante ξ cuya distribución de probabilidad viene definida por la función de densidad:

$$f(x) = \frac{1}{\sigma\sqrt{2\pi}}\, e^{-(1/2)[(x-\alpha)^2/\sigma^2]} \qquad \text{para todo valor de } x, \text{ con } \sigma > 0,\ \alpha \in R$$

determinar:

1) La función característica.

2) El valor probable y la varianza, con base en dicha función característica.

Resolución:

1) Por definición, la función característica, cualquiera que sea el tipo de distribución de la variante ξ, viene expresada en la forma:

$$\varphi_\xi(t) = E[e^{it\xi}] = \int_{-\infty}^{+\infty} e^{itx}\,dF(x)$$

y como, en este caso, la distribución de probabilidad de la variante ξ es de tipo continuo, resultará:

$$\varphi_\xi(t) = \int_{-\infty}^{+\infty} e^{itx}\, dF(x) = \int_{-\infty}^{+\infty} e^{itx} f(x)\, dx = \int_{-\infty}^{+\infty} e^{itx} \frac{1}{\sigma\sqrt{2\pi}} e^{-(1/2)[(x-\alpha)^2/\sigma^2]}\, dx$$

Resolvamos la integral; para ello efectuemos el cambio de variable: $u = x - \alpha \Rightarrow du = dx$, permaneciendo, pues, los límites de integración:

$$\varphi_\xi(t) = \int_{-\infty}^{+\infty} e^{itx} \frac{1}{\sigma\sqrt{2\pi}} e^{-(1/2)[(x-\alpha)^2/\sigma^2]}\, dx = \frac{1}{\sigma\sqrt{2\pi}} \int_{-\infty}^{+\infty} e^{it(u+\alpha)}\, e^{-u^2/2\sigma^2}\, du =$$

$$= \frac{1}{\sigma\sqrt{2\pi}} e^{it\alpha} \int_{-\infty}^{+\infty} e^{itu}\, e^{-u^2/2\sigma^2}\, du$$

puesto que, al integrar según la variable u, $e^{it\alpha}$ es constante en el proceso, y como:

$$e^{itu} = \cos tu + i \operatorname{sen} tu$$

se tendrá:

$$\varphi_\xi(t) = \frac{1}{\sigma\sqrt{2\pi}} e^{it\alpha} \int_{-\infty}^{+\infty} e^{-u^2/2\sigma^2} (\cos tu + i \operatorname{sen} tu)\, du =$$

$$= \frac{1}{\sigma\sqrt{2\pi}} e^{it\alpha} \left[\int_{-\infty}^{+\infty} e^{-u^2/2\sigma^2} \cos tu\, du + i \int_{-\infty}^{+\infty} e^{-u^2/2\sigma^2} \operatorname{sen} tu\, du \right]$$

Ahora bien:

$$g(u) = e^{-u^2/2\sigma^2} \operatorname{sen} tu$$

es una función tal que:

$$g(-u) = -g(u)$$

por lo que, de acuerdo con el resultado del problema 61, se sigue:

$$\int_{-\infty}^{+\infty} e^{-u^2/2\sigma^2} \operatorname{sen} tu\, du = 0$$

esto es:

$$\varphi_\xi(t) = \frac{1}{\sigma\sqrt{2\pi}} e^{it\alpha} \int_{-\infty}^{+\infty} e^{-u^2/2\sigma^2} \cos tu\, du$$

donde:

$$\int_{-\infty}^{+\infty} e^{-u^2/2\sigma^2} \cos tu \, du = \sigma \sqrt{2\pi}\, e^{-\sigma^2 t^2/2}$$

Por ello, es:

$$\varphi_\xi(t) = \frac{1}{\sigma\sqrt{2\pi}} e^{it\alpha} \sigma \sqrt{2\pi}\, e^{-\sigma^2 t^2/2}$$

o bien:

$$\varphi_\xi(t) = e^{it\alpha - (1/2)(t^2\sigma^2)}$$

2) Para determinar el valor probable y la varianza, recordemos que de existir, vienen expresados, con base en la función característica, en la forma:

$$E[\xi] = \frac{\varphi'_\xi(0)}{i}$$
$$V[\xi] = \frac{\varphi''_\xi(0)}{i^2} - \left[\frac{\varphi'_\xi(0)}{i}\right]^2$$

Pasemos a determinar las correspondientes derivadas de la función característica:

$$\varphi'_\xi(t) = \left(i\alpha - \frac{1}{2} 2\sigma^2 t\right) e^{it\alpha - (1/2)(t^2\sigma^2)} = i\alpha\, e^{it\alpha - (1/2)(t^2\sigma^2)} - t\sigma^2\, e^{it\alpha - (1/2)(t^2\sigma^2)}$$

$$\varphi''_\xi(t) = i\alpha \left[\left(i\alpha - \frac{1}{2} 2\sigma^2 t\right) e^{it\alpha - (1/2)(t^2\sigma^2)}\right] - \sigma^2\, e^{it\alpha - (1/2)(t^2\sigma^2)} -$$
$$- t\sigma^2 \left[\left(i\alpha - \frac{1}{2} 2\sigma^2 t\right) e^{it\alpha - (1/2)(t^2\sigma^2)}\right]$$

siendo, por tanto:

$$\varphi'_\xi(0) = i\alpha$$
$$\varphi''_\xi(0) = i^2\alpha^2 - \sigma^2 = i^2\alpha^2 + i^2\sigma^2 = i^2[\alpha^2 + \sigma^2]$$

puesto que $i^2 = -1$.

Así:

$$E[\xi] = \frac{i\alpha}{i} = \alpha$$
$$V[\xi] = \frac{i(\alpha^2 + \sigma^2)}{i^2} - \alpha^2 = \alpha^2 + \sigma^2 - \alpha^2 = \sigma^2$$

69. De una urna que contiene cinco bolas blancas y cuatro bolas rojas, se realizan dos extracciones sucesivas *sin reemplazamiento* (extraída la primera bola de la urna *no* se reintegra a ella para efectuar la segunda extracción). Si convenimos en representar por ξ_1 y ξ_2 los resultados aleatorios de la primera y segunda extracción respectivamente, determinar:

1) La distribución de probabilidad conjunta de la variante (ξ_1, ξ_2).
2) La distribución de probabilidad marginal de la variante ξ_2.
3) La covarianza entre las variantes ξ_1 y ξ_2.
4) El coeficiente de correlación.

Resolución:

1) Habiendo convenido en representar por ξ_1 y ξ_2 los resultados aleatorios de la primera y segunda extracción respectivamente, convengamos entonces en representar estos resultados por:

— el número 0, si la bola extraída es de color blanco.
— el número 1, si la bola extraída es de color rojo.

De esta forma, pues, las variantes toman los valores:

$$\xi_1 = 0 \qquad \xi_2 = 0$$
$$\xi_1 = 1 \qquad \xi_2 = 1$$

por lo que la variante (ξ_1, ξ_2) tomará los valores:

$$(0, 0), \qquad (0, 1), \qquad (1, 0), \qquad (1, 1)$$

Las probabilidades correspondientes serán:

—$P(\xi_1 = 0, \xi_2 = 0)$: probabilidad de que el resultado de la primera extracción sea una bola blanca *y* el resultado de la segunda extracción sea una bola blanca; vendrá expresada en la forma:

$$P(\xi_1 = 0, \xi_2 = 0) = P[(\xi_1 = 0) \cap (\xi_2 = 0)] = P(\xi_1 = 0) \cdot P(\xi_2 = 0/\xi_1 = 0) = = \frac{5}{9} \cdot \frac{4}{8} = \frac{20}{72}$$

—$P(\xi_1 = 0, \xi_2 = 1)$: probabilidad de que el resultado de la primera extracción sea una bola blanca *y* el resultado de la segunda extracción sea una bola roja, vendrá expresada en la forma:

$$P(\xi_1 = 0, \xi_2 = 1) = P[(\xi_1 = 0) \cap (\xi_2 = 1)] = P(\xi_1 = 0) \cdot P(\xi_2 = 1/\xi_1 = 0) = = \frac{5}{9} \cdot \frac{4}{8} = \frac{20}{72}$$

—$P(\xi_1 = 1, \xi_2 = 0)$: probabilidad de que el resultado de la primera extracción sea una bola roja *y* el resultado de la segunda extracción sea una bola blanca, vendrá expresada en la forma:

$$P(\xi_1 = 1, \xi_2 = 0) = P[(\xi_1 = 1) \cap (\xi_2 = 0)] = P(\xi_1 = 1) \cdot P(\xi_2 = 0/\xi_1 = 1) = \\ = \frac{4}{9} \cdot \frac{5}{8} = \frac{20}{72}$$

—$P(\xi_1 = 1, \xi_2 = 1)$: probabilidad de que el resultado de la primera extracción sea una bola roja *y* el resultado de la segunda extracción sea una bola roja, vendrá expresada en la forma:

$$P(\xi_1 = 1, \xi_2 = 1) = P[(\xi_1 = 1) \cap (\xi_2 = 1)] = P(\xi_1 = 1) \cdot P(\xi_2 = 1/\xi_1 = 1) = \\ = \frac{4}{9} \cdot \frac{3}{8} = \frac{12}{72}$$

habida cuenta, en todas ellas, que la composición de la urna, al efectuar la segunda extracción, se ha modificado por ser las extracciones sin reemplazamiento.

Con ello, pues, la distribución de probabilidad conjunta será:

ξ_1 \ ξ_2	0	1
0	$\frac{20}{72}$	$\frac{20}{72}$
1	$\frac{20}{72}$	$\frac{12}{72}$

2) La distribución de probabilidad marginal de la variante ξ_2 proporcionará las probabilidades correspondientes a la segunda extracción, cualquiera que hubiese sido el resultado obtenido en la primera extracción. Así:

—$P(\xi_2 = 0)$: probabilidad de que en la segunda extracción resulte bola blanca, cualquiera que sea el resultado de la primera extracción; vendrá expresada en la forma:

$$P(\xi_2 = 0) = P[(\xi_1 = 0, \xi_2 = 0) \cup (\xi_1 = 1, \xi_2 = 0)] = \\ = P[(\xi_1 = 0, \xi_2 = 0)] + P[(\xi_1 = 1, \xi_2 = 0)] = \frac{20}{72} + \frac{20}{72} = \frac{40}{72}$$

—$P(\xi_2 = 1)$: probabilidad de que en la segunda extracción resulte bola roja, cualquiera que sea el resultado de la primera extracción, vendrá expresada en la forma:

$$P(\xi_2 = 1) = P[(\xi_1 = 0, \xi_2 = 1) \cup (\xi_1 = 1, \xi_2 = 1)] =$$
$$= P[(\xi_1 = 0, \xi_2 = 1)] + P[(\xi_1 = 1, \xi_2 = 1)] = \frac{20}{72} + \frac{12}{72} = \frac{32}{72}$$

Con ello, pues, la distribución de probabilidad marginal de la variante ξ_2 será:

0	$\frac{40}{72}$
1	$\frac{32}{72}$

3) Para la determinación de la covarianza, recordemos que ésta viene expresada en la forma:

$$\mu_{11} = \alpha_{11} - \alpha_{10} \cdot \alpha_{01} = \sum_{ij} x_i y_j p_{ij} - (\sum_i x_i p_{i.})(\sum_j y_j p_{.j})$$

por lo que al ser:

$$\alpha_{10} = 0 \cdot \frac{40}{72} + 1 \cdot \frac{32}{72} = \frac{4}{9}$$

$$\alpha_{01} = 0 \cdot \frac{40}{72} + 1 \cdot \frac{32}{72} = \frac{4}{9}$$

$$\alpha_{11} = 0 \cdot 0 \cdot \frac{20}{72} + 1 \cdot 0 \cdot \frac{20}{72} + 0 \cdot 1 \cdot \frac{20}{72} + 1 \cdot 1 \cdot \frac{12}{72} = \frac{12}{72}$$

es:

$$\mu_{11} = \frac{12}{72} - \frac{4}{9} \cdot \frac{4}{9} = \frac{-180}{5.832}$$

4) Determinada en el apartado anterior la covarianza, pasemos a determinar las varianzas marginales de las variantes ξ_1 y ξ_2, que, recordemos, vienen expresadas en la forma:

$$V[\xi_1] = \alpha_{20} - (\alpha_{10})^2 \quad , \quad V[\xi_2] = \alpha_{02} - (\alpha_{01})^2$$

Determinando previamente α_{20} y α_{02},

$$\alpha_{20} = \sum_i x_i^2 p_{i.}^2 = 0^2 \cdot \frac{40}{72} + 1^2 \cdot \frac{32}{72} = \frac{32}{72} = \frac{4}{9}$$

$$\alpha_{02} = \sum_j y_j^2 p_{.j} = 0^2 \cdot \frac{40}{72} + 1^2 \cdot \frac{32}{72} = \frac{32}{72} = \frac{4}{9}$$

serán:

$$V[\xi_1] = \frac{32}{72} - \left(\frac{4}{9}\right)^2 = \frac{20}{81} \qquad V[\xi_2] = \frac{32}{72} - \left(\frac{4}{9}\right)^2 = \frac{20}{81}$$

por lo que:

$$\rho = \frac{-\dfrac{180}{5.832}}{\sqrt{\dfrac{20}{81}}\sqrt{\dfrac{20}{81}}} = -\frac{14.580}{116.640} = -0{,}126$$

70. De una urna que contiene cinco bolas blancas y cuatro bolas rojas, se realizan dos extracciones sucesivas *con reemplazamiento* (extraída la primera bola de la urna se reintegra a ella para efectuar la segunda extracción). Si convenimos en representar por ξ_1 y ξ_2 los resultados aleatorios de la primera y segunda extracción respectivamente, determinar:

1) La distribución de probabilidad conjunta de la variante (ξ_1, ξ_2).
2) La distribución de probabilidad marginal de la variante ξ_2.
3) La covarianza entre las variantes ξ_1 y ξ_2.

Resolución:

Habiendo convenido en representar por ξ_1 y ξ_2 los resultados aleatorios de la primera y segunda extracción, respectivamente, convengamos, entonces, en representar estos resultados por:

—El número 0, si la bola extraída es de color blanco.
—El número 1, si la bola extraída es de color rojo.

De esta forma, pues, las variantes toman los valores:

$$\xi_1 = 0 \qquad \xi_2 = 0$$
$$\xi_1 = 1 \qquad \xi_2 = 1$$

por lo que la variante (ξ_1, ξ_2) tomará los valores:

$$(0, 0) \quad (0, 1) \quad (1, 0) \quad (1, 1)$$

Las probabilidades correspondientes serán:

—$P(\xi_1 = 0, \xi_2 = 0)$: probabilidad de que el resultado de la primera extracción sea una bola blanca *y* el resultado de la segunda extracción sea una bola blanca; vendrá expresada en la forma:

$$P(\xi_1 = 0, \xi_2 = 0) = P[(\xi_1 = 0) \cap (\xi_2 = 0)] = P(\xi_1 = 0) \cdot P(\xi_2 = 0) = \\ = \frac{5}{9} \cdot \frac{5}{9} = \frac{25}{81}$$

—$P(\xi_1 = 0, \xi_2 = 1)$: probabilidad de que el resultado de la primera extracción sea una bola blanca *y* el resultado de la segunda extracción sea una bola roja; vendrá expresada en la forma:

$$P(\xi_1 = 0, \xi_2 = 1) = P[(\xi_1 = 0) \cap (\xi_2 = 1)] = P(\xi_1 = 0) \cdot P(\xi_2 = 1) = \\ = \frac{5}{9} \cdot \frac{4}{9} = \frac{20}{81}$$

—$P(\xi_1 = 1, \xi_2 = 0)$: probabilidad de que el resultado de la primera extracsea una bola roja *y* el resultado de la segunda extracción sea una bola blanca; vendrá expresada en la forma:

$$P(\xi_1 = 1, \xi_2 = 0) = P[(\xi_1 = 1) \cap (\xi_2 = 0)] = P(\xi_1 = 1) \cdot P(\xi_2 = 0) = \\ = \frac{4}{9} \cdot \frac{5}{9} = \frac{20}{81}$$

—$P(\xi_1 = 1, \xi_2 = 1)$: probabilidad de que el resultado de la primera extracción sea una bola roja *y* el resultado de la segunda extracción sea una bola roja; vendrá expresada en la forma:

$$P(\xi_1 = 1, \xi_2 = 1) = P[(\xi_1 = 1) \cap (\xi_2 = 1)] = P(\xi_1 = 1) \cdot P(\xi_2 = 1) = \\ = \frac{4}{9} \cdot \frac{4}{9} = \frac{16}{81}$$

habida cuenta, en todas ellas, que la composición de la urna, al efectuar la segunda extracción, no se ha modificado, por ser las extracciones con reemplazamiento, lo que hace que:

$$P(\xi_2/\xi_1) = P(\xi_2)$$

esto es, que ξ_2 es independiente en probabilidad de ξ_1 (la *probabilidad* del resultado correspondiente a la segunda extracción *no* depende del obtenido en la primera).

Con ello, pues, la distribución de probabilidad conjunta será:

ξ_1 \ ξ_2	0	1
0	$\frac{25}{81}$	$\frac{20}{81}$
1	$\frac{20}{81}$	$\frac{16}{81}$

2) La distribución de probabilidad marginal de la variante ξ_2, proporcionará las probabilidades correspondientes a la segunda extracción, cualquiera que hubiese sido el resultado obtenido en la primera extracción. Así:

—$P(\xi_2 = 0)$: probabilidad de que en la segunda extracción resulte una bola blanca, cualquiera que sea el resultado de la primera extracción; vendrá expresada en la forma:

$$P(\xi_2 = 0) = P[(\xi_1 = 0, \xi_2 = 0) \cup (\xi_1 = 1, \xi_2 = 0)] =$$
$$= P[(\xi_1 = 0, \xi_2 = 0)] + P[(\xi_1 = 1, \xi_2 = 0)] = \frac{25}{81} + \frac{20}{81} = \frac{45}{81}$$

—$P(\xi_2 = 1)$: probabilidad de que en la segunda extracción resulte una bola roja, cualquiera que sea el resultado de la primera extracción; vendrá expresada en la forma:

$$P(\xi_2 = 1) = P[(\xi_1 = 0, \xi_2 = 1) \cup (\xi_1 = 1, \xi_2 = 1)] =$$
$$= P[(\xi_1 = 0, \xi_2 = 1)] + P[(\xi_1 = 1, \xi_2 = 0)] = \frac{20}{81} + \frac{16}{81} = \frac{36}{81}$$

Con ello, pues, la distribución de probabilidad marginal de la variante ξ_2 será:

0	$\frac{45}{81}$
1	$\frac{36}{81}$

3) La determinación de la covarianza, en este caso, no plantea problema alguno, puesto que, debido a la independencia en probabilidad de las variantes ξ_2 y ξ_1, será la covarianza *nula*. Así:

$$\mu_{11} = 0$$

71. Dada la variante (ξ_1, ξ_2), cuya distribución de probabilidad conjunta viene definida por la función de distribución conjunta:

$$F(x, y) = (1 - e^{-2x}) \cdot (1 - e^{-3y}) \qquad \text{para} \qquad 0 \leq x,\ 0 \leq y$$

$$F(x, y) = 0 \qquad \text{para cualquier otro valor de } (x, y)$$

determinar:

1) Las distribuciones de probabilidad marginales.
2) Si las variantes ξ_1 y ξ_2 son o no estocásticamente independientes.

Resolución:

1) Por definición, la función de distribución conjunta viene expresada en la forma:

$$F(x, y) = P(\xi_1 \leq x, \xi_2 \leq y)$$

de suerte que:

$$F(+\infty, y) = P(\xi_1 \leq +\infty,\ \xi_2 \leq y)$$

mide la probabilidad del suceso:

$$(\xi_1 \leq +\infty,\ \xi_2 \leq y)$$

Ahora bien, como quiera que la incertidumbre que se deriva de la presentación conjunta de los sucesos:

$$\xi_1 \leq +\infty \qquad \xi_2 \leq y$$

se refiere sólo a la presentación del suceso $\xi_2 \leq y$, por cuanto que el suceso:

$$\xi_1 \leq +\infty$$

representa un suceso seguro, la función:

$$F(+\infty, y) = F_2(y)$$

engendra la distribución de probabilidad de la variante ξ_2 al margen del valor que tome la variante ξ_1, esto es, explicará el comportamiento en probabilidad de la variante ξ_2, cualquiera que sea el valor que corresponda a la variante ξ_1.

Por consideraciones análogas, la función:

$$F(x, +\infty) = F_1(x)$$

engendra la distribución de probabilidad de la variante ξ_1, cualquiera que sea el valor que corresponda a la variante ξ_2.

Pasemos, por tanto, a determinar:

$$F(x, +\infty) \qquad F(+\infty, y)$$

Será:

$F(x, +\infty) = (1 - e^{-2x}) \cdot (1 - e^{-3(+\infty)}) = 1 - e^{-2x}$ para $0 \leq x$

$F(x, +\infty) = 0$ para cualquier otro valor de x

y:

$F(+\infty, y) = (1 - e^{-2(+\infty)})(1 - e^{-3y}) = 1 - e^{-3y}$ para $0 \leq y$

$F(+\infty, y) = 0$ para cualquier otro valor de y

Así:

—La distribución de probabilidad marginal de la variante ξ_1, viene definida por la función de distribución:

$F_1(x) = 1 - e^{-2x}$ para $0 \leq x$

$F_1(x) = 0$ para cualquier otro valor de x

—La distribución de probabilidad marginal de la variante ξ_2, viene definida por la función de distribución:

$F_2(y) = 1 - e^{-3y}$ para $0 \leq y$

$F_2(y) = 0$ para cualquier otro valor de y

2) Habida cuenta que la independencia en probabilidad viene caracterizada, a través de las funciones de distribución conjunta y marginales, en la forma:

$$F(x, y) = F_1(x) \cdot F_2(y)$$

al ser, en nuestro caso,

$F_1(x) \cdot F_2(y) = (1 - e^{-2x}) \cdot (1 - e^{-3y}) = F(x, y)$ para $0 \le x,\ 0 \le y$

$F_1(x) \cdot F_2(y) = 0 = F(x, y)$ para cualquier otro valor de (x, y)

se tiene que las variantes ξ_1 y ξ_2 son estocásticamente independientes.

72. Dada la variante (ξ_1, ξ_2) cuya distribución de probabilidad conjunta viene definida por la función de distribución conjunta:

$$F(x, y) = (1 - e^{-x})(1 - e^{-y}) \quad \text{para} \quad 0 \le x \quad 0 \le y$$

$$F(x, y) = 0 \quad \text{para cualquier otro valor de } (x, y)$$

determinar:

1) La probabilidad del suceso $(\xi_1 \le 1,\ \xi_2 \le 1)$.
2) La distribución de probabilidad marginal de la variante ξ_1, y de la variante ξ_2.
3) Si las variantes ξ_1 y ξ_2 son o no estocásticamente independientes.

Resolución:

1) $P(\xi_1 \le 1,\ \xi_2 \le 1)$: probabilidad de la presentación conjunta de los sucesos $\xi_1 \le 1$ y $\xi_2 \le 1$, y habida cuenta que la función de distribución conjunta engendra la distribución de probabilidad conjunta de la variante (ξ_1, ξ_2), la probabilidad:

$$P(\xi_1 \le 1, \xi_2 \le 1)$$

vendrá dada, a través de dicha función de distribución, en la forma:

$$F(1, 1) = P(\xi_1 \le 1,\ \xi_2 \le 1)$$

esto es:

$$F(1, 1) = (1 - e^{-1})(1 - e^{-1}) = (1 - e^{-1})^2 = 0{,}399576$$

habiendo tomado $e^{-1} = 0{,}367879$.

2) Recordando lo dicho en el apartado 1) del problema 71, se tendrá que las distribuciones de probabilidad marginales para las variantes ξ_1 y ξ_2 serán engendradas por las funciones de distribución:

$$F_1(x) = F(x, +\infty) \qquad F_2(y) = F(+\infty, y)$$

Pasemos, por tanto, a determinarlas. Será:

$F(x, +\infty) = (1 - e^{-x}) \cdot (1 - e^{-(+\infty)}) = 1 - e^{-x}$ para $0 \leq x$
$F(x, +\infty) = 0$ para cualquier otro valor de x

y:

$F(+\infty, y) = (1 - e^{-(+\infty)})(1 - e^{-y}) = 1 - e^{-y}$ para $0 \leq y$
$F(+\infty, y) = 0$ para cualquier otro valor de y

Así, la distribución de probabilidad marginal:

—De la variante ξ_1, vendrá definida por la función de distribución:

$F_1(x) = 1 - e^{-x}$ para $0 \leq x$
$F_1(x) = 0$ para cualquier otro valor de x

—De la variante ξ_2, vendrá definida por la función de distribución:

$F_2(y) = 1 - e^{-y}$ para $0 \leq y$
$F_2(y) = 0$ para cualquier otro valor de y

3) Habida cuenta que la independencia en probabilidad viene caracterizada, a través de las funciones de la distribución conjunta y marginales, en la forma:

$$F(x, y) = F_1(x) \cdot F_2(y)$$

al ser, en nuestro caso,

$F_1(x) \cdot F_2(y) = (1 - e^{-x})(1 - e^{-y}) = F(x, y)$ para $0 \leq x$ $0 \leq y$
$F_1(x) \cdot F_2(y) = 0 = F(x, y)$ para cualquier otro valor de (x, y)

se tiene que las variantes ξ_1 y ξ_2 son estocásticamente independientes.

73. Dada la variante (ξ_1, ξ_2) cuya distribución de probabilidad conjunta viene definida por la función de distribución conjunta:

$F(x, y) = 1 - \dfrac{1}{1 + x} - \dfrac{1}{1 + y} + \dfrac{1}{1 + x + y}$ para $0 \leq x$ $0 \leq y$

$F(x, y) = 0$ para cualquier otro valor de (x, y)

determinar:

1) La probabilidad del suceso $(\xi_1 \leq 2, \xi_2 \leq 1)$.
2) La distribución de probabilidad marginal de la variante ξ_1 y de la variante ξ_2.
3) Si las variantes ξ_1 y ξ_2 son o no estocásticamente independientes.
4) Comprobar que no existen los valores probables marginales.

Resolución:

1) $P(\xi_1 \leq 2, \xi_2 \leq 1)$: probabilidad de la presentación conjunta de los sucesos $\xi_1 \leq 2$ y $\xi_2 \leq 1$, y habida cuenta que la función de distribución conjunta engendra la distribución de probabilidad conjunta de la variante (ξ_1, ξ_2), la probabilidad:

$$P(\xi_1 \leq 2, \xi_2 \leq 1)$$

vendrá dada, a través de dicha función de distribución conjunta, en la forma:

$$F(2, 1) = P(\xi_1 \leq 2, \xi_2 \leq 1)$$

esto es:

$$F(2, 1) = 1 - \frac{1}{1 + 2} - \frac{1}{1 + 1} + \frac{1}{1 + 2 + 1} = \frac{5}{12}$$

2) Recordando lo dicho en el apartado 1) del problema 71, se tendrá que, las distribuciones de probabilidad marginales para las variantes ξ_1 y ξ_2, serán engendradas por las funciones de distribución:

$$F_1(x) = F(x, +\infty) \qquad F_2(y) = F(+\infty, y)$$

Pasemos, por tanto, a determinarlas. Será:

$$F(x, +\infty) = 1 - \frac{1}{1 + x} - \frac{1}{1 + (+\infty)} + \frac{1}{1 + x + (+\infty)} = 1 - \frac{1}{1 + x}$$

para $\quad 0 \leq x$

$F(x, +\infty) = 0 \qquad$ para cualquier otro valor de x

y:

$$F(+\infty, y) = 1 - \frac{1}{1 + (+\infty)} - \frac{1}{1 + y} + \frac{1}{1 + (+\infty) + y} = 1 - \frac{1}{1 + y}$$

para $\quad 0 \leq y$

$F(+\infty, y) = 0 \qquad$ para cualquier otro valor de y

Así, la distribución de probabilidad marginal:

—De la variante ξ_1, vendrá definida por la función de distribución:

$$F_1(x) = 1 - \frac{1}{1+x} \qquad \text{para} \qquad 0 \le x$$

$$F_1(x) = 0 \qquad \text{para cualquier otro valor de } x$$

—De la variante ξ_2, vendrá definida por la función de distribución:

$$F_2(y) = 1 - \frac{1}{1+y} \qquad \text{para} \qquad 0 \le y$$

$$F_2(y) = 0 \qquad \text{para cualquier otro valor de } y$$

3) Habida cuenta que la independencia en probabilidad viene caracterizada, a través de las funciones de distribución conjunta y marginales, en la forma:

$$F(x, y) = F_1(x) \cdot F_2(y)$$

al ser en nuestro caso:

$$F_1(x) \cdot F_2(y) = \left(1 - \frac{1}{1+x}\right)\left(1 - \frac{1}{1+y}\right) = 1 - \frac{1}{1+x} - \frac{1}{1+y} + \frac{1}{(1+x)(1+y)} =$$

$$= 1 - \frac{1}{1+x} - \frac{1}{1+y} + \frac{1}{1+x+y+xy} \neq 1 - \frac{1}{1+x} - \frac{1}{1+y} +$$

$$+ \frac{1}{1+x+y} = F(x, y)$$

se tiene que las variantes ξ_1 y ξ_2 *no* son estocásticamente independientes.

4) El valor probable correspondiente a la variante ξ_1, vendrá expresado en la forma:

$$\alpha_{10} = E[\xi_1] = \int_{-\infty}^{+\infty} x f_1(x)\, dx$$

donde $f_1(x)$ representa la función de densidad marginal que, obtendremos derivando la correspondiente función de distribución marginal:

$$F_1'(x) = f_1(x) = \frac{1}{(1+x)^2} \qquad \text{para} \qquad 0 \le x$$

$$f_1(x) = 0 \qquad \text{para cualquier otro valor de } x$$

Por tanto, habida cuenta la definición de la función de densidad obtenida, el valor probable marginal para la variante ξ_1 será:

$$E[\xi_1] = \int_{-\infty}^{+\infty} x f_1(x)\,dx = \int_{-\infty}^{0} x \cdot 0 \cdot dx + \int_{0}^{+\infty} x \frac{1}{(1+x)^2}\,dx =$$

$$= \int_{0}^{+\infty} x \frac{1}{(1+x)^2}\,dx$$

y al ser divergente esta integral, puesto que:

$$\frac{x}{(1+x)^2} \cdot x^{\alpha} \to 1 \qquad \text{para} \qquad \alpha = 1$$

el valor probable $E[\xi_1]$ no existe.

Análogamente, para la variante ξ_2, resulta ser su función de densidad marginal:

$$f_2(y) = \frac{1}{(1+y)^2} \qquad \text{para} \qquad 0 \le y$$

$$f_2(y) = 0 \qquad \text{para cualquier otro valor de } y$$

por lo que:

$$E[\xi_2] = \int_{-\infty}^{+\infty} y f_2(y)\,dy = \int_{-\infty}^{0} y \cdot 0 \cdot dy + \int_{0}^{+\infty} y \frac{1}{(1+y)^2}\,dy =$$

$$= \int_{0}^{+\infty} \frac{y}{(1+y)^2}\,dy$$

integral impropia divergente, habida cuenta que:

$$\frac{y}{(1+y)^2} \cdot y^{\alpha} \to 1 \qquad \text{para} \qquad \alpha = 1$$

Por tanto el valor probable $E[\xi_2]$ no existe.

74. Dada la variante (ξ_1, ξ_2) cuya distribución de probabilidad conjunta viene definida por la función de densidad conjunta:

$$f(x, y) = \frac{1}{9} \qquad \text{para} \qquad 0 < x < 3 \;\;,\;\; 1 < y < 4$$

$$f(x, y) = 0 \qquad \text{para cualquier otro valor de } (x, y)$$

determinar:

1) La probabilidad del suceso $(\xi_1 \leq 2, \xi_2 \leq 2)$.
2) La probabilidad del suceso $(2 < \xi_1 \leq 2{,}5/\xi_2 \leq 3)$.

Resolución:

1) $P(\xi_1 \leq 2, \xi_2 \leq 2)$: probabilidad de la presentación conjunta de los sucesos $\xi_1 \leq 2$ *y* $\xi_2 \leq 2$; vendrá expresada en la forma:

$$P(\xi_1 \leq 2, \xi_2 \leq 2) = F(2, 2) = \int_{-\infty}^{2} \int_{-\infty}^{2} f(x, y)\, dx\, dy$$

de donde al ser:

$$\int_{-\infty}^{2} \int_{-\infty}^{2} f(x, y)\, dx\, dy = \int_{0}^{2} \int_{1}^{2} \frac{1}{9}\, dx\, dy$$

habida cuenta la definición de la función de densidad conjunta, es:

$$P(\xi_1 \leq 2, \xi_2 \leq 2) = \int_{0}^{2} \int_{1}^{2} \frac{1}{9}\, dx\, dy = \frac{1}{9} \int_{0}^{2} \int_{1}^{2} dx\, dy =$$

$$= \frac{1}{9} \int_{0}^{2} dx \int_{1}^{2} dy$$

integrando primero según y. Como:

$$\int_{1}^{2} dy = [y]_1^2 = 2 - 1 = 1$$

se tendrá:

$$P(\xi_1 \leq 2, \xi_2 \leq 2) = \frac{1}{9} \int_{0}^{2} dx = \frac{1}{9} [x]_0^2 = \frac{1}{9} (2) = \frac{2}{9}$$

2) $P(2 < \xi_1 \leq 2{,}5/\xi_2 \leq 3)$: probabilidad del suceso $2 < \xi_1 \leq 2{,}5$ (que la variante ξ_1 sea mayor que 2 no superando 2,5), condicionado a que la variante ξ_2 no supere el valor 3; será por definición:

$$P(2 < \xi_1 \leq 2{,}5/\xi_2 \leq 3) = \frac{P(2 < \xi_1 \leq 2{,}5;\ \xi_2 \leq 3)}{P(\xi_2 \leq 3)}$$

donde las probabilidades del segundo miembro vendrán expresadas en la forma:

$$P(2 < \xi_1 \leq 2{,}5; \xi_2 \leq 3) = \int_2^{2,5} \int_{-\infty}^{3} f(x, y)\, dx\, dy$$

$$P(\xi_2 \leq 3) = \int_{-\infty}^{3} f_2(y)\, dy$$

representando $f_2(y)$ la función de densidad marginal de la variante ξ_2, función que determinaremos a través de la función de densidad conjunta:

$$f_2(y) = \int_{-\infty}^{+\infty} f(x, y)\, dx = \int_0^3 \frac{1}{9}\, dx = \frac{1}{9}[x]_0^3 = \frac{1}{9}(3 - 0) = \frac{3}{9} = \frac{1}{3}$$

habida cuenta la definición de la función de densidad conjunta. Así:

$$f_2(y) = \frac{1}{3} \quad \text{para} \quad 1 < y < 4$$

$$f_2(y) = 0 \quad \text{para cualquier otro valor de } y$$

Con ello:

a) $P(2 < \xi_1 \leq 2{,}5; \xi_2 \leq 3) = \int_2^{2,5} \int_{-\infty}^{3} f(x, y)\, dx\, dy = \int_2^{2,5} \int_1^3 \frac{1}{9}\, dx\, dy =$

$$= \frac{1}{9}\int_2^{2,5} dx \int_1^3 dy = \frac{1}{9}\int_2^{2,5} 2\, dx = \frac{2}{9}\int_2^{2,5} dx =$$

$$= \frac{2}{9}(2{,}5 - 2) = \frac{2}{9} \cdot 0{,}5 = \frac{1}{9}$$

b) $P(\xi_2 \leq 3) = \int_{-\infty}^{3} f_2(y)\, dy = \int_1^3 \frac{1}{3}\, dy = \frac{1}{3}[y]_1^3 = \frac{1}{3}(3 - 1) = \frac{2}{3}$

habida cuenta la definición de la función de densidad conjunta y de la función de densidad marginal de la variante ξ_2.

Por tanto:

$$P(2 < \xi_1 \leq 2{,}5/\xi_2 \leq 3) = \frac{\frac{1}{9}}{\frac{2}{3}} = \frac{1}{6}$$

Puede notarse que, al ser las variantes ξ_1 y ξ_2 estocásticamente independientes, puesto que la función de densidad marginal de la variante ξ_1 es:

$$f_1(x) = \frac{1}{3} \quad \text{para} \quad 0 < x < 3$$

$$f_1(x) = 0 \quad \text{para cualquier otro valor de } (x, y)$$

y por tanto:

$$f_1(x) \cdot f_2(y) = \frac{1}{3} \cdot \frac{1}{3} = \frac{1}{9} = f(x, y) \quad \text{para} \quad 0 < x < 3 \quad 1 < y < 4$$

$$f_1(x) \cdot f_2(y) = 0 = f(x, y) \quad \text{para cualquier otro valor de } (x, y)$$

la anterior probabilidad,

$$P(2 < \xi_1 \leq 2{,}5/\xi_2 \leq 3) = P(2 < \xi_1 \leq 2{,}5)$$

esto, es, puede determinarse a través de la correspondiente distribución de probabilidad marginal de la variante ξ_1.

75. Dada la variante (ξ_1, ξ_2) cuya distribución de probabilidad conjunta viene definida por la función de densidad conjunta:

$$f(x, y) = x + y \quad \text{para} \quad 0 < x < 1 \quad 0 < y < 1$$

$$f(x, y) = 0 \quad \text{para cualquier otro valor de } (x, y)$$

determinar:

1) La probabilidad del suceso $(\xi_1 \leq 0{,}5;\ \xi_2 \leq 0{,}2)$.
2) Si son o no estocásticamente independientes las variantes ξ_1 y ξ_2.
3) La regresión de ξ_2 sobre ξ_1.
4) El coeficiente de correlación.

Resolución:

1) $P(\xi_1 \leq 0{,}5;\ \xi_2 \leq 0{,}2)$: probabilidad de la presentación conjunta de los sucesos $\xi_1 \leq 0{,}5$ y $\xi_2 \leq 0{,}2$; vendrá expresada en la forma:

$$P(\xi_1 \leq 0{,}5;\ \xi_2 \leq 0{,}2) = F(0{,}5;\ 0{,}2) = \int_{-\infty}^{0{,}5} \int_{-\infty}^{0{,}2} f(x, y)\, dx\, dy$$

de donde al ser:

$$\int_{-\infty}^{0,5}\int_{-\infty}^{0,2} f(x, y)\, dx\, dy = \int_{0}^{0,5}\int_{0}^{0,2} (x + y)\, dx\, dy$$

habida cuenta la definición de la función de densidad conjunta, es:

$$P(\xi_1 \leq 0{,}5; \xi_2 \leq 0{,}2) = \int_{0}^{0,5}\int_{0}^{0,2} (x + y)\, dx\, dy = \int_{0}^{0,2} dy \int_{0}^{0,5} (x + y)\, dx$$

integrando primero según x. Al ser:

$$\int_{0}^{0,5} (x + y)\, dx = \left[\frac{x^2}{2} + xy\right]_0^{0,5} = \frac{(0{,}5)^2}{2} + 0{,}5\, y = 0{,}125 + 0{,}5\, y$$

se tendrá:

$$P(\xi_1 \leq 0{,}5; \xi_2 \leq 0{,}2) = \int_{0}^{0,2} (0{,}125 + 0{,}5\, y)\, dy =$$

$$= \left[0{,}125\, y + 0{,}5\,\frac{y^2}{2}\right]_0^{0,2} = 0{,}125\,(0{,}2) + 0{,}5\,\frac{(0{,}2)^2}{2} =$$

$$= 0{,}025 + 0{,}01 = 0{,}035$$

2) Habida cuenta que la independencia en probabilidad viene caracterizada, con base en las funciones de densidad conjunta y marginales, en la forma,

$$f(x, y) = f_1(x) \cdot f_2(y)$$

pasemos a determinar las correspondientes funciones de densidad marginales.

a)

$$f_1(x) = \int_{-\infty}^{+\infty} f(x, y)\, dy = \int_{0}^{1} (x + y)\, dy = \left[xy + \frac{y^2}{2}\right]_0^1 = x + \frac{1}{2}$$

habida cuenta la definición de la función de densidad conjunta. Así:

$$f_1(x) = x + \frac{1}{2} \qquad \text{para } 0 < x < 1$$

$$f_1(x) = 0 \qquad \text{para cualquier otro valor de } x$$

b)

$$f_2(y) = \int_{-\infty}^{+\infty} f(x, y)\,dx = \int_0^1 (x + y)\,dx = \left[\frac{x^2}{2} + xy\right]_0^1 = \frac{1}{2} + y$$

habida cuenta la definición de la función de densidad conjunta. Así:

$$f_2(y) = y + \frac{1}{2} \quad \text{para} \quad 0 < y < 1$$

$$f_2(y) = 0 \quad \text{para cualquier otro valor de } y$$

Por tanto, como:

$$f_1(x) \cdot f_2(y) = \left(x + \frac{1}{2}\right)\left(y + \frac{1}{2}\right) \neq x + y = f(x, y)$$

las variantes ξ_1 y ξ_2 *no* son estocásticamente independientes.

3) Por definición, sabemos que la regresión de ξ_2 sobre ξ_1 es el valor probable condicionado de ξ_2 sobre ξ_1, esto es:

$$E[\xi_2/\xi_1 = x] = \int_{-\infty}^{+\infty} y \cdot f(y/x)\,dy$$

donde $f(y/x)$ representa la función de densidad condicionada, que podemos obtener en la forma:

$$f(y/x) = \frac{f(x, y)}{f_1(x)} = \frac{x + y}{x + 1/2} \quad \text{para } 0 < x < 1 \quad 0 < y < 1$$

$$f(y/x) = 0 \quad \text{para cualquier otro valor de } (x, y)$$

Con ello, pues, habida cuenta la definición de $f(y/x)$, se tendrá:

$$E[\xi_2/\xi_1 = x] = \int_0^1 y\,\frac{x + y}{x + 1/2}\,dy = \int_0^1 \left[\frac{2xy}{2x + 1} + \frac{2y^2}{2x + 1}\right] dy =$$

$$= \frac{2x}{2x + 1} \int_0^1 y\,dy + \frac{2}{2x + 1} \int_0^1 y^2\,dy =$$

$$= \frac{2x}{2x + 1} \left[\frac{y^2}{2}\right]_0^1 + \frac{2}{2x + 1} \left[\frac{y^3}{3}\right]_0^1 = \frac{1}{2x + 1}\left(x + \frac{2}{3}\right) =$$

$$= \frac{3x + 2}{3(2x + 1)} = \frac{3}{6} + \frac{3}{6} \cdot \frac{1}{6x + 3}$$

4) Por definición, el coeficiente de correlación viene expresado en la forma:

$$\rho = \frac{\mu_{11}}{\sqrt{\mu_{20}}\sqrt{\mu_{02}}} = \frac{\operatorname{cov}(\xi_1, \xi_2)}{\sqrt{V(\xi_1)}\sqrt{V(\xi_2)}}$$

y recordando:

$$\operatorname{cov}(\xi_1, \xi_2) = \alpha_{11} - \alpha_{10} \cdot \alpha_{01}$$
$$V(\xi_1) = \alpha_{20} - (\alpha_{10})^2$$
$$V(\xi_2) = \alpha_{02} - (\alpha_{01})^2$$

pasemos a determinar, pues, cada uno de estos momentos:

a)

$$\alpha_{10} = \int_0^1 x\left(x + \frac{1}{2}\right) dx = \int_0^1 \left(x^2 + \frac{1}{2}x\right) dx = \left[\frac{x^3}{3} + \frac{1}{2}\frac{x^2}{2}\right]_0^1 = \frac{7}{12}$$

b)

$$\alpha_{01} = \int_0^1 y\left(y + \frac{1}{2}\right) dy = \int_0^1 \left(y^2 + \frac{1}{2}y\right) dy = \left[\frac{y^3}{3} + \frac{1}{2}\frac{y^2}{2}\right]_0^1 = \frac{7}{12}$$

c)

$$\alpha_{11} = \int_0^1 \int_0^1 xy(x + y)\, dx\, dy = \int_0^1 \int_0^1 (x^2y + xy^2)\, dx\, dy =$$
$$= \int_0^1 dx \int_0^1 (x^2y + xy^2)\, dy = \int_0^1 \left[x^2\frac{y^2}{2} + x\frac{y^3}{3}\right]_0^1 dx =$$
$$= \int_0^1 \frac{x^2}{2} + \frac{x}{3}\, dx = \left[\frac{1}{2}\frac{x^3}{3} + \frac{1}{3}\frac{x^2}{2}\right]_0^1 = \frac{1}{3}$$

d)

$$\alpha_{20} = \int_0^1 x^2\left(x + \frac{1}{2}\right) dx = \int_0^1 \left(x^3 + \frac{1}{2}x^2\right) dx = \left[\frac{x^4}{4} + \frac{1}{2}\frac{x^3}{3}\right]_0^1 = \frac{5}{12}$$

e)

$$\alpha_{02} = \int_0^1 y^2\left(y + \frac{1}{2}\right) dy = \int_0^1 \left(y^3 + \frac{1}{2}y^2\right) dy = \left[\frac{y^4}{4} + \frac{1}{2}\frac{y^3}{3}\right]_0^1 = \frac{5}{12}$$

habida cuenta las definiciones de las funciones de densidad conjunta y marginales.

Con ello:

$$\text{cov}(\xi_1, \xi_2) = \frac{1}{3} - \left(\frac{7}{12}\right)\left(\frac{7}{12}\right) = \frac{1}{144}$$

$$V[\xi_1] = \frac{5}{12} - \left(\frac{7}{12}\right)^2 = \frac{11}{144}$$

$$V[\xi_2] = \frac{5}{12} - \left(\frac{7}{12}\right)^2 = \frac{11}{144}$$

resultando pues,

$$\rho = \frac{\dfrac{1}{144}}{\sqrt{\dfrac{11}{144}}\ \sqrt{\dfrac{11}{144}}} = \frac{1}{11}$$

76. Dada la variante (ξ_1, ξ_2) cuya distribución de probabilidad conjunta viene definida por la función de densidad conjunta:

$f(x, y) = xy\, e^{-(1/2)(x^2+y^2)}$ para $0 \leq x \quad 0 \leq y$

$f(x, y) = 0$ para cualquier otro valor de (x, y)

determinar:

1) La probabilidad del suceso $(\xi_1 \leq 3,\ \xi_2 \leq 1)$.
2) La distribución de probabilidad marginal de la variante ξ_1, y de la variante ξ_2.
3) Si las variantes ξ_1 y ξ_2 son o no, estocásticamente independientes.

Resolución:

1) $P(\xi_1 \leq 3,\ \xi_2 \leq 1)$: probabilidad de la presentación conjunta de los sucesos $\xi_1 \leq 3$ y $\xi_2 \leq 1$; vendrá expresada en la forma:

$$P(\xi_1 \leq 3,\ \xi_2 \leq 1) = F(3, 1) = \int_{-\infty}^{3}\int_{-\infty}^{1} f(x, y)\, dx\, dy$$

de donde, al ser:

$$\int_{-\infty}^{3}\int_{-\infty}^{1} f(x, y)\, dx\, dy = \int_{-\infty}^{0}\int_{-\infty}^{0} f(x, y)\, dx\, dy + \int_{0}^{3}\int_{0}^{1} f(x, y)\, dx\, dy =$$

$$= \int_{-\infty}^{0}\int_{-\infty}^{0} 0 \cdot dx\, dy + \int_{0}^{3}\int_{0}^{1} xy\, e^{-(1/2)(x^2+y^2)}\, dx\, dy$$

habida cuenta la definición de la función de densidad conjunta, es

$$P(\xi_1 \leq 3, \xi_2 \leq 1) = \int_0^3 \int_0^1 xy\, e^{-(1/2)(x^2+y^2)}\, dx\, dy$$

Resolvamos, pues, la integral. Se tendrá:

$$\int_0^3 \int_0^1 xy\, e^{-(1/2)(x^2+y^2)}\, dx\, dy = \int_0^3 \int_0^1 xy\, e^{-x^2/2}\, e^{-y^2/2}\, dx\, dy$$

integral que puede expresarse como producto de las integrales:

$$\int_0^3 x\, e^{-x^2/2}\, dx \quad , \quad \int_0^1 y\, e^{-y^2/2}\, dy$$

las cuales, efectuando el cambio de variable:

$$\frac{x^2}{2} = t,\ x\, dx = dt, \quad \text{siendo} \quad t = 0, \quad \text{para} \quad x = 0, \quad t = \frac{9}{2}, \quad \text{para} \quad x = 3$$

$$\frac{y^2}{2} = t,\ y\, dy = dt, \quad \text{siendo} \quad t = 0, \quad \text{para} \quad y = 0, \quad t = \frac{1}{2}, \quad \text{para} \quad y = 1$$

se transforman en:

$$\int_0^3 x\, e^{-x^2/2}\, dx = \int_0^{9/2} e^{-t}\, dt = [-e^{-t}]_0^{9/2} = (-e^{-9/2} + 1) = 0{,}9889$$

$$\int_0^1 y\, e^{-y^2/2}\, dy = \int_0^{1/2} e^{-t}\, dt = [-e^{-t}]_0^{1/2} = (-e^{-1/2} + 1) = 0{,}3934$$

habiendo tomado: $e^{-9/2} = 0{,}0111$, $e^{-1/2} = 0{,}6065$

Por tanto:

$$P(\xi_1 \leq 3, \xi_2 \leq 1) = (0{,}9889)\,(0{,}3934) = 0{,}38903$$

2) Las funciones de densidad marginales, que definen las correspondientes distribuciones de probabilidad marginal, vienen expresadas en la forma:

$$f_1(x) = \int_{-\infty}^{+\infty} f(x, y)\, dy \qquad \text{para la variante } \xi_1$$

$$f_2(y) = \int_{-\infty}^{+\infty} f(x, y)\, dx \qquad \text{para la variante } \xi_2$$

Pasemos, pues, a determinar dichas integrales.

a)

$$\int_{-\infty}^{+\infty} f(x, y)\, dy = \int_{-\infty}^{0} f(x, y)\, dy + \int_{0}^{+\infty} f(x, y)\, dy =$$

$$= \int_{-\infty}^{0} 0 \cdot dy + \int_{0}^{+\infty} xy\, e^{-(x^2+y^2)/2}\, dy =$$

$$= \int_{0}^{+\infty} xy\, e^{-(x^2+y^2)/2}\, dy = x\, e^{-x^2/2} \int_{0}^{+\infty} y\, e^{-y^2/2}\, dy$$

habida cuenta la definición de la función de densidad conjunta y que al integrar según y, $x\, e^{-x^2/2}$ figura como constante en dicho proceso.

Como:

$$\int_{0}^{+\infty} y\, e^{-y^2/2}\, dy$$

efectuando el cambio de variable:

$$\frac{y^2}{2} = t, \; y\, dy = dt, \quad \text{siendo} \quad t = 0, \quad \text{para} \quad y = 0,\; t = +\infty, \quad \text{para} \quad y = +\infty,$$

se transforma en:

$$\int_{0}^{+\infty} e^{-t}\, dt = \Gamma(1) = 1$$

se tiene:

$$\int_{-\infty}^{+\infty} f(x, y)\, dy = x\, e^{-x^2/2}$$

b)

$$\int_{-\infty}^{+\infty} f(x, y)\, dx = \int_{-\infty}^{0} f(x, y)\, dx + \int_{0}^{+\infty} f(x, y)\, dx =$$

$$= \int_{-\infty}^{0} 0 \cdot dx + \int_{0}^{+\infty} xy\, e^{-(x^2+y^2)/2}\, dx = \int_{0}^{+\infty} xy\, e^{-(x^2+y^2)/2}\, dx =$$

$$= y\, e^{-y^2/2} \int_{0}^{+\infty} x\, e^{-x^2/2}\, dx$$

por análogas consideraciones al caso anterior. Como:

$$\int_0^{+\infty} x\, e^{-x^2/2}\, dx = \int_0^{+\infty} e^{-t}\, dt = \Gamma(1) = 1$$

al proceder en la misma forma que antes, se tendrá:

$$\int_{-\infty}^{+\infty} f(x, y)\, dx = y\, e^{-y^2/2}$$

Así, la distribución de probabilidad marginal:

—de la variante ξ_1, viene definida por la función de densidad marginal:

$$f_1(x) = x\, e^{-x^2/2} \qquad \text{para} \quad 0 \leq x$$
$$f_1(x) = 0 \qquad \text{para cualquier otro valor de } x$$

—de la variante ξ_2, viene definida por la función de densidad marginal:

$$f_2(y) = y\, e^{-y^2/2} \qquad \text{para} \quad 0 \leq y$$
$$f_2(y) = 0 \qquad \text{para cualquier otro valor de } y$$

3) Habida cuenta que la independencia en probabilidad viene caracterizada, con base en las funciones de densidad conjunta y marginales, en la forma:

$$f(x, y) = f_1(x) \cdot f_2(y)$$

al ser, en nuestro caso:

$$f_1(x) \cdot f_2(y) = x\, e^{-x^2/2}\, y\, e^{-y^2/2} = xy\, e^{-(x^2+y^2)/2} = f(x, y) \qquad \text{para} \quad 0 \leq x \quad 0 \leq y$$

$$f_1(x) \cdot f_2(y) = 0 = f(x, y) \qquad \text{para cualquier otro valor de } (x, y)$$

se tiene que las variantes ξ_1 y ξ_2 son estocásticamente independientes.

77. Dada la variante (ξ_1, ξ_2) cuya distribución de probabilidad conjunta viene definida por la función de densidad conjunta:

$$f(x, y) = \frac{4}{5}(x + 3y)e^{-x-2y} \qquad \text{para} \quad 0 \leq x \quad 0 \leq y$$

$$f(x, y) = 0 \qquad \text{para cualquier otro valor de } (x, y)$$

determinar:

1) La distribución de probabilidad marginal de la variante ξ_1 y de la variante ξ_2.

2) La distribución de probabilidad de la variante ξ_2 condicionada a la variante ξ_1.

3) La covarianza entre ambas variantes.

Resolución:

1) Las funciones de densidad marginales, que definen las correspondientes distribuciones de probabilidad marginales, vienen expresadas en la forma:

$$f_1(x) = \int_{-\infty}^{+\infty} f(x, y)\, dy \qquad \text{para la variante } \xi_1$$

$$f_2(y) = \int_{-\infty}^{+\infty} f(x, y)\, dx \qquad \text{para la variante } \xi_2$$

Pasemos, pues, a determinar dichas integrales.

a)

$$\int_{-\infty}^{+\infty} f(x, y)\, dy = \int_{-\infty}^{0} f(x, y)\, dy + \int_{0}^{+\infty} f(x, y)\, dy =$$

$$= \int_{-\infty}^{0} 0 \cdot dy + \int_{0}^{+\infty} \frac{4}{5}(x + 3y)e^{-x-2y}\, dy =$$

$$= \int_{0}^{+\infty} \frac{4}{5}(x + 3y)e^{-x-2y}\, dy = \frac{4}{5}\int_{0}^{+\infty} (x + 3y)e^{-x}\, e^{-2y}\, dy =$$

$$= \frac{4}{5} e^{-x} \int_{0}^{+\infty} (x + 3y)\, e^{-2y}\, dy$$

habida cuenta la definición de la función de densidad conjunta y que, al integrar según y, e^{-x} figura como constante en dicho proceso.

Como:

$$\int_{0}^{+\infty} (x + 3y)\, e^{-2y}\, dy = \int_{0}^{+\infty} xe^{-2y}\, dy + \int_{0}^{+\infty} 3y\, e^{-2y}\, dy$$

si efectuamos el cambio de variable:

$$t = 2y, \qquad dt = 2\, dy$$

siendo:

$$t = 0 \quad \text{para} \quad y = 0 \quad \text{y} \quad t = +\infty \quad \text{para} \quad y = +\infty$$

resultará:

$$\int_0^{+\infty} (x + 3y)\, e^{-2y}\, dy = \frac{x}{2}\int_0^{+\infty} e^{-t}\, dt + \frac{3}{4}\int_0^{+\infty} te^{-t}\, dt =$$

$$= \frac{x}{2}\,\Gamma(1) + \frac{3}{4}\,\Gamma(2) = \frac{x}{2} + \frac{3}{4}$$

puesto que:

$$\Gamma(1) = 0! = 1 \qquad \text{y} \qquad \Gamma(2) = 1! = 1$$

Por ello:

$$\int_{-\infty}^{+\infty} f(x, y)\, dy = \frac{4}{5}\left(\frac{x}{2} + \frac{3}{4}\right) e^{-x}$$

b)

$$\int_{-\infty}^{+\infty} f(x, y)\, dx = \int_{-\infty}^{0} f(x, y)\, dx + \int_0^{+\infty} f(x, y)\, dx =$$

$$= \int_{-\infty}^{0} 0 \cdot dx + \int_0^{+\infty} \frac{4}{5}(x + 3y)\, e^{-x-2y}\, dx =$$

$$= \int_0^{+\infty} \frac{4}{5}(x + 3y)\, e^{-x-2y}\, dx = \frac{4}{5}\int_0^{+\infty} (x + 3y)\, e^{-x}\, e^{-2y}\, dx =$$

$$= \frac{4}{5}\, e^{-2y} \int_0^{+\infty} (x + 3y)\, e^{-x}\, dx$$

habida cuenta la definición de la función de densidad conjunta y que, al integrar según x, e^{-2y} figura como constante en dicho proceso.

Como:

$$\int_0^{+\infty} (x + 3y)\, e^{-x}\, dx = \int_0^{+\infty} x\, e^{-x}\, dx + \int_0^{+\infty} 3y\, e^{-x}\, dx = \Gamma(2) + 3y\, \Gamma(1) =$$

$$= (1 + 3y)$$

puesto que:

$$\Gamma(2) = 1! = 1 \qquad \Gamma(1) = 0! = 1$$

Por ello:

$$\int_{-\infty}^{+\infty} f(x, y)\, dy = \frac{4}{5}(1 + 3y)\, e^{-2y}$$

Así, la distribución de probabilidad marginal:

—de la variante ξ_1, viene definida por la función de densidad marginal:

$$f_1(x) = \frac{4}{5}\left(\frac{x}{2} + \frac{3}{4}\right) e^{-x} \qquad \text{para} \qquad 0 \leq x$$

$$f_1(x) = 0 \qquad \text{para cualquier otro valor de } x$$

—de la variante ξ_2, viene definida por la función de densidad marginal:

$$f_2(y) = \frac{4}{5}(1 + 3y)\, e^{-2y} \qquad \text{para} \qquad 0 \leq y$$

$$f_2(y) = 0 \qquad \text{para cualquier otro valor de } y$$

2) La distribución de probabilidad de la variante ξ_2 condicionada a la variante ξ_1, la determinaremos con base a la función de densidad condicionada que viene expresada en la forma:

$$f(y/x) = \frac{f(x, y)}{f_1(x)}$$

Al ser:

$$\frac{f(x, y)}{f_1(x)} = \frac{\frac{4}{5}(x + 3y)\, e^{-x}\, e^{-2y}}{\frac{4}{5}\left(\frac{x}{2} + \frac{3}{4}\right) e^{-x}} \qquad \text{para} \qquad 0 \leq x \qquad 0 \leq y$$

se sigue:

$$f(y/x) = 4\left(\frac{x + 3y}{2x + 3}\right) e^{-2y} \qquad \text{para} \qquad 0 \leq x \qquad 0 \leq y$$

resultando, pues, la distribución de probabilidad de la variante ξ_2 condicionada a la variante ξ_1, definida por la función de densidad:

$$f(y/x) = 4\left(\frac{x + 3y}{2x + 3}\right) e^{-2y} \qquad \text{para} \qquad 0 \leq x \qquad 0 \leq y$$

$$f(y/x) = 0 \qquad \text{para cualquier otro valor de } x$$

3) Para determinar la covarianza, recordemos que viene expresada en la forma: $\text{cov}(\xi_1, \xi_2) = E[\xi_1, \xi_2] - E[\xi_1] \cdot E[\xi_2]$, siendo, en este caso:

$$\text{cov}(\xi_1, \xi_2) = \int_{-\infty}^{+\infty} \int_{-\infty}^{+\infty} xy f(x, y) \, dx \, dy - \left[\int_{-\infty}^{+\infty} x f_1(x) \, dx\right]\left[\int_{-\infty}^{+\infty} y f_2(y) \, dy\right]$$

y por tanto:

$$\text{cov}(\xi_1, \xi_2) = \int_0^{+\infty} \int_0^{+\infty} xy \frac{4}{5} (x + 3y) e^{-x-2y} \, dx \, dy -$$

$$- \left[\int_0^{+\infty} x \frac{4}{5} \left(\frac{x}{2} + \frac{3}{4}\right) e^{-x} \, dx\right] \left[\int_0^{+\infty} y \frac{4}{5} (1 + 3y) e^{-2y} \, dy\right]$$

habida cuenta la definición de las funciones de densidad conjunta y marginales.

Pasemos, pues, a determinar dichas integrales:

a)

$$\int_0^{+\infty} \frac{4}{5} x \left(\frac{x}{2} + \frac{3}{4}\right) e^{-x} \, dx = \frac{1}{5} \int_0^{+\infty} x(2x + 3) e^{-x} \, dx =$$

$$= \frac{2}{5} \int_0^{+\infty} x^2 e^{-x} \, dx + \frac{3}{5} \int_0^{+\infty} x e^{-x} \, dx =$$

$$= \frac{2}{5} \Gamma(3) + \frac{3}{5} \Gamma(2) = \frac{2}{5} \cdot 2 + \frac{3}{5} \cdot 1 = \frac{7}{5}$$

puesto que, $\Gamma(3) = 2! = 2$, $\Gamma(2) = 1! = 1$.

b)

$$\int_0^{+\infty} \frac{4}{5} y(1 + 3y) e^{-2y} \, dy = \frac{4}{5} \int_0^{+\infty} y(1 + 3y) e^{-2y} \, dy =$$

$$= \frac{4}{5} \int_0^{+\infty} y e^{-2y} \, dy + \frac{12}{5} \int_0^{+\infty} y^2 e^{-2y} \, dy$$

y efectuando el cambio de variable:

$$2y = t, \qquad 2dy = dt$$

siendo:

$$t = 0 \qquad \text{para} \qquad y = 0$$

$$t = +\infty \qquad \text{para} \qquad y = +\infty$$

resultará:

$$\frac{4}{5}\int_0^{+\infty} y\, e^{-2y}\, dy + \frac{12}{5}\int_0^{+\infty} y^2\, e^{-2y}\, dy = \frac{4}{5}\int_0^{+\infty} \frac{t}{2} e^{-t} \frac{dt}{2} + \frac{12}{5}\int_0^{+\infty} \frac{t^2}{4} e^{-t} \frac{dt}{2} =$$

$$= \frac{4}{5} \cdot \frac{1}{4} \cdot \Gamma(2) + \frac{12}{5} \cdot \frac{1}{8}\, \Gamma(3) = \frac{1}{5} + \frac{3}{5} = \frac{4}{5}$$

puesto que, $\Gamma(3) = 2! = 2$, $\Gamma(2) = 1! = 1$.

c)

$$\int_0^{+\infty}\int_0^{+\infty} xy \frac{4}{5}(x + 3y)\, e^{-x-2y}\, dx\, dy = \frac{4}{5}\int_0^{+\infty}\int_0^{+\infty} xy\,(x + 3y)\, e^{-x}\, e^{-2y}\, dx\, dy$$

e integrando, primero según x:

$$\frac{4}{5}\int_0^{+\infty} y\, e^{-2y}\, dy \int_0^{+\infty} x\,(x + 3y)\, e^{-x}\, dx$$

la integral:

$$\int_0^{+\infty} x\,(x + 3y)\, e^{-x}\, dx = \int_0^{+\infty} x^2\, e^{-x}\, dx + 3y\int_0^{+\infty} x\, e^{-x}\, dx = \Gamma(3) + 3y\,\Gamma(2) =$$

$$= 2 + 3y$$

con lo que:

$$\frac{4}{5}\int_0^{+\infty} y\, e^{-2y}\, dy \int_0^{+\infty} x\,(x + 3y)\, e^{-x}\, dx = \frac{4}{5}\int_0^{+\infty} y\, e^{-2y}\,(2 + 3y)\, dy =$$

$$= \frac{4}{5}\int_0^{+\infty} 2y\, e^{-2y}\, dy + \frac{4}{5}\int_0^{+\infty} 3y^2\, e^{-2y}\, dy$$

Efectuando el cambio de variable:

$$2y = t, \qquad 2\, dy = dt$$

siendo:

$$t = 0 \qquad \text{para} \qquad y = 0$$

$$t = +\infty \qquad \text{para} \qquad y = +\infty$$

resultará:

$$\frac{4}{5}\int_0^{+\infty} t\, e^{-t} \frac{dt}{2} + \frac{12}{5}\int_0^{+\infty} \frac{t^2}{4} e^{-t} \frac{dt}{2} = \frac{4}{10}\int_0^{+\infty} t\, e^{-t}\, dt + \frac{12}{40}\int_0^{+\infty} t^2\, e^{-t}\, dt =$$

$$= \frac{4}{10}\,\Gamma(2) + \frac{12}{40}\,\Gamma(3) = \frac{4}{10} + \frac{12}{40}\cdot 2 = \frac{16}{40} + \frac{24}{40} = 1$$

Del resultado obtenido para estas integrales, se sigue:

$$\operatorname{cov}(\xi_1, \xi_2) = 1 - \frac{7}{5}\cdot\frac{4}{5} = 1 - \frac{28}{25} = \frac{-3}{25}$$

78. Dada la variante (ξ_1, ξ_2) cuya distribución de probabilidad conjunta viene definida por la función de densidad conjunta:

$$f(x, y) = \frac{1}{4}\,[1 + xy\,(x^2 - y^2)] \qquad \text{para} \qquad -1 \leq x \leq 1 \qquad -1 \leq y \leq 1$$

$$f(x, y) = 0 \qquad \text{para cualquier otro valor de } (x, y)$$

determinar:

1) La distribución de probabilidad marginal de la variante ξ_1 y de la variante ξ_2.
2) La distribución de probabilidad de la variante ξ_2 condicionada a la variante ξ_1.
3) Si son o no estocásticamente independientes las variantes ξ_1 y ξ_2.
4) La regresión de la variante ξ_2 sobre la variante ξ_1.
5) La correlación existente entre las variantes ξ_2 y ξ_1.

Resolución:

1) Las funciones de densidad marginales, que definen a las correspondientes distribuciones de probabilidad marginales, vienen expresadas en la forma:

$$f_1(x) = \int_{-\infty}^{+\infty} f(x, y)\, dy \qquad \text{para la variante } \xi_1$$

$$f_2(y) = \int_{-\infty}^{+\infty} f(x, y)\, dx \qquad \text{para la variante } \xi_2$$

Pasemos, pues, a determinar dichas integrales.

a)

$$\int_{-\infty}^{+\infty} f(x, y)\, dy = \int_{-\infty}^{-1} f(x, y)\, dy + \int_{-1}^{+1} f(x, y)\, dy + \int_{+1}^{+\infty} f(x, y)\, dy =$$

$$= \int_{-\infty}^{-1} 0 \cdot dy + \int_{-1}^{+1} \frac{1}{4}[1 + xy\,(x^2 - y^2)]\, dy + \int_{+1}^{+\infty} 0 \cdot dy =$$

$$= \int_{-1}^{+1} \frac{1}{4}[1 + xy\,(x^2 - y^2)]\, dy = \frac{1}{4}\left[y + x^3\frac{y^2}{2} - x\frac{y^4}{4}\right]_{-1}^{+1} = \frac{1}{2}$$

b)

$$\int_{-\infty}^{+\infty} f(x, y)\, dx = \int_{-\infty}^{-1} f(x, y)\, dx + \int_{-1}^{+1} f(x, y)\, dx + \int_{+1}^{+\infty} f(x, y)\, dx =$$

$$= \int_{-\infty}^{-1} 0 \cdot dx + \int_{-1}^{+1} \frac{1}{4}[1 + xy\,(x^2 - y^2)]\, dx + \int_{+1}^{+\infty} 0 \cdot dx =$$

$$= \int_{-1}^{+1} \frac{1}{4}[1 + xy\,(x^2 - y^2)]\, dx = \frac{1}{4}\left[x + \frac{x^4}{4}y - \frac{x^2}{2}y^3\right]_{-1}^{+1} = \frac{1}{2}$$

habida cuenta la definición de la función de densidad conjunta.

Así, la distribución de probabilidad marginal:

—de la variante ξ_1, viene definida por la función de densidad marginal:

$$f_1(x) = \frac{1}{2} \qquad \text{para} \qquad -1 \leq x \leq 1$$

$$f_1(x) = 0 \qquad \text{para cualquier otro valor de } x$$

—de la variante ξ_2, viene definida por la función de densidad marginal:

$$f_2(y) = \frac{1}{2} \qquad \text{para} \qquad -1 \leq y \leq 1$$

$$f_2(y) = 0 \qquad \text{para cualquier otro valor de } y$$

2) La distribución de probabilidad de la variante ξ_2 condicionada a la variante ξ_1 la determinaremos con base a la función de densidad condicionada que viene expresada en la forma:

$$f(y/x) = \frac{f(x, y)}{f_1(x)}$$

al ser:

$$\frac{f(x, y)}{f_1(x)} = \frac{\frac{1}{4}[1 + xy(x^2 - y^2)]}{\frac{1}{2}} \quad \text{para} \quad -1 \leq x \leq 1 \quad -1 \leq y \leq 1$$

se sigue:

$$f(y/x) = \frac{1}{2}[1 + xy(x^2 - y^2)] \quad \text{para} \quad -1 \leq x \leq 1 \quad -1 \leq y \leq 1$$

resultando, pues, la distribución de probabilidad de la variante ξ_2 condicionada a la variante ξ_1 definida por la función de densidad:

$$f(y/x) = \frac{1}{2}[1 + xy(x^2 - y^2)] \quad \text{para} \quad -1 \leq x \leq 1 \quad -1 \leq y \leq 1$$

$$f(y/x) = 0 \quad \text{para cualquier otro valor de } (x, y)$$

3) Habida cuenta que la independencia en probabilidad viene caracterizada, con base en las funciones de densidad conjunta y marginales, en la forma:

$$f(x, y) = f_1(x) \cdot f_2(y)$$

se tendrá, en nuestro caso,

$$f_1(x) \cdot f_2(y) = \frac{1}{2} \cdot \frac{1}{2} \neq \frac{1}{4}[1 + xy(x^2 - y^2)] = f(x, y)$$

y por tanto, las variantes ξ_1 y ξ_2 *no* son estocásticamente independientes.

4) Por definición, la regresión de la variante ξ_2 sobre la variante ξ_1 es el valor probable condicionado y viene expresada en la forma:

$$E[\xi_2/\xi_1 = x] = \int_{-\infty}^{+\infty} y\, f(y/x)\, dy = \varphi(x)$$

en nuestro caso:

$$E[\xi_2/\xi_1 = x] = \int_{-\infty}^{+\infty} y\, f(y/x)\, dy = \int_{-\infty}^{-1} y\, f(y/x)\, dy + \int_{-1}^{+1} y\, f(y/x)\, dy +$$

$$+ \int_{+1}^{+\infty} y\, f(y/x)\, dy = \int_{-\infty}^{-1} y\cdot 0\cdot dy + \int_{-1}^{+1} y\frac{1}{2}\,[1+xy\,(x^2-y^2)]\, dy +$$

$$+ \int_{+1}^{+\infty} y\cdot 0\cdot dy = \frac{1}{2}\int_{-1}^{+1} y\,[1 + xy\,(x^2 - y^2)]\, dy =$$

$$= \left[\frac{y^2}{4} + \frac{x^3y^3}{6} - \frac{xy^5}{10}\right]_{-1}^{+1}$$

habida cuenta la definición de la función de densidad condicionada.

Así:

$$E[\xi_2/\xi_1 = x] = \frac{x^3}{3} - \frac{x}{5} = \varphi(x)$$

es la curva de regresión de la variante ξ_2 sobre la variante ξ_1, que como es fácil notar *no* es una recta.

5) Para estudiar la correlación, grado de concausalidad, existente entre ambas variantes, determinaremos el coeficiente de correlación que viene expresado en la forma:

$$\rho = \frac{\mu_{11}}{\sigma_x\sigma_y} = \frac{\operatorname{cov}(\xi_1, \xi_2)}{D(\xi_1)\cdot D(\xi_2)}$$

Determinaremos en primer lugar la covarianza:

$$\operatorname{cov}(\xi_1, \xi_2) = E[\xi_1\cdot\xi_2] - E[\xi_1]\cdot E[\xi_2]$$

En nuestro caso, resultará:

$$\operatorname{cov}(\xi_1, \xi_2) = \int_{-\infty}^{+\infty}\int_{-\infty}^{+\infty} xy\, f(x, y)\, dx\, dy - \left[\int_{-\infty}^{+\infty} x\, f_1(x)\, dx\right]\left[\int_{-\infty}^{+\infty} y\, f_2(y)\, dy\right]$$

Pasemos, pues, a determinar las correspondientes integrales.

a)

$$\int_{-\infty}^{+\infty}\int_{-\infty}^{+\infty} xy\, f(x, y)\, dx\, dy = \int_{-1}^{+1}\int_{-1}^{+1} xy\frac{1}{4}\,[1 + xy\,(x^2 - y^2)]\, dx\, dy =$$

$$= \frac{1}{4}\left[\int_{-1}^{+1}\int_{-1}^{+1} (xy + x^4y^2 - x^2y^4)\, dx\, dy\right] =$$

donde integrando primero según y, y a continuación según x, es:

$$= \frac{1}{4}\left[\int_{-1}^{+1} x\,dx \int_{-1}^{+1} y\,dy + \int_{-1}^{+1} x^4\,dx \int_{-1}^{+1} y^2\,dy - \int_{-1}^{+1} x^2\,dx \int_{-1}^{+1} y^4\,dy = \right.$$

$$= \frac{1}{4}\left[\left[\frac{x^2}{2}\right]_{-1}^{+1} \cdot \left[\frac{y^2}{2}\right]_{-1}^{+1} + \left[\frac{x^5}{5}\right]_{-1}^{+1} \cdot \left[\frac{y^3}{3}\right]_{-1}^{+1} - \left[\frac{x^3}{3}\right]_{-1}^{+1} \cdot \left[\frac{y^5}{5}\right]_{-1}^{+1}\right] =$$

$$= \frac{1}{4}\left[0 \cdot 0 + \left(\frac{1}{5} + \frac{1}{5}\right)\left(\frac{1}{3} + \frac{1}{3}\right) - \left(\frac{1}{3} + \frac{1}{3}\right)\left(\frac{1}{5} + \frac{1}{5}\right)\right] = 0$$

b)

$$\int_{-\infty}^{+\infty} x\,f_1(x)\,dx = \int_{-1}^{+1} x\,\frac{1}{2}\,dx = \frac{1}{2}\left[\frac{x^2}{2}\right]_{-1}^{+1} = \frac{1}{2}\left(\frac{1}{2} - \frac{1}{2}\right) = 0$$

c)

$$\int_{-\infty}^{+\infty} y\,f_2(y)\,dy = \int_{-1}^{+1} y\,\frac{1}{2}\,dy = \frac{1}{2}\left[\frac{y^2}{2}\right]_{-1}^{+1} = \frac{1}{2}\left(\frac{1}{2} - \frac{1}{2}\right) = 0$$

habida cuenta las definiciones de las funciones de densidad conjunta y marginales. Así:

$$\text{cov}(\xi_1, \xi_2) = 0 - 0 \cdot 0 = 0$$

con lo que el coeficiente de correlación:

$$\rho = \frac{0}{D(\xi_1)\,D(\xi_2)} = 0$$

esto es, las variantes ξ_1 y ξ_2 están *incorrelacionadas.*

Al haber obtenido en el apartado 3) de este problema que las variantes ξ_1 y ξ_2 *no* son estocásticamente independientes, el resultado de este problema pone de manifiesto que, en general, «la incorrelación *no* implica la independencia estocástica».

PARTE TERCERA

Modelos de probabilidad

Binomial (l, p).
Binomial (n, p).
Poisson.
Multinomial.
Uniforme.
Normal univariante.
Normal bivariante.

Modelos de probabilidad

CUESTIONES TEÓRICAS QUE FUNDAMENTAN ESTA PARTE

Los problemas de esta parte fundamentan su resolución en las cuestiones teóricas que hacen referencia al estudio de las leyes de probabilidad que rigen el comportamiento de algunos fenómenos aleatorios, y al estudio de las características de dichas distribuciones, tanto para el caso de los modelos de tipo discreto como para el caso de los modelos de tipo continuo, así como el estudio de la convergencia de variables aleatorias que conduce al establecimiento del Teorema Central del Límite.

COMENTARIO INICIAL

Una vez estudiados los conceptos básicos de la Teoría de la Probabilidad, y elaboradas, por tanto, a través del establecimiento de reglas o procedimientos de cálculo, las probabilidades correspondientes a cualquier suceso con base en el conocimiento de las probabilidades correspondientes a los sucesos elementales del fenómeno aleatorio, y considerado, posteriormente, a través de la introducción del concepto de variable aleatoria, el papel a desempeñar por la modelización matemática en el estudio de las distribuciones de probabilidad, la «etapa» siguiente que se aborda, dentro de la panorámica general del conocimiento estadístico, es aquella que requiere la elaboración de modelos probabilísticos concretos que sean capaces de explicar el comportamiento en probabilidad de fenómenos aleatorios que se dan en la realidad, esto es, el estudio de ciertas distribuciones de probabilidad que se *distinguen* por caracterizar a un gran número de fenómenos aleatorios que en la realidad se manifiestan.

Al estudiar los diferentes modelos de probabilidad, al elaborarlos «teóricamente», se notará que en su construcción juegan un papel fundamental las *hipótesis* a que dichos modelos responden: conseguimos una distribución teórica, deducida de un conjunto de hipótesis. Ahora bien, estas hipótesis nacen del análisis de las situaciones reales que motivan el modelo, puesto que, el reconocimiento, para un gran número de fenómenos de ciertas características comunes, sugiere la construcción teórica del modelo que los explica. Por tanto, conseguido éste, su «aplicabilidad» a situaciones reales debe pasar por la verificación de aquellas características que lo motivaron.

Es por ello que, el objetivo de esta parte, será el *reconocer*, en todas las situaciones concretas que los problemas plantean, *el modelo que corresponde a cada una de ellas*, esto es, seleccionar el modelo que explica, en probabilidad, al fenómeno aleatorio que se estudia. Necesariamente, la definición de cada uno de los modelos y las expresiones matemáticas deducidas del conjunto de hipótesis que lo conforman, constituirán el punto donde hemos de basarnos para conseguir tal propósito.

La existencia de tablas estadísticas, hace fácil la determinación de las probabilidades que corresponden a los sucesos del fenómeno modelizado, evitando el cálculo que se seguiría de las expresiones matemáticas que el modelo contiene. Esto último apoya el objetivo que se persigue con todos los problemas: identificar el modelo concreto con el fenómeno que se considera en cada caso.

Por otra parte, la elaboración del modelo conlleva su propio «lenguaje», a través de símbolos, que se siguen de un convenio establecido para representar las características fundamentales que se estudian. Conviene, por ello, antes de comenzar los problemas de esta parte, considerar estas cuestiones para cada uno de los modelos que se tratan.

Modelo binomial (1, *p*) o de Bernoulli

Corresponde a fenómenos aleatorios que se concretan:

—en sólo dos sucesos,
—incompatibles, o mutuamente excluyentes,
—donde al menos uno de ellos se da.

Se conviene en representar al fenómeno por una variante ξ, variante binomial, por el número 0 y por el número 1 a cada uno de los dos sucesos, y por q y p las probabilidades correspondientes al suceso representado por 0 y 1, respectivamente, de suerte que

$$P(\xi = 1)$$

representa la probabilidad de que se presente el suceso representado por 1, o suceso de probabilidad p, y

$$P(\xi = 0)$$

representa la probabilidad de que se presente el suceso representado por 0, o suceso de probabilidad q.

Modelo binomial (*n*, *p*)

Corresponde a fenómenos representados por una variante η, definida así:

$$\eta = \xi_1 + \xi_2 + \dots + \xi_n$$

donde las variantes ξ_i, $(i = 1, 2, \ldots, r, \ldots, n)$, son variantes binomiales, y tales que:

—son independientes en probabilidad,

—todas poseen la misma p, como probabilidad del mismo suceso representado por 1,

esto es, a fenómenos que se realizan n veces, de suerte que las realizaciones son independientes, y tal que en cada realización del fenómeno sólo pueden presentarse dos resultados mutuamente excluyentes.

Habida cuenta la definición de la variante η, los distintos valores que puede tomar esta variante son los resultados posibles que pueden darse en la suma anterior,

$$\eta = 0, 1, 2, \ldots, r, \ldots, n$$

donde,

$$\eta = r$$

expresa que «el suceso representado por 1, o suceso de probabilidad p, se da r veces», de suerte que n representa el número máximo de veces que puede darse el suceso representado por 1.

Modelo de Poisson

Obtenido dicho modelo como límite del modelo binomial, lo que facilita su comprensión, bajo los supuestos:

$$E[\eta] = n \cdot p = \lambda \quad , \quad \lambda \text{ constante, para } \begin{cases} n \to \infty \\ p \to 0 \end{cases}$$

dichas condiciones matemáticas se traducen estadísticamente, habida cuenta el significado establecido en el modelo binomial para los símbolos n y p, en la forma:

—$n \to \infty$: el número máximo de veces que puede darse el suceso de probabilidad p, o suceso representado por 1, es «suficientemente grande».

—$p \to 0$: la probabilidad del suceso representado por 1, es «suficientemente pequeña».

—λ constante: el número medio de veces que se da el suceso de probabilidad p es constante a medida que $n \to \infty$ y $p \to 0$.

Así, la variante que represente a un fenómeno aleatorio que sea explicado según este modelo será tal que tomará los valores:

$$\eta = 0, 1, 2, \ldots, r, \ldots$$

donde,

$$\eta = r$$

expresa que el suceso representado por 1, o suceso de probabilidad p (suceso de probabilidad muy pequeña que puede darse un número muy grande de veces) se dé exactamente r veces.

Expresado el modelo de Poisson como límite del modelo binomial, es claro que las hipótesis en que se basa son las mismas que las que corresponden al modelo binomial más, por supuesto, las condiciones que lo definen como modelo límite. Esto es, un fenómeno vendrá expresado por el modelo de Poisson, si la variante que lo representa viene definida como una suma de variantes binomiales, tales que:

—son independientes entre sí.
—todas poseen igual p, como probabilidad del suceso representado por 1.
—p es una probabilidad suficientemente pequeña.
—el número de veces que puede darse el suceso de probabilidad p es suficientemente grande.

Nótese, entonces, que las probabilidades

$$P(\eta = r)$$

son claramente probabilidades binomiales, *aproximadas* por las probabilidades que proporcionan el modelo de Poisson. Estas aproximaciones se consideran satisfactorias, en general, cuando

$$n > 100 \quad \text{y} \quad p < 0{,}05$$

quedando, entonces, resuelto lo que quiere entenderse por n suficientemente grande y p suficientemente pequeño.

Así, pues, cuando el número de realizaciones de un fenómeno es suficientemente grande, si las realizaciones son independientes, y tales que en cada una de ellas sólo pueden darse dos sucesos, de suerte que la probabilidad de uno de ellos es suficientemente pequeña, p, siendo constante el número medio de veces que se da el suceso de probabilidad p, el comportamiento en probabilidad de dicho fenómeno viene explicado por el modelo de Poisson.

Modelo multinomial

Corresponde a fenómenos que pueden realizarse un número n de veces, siendo las realizaciones independientes, y tales que, en cada realización, el fenómeno puede concretarse en

—más de dos sucesos,
—incompatibles, o mutuamente excluyentes.

Se conviene en representar, entonces, al fenómeno por una variante k-dimensional

$$(\xi_1, \xi_2, \ldots, \xi_k)$$

si son k los sucesos que pueden presentarse en cada realización del fenómeno, de suerte que por p_i se representa la probabilidad correspondiente al suceso S_i, $(i = 1, 2, \ldots, k)$.

Así,

$$(\xi_1 = r_1, \xi_2 = r_2, \ldots, \xi_k = r_k) \qquad r_1 + r_2 + \ldots + r_k = n$$

expresa que, efectuadas n realizaciones del fenómeno, independientes, el suceso S_1 se presenta r_1 veces, el suceso S_2 se presenta r_2 veces, ..., el suceso S_k se presenta r_k veces.

Es fácil notar que este modelo supone una extensión, para más de dos sucesos, del modelo binomial.

Modelo uniforme

Corresponde a fenómenos aleatorios representados por una variante ξ, cuya distribución de probabilidad viene definida por la función de densidad,

$$f(x) = \frac{1}{b - a} \qquad a \leq x \leq b$$

$$f(x) = 0 \qquad \text{para cualquier otro valor de } x$$

esto es, fenómenos acerca de los cuales sólo se sabe que la variante que lo representa no puede tomar valores superiores a uno b ni inferiores a otro a, y respecto de los valores intermedios se está en situación de máxima incertidumbre, lo que justifica la equiprobabilidad para todos los sucesos representados por los valores de la variante ξ comprendidos entre los valores a y b, equiprobabilidad expresada por la función $f(x)$ que representa la distribución.

Modelo normal

Muchas son las consideraciones que pueden hacerse acerca de fenómenos que se comportan con arreglo a este modelo, unas deducidas de la contrastación empírica del comportamiento de dichos fenómenos, otras que se deducen de la elaboración de ciertos modelos que se derivan directamente de él y que explican el comportamiento de ciertos entes, que en la Teoría de la inferencia son llamados «estadísticos», cuya importancia en dicha teoría es básica, y, por último, y es donde se ha puesto el énfasis en esta parte a la hora de aplicar el modelo normal, por suponer, con base en los resultados que proporciona el Teorema Central del Límite, una buena aproximación de un gran número de modelos de probabilidad. Las conclusiones del Teorema indican en qué caso procede efectuar la aproximación a que antes se aludía, evidenciando las muy numerosas aplicaciones del modelo normal.

Con objeto de resaltar las hipótesis del teorema que avalan la aproximación del modelo normal a ciertos modelos de probabilidad, se han propuesto y resuelto problemas donde parte de las hipótesis del teorema se verifican, en lo que hace referencia a la independencia e igual distribución de las variantes que se componen, pero no en lo que respecta a que el número de «sumandos» sea suficientemente grande. Los resultados de estos problemas pueden compararse a los obtenidos en aquellos donde se evidencian todas las hipótesis del Teorema Central.

Modelo normal bivariante

Corresponde este modelo al estudio conjunto de dos variantes normales, de suerte que la atención prestada a este modelo en los problemas propuestos es debida a que, para el caso particular en que las variantes marginales estén incorrelacionadas, el resultado obtenido es la independencia entre dichas variantes, resultado que, por sí mismo, expresa la importancia que posee.

79. El 80 % de las bolas contenidas en una urna son de color blanco, siendo el 20 % restante de color rojo. Determinar la probabilidad de que al efectuar tres extracciones —sucesivas con reemplazamiento— dos de las bolas extraídas sean de color blanco y una de color rojo.

Resolución:

Como quiera que cada extracción puede presentar sólo dos resultados: bola de color blanco o de color rojo, y al menos una de ellas se ha de presentar, *cada* extracción puede ser representada por una *variante binomial* ξ, variante que, sabemos, toma los valores 0 y 1. Si *convenimos* en representar por:

—1: el suceso consistente en que la bola extraída sea de color blanco,
—0: el suceso consistente en que la bola extraída sea de color rojo,

se tendrá que:

—la probabilidad de que la bola extraída sea de color blanco, vendrá expresada en la forma:

$$P(\xi = 1)$$

—la probabilidad de que la bola extraída sea de color rojo, vendrá expresada en la forma:

$$P(\xi = 0)$$

y, habida cuenta la composición de la urna, resultarán ser:

$$P(\xi = 1) = 0{,}8 \qquad P(\xi = 0) = 0{,}2$$

por lo que la distribución de probabilidad de la variante binomial ξ es:

ξ	
1	$P(\xi = 1) = p = 0{,}8$
0	$P(\xi = 0) = q = 0{,}2$

siendo, pues, la distribución de probabilidad de la variante ξ, $B(1; 0{,}8)$.

Todos los resultados posibles que pueden darse al efectuar las *tres* extracciones vendrán, entonces, expresados por los valores que toma una variante η, definida como:

$$\eta = \xi_1 + \xi_2 + \xi_3$$

variante obtenida, pues, como suma de los resultados correspondientes a *cada* extracción, y donde ξ_1, ξ_2 y ξ_3 serán variantes binomiales (ξ_i representará la extracción *i*-ésima, con resultados posibles 0 y 1, tal y como se ha convenido anteriormente); en consecuencia, los valores que la variante η puede tomar son:

$$0, 1, 2, 3$$

representando:

—$\eta = 0$: el suceso consistente en «extraídas tres bolas, las tres son de color rojo» (equivalente a «en ninguna de las tres extracciones se presenta el suceso representado por 1»).

—$\eta = 1$: el suceso consistente en «extraídas tres bolas, dos son de color rojo y una de color blanco» (equivalente a «se presenta sólo *una* vez el suceso representado por 1»).

—$\eta = 2$: el suceso consistente en «extraídas tres bolas, una es de color rojo y dos de color blanco» (equivalente a «se presenta *dos* veces el suceso representado por 1»).

—$\eta = 3$: el suceso consistente en «extraídas tres bolas, las tres son de color blanco» (equivalente a «se presenta tres veces el suceso representado por 1»).

Con ello, el suceso cuya probabilidad vamos a determinar, vendrá expresado por:

$$\eta = 2$$

esto es, que la variante η tome el valor 2, y, consecuentemente, la probabilidad pedida:

$$P(\eta = 2)$$

Evidentemente, si la distribución de probabilidad de la variante η es conocida, dicha probabilidad está determinada. Por ello, ¿qué distribución de probabilidad posee la variante η? Tal y como la hemos definido,

$$\eta = \xi_1 + \xi_2 + \xi_3$$

si las variantes ξ_i ($i = 1, 2, 3$) son *independientes en probabilidad*, la probabilidad p, probabilidad del suceso representado por 1, se mantiene *constante* en cada extracción, con lo que todas las variantes ξ_i poseen *igual distribución*:

$$\xi_i \ : \ B(1; 0{,}8)$$

la verificación de estas hipótesis permitiría concluir que la variante η tendrá, por definición, la distribución de probabilidad:

$$B(3; 0{,}8)$$

En este ejercicio dichas hipótesis se cumplen, habida cuenta que las extracciones sucesivas son *con reemplazamiento*, lo que implica la independencia en probabilidad de cada extracción, el hecho de que la probabilidad p se mantenga constante en cada una de ellas y, por tanto, que las ξ_i posean todas la distribución de probabilidad,

$$B(1; 0{,}8)$$

Así, podemos afirmar que la distribución de probabilidad de la variante η es:

$$B(3; 0{,}8)$$

y conocida, pues, su distribución de probabilidad, la probabilidad

$$P(\eta = 2)$$

vendrá expresada por

$$P(\eta = 2) = \binom{3}{2} (0{,}8)^2 (0{,}2)$$

valor que leído en tablas, resulta ser:

$$P(\eta = 2) = 0{,}3840$$

Puede notarse que, aunque la elección de los números 1 y 0 para representar a cada uno de los sucesos (bola extraída de color blanco, o bola extraída de color rojo) es arbitraria en principio, deberá tenerse en cuenta que, según se elabora la variante η, su distribución $B(n, p)$, será distinta, si inicialmente hubiésemos *convenido* en que:

—1: represente al suceso consistente en extraer bola roja.
—0: represente al suceso consistente en extraer bola blanca.

Puesto que, entonces, la variante η definida:

$$\eta = \xi_1 + \xi_2 + \xi_3$$

toma los valores:

$$\eta = 0, 1, 2, 3$$

que representan, ahora,

—$\eta = 0$: el suceso consistente en «extraídas tres bolas, las tres son de color blanco» (equivalente a «en ninguna de las extracciones se presenta el suceso representado por 1»).

—$\eta = 1$: el suceso consistente en «extraídas tres bolas, dos son de color blanco y una de color rojo» (equivalente a «se presenta sólo *una* vez el suceso representado por 1»).

—$\eta = 2$: el suceso consistente en «extraídas tres bolas, una es de color blanco y dos de color rojo» (equivalente a «se presenta *dos* veces el suceso representado por 1»).

—$\eta = 3$: el suceso consistente en «extraídas tres bolas, las tres son de color rojo» (equivalente a «se presenta tres veces el suceso representado por 1»).

siendo, pues, en este caso,

$$\eta = 1$$

el suceso cuya probabilidad hay que determinar, y resultando la distribución de probabilidad de la variante η:

$$B(3; 0{,}2)$$

con lo que la probabilidad pedida es:

$$P(\eta = 1) = \binom{3}{1}(0{,}2)(0{,}8)^2$$

que, determinada en tablas, es:

$$P(\eta = 1) = 0{,}3840$$

Así, deberá tenerse en cuenta que la distribución de probabilidad de la variante η, $B(n, p)$, dependerá del convenio *inicial* establecido y, consecuentemente, la solución del problema, que es *única*, vendrá expresada en dos formas diferentes:

Si se conviene en representar por 1 el suceso:	La probabilidad p será:	La distribución de probabilidad de η será:	La solución vendrá expresada en la forma:
Bola extraída blanca	0,8	$B(3; 0{,}8)$	$P(\eta = 2) = \binom{3}{2}(0{,}8)^2 \cdot (0{,}2)$
Bola extraída roja	0,2	$B(3; 0{,}2)$	$P(\eta = 1) = \binom{3}{1}(0{,}2) \cdot (0{,}8)^2$

80. Un agente de seguros vende pólizas a cinco individuos, todos de la misma edad. De acuerdo con las tablas actuariales, la probabilidad de que un individuo con esa edad viva 30 años más es de $\frac{3}{5}$. Determinar la probabilidad de que, dentro de 30 años, vivan:

1) Los cinco individuos.
2) Al menos tres.
3) Sólo dos.
4) Al menos uno.

Resolución:

Como quiera que dentro de 30 años, para cada individuo la situación será: que viva o que *no* viva, y, al menos, una de las dos se ha de presentar, la situación para cada individuo puede ser representada por una ***variante binomial*** ξ, variante que, como sabemos, toma los valores 0 y 1. Si *convenimos* en representar por:

—1: el suceso consistente en que el individuo viva dentro de 30 años,
—0: el suceso consistente en que el individuo *no* viva dentro de 30 años,

se tendrá que:

—la probabilidad de que un individuo viva dentro de 30 años, vendrá expresada en la forma:

$$P(\xi = 1)$$

—la probabilidad de que un individuo no viva dentro de 30 años, vendrá expresada en la forma:

$$P(\xi = 0)$$

y, habida cuenta la información que proporcionan las tablas actuariales, resultarán ser:

$$P(\xi = 1) = 0{,}6 \quad , \quad P(\xi = 0) = 0{,}4$$

por lo que la distribución de probabilidad de la variante binomial ξ, es:

ξ	
1	$P(\xi = 1) = p = 0{,}6$
0	$P(\xi = 0) = q = 0{,}4$

siendo, pues, la distribución de probabilidad de la variante ξ: $B(1; 0{,}6)$.

Todos los resultados posibles que pueden darse para los *cinco* individuos que han suscrito la póliza, vendrán expresados por los valores que tome una variante η, definida como:

$$\eta = \xi_1 + \xi_2 + \xi_3 + \xi_4 + \xi_5$$

variante obtenida, pues, como suma de los resultados correspondientes a cada individuo, y donde ξ_i, $(i = 1, 2, 3, 4, 5)$, serán variantes binomiales (ξ_i representará la situación del individuo i-ésimo dentro de 30 años, con resultados posibles 0 y 1, tal y como hemos convenido anteriormente); en consecuencia, los valores que la variante η puede tomar son:

$$\eta = 0, 1, 2, 3, 4, 5.$$

representando:

—$\eta = 0$: el suceso consistente en «dentro de 30 años no vive ninguno de los cinco individuos (equivalente a «no se presenta el suceso representado por 1»).

—$\eta = 1$: el suceso consistente en «dentro de 30 años vive *un* solo individuo de los cinco» (equivalente a «se presenta *una* sola vez el suceso representado por 1»).

—$\eta = 2$: el suceso consistente en «dentro de 30 años viven *dos* individuos de los cinco» (equivalente a «se presenta *dos* veces el suceso representado por 1»).

—$\eta = 3$: el suceso consistente en «dentro de 30 años viven *tres* individuos de los cinco» (equivalente a «se presenta *tres* veces el suceso representado por 1»).

—$\eta = 4$: el suceso consistente en «dentro de 30 años viven *cuatro* individuos de los cinco» (equivalente a «se presenta *cuatro* veces el suceso representado por 1»).

—$\eta = 5$: el suceso consistente en «dentro de 30 años viven los *cinco* individuos» (equivalente a «se presenta *cinco* veces el suceso representado por 1»).

Las probabilidades correspondientes a estos seis sucesos estarán determinadas si conocemos la distribución de probabilidad de la variante η. Por ello ¿qué distribución de probabilidad posee la variante η? Tal y como la hemos definido,

$$\eta = \xi_1 + \xi_2 + \xi_3 + \xi_4 + \xi_5$$

si las variantes ξ_i, ($i = 1, 2, 3, 4, 5$), son *independientes en probabilidad*, la probabilidad p, probabilidad del suceso representado por 1, es la misma para cada individuo, con lo que todas las variantes ξ_i poseen *igual distribución*:

$$\xi_i: \; B(1; 0{,}6)$$

la verificación de estas hipótesis permitiría concluir que la variante η tendrá, por definición, la distribución de probabilidad:

$$B(5; 0{,}6)$$

Es evidente que dichas hipótesis se cumplen, habida cuenta que existe independencia en probabilidad (el hecho de que *uno* de los cinco individuos no viva dentro de 30 años, puede suponerse, no «influye» en los restantes), la probabilidad p dada por las tablas actuariales es la misma para cada individuo, y por tanto, que las ξ_i poseen todas la distribución de probabilidad:

$$B(1; 0{,}6)$$

Así, podemos afirmar que la distribución de probabilidad de la variante η es:

$$B(5; 0{,}6)$$

Conocida, entonces, la distribución de probabilidad, pasemos a determinar las probabilidades pedidas en el enunciado del problema.

1) $P(\eta = 5)$: probabilidad de que dentro de 30 años vivan los cinco individuos; vendrá expresada en la forma:

$$P(\eta = 5) = \binom{5}{5}(0,6)^5(0,4)^0 = \binom{5}{5}(0,6)^5 = (0,6)^5$$

valor que, leído en tablas, es:

$$P(\eta = 5) = 0,07776$$

2) $P(\eta \geq 3)$: probabilidad de que dentro de 30 años vivan por lo menos tres individuos (por tanto, vivan 3 o más); vendrá expresada en la forma:

$$P(\eta \geq 3) = P(\eta = 3) + P(\eta = 4) + P(\eta = 5) =$$
$$= \binom{5}{3}(0,6)^3(0,4)^2 + \binom{5}{4}(0,6)^4(0,4) + \binom{5}{5}(0,6)^5(0,4)^0$$

valores que, leídos en tablas, resultan ser:

$$P(\eta = 3) = \binom{5}{3}(0,6)^3(0,4)^2 = 0,3456$$

$$P(\eta = 4) = \binom{5}{4}(0,6)^4(0,4) = 0,2592$$

$$P(\eta = 5) = \binom{5}{5}(0,6)^5(0,4)^0 = 0,07776$$

y con ello:

$$P(\eta \geq 3) = 0,68256$$

3) $P(\eta = 2)$: probabilidad de que dentro de 30 años vivan sólo dos individuos; vendrá expresada en la forma:

$$P(\eta = 2) = \binom{5}{2}(0,6)^2(0,4)^3$$

valor que, leído en tablas, resulta ser:

$$P(\eta = 2) = 0,2304$$

4) $P(\eta \geq 1)$: probabilidad de que dentro de 30 años viva al menos uno (por tanto, vivan uno o más); vendrá expresada en la forma:

$$P(\eta \geq 1) = P(\eta = 1) + P(\eta = 2) + P(\eta = 3) + P(\eta = 4) + P(\eta = 5)$$

que puede expresarse:

$$P(\eta \geq 1) = 1 - P(\eta = 0) = 1 - \binom{5}{0}(0,6)^0(0,4)^5$$

y, siendo,

$$P(\eta = 0) = 0,01024$$

valor leído en tablas, es:

$$P(\eta \geq 1) = 1 - 0,01024 = 0,98976$$

81. Un establecimiento comercial dispone a la venta diariamente, en una de sus secciones, sólo dos artículos a precios p_1 y p_2, de suerte que:

—el 70 % de las unidades ofrecidas lo son del artículo de precio p_1.
—el 30 % de las unidades ofrecidas lo son del artículo de precio p_2.

Si en un día determinado se venden en dicha sección 20 unidades, determinar la probabilidad de que las 20 unidades correspondan al artículo de precio p_2.

Resolución:

Como quiera que cada unidad vendida en la mencionada sección, ha de corresponder al artículo de precio p_1 o al artículo de precio p_2, y, al menos, una de las dos alternativas se ha de dar, cada unidad vendida puede ser representada por una *variante binomial* ξ, variante que, sabemos, toma los valores 0 y 1. Si *convenimos* en representar por:

—1: el suceso consistente en que la unidad vendida corresponde al artículo de precio p_2,
—0: el suceso consistente en que la unidad vendida corresponde al artículo de precio p_1,

se tendrá que:

—la probabilidad de que la unidad vendida corresponda al artículo de precio p_2, vendrá expresada en la forma:

$$P(\xi = 1)$$

—la probabilidad de que la unidad vendida corresponda al artículo de precio p_1, vendrá expresada en la forma:

$$P(\xi = 0)$$

y, habida cuenta la información de que disponemos acerca de la proporción de unidades ofrecidas por artículo, serán:

$$P(\xi = 1) = 0{,}3 \qquad P(\xi = 0) = 0{,}7$$

por lo que la distribución de probabilidad de la variante binomial ξ, es:

ξ	
1	$P(\xi = 1) = p = 0{,}3$
0	$P(\xi = 0) = q = 0{,}7$

siendo, pues, la distribución de probabilidad de la variante ξ:

$$B(1\,;\,0{,}3)$$

Todos los resultados posibles que pueden darse para las veinte unidades vendidas, vendrán expresados por los valores que toma la variante η, definida como:

$$\eta = \xi_1 + \xi_2 + \cdots + \xi_{20}$$

variante obtenida, pues, como suma de los resultados correspondientes a *cada* unidad vendida, y donde ξ_i, $(i = 1, 2, \ldots, 20)$, serán variantes binomiales (ξ_i representa el resultado de la venta de la unidad i-ésima, con resultados posibles 0 y 1, tal y como se ha convenido anteriormente); en consecuencia, los valores que la variante η puede tomar son:

$$\eta = 0, 1, 2, 3, \ldots, 20$$

representando:

—$\eta = r$, $(r = 0, 1, 2, \ldots, n)$, el suceso consistente en «vendidas 20 unidades en un día, r sean del artículo de precio p_2» (equivalente a «se presente r veces el suceso representado por 1»).

Con ello, el suceso cuya probabilidad vamos a determinar, vendrá expresado en la forma:

$$\eta = 20$$

esto es, que la variante η tome el valor 20, y, en consecuencia, la probabilidad pedida:

$$P(\eta = 20)$$

Evidentemente, si la distribución de probabilidad de la variante η es conocida, dicha probabilidad está determinada. Por ello, ¿qué distribución de probabilidad posee la variante η? Tal y como la hemos definido:

$$\eta = \xi_1 + \xi_2 + \cdots + \xi_{20}$$

si las variantes ξ_i, $(i = 1, 2, \ldots, 20)$, son *independientes en probabilidad*, la probabilidad p, probabilidad del suceso representado por 1, se mantiene *constante* de unidad a unidad, con lo que todas las variantes ξ_i poseen *igual distribución*:

$$\xi_i\colon\ B(1; 0{,}3)$$

la verificación de estas hipótesis permitiría concluir que la variante η tendrá, por definición, la distribución de probabilidad:

$$B(20; 0{,}3)$$

Es claro que dichas hipótesis pueden admitirse en este problema, independencia entre las unidades vendidas, el hecho de que la probabilidad p se mantenga constante para cada unidad vendida, y que las ξ_i posean todas la distribución $B(1; 0{,}3)$, pudiendo afirmar, por tanto, que la distribución de probabilidad de la variante η es:

$$B(20; 0{,}3)$$

por lo que la probabilidad

$$P(\eta = 20)$$

vendrá expresada por:

$$P(\eta = 20) = \binom{20}{20}(0{,}3)^{20}(0{,}7)^{0} = (0{,}3)^{20}$$

valor que, leído en tablas, resulta ser:

$$P(\eta = 20) = 0$$

82. Una empresa, dedicada a la venta de un determinado tipo de artículo, que ofrece a sus habituales clientes dos formas de pago: «pago al contado», o «pago aplazado», sabe que el 20 % de las unidades adquiridas de dicho artículo lo son bajo la forma de «pago al contado».

Si en un período de tiempo determinado, se han adquirido cinco unidades, determinar la probabilidad de que:

1) Dos unidades o más, lo hayan sido bajo la forma «pago al contado».
2) Dos unidades o menos, lo hayan sido bajo la forma «pago aplazado».

Resolución:

Como quiera que cada unidad vendida lo ha sido bajo la forma «pago al contado» o «pago aplazado» y, al menos, una de las dos formas se ha debido dar (puesto que no hay otra oferta de pago), la forma de pago, para cada unidad vendida, puede ser representada por una *variante binomial* ξ, variante que, sabemos, toma los valores 0 y 1. Si *convenimos* en representar por:

—1: el suceso consistente en que la unidad vendida lo haya sido bajo la forma «pago al contado»,

—0: el suceso consistente en que la unidad vendida lo haya sido bajo la forma «pago aplazado»,

se tendrá, que la probabilidad de que una unidad vendida, lo haya sido bajo la forma de

—«pago al contado», vendrá expresada en la forma:

$$P(\xi = 1)$$

—«pago aplazado», vendrá expresada en la forma:

$$P(\xi = 0)$$

y, habida cuenta la información acerca del porcentaje de las modalidades de las ventas, serán:

$$P(\xi = 1) = 0{,}2 \qquad P(\xi = 0) = 0{,}8$$

por lo que la distribución de probabilidad de la variante binomial ξ, es:

ξ	
1	$P(\xi = 1) = p = 0{,}2$
0	$P(\xi = 0) = q = 0{,}8$

siendo, pues, la distribución de probabilidad de la variante ξ:

$$B(1; 0{,}2)$$

Todos los resultados posibles que pueden darse con las cinco unidades vendidas, vendrán expresados por los valores que toma la variante η, definida como:

$$\eta = \xi_1 + \xi_2 + \xi_3 + \xi_4 + \xi_5$$

variante obtenida, pues, como suma de los resultados correspondientes a *cada* unidad, y donde ξ_i, $(i = 1, 2, ..., 5)$, serán variantes binomiales (ξ_i representa el resultado de la i-ésima unidad vendida, con resultados posibles 0 y 1, tal y como hemos convenido anteriormente); en consecuencia los valores que la variante η puede tomar son:

$$\eta = 0, 1, 2, 3, 4, 5$$

representando:

—$\eta = r$, $(r = 0, 1, 2, ..., 5)$, el suceso consistente en, vendidas cinco unidades, r de ellas lo hayan sido bajo la forma «pago al contado» (equivalente a «se presente r veces el suceso representado por 1»).

Con ello, si es conocida la distribución de probabilidad de la variante η, estarán determinadas las probabilidades de los sucesos propuestos en el enunciado. Por ello, determinemos la distribución de probabilidad de la variante η: si las variantes ξ_i fuesen *independientes en probabilidad*, la probabilidad p, del suceso representado por 1, *constante* de unidad a unidad, y que las distribuciones de probabilidad sean todas:

$$B(1; 0{,}2)$$

la variante η tendría una distribución de probabilidad:

$$B(5; 0{,}2)$$

Es claro que dichas hipótesis pueden admitirse, independencia entre las unidades vendidas, que la probabilidad sea constante para cada unidad vendida y que las ξ_i posean todas la distribución

$$B(1; 0{,}2)$$

pudiendo afirmar, por tanto, que la distribución de probabilidad de la variante η es:

$$B(5; 0{,}2)$$

Pasemos, entonces, a determinar las probabilidades de los sucesos propuestos:

1) El suceso consistente en que dos o más unidades, de entre las cinco ven-

didas, lo hayan sido bajo la forma de «pago al contado» puede ser representado, según lo dicho anteriormente, por:

$$\eta \geq 2$$

viniendo su probabilidad, habida cuenta la distribución de probabilidad de la variante η, expresada en la forma:

$$P(\eta \geq 2) = \sum_{r=2}^{5} P(\eta = r) = P(\eta = 2) + P(\eta = 3) + P(\eta = 4) + P(\eta = 5) =$$
$$= \binom{5}{2}(0{,}2)^2(0{,}8)^3 + \binom{5}{3}(0{,}2)^3(0{,}8)^2 + \binom{5}{4}(0{,}2)^4(0{,}8) + \binom{5}{5}(0{,}2)^5(0{,}8)^0$$

valores que, leídos en tablas, resultan ser:

$$P(\eta = 2) = \binom{5}{2}(0{,}2)^2(0{,}8)^3 = 0{,}2048$$
$$P(\eta = 3) = \binom{5}{3}(0{,}2)^3(0{,}8)^2 = 0{,}0512$$
$$P(\eta = 4) = \binom{5}{4}(0{,}2)^4(0{,}8) = 0{,}0064$$
$$P(\eta = 5) = \binom{5}{5}(0{,}2)^5(0{,}8)^0 = 0{,}0003$$

por lo que:

$$P(\eta \geq 2) = 0{,}2627$$

2) El suceso consistente en que dos unidades o menos, de entre las cinco vendidas, lo hayan sido bajo la forma «pago aplazado», puede ser representado por:

$$\eta \geq 3$$

habida cuenta de que es equivalente al suceso consistente en que tres o más de las unidades vendidas, de entre las cinco, lo hayan sido bajo la forma «pago al contado». Por ello, su probabilidad vendrá expresada en la forma:

$$P(\eta \geq 3) = \sum_{r=3}^{5} P(\eta = r) = P(\eta = 3) + P(\eta = 4) + P(\eta = 5) =$$
$$= \binom{5}{3}(0{,}2)^3(0{,}8)^2 + \binom{5}{4}(0{,}2)^4(0{,}8) + \binom{5}{5}(0{,}2)^5(0{,}8)^0$$

valores que leídos en tablas (ver apartado 1), hacen que:

$$P(\eta \geq 3) = 0{,}0579$$

83. Si las variantes ξ_i $(i = 1, 2, ..., n)$, independientes entre sí, poseen todas la distribución:

$$B(1, p)$$

comprobar que la variante η, definida:

$$\eta = \xi_1 + \xi_2 + ... + \xi_n$$

se comporta con arreglo a la distribución:

$$B(n, p)$$

Resolución:

Determinemos la función característica de la variante η. Por definición, viene expresada en la forma:

$$\varphi_\eta(t) = \int_{-\infty}^{+\infty} e^{it\eta}\, dF(x)$$

y, habida cuenta la definición de la variante η, podremos escribir:

$$\varphi_\eta(t) = E(e^{it\eta}) = E(e^{it \sum_{i=1}^{n} \xi_i}) = E(e^{it\xi_1} \cdot e^{it\xi_2} \dots e^{it\xi_n})$$

de donde, por suponer las ξ_i, $(i = 1, 2, ..., n)$, independientes, se sigue:

$$\varphi_\eta(t) = E(e^{it\xi_1}) \cdot E(e^{it\xi_2}) \dots E(e^{it\xi_n}) = \varphi_{\xi_1}(t) \cdot \varphi_{\xi_2}(t) \dots \varphi_{\xi_n}(t)$$

resultando ser:

$$\varphi_{\xi_i}(t) = E(e^{it\xi_i}) = (q + e^{it} \cdot p)$$

habida cuenta que, por definición, $\varphi_{\xi_i}(t)$ es la función característica de la variante ξ_i, $\forall i$. De ahí que:

$$\varphi_\eta(t) = (q + e^{it} p)(q + e^{it} p) \ldots (q + e^{it} p) = (q + e^{it} p)^n$$

por cuanto las ξ_i poseen todas la distribución $B(1, p)$.

Al ser, entonces, la función característica de la variante η:

$$\varphi_\eta(t) = (q + e^{it} p)^n$$

la distribución de probabilidad de la variante η será:

$$B(n, p)$$

84. Sean η_1 y η_2 dos variantes tales que:

—η_1 se distribuye según la ley $B(n_1, p)$

—η_2 se distribuye según la ley $B(n_2, p)$

Comprobar que la variante η, definida en la forma:

$$\eta = \eta_1 + \eta_2$$

se distribuye según la ley:

$$B(n_1 + n_2, p)$$

si η_1 y η_2 son estocásticamente independientes.

Resolución:

Determinemos la función característica de la variante η. Por definición, viene expresada en la forma:

$$\varphi_\eta(t) = E[e^{it\eta}]$$

y, habida cuenta la definición de la variante η, podremos escribir:

$$\varphi_\eta(t) = E[e^{it(\eta_1 + \eta_2)}] = E[e^{it\eta_1} \cdot e^{it\eta_2}]$$

de donde, por suponer η_1 y η_2 independientes, se sigue:

$$\varphi_\eta(t) = E[e^{it\eta_1}] \cdot E[e^{it\eta_2}] = \varphi_{\eta_1}(t) \cdot \varphi_{\eta_2}(t)$$

resultando ser:

$$E[e^{it\eta_1}] = (q + e^{it}\, p)^{n_1}, \qquad E[e^{it\eta_2}] = (q + e^{it}\, p)^{n_2}$$

por ser, por definición, $\varphi_{\eta_1}(t)$ y $\varphi_{\eta_2}(t)$ la función característica de las variantes η_1 y η_2, respectivamente. De ahí, que:

$$\varphi_\eta(t) = (q + e^{it}\, p)^{n_1}\, (q + e^{it}\, p)^{n_2} = (q + e^{it}\, p)^{n_1 + n_2}$$

resultando, pues, $\varphi_\eta(t)$ ser la función característica de una variante binomial de parámetros $n_1 + n_2$ y p. Por ello,

$$\eta\colon\ B(n_1 + n_2;\ p)$$

85. A dos grupos compuestos, por diez individuos el primero y seis individuos el segundo, se les efectúa una misma pregunta; supuesto que las únicas respuestas posibles sean «sí» o «no», ambas en principio igualmente probables, y que todos los consultados respondan, determinar la probabilidad de que:

1) El número de respuestas afirmativas, en el primer grupo, sea inferior a seis.

2) El número de respuestas afirmativas, de los dos grupos, sea igual o superior a doce.

(Supóngase la independencia para las respuestas de cada individuo, y para la de los dos grupos.)

Resolución:

1) Como quiera que *cada* individuo del primer grupo responderá «sí» o «no», y al menos una de esas respuestas ha de dar (puesto que *todos* los consultados responden), la respuesta de cada individuo puede ser representada por una *variante binomial* ξ, variante que, sabemos, toma los valores 0 y 1. Si *convenimos* en representar por:

—1: el suceso consistente en que la respuesta sea afirmativa: *sí*,
—0: el suceso consistente en que la respuesta sea negativa: *no*,

se tendrá que:

—la probabilidad de que un individuo conteste afirmativamente, vendrá expresada en la forma:

$$P(\xi = 1)$$

—la probabilidad de que un individuo conteste negativamente, vendrá expresada en la forma:

$$P(\xi = 0)$$

y, habida cuenta que las respuestas posibles, *sí* o *no*, se consideran igualmente probables, serán:

$$P(\xi = 1) = \frac{1}{2} \quad , \quad P(\xi = 0) = \frac{1}{2}$$

por lo que la distribución de probabilidad de la variante binomial ξ, es:

ξ	
1	$P(\xi = 1) = p = \frac{1}{2}$
0	$P(\xi = 0) = q = \frac{1}{2}$

siendo, pues, la distribución de probabilidad de la variante ξ:

$$B(1; 1/2)$$

Todas las respuestas posibles que puedan darse al consultar a los diez individuos del grupo, vendrán expresadas por los valores que toma la variante η, definida como:

$$\eta = \xi_1 + \xi_2 + \cdots + \xi_{10}$$

variante obtenida, pues, como suma de las respuestas correspondientes a *cada* individuo, y donde ξ_i, ($i = 1, 2, \ldots, 10$), serán variantes binomiales (ξ_i representa la respuesta del i-ésimo individuo consultado, con resultados posibles 0 y 1, tal y como hemos convenido anteriormente). En consecuencia, los valores que la variante η puede tomar son:

$$\eta = 0, 1, 2, \ldots, 10$$

representando:

—$\eta = r$, ($r = 0, 1, 2, \ldots, 10$), el suceso consistente en, «consultados diez individuos, r de ellos respondan afirmativamente» (equivalente a «se presente r veces el suceso representado por 1»).

Con ello, el suceso cuya probabilidad vamos a determinar, vendrá expresado en la forma:

$$\eta < 6$$

esto es, que la variante η sea menor que 6, y, en consecuencia, la probabilidad pedida:

$$P(\eta < 6)$$

Así, si es conocida la distribución de probabilidad de la variante η, dicha probabilidad está determinada. Tal y como hemos definido a la variante η:

$$\eta = \xi_1 + \xi_2 + \cdots + \xi_{10}$$

si las variantes ξ_i, $(i = 1, 2, \ldots, 10)$, son *independientes en probabilidad*, la probabilidad p, probabilidad del suceso representado por 1, es *constante* para cada individuo, con lo que las variantes ξ_i, poseen *igual distribución*,

$$\xi_i \, : \, B(1\,;0{,}5)$$

la verificación de estas hipótesis permitiría concluir que la variante η tendrá, por definición, la distribución de probabilidad:

$$B(10;\,0{,}5)$$

Es claro que dichas hipótesis pueden admitirse, independencia entre las respuestas de los individuos del grupo, el hecho de que la probabilidad p sea la misma para todos los componentes, y que las ξ_i posean todas la distribución:

$$B(1\,;0{,}5)$$

pudiendo afirmar, por tanto, que la distribución de probabilidad de la variante η es:

$$B(10;\,0{,}5)$$

por lo que la probabilidad a determinar vendrá expresada:

$$P(\eta < 6) = P(\eta = 0) + P(\eta = 1) + P(\eta = 2) + P(\eta = 3) + P(\eta = 4) + P(\eta = 5) =$$

$$= \binom{10}{0}(0{,}5)^0(0{,}5)^{10} + \binom{10}{1}(0{,}5)^1(0{,}5)^9 + \binom{10}{2}(0{,}5)^2(0{,}5)^8 +$$

$$+ \binom{10}{3}(0{,}5)^3(0{,}5)^7 + \binom{10}{4}(0{,}5)^4(0{,}5)^6 + \binom{10}{5}(0{,}5)^5(0{,}5)^5$$

valores que, leídos en tablas, resultan ser:

$$P(\eta = 0) = \binom{10}{0}(0,5)^0(0,5)^{10} = 0,0010$$

$$P(\eta = 1) = \binom{10}{1}(0,5)\ (0,5)^9 = 0,0098$$

$$P(\eta = 2) = \binom{10}{2}(0,5)^2(0,5)^8 = 0,0439$$

$$P(\eta = 3) = \binom{10}{3}(0,5)^3(0,5)^7 = 0,1172$$

$$P(\eta = 4) = \binom{10}{4}(0,5)^4(0,5)^6 = 0,2051$$

$$P(\eta = 5) = \binom{10}{5}(0,5)^5(0,5)^5 = 0,2461$$

y con ello:

$$P(\eta < 6) = 0,6231$$

2) Si, al igual que en el apartado 1), convenimos en representar para cada individuo del segundo grupo, por:

—1: el suceso consistente en que la respuesta sea afirmativa: *sí*,
—0: el suceso consistente en que la respuesta sea negativa: *no*,

y procediendo de manera análoga a como se hizo en el apartado 1), la respuesta del segundo grupo puede ser modelizada, en probabilidad, mediante una distribución:

$$B(6;\, 0,5)$$

Entonces, *todas las respuestas posibles* para los *dos* grupos se obtendrían como suma de las del primer grupo y las del segundo grupo, esto es, si convenimos en representarlas ahora, por η_1 y η_2, respectivamente, las respuestas de los *dos* grupos vendrán representadas por una variante, definida por:

$$v = \eta_1 + \eta_2$$

variante, pues, que tomará los valores:

$$v = 0, 1, 2, \ldots, 16$$

representando:

—$v = i$, ($i = 0, 1, 2, \ldots, 16$), el suceso consistente en, «consultados los dieciséis individuos de los dos grupos, i de ellos responden afirmativamente» (equivalente a «se presente i veces el suceso representado por 1»),

de suerte que el suceso cuya probabilidad vamos a determinar en este apartado, vendrá representado en la forma:

$$v \geq 12$$

número de respuestas afirmativas de los grupos, igual o superior a doce, y cuya probabilidad está determinada, habida cuenta que por el resultado del problema 84, v se comporta de acuerdo a la distribución:

$$B(16; 0{,}5)$$

Así:

$$P(v \geq 12) = P(v = 12) + P(v = 13) + P(v = 14) + P(v = 15) + P(v = 16) =$$

$$= \binom{16}{12}(0{,}5)^{12}(0{,}5)^4 + \binom{16}{13}(0{,}5)^{13}(0{,}5)^3 + \binom{16}{14}(0{,}5)^{14}(0{,}5)^2 +$$

$$+ \binom{16}{15}(0{,}5)^{15}(0{,}5) + \binom{16}{16}(0{,}5)^{16}(0{,}5)^0$$

valores que, leídos en tablas, resultan ser:

$$P(v = 12) = \binom{16}{12}(0{,}5)^{12}(0{,}5)^4 = 0{,}0278$$

$$P(v = 13) = \binom{16}{13}(0{,}5)^{13}(0{,}5)^3 = 0{,}0085$$

$$P(v = 14) = \binom{16}{14}(0{,}5)^{14}(0{,}5)^2 = 0{,}0018$$

$$P(v = 15) = \binom{16}{15}(0{,}5)^{15}(0{,}5) = 0{,}0002$$

$$P(v = 16) = \binom{16}{16}(0{,}5)^{16}(0{,}5)^0 = 0{,}0000$$

y con ello:

$$P(v \geq 12) = 0{,}0383$$

86. El número medio de automóviles que llega a una estación de suministro de gasolina es de 210 por hora. Si dicha estación puede atender a un máximo de diez automóviles por minuto, determinar la probabilidad de que, en un minuto dado, lleguen a la estación de suministro más automóviles de los que puede atender.

Resolución:

Si convenimos en representar por el número 1 el suceso consistente en que en un *instante cualquiera* llegue un automóvil a la estación de suministro, y por p a su probabilidad, es evidente que el suceso representado por 1 es un suceso de *probabilidad suficientemente pequeña*, habida cuenta que el promedio de llegadas es de 210 por hora, suceso que sin embargo puede *darse un número suficientemente grande de veces*. Así pues, el número aleatorio de automóviles que llegan a la estación de servicio en un minuto, puede representarse por una variante η, que toma los valores:

$$\eta = 0, 1, 2, \dots, n, \dots$$

representando:

—$\eta = r$, $(r = 0, 1, 2, \dots, n, \dots)$, el suceso consistente en que, en un momento dado lleguen a la estación r automóviles.

Con ello, el suceso cuya probabilidad vamos a obtener, puede representarse por:

$$\eta > 10$$

esto es, que lleguen a la estación más de diez automóviles en un minuto, y su probabilidad:

$$P(\eta > 10)$$

estará determinada, si conocemos la distribución de probabilidad de la variante η. Es claro que la variante η, por lo dicho anteriormente, representa el número de veces que se da un suceso de probabilidad muy pequeña (suceso que podemos calificar como raro), suceso que puede darse un número muy grande de veces. Esto es, la variante η es una variante que se comporta con arreglo a la ley de Poisson, y, por tanto, la probabilidad de que se dé *exactamente* r veces el suceso de probabilidad p, muy pequeña, que puede darse un número muy grande de veces, es:

$$P(\eta = r) = \frac{\lambda^r}{r!} e^{-\lambda}$$

donde λ, como sabemos, representa el número medio de veces que se da el suceso de probabilidad p, que, en nuestro caso habida cuenta la información acerca del promedio por hora, será:

$$\lambda = \frac{210}{60} = 3,5$$

esto es, el número medio de llegadas, por minuto, es de 3,5.

Así, la probabilidad del suceso:

$$P(\eta > 10)$$

vendrá expresada en la forma:

$$P(\eta > 10) = \sum_{r=11}^{+\infty} P(\eta = r) = 1 - \sum_{r=0}^{10} P(\eta = r) =$$

$$= 1 - [P(\eta = 0) + P(\eta = 1) + \cdots + P(\eta = 10)] =$$

$$= 1 - \left[\frac{(3,5)^0}{0!} e^{-3,5} + \frac{(3,5)^1}{1!} e^{-3,5} + \cdots + \frac{(3,5)^{10}}{10!} e^{-3,5}\right]$$

valores que leídos en tablas, resultan ser:

$$P(\eta = 0) = \frac{(3,5)^0}{0!} e^{-3,5} = 0,0302 \qquad P(\eta = 5) = \frac{(3,5)^5}{5!} e^{-3,5} = 0,1322$$

$$P(\eta = 1) = \frac{(3,5)}{1!} e^{-3,5} = 0,1057 \qquad P(\eta = 6) = \frac{(3,5)^6}{6!} e^{-3,5} = 0,0771$$

$$P(\eta = 2) = \frac{(3,5)^2}{2!} e^{-3,5} = 0,1850 \qquad P(\eta = 7) = \frac{(3,5)^7}{7!} e^{-3,5} = 0,0385$$

$$P(\eta = 3) = \frac{(3,5)^3}{3!} e^{-3,5} = 0,2158 \qquad P(\eta = 8) = \frac{(3,5)^8}{8!} e^{-3,5} = 0,0169$$

$$P(\eta = 4) = \frac{(3,5)^4}{4!} e^{-3,5} = 0,1888 \qquad P(\eta = 9) = \frac{(3,5)^9}{9!} e^{-3,5} = 0,0066$$

$$P(\eta = 10) = \frac{(3,5)^{10}}{10!} e^{-3,5} = 0,0023$$

por lo que:

$$P(\eta > 10) = 1 - (0,9991)$$

y por tanto:

$$P(\eta > 10) = 0{,}0009$$

87. Comprobar que la función característica de la variante η cuya distribución de probabilidad es:

$$B(n, p)$$

converge a la función característica de una distribución de Poisson (si $np = \lambda$, constante, al ser $n \to +\infty$, en cuyo caso $p \to 0$).

Resolución:

La función característica de la distribución $B(n, p)$ es:

$$\varphi_\eta(t) = (q + e^{it}\, p)^n$$

que, habida cuenta las condiciones establecidas, y que $p + q = 1$, puede escribirse en la forma:

$$\varphi_\eta(t) = \left[\left(1 - \frac{\lambda}{n}\right) + e^{it}\frac{\lambda}{n}\right]^n = \left[\frac{\lambda}{n}(e^{it} - 1) + 1\right]^n$$

expresión que, para $n \to +\infty$, presenta una indeterminación de la forma $1^{+\infty}$. Resolviendo, pues, dicha indeterminación, como sabemos, en la forma:

$$e^{\lim\limits_{n \to \infty} B_n[A_n - 1]}$$

donde, en nuestro caso es:

$$B_n = n$$

$$A_n = \left[\frac{\lambda}{n}(e^{it} - 1) + 1\right]$$

se tendrá que:

$$(A_n - 1) = \left[\frac{\lambda}{n}(e^{it} - 1) + 1\right] - 1 = \frac{\lambda}{n}(e^{it} - 1)$$

y:

$$B_n(A_n - 1) = n\frac{\lambda}{n}(e^{it} - 1) = \lambda(e^{it} - 1)$$

por lo que:

$$\lim_{n \to \infty} \lambda(e^{it} - 1) = \lambda(e^{it} - 1)$$

puesto que, por hipótesis, λ es constante.

Así:

$$\varphi_\eta(t) = e^{\lambda(e^{it} - 1)}$$

que es, como sabemos, la función característica de la distribución de Poisson.

88. La proporción de individuos de una población con renta superior a los dos millones de pesetas, es de 0,005 %. Determinar la probabilidad de que, entre 5.000 individuos consultados, haya dos con ese nivel de renta, supuesto que todos los consultados respondan.

Resolución:

Como quiera que cada individuo consultado poseerá o no un nivel de renta superior a los dos millones de pesetas, y, al menos una de esas dos respuestas se ha de dar, la respuesta de cada individuo consultado puede ser representada por una *variante binomial*, variante que toma los valores 0 y 1. Si *convenimos* en representar por:

—1: el suceso consistente en que un individuo posea renta superior a los dos millones de pesetas,

—0: el suceso consistente en que un individuo no posea renta superior a los dos millones de pesetas,

se tendrá que la probabilidad de que un individuo consultado

—posea una renta superior a los dos millones de pesetas, vendrá expresada en la forma:

$$P(\xi = 1)$$

—no posea una renta superior a los dos millones de pesetas vendrá expresada en la forma:

$$P(\xi = 0)$$

y, habida cuenta la información que disponemos acerca de la proporción de individuos de la población que posee dicho nivel de renta, serán:

$$P(\xi = 1) = 0{,}00005 \qquad P(\xi = 0) = 0{,}99995$$

por lo que la distribución de probabilidad de la variante binomial ξ, es:

ξ	
1	$P(\xi = 1) = p = 0{,}00005$
0	$P(\xi = 0) = q = 0{,}99995$

siendo, pues, la distribución de la variante ξ:

$$B(1\,;\,0{,}00005)$$

Todas las respuestas posibles que pueden darse en el colectivo de los 5.000 individuos consultados, vendrán expresadas por los valores que toma la variante η, definida como:

$$\eta = \sum_{i=1}^{5.000} \xi_i \qquad (i = 1, 2, \ldots, 5.000)$$

variante obtenida, pues, como suma de las respuestas correspondientes a *cada* individuo consultado, y donde las ξ_i, $(i = 1, 2, \ldots, 5.000)$, serán variantes binomiales (ξ_i representa la respuesta correspondiente al i-ésimo individuo consultado, con resultados posibles 0 y 1, como hemos convenido anteriormente); en consecuencia, los valores que la variante η puede tomar son:

$$\eta = 0, 1, 2, \ldots, 5.000$$

representando:

—$\eta = r$, $(r = 0, 1, 2, \ldots, 5.000)$, el suceso consistente en que de los 5.000 individuos consultados, r de ellos posean renta superior a los dos millones de pesetas (equivalente a «se presente r veces el suceso representado por 1»).

El suceso cuya probabilidad vamos a obtener, podrá ser representado:

$$\eta = 2$$

y su probabilidad:

$$P(\eta = 2)$$

está determinada si es conocida la distribución de probabilidad de la variante η. Habida cuenta que las variantes ξ_i, $(i = 1, 2, \ldots, 5.000)$, pueden suponerse independientes, esto es, el hecho de que un individuo responda que posee una renta superior a los dos millones de pesetas es independiente de lo que responda el resto de los consultados, que la probabilidad p, probabilidad del suceso representado por 1, es igual para todos los individuos consultados, y por tanto, que todas las variantes ξ_i poseen igual distribución:

$$B(1; 0{,}00005)$$

podremos afirmar que la distribución de probabilidad de la variante η, es:

$$B(5.000; 0{,}00005)$$

viniendo, entonces, expresada la probabilidad pedida en la forma:

$$P(\eta = 2) = \binom{5.000}{2}(0{,}00005)^2(0{,}99995)^{5.000-2}$$

Ahora bien, habida cuenta que el suceso de probabilidad p, suceso representado por 1, es de probabilidad muy pequeña, $p = 0{,}00005$, y tal que puede darse un número «grande» de veces, $n = 5.000$, *resulta procedente efectuar la aproximación* de modelo binomial:

$$B(5.000; 0{,}00005)$$

por el modelo de Poisson, de parámetro:

$$\lambda = np = (5.000)(0{,}00005) = 0{,}25$$

resultando, entonces, la probabilidad a determinar expresada en la forma:

$$P(\eta = 2) = \frac{(0{,}25)^2}{2!}e^{-0{,}25}$$

puesto que al aproximar el modelo binomial por el modelo de Poisson, la probabilidad de que la variante η tome el valor r, es ahora:

$$P(\eta = r) = \frac{\lambda^r}{r!}e^{-\lambda}$$

Así, leído en tablas, el valor

$$P(\eta = 2) = \frac{(0{,}25)^2}{2!}e^{-0{,}25} = 0{,}02433$$

resultará:

$$P(\eta = 2) = 0{,}02433$$

89. Por parte de una compañía de seguros se sabe que el 0,003 % de los individuos de una población fallece cada año de un determinado tipo de accidente. Determinar:

1) La probabilidad de que la compañía tenga que pagar a más de tres de los 10.000 asegurados contra tal tipo de accidente en un año determinado.

2) El número de accidentes esperados.

Resolución:

1) Como quiera que cada asegurado, a lo largo del año, fallece o no, y, al menos, una de las dos situaciones ha de darse, la situación de cada individuo asegurado puede ser representada por una *variante binomial*, variante que toma los valores 0 y 1. Si *convenimos* en representar por:

—1: el suceso consistente en que un asegurado fallezca por dicho tipo de accidente, durante el año,
—0: el suceso consistente en que un asegurado no fallezca por dicho tipo de accidente, durante el año,

se tendrá que la probabilidad de que un asegurado

—fallezca, vendrá representada por:

$$P(\xi = 1)$$

—no fallezca, vendrá representada por:

$$P(\xi = 0)$$

y, habida cuenta la información que disponemos acerca de la proporción de los individuos de la población que fallece cada año por tal accidente, serán:

$$P(\xi = 1) = 0{,}00003 \quad , \quad P(\xi = 0) = 0{,}99997$$

por lo que la distribución de probabilidad de la variante binomial ξ, es:

ξ	
1	$P(\xi = 1) = p = 0{,}00003$
0	$P(\xi = 0) = q = 0{,}99997$

siendo, pues, la distribución de probabilidad de la variante ξ:

$$B(1; 0{,}00003)$$

Todos los resultados posibles que pueden darse en los 10.000 asegurados vendrán expresados por los valores que toma la variante η, definida como:

$$\eta = \sum_{i=1}^{10.000} \xi_i \qquad (i = 1, 2, \ldots, 10.000)$$

variante obtenida, pues, como suma de los resultados correspondientes a *cada* asegurado, y donde las ξ_i, $(i = 1, 2, \ldots, 10.000)$, serán variantes binomiales (ξ_i representa la situación correspondiente al i-ésimo asegurado, con resultados posibles 0 y 1, como hemos convenido anteriormente); en consecuencia, los valores que la variante η puede tomar son:

$$\eta = 0, 1, 2, \ldots, 10.000$$

representando:

—$\eta = r$, $(r = 0, 1, 2, \ldots, 10.000)$, el suceso consistente en que, de los 10.000 asegurados, r de ellos fallezcan por tal tipo de accidente (equivalente a «se presente r veces el suceso representado por 1»).

El suceso cuya probabilidad va a obtenerse, podrá ser representado, entonces,

$$\eta > 3$$

suceso consistente en que fallezcan más de tres de los 10.000 asegurados, equivalente a que la compañía de seguros tenga que pagar a más de tres de los 10.000 asegurados. Su probabilidad

$$P(\eta > 3)$$

estará determinada si conocemos la distribución de probabilidad de la variante η. Habida cuenta que las variantes ξ_i, $(i = 1, 2, \ldots, 10.000)$, pueden suponerse independientes, esto es, que el hecho de que un asegurado fallezca o no es independiente de lo que les ocurra al resto, que la probabilidad p, probabilidad del suceso representado por 1, es la misma para todos los asegurados, y por tanto que todas las variantes ξ_i poseen igual distribución:

$$B(1; 0{,}00003)$$

podemos afirmar que la distribución de probabilidad de la variante η es:

$$B(10.000; 0{,}00003)$$

viniendo expresada, entonces, la probabilidad pedida en la forma:

$$P(\eta > 3) = \sum_{r=4}^{10.000} P(\eta = r) = 1 - \sum_{r=0}^{3} P(\eta = r) =$$

$$= 1 - \sum_{r=0}^{3} \binom{10.000}{r} (0{,}00003)^r (0{,}99997)^{10.000-r}$$

Ahora bien, habida cuenta que el suceso de probabilidad p, suceso representado por 1, es de probabilidad muy pequeña, $p = 0{,}00003$, y tal que puede darse un número «grande» de veces, $n = 10.000$, *resulta procedente efectuar la aproximación* del modelo binomial:

$$B(10.000;\ 0{,}00003)$$

por el modelo de Poisson, de parámetro:

$$\lambda = np = (10.000) \cdot (0{,}00003) = 0{,}3$$

resultando, entonces, la probabilidad a determinar, expresada en la forma:

$$P(\eta > 3) = \sum_{r=4}^{10.000} P(\eta = r) = 1 - \sum_{r=0}^{3} P(\eta = r) = 1 - \sum_{r=0}^{3} \frac{(0{,}3)^r}{r!} e^{-0{,}3}$$

puesto que al aproximar el modelo binomial por el modelo de Poisson, la probabilidad de que la variante η tome el valor r, es ahora:

$$P(\eta = r) = \frac{\lambda^r}{r!} e^{-\lambda}$$

Así, leídos en tablas los anteriores valores:

$$P(\eta = 0) = \frac{(0{,}3)^0}{0!} e^{-0{,}3} = 0{,}7408 \qquad P(\eta = 2) = \frac{(0{,}3)^2}{2!} e^{-0{,}3} = 0{,}0333$$

$$P(\eta = 1) = \frac{(0{,}3)}{1!} e^{-0{,}3} = 0{,}2222 \qquad P(\eta = 3) = \frac{(0{,}3)^3}{3!} e^{-0{,}3} = 0{,}0033$$

resulta ser:

$$P(\eta > 3) = 1 - (0{,}9996)$$

y por tanto:

$$P(\eta > 3) = 0{,}0004$$

2) El número de accidentes esperados, supuesto que todo accidente supone el fallecimiento del asegurado, corresponde al valor probable de la variante η que, habida cuenta la aproximación efectuada a través del modelo de Poisson, resulta ser:

$$\lambda = 0{,}3$$

90. En una determinada zona geográfica se pretende introducir un nuevo producto del que es razonable esperar sea demandado por el 0,4 % de los habitantes de dicha zona. Determinar la probabilidad de que, consultados 1.000 de éstos, dicho producto sea demandado:

1) Por tres o más.
2) Por cinco o menos.

Resolución:

Como quiera que cada individuo de dicha zona demandará o no demandará el producto, y, al menos, una de las dos alternativas se ha de dar, la respuesta de cada individuo consultado puede ser representada por una *variante binomial* ξ, variante que, sabemos, toma los valores 0 y 1. Si *convenimos* en representar por:

—1: el suceso consistente en que el individuo consultado demande el producto,
—0: el suceso consistente en que el individuo consultado *no* demande el producto,

se tendrá que:

—la probabilidad de que un individuo consultado demande el producto, vendrá expresada en la forma:

$$P(\xi = 1)$$

—la probabilidad de que un individuo consultado *no* demande el producto, vendrá expresada en la forma:

$$P(\xi = 0)$$

y, habida cuenta la información que disponemos acerca de la proporción de habitantes de la zona dispuestos a demandar el producto, serán:

$$P(\xi = 1) = 0{,}004 \qquad P(\xi = 0) = 0{,}996$$

por lo que la distribución de probabilidad de la variante binomial ξ, es:

ξ	
1	$P(\xi = 1) = p = 0{,}004$
0	$P(\xi = 0) = q = 0{,}996$

siendo, pues, la distribución de probabilidad de la variante ξ:

$$B(1; 0{,}004)$$

Todas las respuestas posibles que pueden obtenerse del colectivo formado por los 1.000 individuos consultados, vendrán expresados por los valores que toma la variante η, definida como:

$$\eta = \sum_{i=1}^{1.000} \xi_i \qquad (i = 1, 2, \ldots, 1.000)$$

variante obtenida, pues, como suma de las respuestas correspondientes a *cada* individuo, y donde las ξ_i $(i = 1, 2, \ldots, 1.000)$, serán variantes binomiales (ξ_i representa la respuesta del individuo i-ésimo consultado, con resultados posibles 0 y 1, tal y como se ha convenido anteriormente); en consecuencia, los valores que la variante η puede tomar son:

$$\eta = 0, 1, 2, \ldots, 1.000$$

representando:

—$\eta = r$, $(r = 0, 1, 2, \ldots, 1.000)$, el suceso consistente en, consultados 1.000 individuos, r de ellos están dispuestos a demandar el producto (equivalente a «se presenta r veces el suceso representado por 1»).

Las probabilidades pedidas en el enunciado, estarán determinadas si es conocida la distribución de probabilidad de la variante η. Habida cuenta que las variantes ξ_i, $(i = 1, 2, \ldots, 1.000)$, pueden suponerse independientes, lo que equivale a decir que la respuesta de un individuo no «influye» en la de los otros consultados, que puede suponerse la misma probabilidad p, probabilidad del suceso representado por 1, para todos los individuos consultados, y por tanto que las ξ_i poseen todas la distribución de probabilidad:

$$B(1; 0{,}004)$$

podremos afirmar que la distribución de probabilidad de la variante η es:

$$B(1.000; 0{,}004)$$

viniendo expresadas entonces, las probabilidades pedidas, en la forma:

—$P(\eta \geq 3)$: probabilidad de que tres o más individuos, de entre los consultados, demanden el producto,

$$P(\eta \geq 3) = \sum_{r=3}^{1.000} P(\eta = r) = 1 - \sum_{r=0}^{2} P(\eta = r) =$$

$$= 1 - \sum_{r=0}^{2} \binom{1.000}{r} (0{,}004)^r (0{,}996)^{1.000-r}$$

—$P(\eta \leq 5)$: probabilidad de que cinco o menos individuos, de entre los consultados, demanden el producto,

$$P(\eta \leq 5) = \sum_{r=0}^{5} P(\eta = r) = \sum_{r=0}^{5} \binom{1.000}{r} (0{,}004)^r (0{,}996)^{1.000-r}$$

Ahora bien, habida cuenta que el suceso de probabilidad p, suceso representado por «1», es de probabilidad muy pequeña, $p = 0{,}004$, y tal que puede darse un número «grande» de veces, $n = 1.000$, *resulta procedente efectuar la aproximación* del modelo binomial:

$$B(1.000; 0{,}004)$$

por el modelo de Poisson, de parámetro:

$$\lambda = np = (1.000)(0{,}004) = 4$$

resultando, entonces, las probabilidades a determinar, expresadas en la forma:

$$P(\eta \geq 3) = \sum_{r=3}^{1.000} P(\eta = r) = 1 - \sum_{r=0}^{2} P(\eta = r) = 1 - \sum_{r=0}^{2} \frac{4^r}{r!} e^{-4}$$

$$P(\eta \leq 5) = \sum_{r=0}^{5} P(\eta = r) = \sum_{r=0}^{5} P(\eta = r) = \sum_{r=0}^{5} \frac{4^r}{r!} e^{-4}$$

puesto que al aproximar el modelo binomial por el modelo de Poisson, la probabilidad de que la variante η tome el valor r, es ahora:

$$P(\eta = r) = \frac{\lambda^r}{r!} e^{-\lambda}$$

Así:

1) $P(\eta \geq 3) = 1 - \sum_{r=0}^{2} \frac{4^r}{r!} e^{-4} = 1 - \left(\frac{4^0}{0!} e^{-4} + \frac{4}{1!} e^{-4} + \frac{4^2}{2!} e^{-4}\right)$

valores que leídos en tablas, resultan ser:

$$P(\eta = 0) = \frac{4^0}{0!} e^{-4} = 0{,}0183$$

$$P(\eta = 1) = \frac{4}{1!} e^{-4} = 0{,}0733$$

$$P(\eta = 2) = \frac{4^2}{2!} e^{-4} = 0{,}1465$$

por lo que:

$$P(\eta \geq 3) = 1 - (0{,}2381) = 0{,}7619$$

2) $$P(\eta \leq 5) = \sum_{r=0}^{5} \frac{4^r}{r!} e^{-4} = \left(\frac{4^0}{0!} e^{-4} + \frac{4}{1!} e^{-4} + \frac{4^2}{2!} e^{-4} + \frac{4^3}{3!} e^{-4} + \right.$$
$$\left. + \frac{4^4}{4!} e^{-4} + \frac{4^5}{5!} e^{-4}\right)$$

valores que leídos en tablas, resultan ser:

$$P(\eta = 0) = \frac{4^0}{0!} e^{-4} = 0{,}0183$$

$$P(\eta = 1) = \frac{4}{1!} e^{-4} = 0{,}0733$$

$$P(\eta = 2) = \frac{4^2}{2!} e^{-4} = 0{,}1465$$

$$P(\eta = 3) = \frac{4^3}{3!} e^{-4} = 0{,}1954$$

$$P(\eta = 4) = \frac{4^4}{4!} e^{-4} = 0{,}1954$$

$$P(\eta = 5) = \frac{4^5}{5!} e^{-4} = 0{,}1563$$

por lo que:

$$P(\eta \leq 5) = 0{,}7852$$

91. Sean η_1 y η_2 dos variantes tales que:

η_1: se distribuye según la ley de Poisson, de parámetro λ_1.
η_2: se distribuye según la ley de Poisson, de parámetro λ_2.

Comprobar que la variante η, definida en la forma:

$$\eta = \eta_1 + \eta_2$$

se distribuye según la ley de Poisson de parámetro $(\lambda_1 + \lambda_2)$, si η_1 y η_2 son estocásticamente independientes.

Resolución:

Determinemos la función característica de la variante η. Por definición, viene expresada en la forma:

$$\varphi_\eta(t) = E[e^{it\eta}]$$

y, habida cuenta la definición de la variante η, podemos escribir:

$$\varphi_\eta(t) = E[e^{it(\eta_1+\eta_2)}] = E[e^{it\eta_1} \cdot e^{it\eta_2}]$$

de donde, por suponer η_1 y η_2 independientes, se sigue:

$$\varphi_\eta(t) = E[e^{it\eta_1}] \cdot E[e^{it\eta_2}] = \varphi_{\eta_1}(t) \cdot \varphi_{\eta_2}(t)$$

resultando ser, por definición, $\varphi_{\eta_1}(t)$ y $\varphi_{\eta_2}(t)$, la función característica de las variantes η_1 y η_2, respectivamente. De ahí que:

$$\varphi_\eta(t) = e^{\lambda_1 (e^{it}-1)} \, e^{\lambda_2 (e^{it}-1)} = e^{(\lambda_1+\lambda_2)(e^{it}-1)}$$

resultando, pues, $\varphi_\eta(t)$ ser la función característica de una variante que se comporta con arreglo a la ley de Poisson de parámetro $(\lambda_1 + \lambda_2)$.

92. Del volumen de producción diario en dos plantas diferentes de una fábrica, se sabe que la probabilidad de que resulten r unidades defectuosas:

—en la primera planta, es: $\dfrac{4^r}{r!} e^{-4}$, para $r = 0, 1, 2, \ldots$

—en la segunda planta, es: $\dfrac{6^r}{r!} e^{-6}$, para $r = 0, 1, 2, \ldots$

Determinar la probabilidad de que, en un día determinado,

1) Resulten cinco o más unidades defectuosas en la primera planta.
2) Resulten cuatro o menos unidades defectuosas en la segunda planta.
3) Resulten ocho o más unidades defectuosas del total de la producción de la fábrica.

Resolución:

1) Si convenimos en representar por la variante η_1 el número aleatorio de unidades defectuosas que resultan *en la primera planta*, la distribución de probabilidad de la variante η_1 es, dada por el enunciado,

$$\eta_1 = 0, 1, 2, \ldots, r, \ldots \qquad \text{con} \qquad P(\eta_1 = r) = \frac{4^r}{r!} e^{-4}$$

que, como se observa, es una distribución de Poisson de parámetro $\lambda = 4$.

Con ello, el suceso cuya probabilidad vamos a determinar, puede ser representado en la forma:

$$\eta_1 \geq 5$$

y su probabilidad expresada por:

$$P(\eta_1 \geq 5) = \sum_{r=5}^{+\infty} P(\eta_1 = r) = 1 - \sum_{r=0}^{4} P(\eta_1 = r) =$$
$$= 1 - [P(\eta_1 = 0) + P(\eta_1 = 1) + P(\eta_1 = 2) + P(\eta_1 = 3) +$$
$$+ P(\eta_1 = 4)] = 1 - \left[\frac{4^0}{0!} e^{-4} + \frac{4}{1!} e^{-4} + \frac{4}{2!} e^{-4} + \frac{4}{3!} e^{-4} + \frac{4}{4!} e^{-4}\right]$$

valores que leídos en tablas, resultan ser:

$$P(\eta_1 = 0) = \frac{4^0}{0!} e^{-4} = 0{,}0183$$

$$P(\eta_1 = 1) = \frac{4}{1!} e^{-4} = 0{,}0733$$

$$P(\eta_1 = 2) = \frac{4}{2!} e^{-4} = 0{,}1465$$

$$P(\eta_1 = 3) = \frac{4}{3!} e^{-4} = 0{,}1954$$

$$P(\eta_1 = 4) = \frac{4}{4!} e^{-4} = 0{,}1954$$

por lo que:

$$P(\eta_1 \geq 5) = 1 - (0,6289) = 0,3711$$

2) Si convenimos en representar por la variante η_2 el número aleatorio de unidades defectuosas que resultan en la *segunda planta*, la distribución de probabilidad de la variante η_2 es, dada por el enunciado,

$$\eta_2 = 0, 1, 2, \ldots, r, \ldots \quad \text{con} \quad P(\eta_2 = r) = \frac{6^r}{r!} e^{-6}$$

que, como se observa, es una distribución de Poisson de parámetro $\lambda = 6$.

Con ello, el suceso cuya probabilidad vamos a determinar puede ser representado en la forma:

$$\eta_2 \leq 4$$

y su probabilidad expresada por:

$$P(\eta_2 \leq 4) = \sum_{r=0}^{4} P(\eta_2 = r) = P(\eta_2 = 0) + P(\eta_2 = 1) + P(\eta_2 = 2) +$$

$$+ P(\eta_2 = 3) + P(\eta_2 = 4) = \frac{6^0}{0!} e^{-6} + \frac{6}{1!} e^{-6} + \frac{6^2}{2!} e^{-6} +$$

$$+ \frac{6^3}{3!} e^{-6} + \frac{6^4}{4!} e^{-6}$$

valores que leídos en tablas, resultan ser:

$$P(\eta_2 = 0) = \frac{6^0}{0!} e^{-6} = 0,0025$$

$$P(\eta_2 = 1) = \frac{6}{1!} e^{-6} = 0,0149$$

$$P(\eta_2 = 2) = \frac{6^2}{2!} e^{-6} = 0,0446$$

$$P(\eta_2 = 3) = \frac{6^3}{3!} e^{-6} = 0,0892$$

$$P(\eta_2 = 4) = \frac{6^4}{4!} e^{-6} = 0,1339$$

por lo que:

$$P(\eta_2 \leq 4) = 0{,}2851$$

3) Si convenimos en representar por la variante η el número aleatorio de unidades defectuosas que resultan del *total de la producción en la fábrica*, entonces la variante η se podrá definir como:

$$\eta = \eta_1 + \eta_2$$

esto es, suma de las unidades que resultan defectuosas en la primera planta y en la segunda planta, diariamente. La variante η, tomará, pues, los valores:

$$\eta = 0, 1, 2, ..., r, ...$$

de suerte que, el suceso cuya probabilidad vamos a determinar, en este apartado, vendrá representado por:

$$\eta \geq 8$$

número de unidades defectuosas que resultan del total de la producción en la fábrica, sea mayor o igual a ocho, y cuya probabilidad está determinada, habida cuenta que por el resultado del problema 91, η se comporta de acuerdo a la ley de Poisson de parámetro 10, (4 + 6), esto es:

$$P(\eta = r) = \frac{10^r}{r!} e^{-10}$$

Así:

$$\begin{aligned} P(\eta \geq 8) &= \sum_{r=8}^{+\infty} P(\eta = r) = 1 - \sum_{r=0}^{7} P(\eta = r) = \\ &= 1 - [P(\eta = 0) + P(\eta = 1) + P(\eta = 2) + P(\eta = 3) + \\ &+ P(\eta = 4) + P(\eta = 5) + P(\eta = 6) + P(\eta = 7)] = \\ &= 1 - \left[\frac{10^0}{0!} e^{-10} + \frac{10}{1!} e^{-10} + \frac{10^2}{2!} e^{-10} + \frac{10^3}{3!} e^{-10} + \right. \\ &\left. + \frac{10^4}{4!} e^{-10} + \frac{10^5}{5!} e^{-10} + \frac{10^6}{6!} e^{-10} + \frac{10^7}{7!} e^{-10}\right] \end{aligned}$$

valores que leídos en tablas, resultan ser:

$$P(\eta = 0) = \frac{10^0}{0!} e^{-10} = 0{,}0000$$

$$P(\eta = 1) = \frac{10}{1!} e^{-10} = 0{,}0005$$

$$P(\eta = 2) = \frac{10^2}{2!} e^{-10} = 0{,}0023$$

$$P(\eta = 3) = \frac{10^3}{3!} e^{-10} = 0{,}0076$$

$$P(\eta = 4) = \frac{10^4}{4!} e^{-10} = 0{,}0189$$

$$P(\eta = 5) = \frac{10^5}{5!} e^{-10} = 0{,}0378$$

$$P(\eta = 6) = \frac{10^6}{6!} e^{-10} = 0{,}0631$$

$$P(\eta = 7) = \frac{10^7}{7!} e^{-10} = 0{,}0901$$

y con ello:

$$P(\eta \geq 8) = 1 - (0{,}2203) = 0{,}7797$$

93. Acerca de la cantidad aleatoria demandada durante un cierto período de tiempo por parte de una empresa textil, sólo se sabe que no supera la tonelada. Determinar, para dicho período de tiempo,

1) La probabilidad de que la cantidad demandada no supere los 900 kilos.

2) La probabilidad de que la cantidad demandada esté comprendida entre 800 y 900 kilos.

3) La demanda probable.

Resolución:

Como quiera que acerca de la cantidad aleatoria demandada, sabemos que nunca superará los 1.000 kilos y que, lógicamente, no será inferior a 0 kilos, y respecto de las cantidades intermedias nos hallamos en situación de máxima incertidumbre, dicha cantidad demandada puede ser representada por una variante ξ, cuya distribución de probabilidad viene definida por la función de densidad:

$$f(x) = \frac{1}{1.000} \quad \text{para} \quad 0 \leq x \leq 1.000$$

$$f(x) = 0 \quad \text{para} \quad \text{cualquier otro valor de } x$$

esto es, el modelo de probabilidad correspondiente a la variante ξ es la «ley uniforme».

Pasemos, pues, a determinar las probabilidades pedidas en el enunciado.

1) $P(\xi \leq 900)$: probabilidad del suceso consistente en que la cantidad demandada no supere los 900 kilos; vendrá expresada en la forma:

$$P(\xi \leq 900) = \int_{-\infty}^{900} f(x)\,dx = \int_{-\infty}^{0} 0 \cdot dx + \int_{0}^{900} \frac{1}{1.000}\,dx$$

habida cuenta la definición de la función de densidad. Por tanto, al ser:

$$\int_{0}^{900} \frac{1}{1.000}\,dx = \frac{1}{1.000}\,[x]_0^{900} = \frac{900}{1.000} = \frac{9}{10} = 0{,}9$$

es:

$$P(\xi \leq 900) = 0{,}9$$

2) $P(800 < \xi < 900)$: probabilidad de que la cantidad demandada esté comprendida entre 800 y 900 kilos; vendrá expresada en la forma:

$$P(800 < \xi < 900) = \int_{800}^{900} f(x)\,dx = \int_{800}^{900} \frac{1}{1.000}\,dx$$

habida cuenta que la distribución es de tipo continuo, y la definición de la función de densidad. Por tanto, al ser:

$$\int_{800}^{900} \frac{1}{1.000}\,dx = \frac{1}{1.000}\,[x]_{800}^{900} = \frac{100}{1.000} = 0{,}1$$

es:

$$P(800 < \xi < 900) = 0{,}1$$

3) La demanda probable, correspondiente al período considerado, vendrá dada por el valor probable de la distribución de la variante ξ. Por tanto:

$$E[\xi] = \frac{1.000 + 0}{2} = 500$$

resultando ser de 500 unidades.

94. La duración aleatoria de un determinado tipo de artículo, en horas, viene regulada por la ley de probabilidad,

$$N(180, 5)$$

Determinar la probabilidad de que la duración de tal artículo:

1) Sea superior a 170 horas.
2) Sea inferior a 150 horas.

Resolución:

Si convenimos en representar por la variante η la duración aleatoria del artículo, los sucesos cuyas probabilidades vamos a obtener pueden ser representados por:

$$\eta > 170 \quad , \quad \eta < 150$$

Habida cuenta de que la distribución de probabilidad de la variante η es conocida, pasemos a determinar las probabilidades:

1) $P(\eta > 170)$: probabilidad del suceso consistente en que la duración del artículo supere las 170 horas; vendrá expresada en la forma:

$$P(\eta > 170) = 1 - P(\eta \leq 170) = 1 - F(170)$$

donde $F(x)$ representa la función de distribución de la distribución de la variante η, por lo que leído, en tablas, el valor:

$$F(170) = P(\eta \leq 170) = P\left(\xi' \leq \frac{170 - 180}{5}\right) = P(\xi' \leq -2) = 1 - 0{,}97725$$

donde ξ' representa una variante de distribución $N(0, 1)$; se tiene:

$$P(\eta > 170) = 0{,}97725$$

2) $P(\eta < 150)$: probabilidad del suceso consistente en que la duración del artículo sea inferior a 150 horas; vendrá expresada en la forma:

$$P(\eta < 150) = P(\eta \leq 150) - P(\eta = 150) = F(150)$$

puesto que, al ser la distribución de probabilidad de tipo continuo, es

$$P(\eta = 150) = 0$$

Leído en tablas, el valor:

$$F(150) = P(\eta \leq 150) = P\left(\xi' \leq \frac{150 - 180}{5}\right) = P(\xi' \leq -6) = 0$$

donde $F(x)$ y ξ' tienen la misma interpretación que en el apartado 1); resulta ser:

$$P(\eta \leq 150) = 0$$

95. Una empresa sabe que el comportamiento en probabilidad de la demanda aleatoria de un artículo que produce, viene explicada por la ley $N(10.000, 100)$. Si la empresa decide seguir produciendo el artículo en el futuro, supuesto que la demanda esté comprendida entre 9.930 y 10.170 unidades, determinar la probabilidad de que no siga produciendo tal artículo.

Resolución:

Si convenimos en representar por la variante η la demanda aleatoria, la empresa decidirá seguir produciendo el artículo, si:

$$9.930 < \eta < 10.170$$

esto es, si la demanda está comprendida entre 9.930 y 10.170 unidades, por lo que la probabilidad pedida será *complementaria* de la probabilidad:

$$P(9.930 < \eta < 10.170)$$

Como quiera que la distribución de probabilidad de la variante η es conocida, la probabilidad

$$P(9.930 < \eta < 10.170)$$

vendrá expresada:

$$P(9.930 < \eta < 10.170) = F(10.170) - F(9.930) - P(\eta = 10.170)$$

donde $F(x)$ representa la función de distribución de la distribución de η, y habida cuenta que la distribución es de tipo continuo,

$$P(\eta = 10.170) = 0$$

por lo que leídos en tablas, los valores:

$$F(10.170) = P(\eta \leq 10.170) = P\left(\xi' \leq \frac{10.170 - 10.000}{100}\right) =$$

$$= P(\xi' \leq 1{,}7) = 0{,}95543$$

$$F(9.930) = P(\eta \leq 9.930) = P\left(\xi' \leq \frac{9.930 - 10.000}{100}\right) =$$

$$= P(\xi' \leq -0{,}7) = 1 - 0{,}75804$$

donde ξ' representa una variante de distribución $N(0,1)$; se tiene:

$$P(9.930 < \eta < 10.170) = 0{,}95543 - (1 - 0{,}75804) = 0{,}71347$$

Por tanto, la probabilidad de que la empresa *no* siga produciendo el artículo, complementaria, como hemos dicho, de:

$$P(9.930 < \eta < 10.170) = 0{,}71347$$

será:

$$0{,}28653$$

96. Sabiendo que la demanda aleatoria de gasolina, durante un cierto período de tiempo, se comporta con arreglo a la ley normal de media 150.000 litros, con desviación típica igual a 10.000 litros, determinar la cantidad que hay que tener dispuesta a la venta en dicho período, para poder satisfacer la demanda con una probabilidad de 0,95.

Resolución:

Si convenimos en representar por la variante η la demanda aleatoria de gasolina, el que la cantidad demandada no supere a una cierta cantidad X, puede ser expresado en la forma:

$$\eta \leq X$$

de forma que

$$P(\eta \leq X)$$

representará la probabilidad del suceso consistente en que la demanda no supere la cantidad X dispuesta a la venta.

Por tanto, el valor de X a determinar, se obtendrá de la igualdad

$$P(\eta \leq X) = 0{,}95$$

y, habida cuenta que la distribución de probabilidad de la variante η es conocida, podremos escribir:

$$P(\eta \leq X) = P\left(\xi' \leq \frac{X - 150}{10}\right) = P(\xi' \leq k) = 0{,}95$$

donde ξ' representa una variante de distribución $N(0, 1)$. Leído en tablas el valor de k que deja a su izquierda una cantidad de probabilidad igual a 0,95, resulta ser:

$$k = 1{,}65$$

y por tanto:

$$\frac{X - 150}{10} = 1{,}65 \Rightarrow X = 10 \cdot (1{,}65) + 150 = 166{,}5$$

Así, disponiendo a la venta 166.500 litros, la demanda será satisfecha en el período considerado, con una probabilidad de 0,95 (en el 95 % de los casos).

97. Sean η_1 y η_2 dos variantes tales que:

—η_1 se distribuye según la ley $N(\mu_1, \sigma_1)$
—η_2 se distribuye según la ley $N(\mu_2, \sigma_2)$

Comprobar que la variante η, definida en la forma:

$$\eta = \eta_1 + \eta_2$$

se distribuye según la ley:

$$N\left(\mu_1 + \mu_2, \sqrt{\sigma_1^2 + \sigma_2^2}\right)$$

si η_1 y η_2 son estocásticamente independientes.

Resolución:

Determinemos la función característica de la variante η. Por definición, viene expresada en la forma:

$$\varphi_\eta(t) = E[e^{it\eta}]$$

y, habida cuenta de la definición de la variante η, podremos escribir:

$$\varphi_\eta(t) = E[e^{it(\eta_1 + \eta_2)}] = E[e^{it\eta_1} \cdot e^{it\eta_2}]$$

de donde, por suponer η_1 y η_2 independientes, se sigue:

$$\varphi_\eta(t) = E[e^{it\eta_1}] \cdot E[e^{it\eta_2}] = \varphi_{\eta_1}(t) \cdot \varphi_{\eta_2}(t)$$

resultando ser, por definición, $\varphi_{\eta_1}(t)$ y $\varphi_{\eta_2}(t)$, la función característica de las variantes η_1 y η_2, respectivamente. De ahí que,

$$\varphi_\eta(t) = e^{it\mu_1 - (1/2)t^2\sigma_1^2} \cdot e^{it\mu_2 - (1/2)t^2\sigma_2^2} =$$

$$= e^{it(\mu_1 + \mu_2) - (1/2)[t^2(\sigma_1^2 + \sigma_2^2)]}$$

resultando, pues, $\varphi_\eta(t)$ ser la función característica de una variante que se comporta con arreglo a la ley *normal*, de parámetros:

$$E[\eta] = \mu_1 + \mu_2 \quad , \quad V[\eta] = \sigma_1^2 + \sigma_2^2$$

98. Dos marcas comerciales se dedican a la venta de un mismo tipo de artículo. Las ventas, para ambas marcas, se comportan con arreglo a la ley normal de media 1.800 unidades y desviación típica 150 unidades, para la primera marca, y 1.650 unidades de media, con desviación típica de 120 unidades, para la segunda. Determinar la probabilidad de que las ventas de la primera marca superen en 100 unidades a las de la segunda, supuestas las ventas de una y otra marca independientes.

Resolución:

Si convenimos en representar por la variante η_1 y por la variante η_2 el número aleatorio de unidades vendidas por la primera marca, y por la segunda, respectivamente, la diferencia aleatoria entre las unidades vendidas por la primera y segunda marca, convendremos en representarla por la variante η:

$$\eta = \eta_1 - \eta_2$$

El suceso cuya probabilidad vamos a obtener, podrá representarse entonces

$$\eta > 100$$

y su probabilidad

$$P(\eta > 100)$$

estará determinada si conocemos la distribución de probabilidad de la variante η, para lo cual vamos a determinar la función característica de la variante η. Procediendo en la misma forma que en el problema 97, se tendrá:

$$\varphi_\eta(t) = E[e^{it\eta}] = E[e^{it(\eta_1 - \eta_2)}] = E[e^{it\eta_1} \cdot e^{i(-t)\eta_2}] =$$

$$= E[e^{it\eta_1}] \cdot E[e^{i(-t)\eta_2}] = \varphi_{\eta_1}(t) \cdot \varphi_{\eta_2}(-t)$$

por lo que, al ser la distribución de probabilidad de la variante:

—η_1, *normal* de parámetros: $N(1.800; 150)$
—η_2, *normal* de parámetros: $N(1.650; 120)$

la función:

—$\varphi_{\eta_1}(t)$, función característica de la variante η_1 de parámetro t, será

$$\varphi_{\eta_1}(t) = e^{it(1.800) - (1/2)t^2(150)^2}$$

—$\varphi_{\eta_2}(t)$, función característica de la variante η_2 de parámetro $-t$, será

$$\varphi_{\eta_2}(-t) = e^{i(-t)(1.650) - (1/2)(-t)^2(120)^2}$$

y por tanto:

$$\varphi_\eta(t) = e^{it(1.800) - (1/2)t^2(150)^2} \cdot e^{i(-t)(1.650) - (1/2)(-t)^2(120)^2} =$$

$$= e^{it(1.800 - 1.650) - (1/2)t^2[(150)^2 + (120)^2]}$$

es la función característica de una variante que se comporta con arreglo a una distribución de probabilidad *normal*, de parámetros:

$$E[\eta] = 150 \quad , \quad V[\eta] = 36.900$$

Habida cuenta, ya, que la distribución de probabilidad de la variante η es:

$$N(150,\ 192)$$

se tendrá, que la probabilidad a determinar puede expresarse:

$$P(\eta > 100) = 1 - P(\eta \leq 100) = 1 - F(100)$$

donde $F(x)$ representa la función de distribución.
Leído en tablas, el valor:

$$F(100) = P(\eta \leq 100) = P\left(\xi' \leq \frac{100 - 150}{192}\right) = P(\xi' \leq -0{,}26) = 1 - 0{,}60257$$

donde ξ' representa a una variante de distribución $N(0,\ 1)$; se tiene:

$$P(\eta > 100) = 1 - F(100) = 0{,}60257$$

99. Un establecimiento comercial dispone a la venta diariamente, en una de sus secciones, sólo dos artículos a precios p_1 y p_2, de suerte que:

—el 70 % de las unidades ofrecidas, lo son del artículo de precio p_1.
—el 30 % de las unidades ofrecidas, lo son del artículo de precio p_2.

Si en un día determinado, se venden en dicha sección 2.000 unidades, determinar la probabilidad de que más de 800 unidades correspondan al artículo de precio p_2.

Resolución:

Se notará que este problema posee enunciado análogo al problema 81. Por ello, razonando de la misma forma que en éste, tendremos que *todos los resultados posibles* que pueden obtenerse con la venta de 2.000 unidades vendrán representados por la variante η de distribución de probabilidad:

$$B(2.000;\ 0{,}3)$$

por lo que la probabilidad pedida vendrá expresada en la forma:

$$P(\eta > 800) = 1 - P(\eta \leq 800) = 1 - \sum_{r=0}^{800} P(\eta = r)$$

Puesto que el número máximo de veces que puede darse el suceso de probabilidad p, suceso representado por 1, es suficientemente «grande», $n = 2.000$, *resulta procedente efectuar la aproximación* del modelo binomial,

$$B(2.000; 0{,}3)$$

por el modelo *normal*, de parámetros:

$$E[\eta] = np = 2.000(0{,}3) = 600$$

$$D[\eta] = \sqrt{V[\eta]} = \sqrt{2.000(0{,}3)(0{,}7)} = \sqrt{420} = 20{,}5$$

resultando, entonces, la probabilidad a determinar, expresada en la forma:

$$P(\eta > 800) = 1 - P(\eta \leq 800) = 1 - F(800)$$

donde $F(x)$ representa la función de distribución de la distribución:

$$N(600; 20{,}5)$$

y, puesto que al aproximar el modelo binomial por el modelo *normal*, la probabilidad de que la variante η sea menor o igual a r, es ahora:

$$P(\eta \leq r) = F(r)$$

Así, leído en tablas, el valor:

$$F(800) = P(\eta \leq 800) = P\left(\xi' \leq \frac{800 - 600}{20{,}5}\right) = P(\xi' \leq 9{,}8) = 1$$

donde ξ' representa una variante de distribución

$$N(0, 1)$$

se tendrá:

$$P(\eta > 800) = 1 - F(800) = 1 - 1 = 0$$

100. Una empresa dedicada a la venta de un determinado tipo de artículo, que ofrece a sus habituales clientes dos formas de pago: «pago al contado», o «pago aplazado», sabe que el 20 % de las unidades adquiridas de dicho artículo lo son bajo la forma «pago al contado».

Si en un período de tiempo determinado se han adquirido mil unidades, determinar la probabilidad de que 250 o menos, lo hayan sido bajo la forma «pago al contado».

Resolución:

Se notará que este problema posee enunciado análogo al problema 82. Por ello, procediendo de la misma forma que en éste, tendremos que *todos los resultados posibles* que pueden obtenerse con la venta de mil unidades vendrán representados por la variante η de distribución de probabilidad:

$$B(1.000; 0{,}2)$$

por lo que la probabilidad pedida vendrá expresada en la forma:

$$P(\eta \leq 250) = \sum_{r=0}^{250} P(\eta = r)$$

Puesto que el número máximo de veces que puede darse el suceso de probabilidad p, suceso representado por 1, es suficientemente grande, $n = 1.000$, *resulta procedente efectuar la aproximación* del modelo binomial:

$$B(1.000; 0{,}2)$$

por el modelo *normal*, de parámetros:

$$E[\eta] = 1.000(0{,}2) = 200$$
$$D[\eta] = \sqrt{V[\eta]} = \sqrt{1.000(0{,}2)(0{,}8)} = 12{,}7$$

resultando, entonces, la probabilidad a determinar, expresada en la forma:

$$P(\eta \leq 250) = F(250)$$

donde $F(x)$ representa la función de distribución de la distribución:

$$N(200; 12{,}7)$$

y puesto que, al aproximar el modelo binomial por el modelo *normal*, la probabilidad de que la variante η sea menor o igual a r, es ahora:

$$P(\eta \leq r) = F(r)$$

Así, leído en tablas, el valor:

$$F(250) = P(\eta \leq 250) = P\left(\xi' \leq \frac{250 - 200}{12{,}7}\right) = P(\xi' \leq 3{,}94) = 0{,}99996$$

donde ξ' representa una variante de distribución:

$$N(0, 1)$$

se tendrá:

$$P(\eta \leq 250) = 0{,}99996$$

101. Entre cien empresas cuyas reacciones se suponen independientes entre sí, se analiza la modificación en su actividad derivada de la adopción de un conjunto de medidas económicas. Cada una de estas empresas entiende que dicho conjunto de medidas incidirá sobre su actividad con una probabilidad, común para todas ellas, de 0,4. Determinar la probabilidad de que al menos 20 de esas empresas modifiquen realmente su actividad como consecuencia de las referidas medidas.

Resolución:

Como quiera que como consecuencia de la adopción del conjunto de medidas económicas, cada empresa modificará o no su actividad, y, al menos, una de esas dos reacciones se ha de dar, la reacción de cada empresa ante las referidas medidas puede representarse por una *variante binomial* ξ, que toma los valores 0 y 1. Si *convenimos* en representar por:

—1: el suceso consistente en que una empresa modifique su actividad,

—0: el suceso consistente en que una empresa no modifique su actividad,

se tendrá, que la probabilidad de que una empresa:

—modifique su actividad, vendrá expresada en la forma:

$$P(\xi = 1)$$

—no modifique su actividad, vendrá expresada en la forma:

$$P(\xi = 0)$$

y habida cuenta de la información que poseemos, serán:

$$P(\xi = 1) = 0{,}4 \quad ; \quad P(\xi = 0) = 0{,}6$$

por lo que la distribución de probabilidad de la variante binomial ξ, es:

ξ	
1	$P(\xi = 1) = p = 0{,}4$
0	$P(\xi = 0) = q = 0{,}6$

siendo, pues, la distribución de probabilidad de la variante ξ:

$$B(1;\ 0{,}4)$$

Todas las reacciones posibles que pueden proporcionar las 100 empresas como consecuencia de las referidas medidas, vendrán expresadas por los valores que toma la variante η, definida como:

$$\eta = \xi_1 + \xi_2 + \cdots + \xi_{100}$$

variante obtenida como suma de los resultados correspondientes a *cada* empresa, y donde las ξ_i ($i = 1, 2, \ldots, 100$) serán variantes binomiales; en consecuencia, los valores que la variante η puede tomar son:

$$\eta = 0, 1, 2, \ldots, 100$$

representando:

—$\eta = r$, ($r = 0, 1, 2, \ldots, 100$), el suceso consistente en que, de entre las 100 empresas, haya r que modifiquen su actividad como consecuencia de las referidas medidas (equivalente a «se presente r veces el suceso representado por 1»).

Con ello el suceso cuya probabilidad vamos a obtener, vendrá expresado en la forma:

$$\eta \geq 20$$

esto es, que por lo menos 20 empresas modifiquen su actividad, y, en consecuencia, la probabilidad

$$P(\eta \geq 20)$$

estará determinada si conocemos la distribución de probabilidad de la variante η. Habida cuenta que las variantes ξ_i son *independientes en probabilidad*, pues se está suponiendo las reacciones independientes, que la probabilidad p, probabilidad del suceso representado por 1, es común para todas las empresas, y por ello que todas las variantes ξ_i poseen igual distribución:

$$B(1;\ 0{,}4)$$

podremos afirmar que la distribución de probabilidad de la variante η será:

$$B(100;0{,}4)$$

y, por tanto, la probabilidad pedida vendrá expresada en la forma:

$$P(\eta \geq 20) = P(\eta > 20) + P(\eta = 20) = [1 - P(\eta \leq 20)] + P(\eta = 20)$$

Ahora bien, puesto que el número máximo de veces que puede darse el suceso de probabilidad p, suceso representado por 1, es suficientemente «grande», $n = 100$, *resulta procedente efectuar la aproximación* del modelo binomial

$$B(100;\ 0{,}4)$$

por el modelo *normal*, de parámetros:

$$E[\eta] = n\,p = 100(0{,}4) = 40$$

$$D(\eta) = \sqrt{V[\eta]} = \sqrt{100(0{,}4)(0{,}6)} = 4{,}9$$

resultando, entonces, la probabilidad a determinar, expresada en la forma:

$$P(\eta \geq 20) = 1 - P(\eta \leq 20) + P(\eta = 20) = 1 - F(20)$$

donde $F(x)$ representa la función de distribución de la distribución:

$$N(40;4{,}9)$$

y puesto que al aproximar el modelo binomial por el modelo *normal*, la probabilidad de que la variante η sea menor o igual a r, es ahora:

$$P(\eta \leq r) = F(r)$$

y la probabilidad de que la variante η tome el valor r, es ahora,

$$P(\eta = r) = 0$$

habida cuenta que la distribución de probabilidad *normal* es de tipo continuo.

Así, leído en tablas, el valor:

$$F(20) = P(\eta \leq 20) = P\left(\xi' \leq \frac{20 - 40}{4{,}9}\right) = P(\xi' \leq -4{,}1) = 1 - 0{,}99998$$

donde ξ' representa una variante de distribución:

$$N(0, 1)$$

se tendrá:

$$P(\eta \geq 20) = 1 - F(20) = 0{,}99998$$

102. Un concesionario de automóviles vende a particulares vehículos de la misma marca. Sabiendo que la probabilidad de que este tipo de vehículos esté en servicio dos años después, es de 0,8, determinar la probabilidad de que de 4.000 automóviles vendidos, más de 3.120 estén en servicio dentro de dos años.

Resolución:

Como quiera que transcurridos dos años de la venta, *cada* automóvil vendido estará o no estará en servicio, y, al menos una de esas dos situaciones se ha de dar, la situación por la que atraviese cada automóvil puede representarse por una *variante binomial* ξ, que toma los valores 0 y 1. Si *convenimos* en representar:

—1: el suceso consistente en que, dentro de dos años, el automóvil esté en servicio,

—0: el suceso consistente en que, dentro de dos años, el automóvil no esté en servicio,

se tendrá que la probabilidad de que un automóvil

—esté en servicio dentro de dos años, puede ser expresado en la forma:

$$P(\xi = 1)$$

—no esté en servicio dentro de dos años, puede ser expresado en la forma:

$$P(\xi = 0)$$

y habida cuenta la información de que disponemos, serán:

$$P(\xi = 1) = 0{,}8 \quad ; \quad P(\xi = 0) = 0{,}2$$

por lo que la distribución de probabilidad de la variante binomial ξ, es:

ξ	
1	$P(\xi = 1) = p = 0{,}8$
0	$P(\xi = 0) = q = 0{,}2$

siendo, pues, la distribución de probabilidad de la variante ξ:

$$B(1;\, 0{,}8)$$

Todos los resultados posibles que pueden darse para los 4.000 automóviles vendidos, vendrán expresados por los valores que toma la variante η, definida como:

$$\eta = \xi_1 + \xi_2 + \cdots + \xi_{4.000}$$

variante obtenida como suma de los resultados correspondientes a *cada* automóvil vendido, y donde ξ_i, $(i = 1, 2, \ldots, 4.000)$, serán variantes binomiales; en consecuencia, los valores que la variante η puede tomar son:

$$\eta = 0, 1, 2, \ldots, 4.000$$

representando:

—$\eta = r$, $(r = 0, 1, 2, \ldots, 4.000)$, el suceso consistente en, vendidos 4.000 automóviles, r sigan en servicio dentro de dos años (equivalente a «se presente r veces el suceso representado por 1»).

Con ello, el suceso cuya probabilidad vamos a obtener, vendrá expresado en la forma:

$$\eta > 3.120$$

esto es, que la variante η tome valores superiores a 3.120, y, en consecuencia, la probabilidad:

$$P(\eta > 3.120)$$

estará determinada si conocemos la distribución de probabilidad de la variante η. Habida cuenta que las variantes ξ_i son *independientes en probabilidad*, el hecho de que un automóvil no siga en servicio dentro de dos años no «influye» en los restantes, que la probabilidad p, probabilidad del suceso representado por 1, es la misma para cada automóvil, y por ello que todas las variantes ξ_i poseen igual distribución:

$$B(1;\, 0{,}8)$$

podremos afirmar que la distribución de probabilidad de la variante η será:

$$B(4.000;\, 0{,}8)$$

y, por tanto, la probabilidad pedida vendrá expresada en la forma:

$$P(\eta > 3.120) = 1 - P(\eta \leq 3.120) = 1 - \sum_{r=0}^{3.120} P(\eta = r)$$

Ahora bien, puesto que el número máximo de veces que puede darse el suceso de probabilidad p, suceso representado por 1, es suficientemente «grande», $n = 4.000$, *resulta procedente efectuar la aproximación* del modelo binomial:

$$B(4.000;\, 0{,}8)$$

por el modelo *normal*, de parámetros:

$$E[\eta] = n\,p = 4.000 \cdot 0{,}8 = 3.200$$

$$D[\eta] = \sqrt{V[\eta]} = \sqrt{4.000(0{,}8)(0{,}2)} = 25{,}3$$

resultando, entonces, la probabilidad a determinar, expresada en la forma:

$$P(\eta > 3.120) = 1 - P(\eta \leq 3.120) = 1 - F(3.120)$$

donde $F(x)$ representa la función de distribución de la distribución:

$$N(3.200;\, 25{,}3)$$

y puesto que, al aproximar el modelo binomial por el modelo *normal*, la probabilidad de que la variante η sea menor o igual a r, es ahora:

$$P(\eta \leq r) = F(r)$$

Así, leído en tablas, el valor:

$$F(3.120) = P(\eta \leq 3.120) = P\left(\xi' \leq \frac{3.120 - 3.200}{25{,}3}\right) = P(\xi' \leq -3{,}16) = 0{,}0079$$

donde ξ' representa una variante de distribución

$$N(0{,}1)$$

se tendrá:

$$P(\eta > 3.120) = 1 - F(3.120) = 1 - 0{,}0079 = 0{,}9921$$

103. En un proceso de fabricación se sabe que el número aleatorio de unidades defectuosas producidas diariamente, viene dado por la ley de probabilidad:

$$P(\eta = r) = \frac{10^r}{r!} e^{-10}, \qquad r = 0, 1, 2, \ldots, n, \ldots$$

Determinar la probabilidad de que en 150 días, el número de unidades defectuosas producidas supere 1.480 unidades.

Resolución:

Como quiera que el número de unidades defectuosas producidas diariamente, viene explicado, en probabilidad, a través del modelo de Poisson, el número de unidades defectuosas producidas en los 150 días, vendrá representado por la variante:

$$v = \sum_{i=1}^{150} \eta_i \qquad (i = 1, 2, \ldots, 150)$$

obtenida como suma del número de unidades defectuosas producidas *cada* día, y donde las η_i, $(i = 1, 2, \ldots, 100)$, serán variantes de Poisson. Con ello, el suceso cuya probabilidad vamos a obtener, vendrá expresado en la forma:

$$v > 1.480$$

esto es, que el número de unidades defectuosas producidas en los 150 días supere las 1.480 unidades, y, en consecuencia, la probabilidad:

$$P(v > 1.480)$$

estará determinada si es conocida la distribución de probabilidad de la variante v. Ahora bien, tal y como hemos definido a la variante v:

$$v = \sum_{i=1}^{150} \eta_i$$

como suma de un número suficientemente «grande» de variantes η_i, con igual distribución de Poisson, de media y varianza finitas:

$$E[\eta_i] = 10 \qquad \forall i, \ (i = 1, 2, ..., 150)$$
$$V[\eta_i] = 10 \qquad \forall i, \ (i = 1, 2, ..., 150)$$

e independientes entre sí, si se supone que el número de unidades defectuosas producidas cada día es independiente de las producidas en los restantes días, *resulta procedente efectuar la aproximación* de la distribución de probabilidad que posea la variante v, por el modelo *normal*, de parámetros:

$$E[v] = n\, E[\eta_i] = 150 \cdot 10 = 1.500$$

$$D[v] = \sqrt{n\, V[\eta_i]} = \sqrt{150 \cdot 10} = \sqrt{1.500} = 38{,}7$$

resultando, entonces, la probabilidad a determinar, expresada en la forma:

$$P(v > 1.480) = 1 - P(v \leq 1.480) = 1 - F(1.480)$$

donde $F(x)$ representa la función de distribución de la distribución:

$$N(1.500; 38{,}7)$$

Así, leído en tablas, el valor:

$$F(1.480) = P(v \leq 1.480) = P\left(\xi' \leq \frac{1.480 - 1.500}{38{,}7}\right) = P(\xi' \leq -0{,}52) =$$
$$= 1 - 0{,}69847$$

donde ξ' representa una variante de distribución:

$$N(0{,}1)$$

Se tendrá:

$$P(v > 1.480) = 1 - P(v \leq 1.480) = 1 - F(1.480) = 0{,}69847$$

104. La demanda de un producto oscila diariamente entre 20 y 40 unidades. Determinar la probabilidad de que en un período de 182 días, el número de unidades demandadas supere 6.370 unidades, supuesta la independencia de la demanda de cada día respecto de las restantes.

Resolución:

Como quiera que la demanda diaria aleatoria, no es inferior a 20 unidades y no supera las 40 unidades, y respecto de los valores intermedios nos hallamos en situación de máxima incertidumbre, dicha demanda diaria podrá ser modelizada por una variante ξ cuya distribución de probabilidad viene definida por la función de densidad:

$$f(x) = \frac{1}{40 - 20} \qquad \text{para } 20 \leq x \leq 40$$

$$f(x) = 0 \qquad \text{para cualquier otro valor de } x$$

esto es, la demanda diaria viene modelizada a través de la ley uniforme.

La demanda correspondiente a los 182 días, vendrá representada por la variante:

$$\eta = \sum_{i=1}^{182} \xi_i \qquad (i = 1, 2, 3, \ldots, 182)$$

obtenida como suma de las unidades demandadas correspondientes a *cada* día, y donde las ξ_i, $(i = 1, 2, \ldots, 182)$, serán variantes uniformes. Con ello el suceso cuya probabilidad vamos a obtener, vendrá expresado en la forma:

$$\eta > 6.370$$

esto es, que el número de unidades demandadas durante los 182 días supere 6.370 unidades, y, en consecuencia, la probabilidad:

$$P(\eta > 6.370)$$

estará determinada si es conocida la distribución de probabilidad de la variante η. Ahora bien, tal y como hemos definido a la variante η:

$$\eta = \sum_{i=1}^{182} \xi_i$$

como suma de un número suficientemente «grande» de variantes ξ_i, con igual distribución, la uniforme, de media y varianza finitas:

$$E[\xi_i] = 30, \qquad V[\xi_i] = 33{,}3, \qquad \forall i, \ (i = 1, 2, \ldots, 182)$$

e independientes entre sí, puesto que se está suponiendo la demanda de cada día independiente de las restantes, *resulta procedente efectuar la aproximación* de la distribución de probabilidad que posea la variante η, por el modelo *normal*, de parámetros:

$$E[\eta] = nE[\xi_i] = 182(30) = 5.460$$

$$D[\eta] = \sqrt{n\,V[\xi_i]} = \sqrt{182(33,3)} = \sqrt{6.060,6} = 77,9$$

resultando, entonces, la probabilidad a determinar, expresada en la forma:

$$P(\eta > 6.370) = 1 - P(\eta \leq 6.370) = 1 - F(6.370)$$

donde $F(x)$ representa la función de distribución de la distribución:

$$N(5.460;\, 77,9)$$

Así leído, en tablas, el valor:

$$F(6.370) = P(\eta \leq 6.370) = P\left(\xi' \leq \frac{6.370 - 5.460}{77,9}\right) = P(\xi' \leq 11,7) = 1$$

donde ξ' representa una variante de distribución:

$$N(0, 1)$$

se tendrá:

$$P(\eta > 6.370) = 1 - 1 = 0$$

105. El volumen de ventas aleatorio de una empresa expresado en miles de pesetas, se halla comprendido diariamente entre 96,5 y 103,5. Determinar la probabilidad de que a lo largo de un período de 100 días, el volumen de ventas supere la cifra de 10.005, supuesto que el volumen de ventas de cada día sea independiente de los restantes.

Resolución:

Como quiera que el volumen de ventas aleatorio diario no es inferior a 96,5 miles de pesetas y no supera a los 103,5 miles de pesetas, y respecto de los valores intermedios nos hallamos en situación de máxima incertidumbre, dicho volumen de ventas diario podrá ser modelizado por una variante ξ cuya distribución de probabilidad viene dada por la función de densidad:

$$f(x) = \frac{1}{103{,}5 - 96{,}5} \qquad \text{para} \qquad 96{,}5 \leq x \leq 103{,}5$$

$$f(x) = 0 \qquad \text{para cualquier otro valor de } x$$

esto es, el volumen de ventas diario viene modelizado a través de la ley uniforme.

El volumen de ventas correspondientes a cien días, vendrá representado por la variante:

$$\eta = \sum_{i=1}^{100} \xi_i \qquad (i = 1, 2, \ldots, 100)$$

obtenida como suma de los volúmenes de venta correspondientes a *cada* día, y donde los ξ_i, $(i = 1, 2, \ldots, 100)$ serán variantes uniformes. Con ello, el suceso cuya probabilidad vamos a obtener, vendrá expresado en la forma:

$$\eta > 10.005$$

esto es, que el volumen de ventas durante los cien días, supere 10.005.000 de pesetas, y, en consecuencia, la probabilidad:

$$P(\eta > 10.005)$$

estará determinada si es conocida la distribución de probabilidad de la variante η. Ahora bien, tal y como hemos definido a la variante η:

$$\eta = \sum_{i=1}^{100} \xi_i$$

como suma de un número suficientemente «grande» de variantes ξ_i con igual distribución, la uniforme, de media y varianza finitas:

$$E[\xi_i] = 100 \qquad V[\xi_i] = 4{,}1 \qquad \forall i, \ (i = 1, 2, \ldots, 100)$$

e independientes entre sí, puesto que se está suponiendo que el volumen de ventas de cada día es independiente de los restantes, *resulta procedente efectuar la aproximación* de la distribución de probabilidad que posee la variante η, por el modelo *normal*, de parámetros:

$$E[\eta] = nE[\xi_i] = 100 \cdot 100 = 10.000$$

$$D(\eta) = \sqrt{nV[\xi_i]} = \sqrt{100(4{,}1)} = \sqrt{410} = 20{,}2$$

resultando, entonces, la probabilidad a determinar, expresada en la forma:

$$P(\eta > 10.005) = 1 - P(\eta \leq 10.005) = 1 - F(10.005)$$

donde $F(x)$ representa la función de distribución de la distribución:

$$N(10.000;\, 20{,}2)$$

Así, leído en tablas, el valor:

$$F(10.005) = P(\eta \leq 10.005) = P\left(\xi' \leq \frac{10.005 - 10.000}{20{,}2}\right) =$$
$$= P(\xi' \leq 0{,}25) = 0{,}59871$$

donde ξ' representa una variante de distribución:

$$N(0,\, 1)$$

se tendrá:

$$P(\eta > 10.005) = 1 - F(10.005) = 1 - (0{,}59871) = 0{,}40129$$

106. El 50 % de las bolas contenidas en una urna son de color blanco, el 30 % de color rojo y el 20 % de color negro. Determinar la probabilidad de que al efectuar cinco extracciones sucesivas con reemplazamiento,

1) Dos de las bolas extraídas sean de color blanco, dos sean de color rojo, y una de color negro.
2) Tres de las bolas extraídas sean de color blanco.
3) Una de las bolas extraídas sea de color rojo.
4) Dos de las bolas extraídas sean de color negro.

Resolución:

1) Si *convenimos* en representar por:

—ξ_1: el número aleatorio de bolas blancas que pueden obtenerse en las cinco extracciones; dicha variante puede tomar lor valores

$$\xi_1 = 0,\ 1,\ 2,\ 3,\ 4,\ 5$$

donde $\xi_1 = r_1$, $(r_1 = 0, 1, 2, 3, 4, 5)$, representará el suceso consistente en que, en las cinco extracciones se hayan obtenido r_1 bolas de color blanco.

—ξ_2: el número aleatorio de bolas rojas que pueden obtenerse en las cinco extracciones; dicha variante puede tomar los valores:

$$\xi_2 = 0,\ 1,\ 2,\ 3,\ 4,\ 5$$

donde, $\xi_2 = r_2$, ($r_2 = 0, 1, 2, 3, 4, 5$), representará el suceso consistente en que, en las cinco extracciones se hayan obtenido r_2 bolas de color rojo.

—ξ_3: el número aleatorio de bolas negras que pueden obtenerse en las cinco extracciones; dicha variante puede tomar los valores:

$$\xi_3 = 0,\ 1,\ 2,\ 3,\ 4,\ 5$$

donde, $\xi_3 = r_3$, ($r_3 = 0, 1, 2, 3, 4, 5$), representará el suceso consistente en que, en las cinco extracciones se hayan obtenido r_3 bolas de color negro.

Así, los valores que puede tomar la variante:

$$(\xi_1,\ \xi_2,\ \xi_3)$$

representarán *todos los resultados posibles* que puedan obtenerse al extraer las cinco bolas de la urna. Por tanto, si la distribución de probabilidad de dicha variante es conocida, estará determinada la probabilidad del suceso pedida en el enunciado. Nótese que este suceso puede ser representado en la forma

$$(\xi_1 = 2,\ \xi_2 = 2,\ \xi_3 = 1)$$

y, por tanto, habremos de determinar:

$$P(\xi_1 = 2,\ \xi_2 = 2,\ \xi_3 = 1).$$

¿Cuál será, por tanto, la distribución de probabilidad de la variante (ξ_1, ξ_2, ξ_3)? Habida cuenta que las extracciones sucesivas son con reemplazamiento, las variantes ξ_1, ξ_2 y ξ_3 son independientes en probabilidad, que los sucesos representados por la variante ξ_i, ($i = 1, 2, 3$), son incompatibles, que en cada extracción al menos uno de los sucesos que representa la variante ξ_i, ($i = 1, 2, 3$), se ha de dar, y como quiera que *no* nos interesa el orden en que dichos sucesos aparezcan, la distribución de probabilidad de la variante (ξ_1, ξ_2, ξ_3) es la distribución multinomial, y por tanto:

$$P(\xi_1 = r_1;\ \xi_2 = r_2;\ \xi_3 = r_3) = \frac{5!}{r_1!r_2!r_3!}\, p_1^{r_1}\, p_2^{r_2}\, p_3^{r_3}$$

donde, como sabemos que: $r_1 + r_2 + r_3 = 5$, y

—p_1: es la probabilidad de extraer una bola blanca.
—p_2: es la probabilidad de extraer una bola roja.
—p_3: es la probabilidad de extraer una bola negra.

que en nuestro caso, habida cuenta la información que poseemos de la composición de la urna, serán:

$$p_1 = 0{,}5 \quad , \quad p_2 = 0{,}3 \quad , \quad p_3 = 0{,}2$$

Por ello, la probabilidad pedida será:

$$P(\xi_1 = 2;\ \xi_2 = 2;\ \xi_3 = 1) = \frac{5!}{2!\,2!\,1!}(0{,}5)^2(0{,}3)^2(0{,}2) = $$
$$= 0{,}1350$$

2) El suceso consistente en que al efectuar las cinco extracciones, tres de las bolas extraídas sean de color blanco, cualquiera que sea por tanto el resultado de las otras dos extracciones, puede ser representado según el convenio anteriormente establecido, por

$$\xi_1 = 3$$

y su probabilidad expresada en la forma:

$$P(\xi_1 = 3)$$

Es claro, entonces, que si conocemos la distribución de probabilidad *marginal* de la variante ξ_1, dicha probabilidad estará determinada. Determinemos, pues, la distribución de probabilidad marginal de la variante ξ_1. Habida cuenta que:

$$P(\xi_1 = r_1;\ \xi_2 = r_2) = \frac{5!}{r_1!\,r_2!\,(5 - r_1 - r_2)!}\, p_1^{r_1}\, p_2^{r_2}\,(1 - p_1 - p_2)^{5 - r_1 - r_2}$$

se tendrá:

$$P(\xi_1 = r_1) = \sum_{r_2=0}^{5-r_1} P(\xi_1 = r_1;\ \xi_2 = r_2) =$$
$$= \sum_{r_2=0}^{5-r_1} \frac{5!}{r_1!\,r_2!\,(5 - r_1 - r_2)!}\, p_1^{r_1}\, p_2^{r_2}\,(1 - p_1 - p_2)^{5 - r_1 - r_2} =$$
$$= \frac{5!}{r_1!\,(5 - r_1)!}\, p_1^{r_1} \sum_{r_2=0}^{5-r_1} \frac{(5 - r_1)!}{r_2!\,(5 - r_1 - r_2)!}\, p_2^{r_2}\,(1 - p_1 - p_2)^{5 - r_1 - r_2}$$

donde:

$$\sum_{r_2=0}^{5-r_1} \frac{(5-r_1)!}{r_2!\,(5-r_1-r_2)!} p_2^{r_2} (1-p_1-p_2)^{5-r_1-r_2} =$$

$$= \sum_{r_2=0}^{5-r_1} \binom{5-r_1}{r_2} p_2^{r_2} (1-p_1-p_2)^{(5-r_1)-r_2}$$

es el desarrollo de:

$$[p_2 + (1-p_1-p_2)]^{5-r_1}$$

y por tanto:

$$[p_2 + (1-p_1-p_2)]^{5-r_1} = [1-p_1]^{5-r_1}$$

De ahí que:

$$P(\xi_1 = r_1) = \frac{5!}{r_1!\,(5-r_1)!} p_1^{r_1} (1-p_1)^{5-r_1} = \binom{5}{r_1} p_1^{r_1} (1-p_1)^{5-r_1}$$

lo que evidencia que la distribución de probabilidad de la variante ξ_1 es:

$$B(5;\ p_1)$$

y, en nuestro caso, pues:

$$B(5;\ 0{,}5)$$

Por ello, la probabilidad pedida será:

$$P(\xi_1 = 3) = \binom{5}{3} (0{,}5)^3 (0{,}5)^2$$

valor que leído en tablas, es:

$$P(\xi_1 = 3) = \binom{5}{3} (0{,}5)^3 (0{,}5)^2 = 0{,}3125$$

3) El suceso consistente en que al efectuar las cinco extracciones, una de las bolas sea de color rojo, cualquiera que sea por tanto el resultado de las otras cuatro extracciones, puede ser representado, según el convenio anteriormente establecido, por:

$$\xi_2 = 1$$

y su probabilidad expresada en la forma:

$$P(\xi_2 = 1)$$

Razonando como en el apartado 2), la distribución de probabilidad *marginal* de la variante ξ_2, resultará ser:

$$B(5; 0{,}3)$$

por lo que la probabilidad pedida es:

$$P(\xi_2 = 1) = \binom{5}{1}(0{,}3)(0{,}7)^4$$

valor que leído en tablas, es:

$$P(\xi_2 = 1) = \binom{5}{1}(0{,}3)(0{,}7)^4 = 0{,}3602$$

4) El suceso consistente en que al efectuar las cinco extracciones, dos de las bolas extraídas sean de color negro, cualquiera que sea, por tanto, el resultado de las otras tres extracciones, puede ser representado, según el convenio anteriormente establecido, por:

$$\xi_3 = 2$$

y su probabilidad expresada en la forma:

$$P(\xi_3 = 2)$$

Razonando como en el apartado 2), la distribución de probabilidad *marginal* de la variante ξ_3, resultará ser:

$$B(5; 0{,}2)$$

por lo que la probabilidad pedida es:

$$P(\xi_3 = 2) = \binom{5}{2}(0{,}2)^2(0{,}8)^3$$

valor que leído en tablas, es:

$$P(\xi_3 = 2) = \binom{5}{2}(0{,}2)^2(0{,}8)^3 = 0{,}2048$$

107. Un establecimiento comercial dispone a la venta diariamente, cuatro artículos que ofrece a los precios p_1, p_2, p_3 y p_4, de suerte que:

—el 40 % de las unidades ofrecidas, lo son del artículo de precio p_1.
—el 30 % de las unidades ofrecidas, lo son del artículo de precio p_2.
—el 10 % de las unidades ofrecidas, lo son del artículo de precio p_3.
—el 20 % de las unidades ofrecidas, lo son del artículo de precio p_4.

Si en un día determinado se venden ocho unidades, determinar la probabilidad de que:

1) Una unidad sea del artículo de precio p_1, dos del artículo de precio p_2, dos del artículo de precio p_3, tres del artículo de precio p_4.
2) Tres unidades sean del artículo de precio p_2.

Resolución:

1) Si *convenimos* en representar por:

—ξ_i: el número aleatorio de unidades vendidas del artículo de precio p_i, dicha variante puede tomar los valores

$$\xi_i = 0, 1, 2, 3, 4, 5, 6, 7, 8 \qquad (i = 1, 2, 3, 4)$$

donde, $\xi_i = r_i$, $(r_i = 0,\ 1,\ \ldots,\ 8)$, representará el suceso consistente en que, de las ocho unidades vendidas, r_i de ellas sean del artículo de precio p_i.

Así, los valores que puede tomar la variante:

$$(\xi_1, \xi_2, \xi_3, \xi_4)$$

representarán *todos los posibles resultados* que pueden obtenerse en la venta de las ocho unidades. Por tanto, si la distribución de probabilidad de dicha variante es conocida, estará determinada la probabilidad pedida en el enunciado. Nótese que este suceso puede ser representado en la forma:

$$(\xi_1 = 1;\ \xi_2 = 2;\ \xi_3 = 2;\ \xi_4 = 3)$$

y por tanto, habremos de determinar:

$$P(\xi_1 = 1;\ \xi_2 = 2;\ \xi_3 = 2;\ \xi_4 = 3)$$

Ahora bien, habida cuenta que las variantes pueden suponerse independientes en probabilidad, esto es, que las unidades vendidas de cada precio es independiente de las vendidas de los restantes precios, que los sucesos representados por la variante:

$$(\xi_1, \xi_2, \xi_3, \xi_4)$$

son incompatibles, que en cada unidad vendida al menos uno de los sucesos que representa la variante ξ_i se ha de dar, y como quiera que no nos interesa el orden en que las unidades sean vendidas, la distribución de probabilidad de la variante $(\xi_1, \xi_2, \xi_3, \xi_4)$ es la distribución multinomial, y por tanto:

$$P(\xi_1 = 1;\ \xi_2 = 2;\ \xi_3 = 2;\ \xi_4 = 3) = \frac{8!}{1!\,2!\,2!\,3!}(0{,}4)(0{,}3)^2(0{,}2)^2(0{,}1)^3 = $$
$$= 0{,}002368$$

2) El suceso consistente en que de las ocho unidades vendidas, tres unidades sean del artículo de precio p_2, cualquiera que sea por tanto las unidades vendidas de los restantes precios, puede ser representado, según el convenio anteriormente establecido, por:

$$\xi_2 = 3$$

y su probabilidad expresada en la forma:

$$P(\xi_2 = 3)$$

Por tanto, si la distribución de probabilidad marginal de la variante ξ_2 es conocida, dicha probabilidad estará determinada. Procediendo en la misma forma que en el problema 106, la distribución de probabilidad marginal para la variante ξ_2 será:

$$B(8;\,0{,}3)$$

por lo que la probabilidad pedida vendrá expresada en la forma:

$$P(\xi_2 = 3) = \binom{8}{3}(0{,}3)^3 \cdot (0{,}7)^5$$

valor que leído en tablas, resulta ser:

$$P(\xi_2 = 3) = \binom{8}{3}(0{,}3)^3(0{,}7)^5 = 0{,}2541$$

108. Dada la variante $(\xi_1,\ \xi_2)$ cuya distribución de probabilidad conjunta viene definida por la función de densidad conjunta:

$$f(x, y) = \frac{1}{2\pi\sqrt{\mu_{20}}\sqrt{\mu_{02}}\sqrt{1-\rho^2}}\, e^{-\frac{1}{2(1-\rho^2)}\left[\frac{x^2}{\mu_{20}} - \frac{2\rho\, xy}{\sqrt{\mu_{20}}\sqrt{\mu_{20}}} + \frac{y^2}{\mu_{02}}\right]} \quad \forall x, \forall y$$

determinar la distribución de probabilidad marginal de la variante ξ_1.

Resolución:

Por definición, sabemos que la función de densidad marginal de la variante ξ_1, viene expresada en la forma:

$$f_1(x) = \int_{-\infty}^{+\infty} f(x, y)\, dy$$

y, habida cuenta la definición de la función de densidad conjunta, es:

$$f_1(x) = \frac{1}{2\pi \sqrt{\mu_{20}} \sqrt{\mu_{02}} \sqrt{1 - \rho^2}} \int_{-\infty}^{+\infty} e^{-\frac{1}{2(1-\rho^2)}\left[\frac{x^2}{\mu_{20}} - \frac{2\rho\, xy}{\sqrt{\mu_{20}}\sqrt{\mu_{02}}} + \frac{y^2}{\mu_{02}}\right]} dy$$

donde, efectuando el cambio de variable:

$$\sqrt{\mu_{20}}\, t = y \Rightarrow \sqrt{\mu_{20}}\, dt = dy$$

siendo para $y = +\infty$, $t = +\infty$, y para $y = -\infty$, $t = -\infty$,

se tiene:

$$f_1(x) = \frac{1}{2\pi \sqrt{\mu_{20}} \sqrt{1 - \rho^2}} \int_{-\infty}^{+\infty} e^{-\frac{1}{2(1-\rho^2)}\left[\frac{x^2}{\mu_{20}} - \frac{2\rho\, xt}{\sqrt{\mu_{20}}} + t^2\right]} dt$$

Si escribimos la expresión:

$$\frac{x^2}{\mu_{20}} - \frac{2\rho\, xt}{\sqrt{\mu_{20}}} + t^2$$

en la forma:

$$\left(t - \frac{\rho x}{\sqrt{\mu_{20}}}\right)^2 + (1 - \rho^2)\left(\frac{x}{\sqrt{\mu_{20}}}\right)^2$$

y sustituimos en la integral anterior,

$$f_1(x) = \frac{1}{2\pi \sqrt{\mu_{20}} \sqrt{1 - \rho^2}} \int_{-\infty}^{+\infty} e^{-\frac{1}{2(1-\rho^2)}\left[\left(t - \frac{\rho x}{\sqrt{\mu_{20}}}\right)^2 + (1-\rho^2)\left(\frac{x}{\sqrt{\mu_{20}}}\right)^2\right]} dt$$

donde, efectuando ahora, el cambio de variables:

$$(\sqrt{1-\rho^2})\, v = t - \frac{\rho x}{\sqrt{\mu_{20}}}, \qquad (\sqrt{1-\rho^2})\, dv = dt$$

siendo para $t = +\infty$, $v = +\infty$, y para $t = -\infty$, $v = -\infty$, se tiene:

$$f_1(x) = \frac{1}{2\pi\sqrt{\mu_{20}}} \int_{-\infty}^{+\infty} e^{-(1/2)(v^2 + x^2/\mu_{20})}\, dv =$$

$$= \frac{1}{2\pi\sqrt{\mu_{20}}} \int_{-\infty}^{+\infty} e^{-(1/2)v^2} \cdot e^{-[(1/2)(x^2/\mu_{20})]}\, dv =$$

$$= \frac{1}{\sqrt{2\pi}\sqrt{\mu_{20}}} e^{-[(1/2)x^2/\mu_{20})]} \int_{-\infty}^{+\infty} \frac{1}{\sqrt{2\pi}} e^{-(1/2)v^2}\, dv$$

habiendo escrito $2\pi = (\sqrt{2\pi})(\sqrt{2\pi})$.

Como:

$$\int_{-\infty}^{+\infty} \frac{1}{\sqrt{2\pi}} e^{-(1/2)v^2}\, dv = F(+\infty) = 1$$

si $F(x)$ representa la función de distribución de una variante:

$$N(0,1)$$

Por ello:

$$f_1(x) = \frac{1}{\sqrt{2\pi}\sqrt{\mu_{20}}} e^{-[(1/2)(x^2/\mu_{20})]} \qquad \forall x$$

es la función de densidad marginal de la variante ξ_1. Así, la distribución de probabilidad marginal de la variante ξ_1 es:

$$N(0, \sqrt{\mu_{20}})$$

109. Dada la variante (ξ_1, ξ_2) cuya distribución de probabilidad viene definida por la función de densidad conjunta:

$$f(x_1 y) = \frac{1}{2\pi\sqrt{\mu_{20}}\sqrt{\mu_{02}}\sqrt{1-\rho^2}} e^{-\frac{1}{2(1-\rho^2)}\left[\frac{(x-\alpha_{10})^2}{\mu_{20}} - \frac{2\rho(x-\alpha_{10})(y-\alpha_{01})}{\sqrt{\mu_{20}}\sqrt{\mu_{02}}} + \frac{(y-\alpha_{01})^2}{\mu_{02}}\right]}$$

$$\forall x, \ \forall y$$

comprobar que, si las variantes ξ_1 y ξ_2 están correlacionadas, dichas variantes son estocásticamente independientes.

Resolución:

Si las variantes ξ_1 y ξ_2 están incorrelacionadas, será:

$$\rho = 0 \Rightarrow \rho^2 = 0$$

y, por lo tanto, la función de densidad conjunta vendrá expresada en la forma:

$$f(x, y) = \frac{1}{2\pi \sqrt{\mu_{20}} \sqrt{\mu_{02}}} e^{-(1/2)[(x-\alpha_{10})^2/\mu_{20} + (y-\alpha_{01})^2/\mu_{02}]} \quad \forall x, \ \forall y$$

Ahora bien, como sabemos que las distribuciones marginales de las variantes ξ_1 y ξ_2 son $N(\alpha_{10}, \sqrt{\mu_{20}})$ y $N(\alpha_{01}, \sqrt{\mu_{02}})$, respectivamente, las funciones de densidad marginales serán:

—para la variante ξ_1:

$$f_1(x) = \frac{1}{\sqrt{2\pi}\sqrt{\mu_{20}}} e^{-(1/2)[(x-\alpha_{10})^2/\mu_{20}]} \quad \forall x$$

—para la variante ξ_2:

$$f_2(y) = \frac{1}{\sqrt{2\pi}\sqrt{\mu_{02}}} e^{-(1/2)[(y-\alpha_{01})^2/\mu_{02}]} \quad \forall y$$

Así, al venir caracterizada la independencia en probabilidad, a través de las funciones de densidad conjunta y marginales, en la forma:

$$f(x, y) = f_1(x) \cdot f_2(y)$$

en nuestro caso se tiene:

$$f_1(x) \cdot f_2(y) = \frac{1}{\sqrt{2\pi}\sqrt{\mu_{20}}} e^{-(1/2)[(x-\alpha_{10})^2/\mu_{20}]} \cdot \frac{1}{\sqrt{2\pi}\sqrt{\mu_{02}}} e^{-(1/2)[(y-\alpha_{01})^2/\mu_{02}]} =$$

$$= \frac{1}{2\pi\sqrt{\mu_{20}}\sqrt{\mu_{02}}} e^{-(1/2)[(x-\alpha_{10})^2/\mu_{20} + (y-\alpha_{01})^2/\mu_{02}]} = f(x, y)$$

resultando, por tanto, las variantes ξ_1 y ξ_2 independientes en probabilidad.

PARTE CUARTA

Teoría de la inferencia

Distribuciones de estadísticos.
Estimación puntual.
Propiedades de los estimadores.
Métodos de obtención de estimadores.
Estimación por intervalos.
Contrastes de hipótesis.
Contrastes de Neyman-Pearson.
Contrastes de significación.

Teoría de la inferencia

CUESTIONES TEÓRICAS QUE FUNDAMENTAN ESTA PARTE

Los ejercicios de esta parte fundamentan su resolución en las cuestiones teóricas que hacen referencia al estudio de la Teoría de la Inferencia: procesos de estimación puntual y por intervalos, considerando pues las propiedades que debe verificar un estimador, el método de obtención de estimadores puntuales, y la obtención de intervalos de confianza; la teoría de la constrastación de hipótesis estadísticas, considerando el análisis de las consecuencias que se siguen de la admisibilidad de una hipótesis, aceptación o rechazo, y los diversos tipos de contrastes con base a los distintos tipos de hipótesis y alternativas que pueden contrastarse.

COMENTARIO INICIAL

Habida cuenta el esquema lógico que se sigue en todo proceso de inferencia, caracterizado, sobre todo, porque las conclusiones que se establecen acerca de la población que se estudia, son de carácter probable, y obtenidas dependiendo de la información obtenida de la población, (dependiendo, pues, de la muestra), lo que motiva el establecimiento del concepto de estadístico como función de la muestra:

$$\theta = \theta(X)$$

se hace necesario el estudio de las distribuciones de probabilidad de dichos estadísticos, pues con ello disponemos de una valoración, en términos de probabilidad, de las conclusiones obtenidas a través del estadístico. Los primeros ejercicios de esta parte tienen como fin, por ello, la elaboración de las distribuciones de probabilidad de ciertos estadísticos, lo que nos permite evidenciar, también, las condiciones en que se produce el muestreo que se considera para todos los ejercicios de este capítulo: el muestreo aleatorio simple.

No se ha obtenido, y sin embargo se hace uso de él en más de un problema, la distribución de probabilidad del estadístico varianza muestral, para el supuesto que la distribución de probabilidad de la población sea la distribución normal. Conviene, pues, recordar aquí la relación existente, en el supuesto que se contempla, entre el estadístico varianza muestral y una variante que se comporta con arreglo a la distribución χ^2 de Pearson

$$s^2 = \frac{\sigma^2}{n} \chi^2_{n-1}$$

relación que permite reducir el estudio del comportamiento en probabilidad de la varianza muestral al estudio de la distribución χ^2 de Pearson.

La estimación puntual y por intervalos de parámetros poblacionales, constituyen el contenido de los problemas que se abordan a continuación. En particular, debe resaltarse aquí la importancia del problema 133, en orden a poner de manifiesto la *no* equivalencia entre el método de obtención de estimadores por máxima verosimilitud y la técnica matemática de obtención de máximos de una función de la que el método se sirve, en algunos casos, para la determinación de dicho estimador: son, en este problema, las limitaciones que el cálculo diferencial impone las que hacen inutil obtener el estimador por esa vía.

Los problemas de contrastación de hipótesis propuestos y resueltos, contemplan los dos aspectos generales de este problema: contrastación de hipótesis simple y existencia de alternativa, también simple, resueltos a través de los resultados que proporciona el teorema de Neyman-Pearson, y la *no* existencia de alternativa simple que conduce a la resolución de los llamados contrastes de significación.

En estos últimos, sobre todo, debe recordarse que la necesidad de valorar en probabilidad la información obtenida, la muestra que *ya* se presentó, se sigue de la consideración efectuada acerca del tipo de muestreo con el que se trabaja, muestreo aleatorio, lo que implica que se admite que la realidad no se manifiesta siempre de la misma forma. Por ello la «lógica» en la que descansa este tipo de contraste pasa por analizar las diferencias que se producen entre lo que la hipótesis establece y lo que la información obtenida proporciona acerca de la población. El criterio de admisibilidad o rechazo de la hipótesis, descansa, pues, en considerar si las diferencias existentes se pueden considerar debidas o no al azar. Se resuelven, entonces, contrastes de independencia de comparación entre dos distribuciones empíricas, y del tipo llamado «bondad del ajuste». Para éstos, la metodología seguida, en orden a establecer la hipótesis para todos los problemas propuestos de este tipo, es la que se sigue del análisis de las características de la muestra extraída de la población y posterior identificación del modelo que corresponde en cada caso considerado. No se ha empleado, en ninguno de ellos, la representación gráfica muestral (lo que no implica el considerar su inutilidad, por nuestra parte) por dos motivos: el primero, y más importante a nuestro juicio, porque, siguiendo con el proceso seguido en la parte 3, se intenta que sea el análisis de las características de la distribución que se analiza quien asigne el modelo de probabilidad correspondiente, y el segundo motivo se deriva del hecho de que, en algunos casos, la imagen gráfica de la distribución que corresponde al modelo no es única, como por ejemplo puede notarse representando gráficamente, para distintos valores del parámetro λ, la distribución de Poisson.

110. Se considera una población representada por la variante ξ, de suerte que μ y σ^2 representan los parámetros media y varianza poblacional, respectivamente. Supuesto extraídas muestras de tamaño n, muestreo aleatorio simple, determinar:

1) El valor probable
2) La varianza

del estadístico media muestral a_x.

Resolución:

El estadístico media muestral, a_x, vendrá expresado en la forma:

$$a_x = \frac{\sum_{i=1}^{n} x_i}{n}$$

siendo una variable aleatoria por ser función de las variables aleatorias x_i (componentes muestrales).

1) Valor probable de a_x: teniendo en cuenta la definición del estadístico media muestral, será:

$$E[a_x] = E\left[\frac{\sum_{i=1}^{n} x_i}{n}\right] = \frac{1}{n} E\left[\sum_{i=1}^{n} x_i\right] = \frac{1}{n} \sum_{i=1}^{n} E[x_i]$$

por cuanto que la esperanza de una suma de variantes es igual a la suma de las esperanzas de cada una de ellas.

Como quiera que el muestreo que se considera es el aleatorio simple, todas las variantes x_i poseen la misma distribución de probabilidad, e igual a la distribución poblacional. Por tanto:

$$E[x_i] = E[\xi] = \mu \qquad \forall i$$

con lo que:

$$E[a_x] = \frac{1}{n} \sum_{i=1}^{n} \mu = \frac{1}{n}(n\mu) = \mu$$

El valor probable de la media muestral es, pues, la media poblacional.

2) Varianza de a_x: por definición, la varianza de la variante a_x es:

$$V(a_x) = E[(a_x - \mu)^2]$$

por cuanto que μ, como hemos visto en el apartado 1) es la media de a_x, y teniendo en cuenta la definición del estadístico a_x:

$$V[a_x] = E\left[\left(\frac{\sum_{i=1}^{n} x_i}{n} - \mu\right)^2\right] = E\left[\left(\frac{\sum_{i=1}^{n} x_i - n\mu}{n}\right)^2\right] =$$

$$= E\left[\frac{\left(\sum_{i=1}^{n} x_i - n\mu\right)^2}{n^2}\right] = \frac{1}{n^2} E\left[\left(\sum_{i=1}^{n} (x_i - \mu)\right)^2\right]$$

ya que:

$$\sum_{i=1}^{n} x_i - n\mu = (x_1 + x_2 + \cdots + x_n) - (\mu + \mu + \overset{n}{\cdots} + \mu) =$$

$$= (x_1 - \mu) + (x_2 - \mu) + \cdots + (x_n - \mu) = \sum_{i=1}^{n} (x_i - \mu)$$

y como:

$$\left[\sum_{i=1}^{n} (x_i - \mu)\right]^2 = \sum_{i=1}^{n} (x_i - \mu)^2 + \sum_{i \neq j} (x_i - \mu)(x_j - \mu)$$

es:

$$V[a_x] = \frac{1}{n^2} E\left[\sum_{i=1}^{n} (x_i - \mu)^2 + \sum_{i \neq j} (x_i - \mu)(x_j - \mu)\right] =$$

$$= \frac{1}{n^2}\left[\sum_{i=1}^{n} E(x_i - \mu)^2 + \sum_{i \neq j} E[(x_i - \mu)(x_j - \mu)]\right]$$

Como:

$$E(x_i - \mu)^2 = \sigma^2$$

puesto que las variantes x_i poseen todas igual distribución, y por tanto igual varianza e igual a la de la población:

$$E[(x_i - \mu)^2] = E[(\xi - \mu)^2]$$

y por otra parte:

$$E[(x_i - \mu)(x_j - \mu)] = 0$$

puesto que dicha expresión representa la covarianza de las variantes x_i y x_j, que es cero, puesto que las variantes x_i y x_j son independientes en probabilidad, habida cuenta que el muestreo que se considera es el aleatorio simple, se seguirá:

$$V[a_x] = \frac{1}{n^2}\left[\sum_{n=1}^{n} \sigma^2\right] = \frac{1}{n^2}(n\sigma^2) = \frac{\sigma^2}{n}$$

La varianza, pues, de la media muestral es igual a la varianza de la población dividida por el tamaño de la muestra.

Nótese que, al no haber especificado el modelo de distribución que corresponde a la distribución poblacional, los resultados obtenidos son válidos, por tanto, para cualquiera que sea la distribución poblacional, con tal de que existan los parámetros media y varianza.

111. Se considera una población representada por la variante ξ, de suerte que la distribución poblacional es una distribución $N(\mu, \sigma)$, con σ conocida. Supuesto extraídas muestras de tamaño n, muestreo aleatorio simple, determinar la distribución de probabilidad del estadístico media muestral.

Resolución:

Del resultado obtenido en el problema 110, se sigue que:

$$E[a_x] = \mu \quad , \quad V[a_x] = \frac{\sigma^2}{n}$$

Veamos, entonces, si el conocimiento del modelo de distribución de probabilidad poblacional permite determinar, no sólo los parámetros fundamentales de la distribución de probabilidad del estadístico a_x, que ya los conocemos como acabamos de ver, sino también su distribución de probabilidad.

Para ello, usaremos del concepto de función característica y tras su obtención, identificaremos el modelo que corresponde a la variante a_x.

Así, por definición:

$$\varphi_{a_x}(t) = E[e^{ita_x}] = E\left[e^{it\frac{\sum_1^n x_i}{n}}\right] =$$

$$= E[e^{i(t/n)x_1} \cdot e^{i(t/n)x_2} \dots e^{i(t/n)x_n}]$$

y habida cuenta que las variantes x_i son independientes en probabilidad, por ser aleatorio simple el muestreo que se considera, se tendrá:

$$\varphi_{a_x}(t) = E[e^{i(t/n)x_1}] \cdot E[e^{i(t/n)x_2}] \dots E[e^{i(t/n)x_n}]$$

de donde, por definición de función característica es:

$$E[e^{i(t/n)x_i}] = \varphi_{x_i}\left(\frac{t}{n}\right)$$

Con ello:

$$\varphi_{a_x}(t) = \varphi_{x_1}\left(\frac{t}{n}\right)\cdot \varphi_{x_2}\left(\frac{t}{n}\right) \dots \varphi_{x_n}\left(\frac{t}{n}\right)$$

Como quiera que todas las variantes poseen igual distribución e igual a la distribución poblacional, será:

$$\varphi_{x_i}\left(\frac{t}{n}\right) = \varphi_{\xi}\left(\frac{t}{n}\right) \qquad \forall i$$

y siendo la distribución poblacional $N(\mu, \sigma)$, resulta:

$$\varphi_{a_x}(t) = (e^{i(t/n)\mu - 1/2(t^2/n^2)\sigma^2})\,(e^{i(t/n)\mu - 1/2(t^2/n^2)\sigma^2}) \dots (e^{i(t/n)\mu - 1/2(t^2/n^2)\sigma^2}) =$$
$$= (e^{i(t/n)\mu - 1/2(t^2/n^2)\sigma^2})^n = e^{it\mu - 1/2(t^2\sigma^2/n)}$$

función característica que resulta ser la correspondiente a una distribución:

$$N\left(\mu, \frac{\sigma}{\sqrt{n}}\right)$$

Por tanto, el estadístico media muestral se comporta como una variante *normal* de parámetros μ y $\frac{\sigma}{\sqrt{n}}$.

112. Se considera una población representada por una variante ξ, de suerte que la media poblacional es igual a 25, y la varianza poblacional es igual a 240. Supuesto extraídas muestras de tamaño 100, muestreo aleatorio simple, determinar la probabilidad de que el estadístico media muestral, a_x, esté comprendido entre los valores 23,55 y 28,1.

Resolución:

El estadístico media muestral:

$$a_x = \frac{\sum_{i=1}^{n} x_i}{n}$$

habida cuenta el resultado obtenido en el problema 110, es tal que:

$$E[a_x] = 25$$
$$V[a_x] = \frac{240}{100} = 2,4$$

La probabilidad a obtener puede ser expresada en la forma:

$$P(23,55 \leq a_x \leq 28,1)$$

y será conocida si determinamos la distribución de probabilidad de la variante a_x. Ahora bien, como quiera que a_x viene definida como suma de variantes x_i, independientes entre sí, todas con igual distribución e igual a la distribución de probabilidad de la población, puesto que el muestreo que se considera es el aleatorio simple, y habida cuenta que el tamaño muestral es suficientemente grande, $n = 100$, procede efectuar la aproximación de la distribución de a_x mediante la distribución normal. De esta forma, pues, a_x será una variante con distribución:

$$N(25, \sqrt{2,4})$$

y con ello:

$$P(23,55 \leq a_x \leq 28,1) = F(28,1) - F(23,55)$$

Al ser:

$$F(28,1) = P(a_x \leq 28,1) = P(\sqrt{2,4}\,\xi' + 25 \leq 28,1) = P\left(\xi' \leq \frac{28,1 - 25}{\sqrt{2,4}}\right)$$

$$F(23,55) = P(a_x \leq 23,55) = P(\sqrt{2,4}\,\xi' + 25 \leq 23,55) = P\left(\xi' \leq \frac{23,55 - 25}{\sqrt{2,4}}\right)$$

donde ξ' representa una variante con distribución $N(0,1)$; leídos en tablas, los valores:

$$P\left(\xi' \leq \frac{28,1 - 25}{\sqrt{2,4}}\right) = P(\xi' \leq 2) = 0,97725$$

$$P\left(\xi' \leq \frac{23,55 - 25}{\sqrt{2,4}}\right) = P(\xi' \leq -0,93) = 0,17619$$

habiéndose tomado $\sqrt{2,4} = 1,55$, es por tanto:

$$P(23,55 \leq \xi \leq 28,1) = 0,97725 - 0,17619 = 0,80106$$

113. Se considera una población representada por una variante ξ, de suerte que la distribución de probabilidad de la población es *normal*, con desviación típica igual a 10. Determinar la probabilidad de que el estadístico media muestral supere al valor medio poblacional en, por lo menos 0,2, supuesto extraídas muestras de tamaño 100, muestreo aleatorio simple.

Resolución:

Si convenimos en representar por μ el valor medio poblacional, el suceso cuya probabilidad vamos a obtener puede ser expresado en la forma:

$$a_x - \mu \geq 0{,}2$$

La diferencia $a_x - \mu$ es aleatoria, por ser a_x una variable aleatoria, y su distribución de probabilidad podemos obtenerla a través de la función característica:

$$\varphi_{ax-\mu}(t) = E[e^{it(a_x-\mu)}] = E[e^{ita_x} \cdot e^{-it\mu}] =$$
$$= e^{-it\mu} \cdot E[e^{ita_x}] = e^{-it\mu} \cdot \varphi_{a_x}(t)$$

donde:

$$\varphi_{a_x}(t) = e^{it\mu-(1/2)t^2(\sigma^2/n)}$$

habida cuenta el resultado obtenido en el problema 111. Así, la función característica:

$$\varphi_{a_x-\mu}(t) = e^{-it\mu} \cdot e^{it\mu-1/2\, t^2\sigma^2/n} = e^{-1/2\, t^2\sigma^2/n}$$

expresa que la variante $(a_x - \mu)$ se comporta con arreglo a la distribución de probabilidad:

$$N\left(0; \frac{\sigma}{\sqrt{n}}\right)$$

Conocida la distribución de $(a_x - \mu)$, en nuestro caso,

$$N\left(0; \frac{10}{\sqrt{100}}\right)$$

la probabilidad a obtener será determinada en la forma:

$$P(a_x - \mu \geq 0{,}2) = P\left(\frac{10}{\sqrt{100}}\,\xi' \geq 0{,}2\right) = P(\xi' \geq 0{,}2)$$

donde ξ' es una variante $N(0, 1)$. Leída en tablas, la probabilidad:

$$P(\xi' \geq 0{,}2) = 1 - P(\xi' < 0{,}2) = 1 - 0{,}57926 = 0{,}42074$$

resulta, pues:

$$P(a_x - \mu \geq 0{,}2) = 0{,}42074$$

114. Se considera una población representada por una variante ξ, de suerte que la distribución de probabilidad poblacional viene definida por la función de densidad:

$$f(x) = \frac{1}{4} \quad \text{para} \quad 0 \leq x \leq 4$$

$$f(x) = 0 \quad \text{para cualquier otro valor de } x$$

Determinar la distribución de probabilidad del estadístico media muestral, supuesto extraídas muestras de tamaño 3.600, muestreo aleatorio simple.

Resolución:

Del comportamiento en probabilidad del estadístico a_x, sabemos por el resultado obtenido en el problema 110, que:

$$E[a_x] = \mu \quad , \quad V[a_x] = \frac{\sigma^2}{n}$$

y, en nuestro caso:

$$E[a_x] = 2 \qquad V[a_x] = \frac{\frac{4}{3}}{3.600} = \frac{4}{10.800}$$

Veamos, entonces, si podemos determinar la distribución de probabilidad de a_x. Tal y como a_x es definido:

$$a_x = \frac{\sum_{i=1}^{n} x_i}{n}$$

a_x es una variante definida como suma de variantes, x_i, y habida cuenta el muestreo que se considera, aleatorio simple, independientes en probabilidad, todas con igual distribución e igual a la distribución poblacional, por tanto con media y varianza finitas. De ahí que, usando del teorema central del límite, al ser el número de variantes x_i que se componen, suficientemente grande, puesto que el tamaño muestral es 3.600, resulta procedente aproximar la distribución de probabilidad de la variante a_x, mediante la distribución normal. Por ello, el estadístico a_x se comportará como una variante normal de parámetros:

$$N\left(2, \frac{2}{103{,}9}\right)$$

115. Se consideran dos poblaciones representadas por las variantes ξ_1 y ξ_2, de suerte que las distribuciones de probabilidad de cada una de ellas son $N(\mu_1, \sigma_1)$ y $N(\mu_2, \sigma_2)$, respectivamente. Extraídas muestras, muestreo aleatorio simple, de tamaño n, de la primera población, y de tamaño m de la segunda, determinar la distribución del estadístico: $a_x - a_y$, donde:

$$a_x = \frac{\sum_{i=1}^{n} x_i}{n} \qquad a_y = \frac{\sum_{j=1}^{m} y_j}{m}$$

supuesto que las muestras obtenidas de cada población son independientes.

Resolución:

Para la determinación de la distribución de probabilidad de la variante $a_x - a_y$, procederemos a obtener su función característica. Así, al ser por definición:

$$\varphi_{a_x - a_y}(t) = E[e^{it(a_x - a_y)}]$$

se seguirá:

$$\varphi_{a_x - a_y}(t) = E[e^{ita_x} \cdot e^{i(-t)a_y}]$$

de donde, al ser las variantes a_x y a_y independientes, puesto que se supone que las muestras extraídas de la primera población son independientes de las de la segunda, se tendrá:

$$\varphi_{a_x - a_y}(t) = E[e^{ita_x}] \cdot E[e^{i(-t)a_y}] = \varphi_{a_x}(t) \cdot \varphi_{a_y}(-t)$$

y, habida cuenta el resultado obtenido en el problema 111, se seguirá que:

$$\varphi_{a_x}(t) = e^{it\mu_1 - (1/2)t^2(\sigma_1^2/n)}$$
$$\varphi_{a_y}(-t) = e^{i(-t)\mu_2 - (1/2)t^2(\sigma_2^2/m)}$$

por lo que:

$$\varphi_{a_x - a_y}(t) = (e^{it\mu_1 - (1/2)t^2(\sigma_1^2/n)}) (e^{i(-t)\mu_2 - (1/2)(-t)^2(\sigma_2^2/m)}) =$$
$$= e^{it(\mu_1 - \mu_2) - (1/2)t^2(\sigma_1^2/n + \sigma_2^2/m)}$$

función característica que expresa que la distribución de probabilidad de la variante $a_x - a_y$ es una distribución normal, de parámetros:

$$E[a_x - a_y] = \mu_1 - \mu_2$$
$$V[a_x - a_y] = \frac{\sigma_1^2}{n} + \frac{\sigma_2^2}{m}$$

116. Se considera una población tal que sus elementos son susceptibles de poseer o no una característica *c*. Supuesto extraídas muestras de tamaño *n*, muestreo aleatorio simple, determinar:

1) El valor probable
2) La varianza

del estadístico «proporción de elementos de la muestra que poseen la característica *c*».

Resolución:

Convengamos en representar por 1 a cada elemento de la población que posea la característica *c*, por 0 a los elementos que no la posean, y por π a la proporción de elementos de la población que posean dicha característica.

Extraídas muestras de tamaño *n*, muestreo aleatorio simple,

$$(x_1, x_2, \ldots, x_n)$$

las componentes muestrales tomarán los valores 1 ó 0, según que el elemento extraído posea o no la característica *c*, y la «proporción de elementos de la muestra que poseen tal característica» vendrá expresada entonces:

$$p = \frac{\sum_{i=1}^{n} x_i}{n} = \frac{x}{n}$$

donde *x* es por tanto, la suma de las componentes muestrales, igual a la suma de números 1 que hayan aparecido en la muestra. Al ser el muestreo aleatorio, *x*, representará el número aleatorio de elementos que aparecen en la muestra con la característica *c*, y por ello *p* será una variable aleatoria.

Definido, pues, el estadístico p pasemos a determinar los parámetros fundamentales de su distribución.

1) Valor probable de p.

Tal y como se ha establecido el estadístico p, se tendrá:

$$E[p] = E\left[\frac{x}{n}\right] = \frac{1}{n}E[x]$$

y como quiera que la variante x viene expresada como suma de variantes, x_i, que sólo pueden tomar los valores 1 ó 0, independientes entre sí, puesto que el muestreo es aleatorio simple, su distribución de probabilidad será:

$$B(n, \pi)$$

habida cuenta que el número máximo de veces que puede presentarse el elemento representado por 1 es n, tamaño muestral, y ser π la probabilidad de extraer de la población un elemento representado por 1.

Por ello, pues,

$$E[x] = n\pi$$

de donde:

$$E[p] = \frac{1}{n}E[x] = \frac{1}{n}(n\pi) = \pi$$

esto es, el valor probable de la proporción muestral es igual a la proporción poblacional.

2) Varianza de p.

Por definición, será:

$$V(p) = E[(p - \pi)^2]$$

y teniendo en cuenta la definición de p:

$$V(p) = E\left[\left(\frac{x}{n} - \pi\right)^2\right] = E\left[\left(\frac{x - n\pi}{n}\right)^2\right] = E\left[\frac{(x - n\pi)^2}{n^2}\right] =$$

$$= \frac{1}{n^2}E[(x - n\pi)^2]$$

Pero por ser x una variante $B(n, \pi)$, es:

$$E[(x - n\pi)^2] = V(x) = n\pi(1 - \pi)$$

y por tanto:

$$V(p) = \frac{1}{n^2} V(x) = \frac{1}{n^2} [n\pi(1 - \pi)] = \frac{\pi(1 - \pi)}{n}$$

Nótese que si el tamaño muestral fuese *suficientemente grande*, al venir definida la proporción muestral p:

$$p = \frac{\sum_{i=1}^{n} x_i}{n}$$

como suma de variantes x_i independientes, todas con igual distribución, $B(1, \pi)$, resulte procedente aproximar la distribución de probabilidad de la variante p, mediante la distribución normal:

$$N\left(\pi, \sqrt{\frac{\pi(1 - \pi)}{n}}\right)$$

117. Se considera una población representada por una variante ξ, de suerte que la distribución poblacional es una distribución $N(5; 0{,}1)$. Supuesto extraídas muestras de tamaño 16, muestreo aleatorio simple, determinar:

1) $P(5 < a_x \leq 5{,}2)$.
2) $P(s^2 \leq 0{,}023)$.

Resolución:

1) $P(5 < a_x \leq 5{,}2)$: probabilidad que vendrá expresada, en términos de la función de distribución de la variante a_x, en la forma:

$$P(5 < a_x \leq 5{,}2) = F(5{,}2) - F(5)$$

y puesto que la variante media muestral se distribuye como una variante,

$$N\left(5; \frac{0{,}1}{4}\right)$$

habida cuenta el resultado obtenido en el problema 111. Así, al ser:

$$F(5{,}2) = P(a_x \leq 5{,}2) = P\left(\frac{0{,}1}{4}\xi' + 5 \leq 5{,}2\right) = P\left(\xi' \leq \frac{4(5{,}2 - 5)}{0{,}1}\right) =$$
$$= P(\xi' \leq 8)$$
$$F(5) = P(a_x \leq 5) = P\left(\frac{0{,}1}{4}\xi' + 5 \leq 5\right) = P(\xi' \leq 0)$$

donde ξ' representa una variante $N(0{,}1)$, y leídos en tablas, los valores:

$$P(\xi' \leq 8) = 1$$
$$P(\xi' \leq 0) = 0{,}5$$

se tendrá:

$$P(5 < a_x \leq 5{,}2) = 0{,}5$$

2) $P(s^2 \leq 0{,}023)$: si se recuerda lo dicho en el comentario inicial de esta parte respecto a la relación existente entre la variante s^2 y la variante χ^2 de Pearson:

$$\frac{ns^2}{\sigma^2} = \chi^2_{n-1}$$

se seguirá que la función de distribución de s^2, $F_{s^2}(x)$, vendrá expresada en la forma:

$$F_{s^2}(x) = P(s^2 \leq x) = P\left(\frac{\sigma^2\chi^2_{n-1}}{n} \leq x\right) = P\left(\chi^2_{n-1} \leq \frac{nx}{\sigma^2}\right) = F_{\chi^2_{n-1}}\left(\frac{nx}{\sigma^2}\right)$$

a través de la función de distribución de la variante χ^2, F_{χ^2}.

Por ello la probabilidad pedida:

$$P(s^2 \leq 0{,}023)$$

será determinada así:

$$P(s^2 \leq 0{,}023) = F_{\chi^2_{n-1}}\left(\frac{n \cdot 0{,}023}{\sigma^2}\right)$$

donde, al ser:

$$n = 16 \quad \text{y} \quad \sigma^2 = 0{,}01$$

se sigue:

$$P(s^2 \leq 0{,}023) = F_{\chi^2_{15}}\left(\frac{16 \cdot (0{,}023)}{0{,}01}\right) = F_{\chi^2_{15}}(36{,}8)$$

y leído en tablas, el valor:

$$F_{\chi^2_{15}}(36{,}8) = 0{,}999$$

Con ello:

$$P(s^2 \leq 0{,}023) = 0{,}999$$

118. Se considera una población representada por la variante ξ, de suerte que la distribución poblacional es la distribución $N(1{,}7;\,4)$. Supuesto extraídas muestras de tamaño 10, muestreo aleatorio simple, determinar el número k, tal que la probabilidad de que el estadístico desviación típica muestral sea mayor que él, sea de 0,99.

Resolución:

Si convenimos en representar por s a la desviación típica muestral:

$$s = \sqrt{\frac{\sum_{i=1}^{n} (x_i - a_x)^2}{n}}$$

es claro que s es una función de variables aleatorias, y por tanto es una variable aleatoria. El número k, a obtener, será tal que:

$$P(s > k) = 0{,}99$$

Determinemos, entonces, la distribución de probabilidad de la variante s. Para ello obtendremos su función de distribución, que por definición es:

$$F_s(x) = P(s \leq x)$$

de donde, al ser:

$$s = \sqrt{s^2}$$

se sigue:

$$F_s(x) = P(s \leq x) = P(s^2 \leq x^2) = F_{s^2}(x^2)$$

donde F_{s^2} representa la función de distribución de la varianza muestral que sabemos, por el resultado obtenido en el problema 117, viene expresada a través de la función de distribución de la χ^2 de Pearson, F_{χ^2}, en la forma:

$$F_{s^2}(y) = F_{\chi^2_{n-1}}\left(\frac{ny}{\sigma^2}\right)$$

Por ello:

$$F_s(x) = P(s \leq x) = F_{s^2}(x^2) = F_{\chi^2_{n-1}}\left(\frac{nx^2}{\sigma^2}\right) = P\left(\chi^2_{n-1} \leq \frac{nx^2}{\sigma^2}\right)$$

Obtenida la relación existente entre la función de distribución del estadístico desviación típica muestral y la de la variante χ^2 de Pearson con $(n - 1)$ grado de libertad, el valor de k podemos obtenerlo en la forma:

$$0{,}99 = P(s > k) = P\left(\chi^2_{n-1} > \frac{nk^2}{\sigma^2}\right) = P(\chi^2_{n-1} > \chi^2_{n-1}(0{,}99))$$

esto es, determinando en las tablas de la χ^2 de Pearson el valor que a su derecha deja una probabilidad igual a 0,99, que representamos por:

$$\chi^2_{n-1}(0{,}99)$$

será, habida cuenta que si el tamaño muestral es 10, el número de grados de libertad de la χ^2 es 9:

$$P(\chi^2_9 > \chi^2_9\ (0{,}99)) = 0{,}99 \Rightarrow \chi^2_9\ (0{,}99) = 2{,}5$$

De ahí que:

$$\frac{nk^2}{\sigma^2} = 2{,}5$$

y teniendo que:

$$n = 10 \quad \text{y} \quad \sigma^2 = 4$$

es:

$$\frac{10\,k^2}{4} = 2{,}5 \Rightarrow k^2 = \frac{10}{10} = 1 \Rightarrow k = \pm 1$$

Por tanto, $k = 1$ será la solución obtenida, habida cuenta que no posee significado estadístico el hecho de que fuese -1, por la definición de la desviación típica.

119. Se consideran dos poblaciones tales que, en cada una de ellas, sus elementos se hallan clasificados respecto de cierta característica c, de suerte que la proporción de elementos que poseen tal característica es π_1 en la primera población, y π_2 en la segunda. Extraídas muestras, muestreo aleatorio simple, de tamaño n y m de la primera y segunda población, determinar:

—El valor probable
—La varianza

del estadístico «diferencia de proporciones muestrales», supuesto que las muestras obtenidas en una y otra población son independientes.

Resolución:

Si representamos por p_1 y p_2 a las proporciones de elementos que poseen la característica c, para las muestras obtenidas de cada población, habida cuenta el resultado obtenido en el problema 116, dichas proporciones son estadísticos tales que:

$$E[p_1] = \pi_1 \qquad V[p_1] = \frac{\pi_1 (1 - \pi_1)}{n}$$

$$E[p_2] = \pi_2 \qquad V[p_2] = \frac{\pi_2 (1 - \pi_2)}{m}$$

Con ello, la diferencia de proporciones:

$$p_1 - p_2$$

será una variante tal, que:

$$E[p_1 - p_2] = E[p_1] - E[p_2] = \pi_1 - \pi_2$$

$$V[p_1 - p_2] = V[p_1] + V[p_2] = \frac{\pi_1 (1 - \pi_1)}{n} + \frac{\pi_2 (1 - \pi_2)}{m}$$

puesto que si recordamos, en general, es:

$$V(\xi_1 \pm \xi_2) = V(\xi_1) + V(\xi_2) \pm 2 \operatorname{cov}(\xi_1, \xi_2)$$

y al ser, en nuestro caso p_1 y p_2 independientes, será:

$$\text{cov}(p_1, p_2) = 0$$

Nótese que si los tamaños muestrales fuesen suficientemente grandes, entonces, como consecuencia del resultado obtenido en el problema 115, las variantes p_1 y p_2 tendrían por distribución de probabilidad:

—para p_1:

$$N\left(\pi_1, \quad \sqrt{\frac{\pi_1 (1 - \pi_1)}{n}}\right)$$

—para p_2:

$$N\left(\pi_2, \quad \sqrt{\frac{\pi_2 (1 - \pi_2)}{m}}\right)$$

y, procediendo de manera análoga al problema 115, se tendrá que la distribución de probabilidad de la variante $p_1 - p_2$ sería:

$$N\left(\pi_1 - \pi_2; \quad \sqrt{\frac{\pi_1 (1 - \pi_1)}{n} + \frac{\pi_2 (1 - \pi_2)}{m}}\right)$$

120. La producción diaria de un determinado artículo, oscila entre 6.000 y 10.000 unidades. Determinar la probabilidad de que la producción media supere las 8.100 unidades, habiéndose realizado observaciones durante 320 días, y supuesto que el número de las unidades producidas en un día es independiente de las restantes.

Resolución:

Si convenimos en representar por ξ la producción diaria, aleatoria, de unidades producidas, y por $(x_1, x_2, \ldots, x_{320})$ las producciones correspondientes a los 320 días observados, las x_i, $(i = 1, 2, \ldots, 320)$, serán variantes aleatorias con igual distribución que la variante ξ, de la cual, habida cuenta que sólo sabemos que *no* es inferior a 6.000 unidades ni superior a 10.000 unidades, podemos decir que la distribución de probabilidad que le corresponde es la *uniforme*, de función de densidad:

$$f(x) = \frac{1}{4.000} \qquad \text{para} \qquad 6.000 \leq x \leq 10.000$$

$$f(x) = 0 \qquad \text{para cualquier otro valor de } x$$

Por ello, las observaciones correspondientes a los 320 días constituyen una muestra de tamaño *n*, todas con igual distribución, e igual a la uniforme, e independientes entre sí.

Así, la producción media vendrá expresada por la media muestral:

$$a_x = \frac{\sum_{i=1}^{320} x_i}{320}$$

resultando ser una variable aleatoria por cuanto que lo son las producciones diarias, x_i, y como quiera que nos desenvolvemos bajo las mismas hipótesis que en el problema 114, la media muestral posee una distribución normal, de parámetros:

$$E[a_x] = E\left[\frac{1}{320}\sum_{i=1}^{320} x_i\right] = \frac{1}{320}\sum_{i=1}^{320} E(x_i) = \frac{1}{320}\sum_{i=1}^{320} 8.000 = 8.000$$

$$V[a_x] = V\left[\frac{1}{320}\sum_{i=1}^{320} x_i\right] = \frac{1}{(320)^2}\sum_{i=1}^{320} V(x_i) = \frac{1}{(320)^2}\sum_{i=1}^{320} 1.333.333 =$$

$$= \frac{1.333.333}{320} = 4.166,7$$

De ahí que la probabilidad de que la producción media supere a 8.100 unidades:

$$P(a_x > 8.100)$$

puede ser expresada en la forma:

$$P(a_x > 8.100) = P(64,55\,\xi' + 8.000 > 8.100) = P\left(\xi' > \frac{8.100 - 8.000}{64,55}\right) =$$

$$= P\left(\xi' > \frac{100}{64,55}\right) = P(\xi' > 1,55)$$

donde ξ' representa a una variante $N(0,1)$. Leído en tablas el valor:

$$P(\xi' > 1,55) = 1 - P(\xi' \leq 1,55) = 1 - 0,93943 = 0,06057$$

resulte ser:

$$P(a_x > 8.100) = 0,06057$$

121. Se considera una población representada por una variante ξ, de suerte que θ y σ^2, representan los parámetros media y varianza poblacional, respectivamente. Si estimamos la media poblacional, θ, a través de la media muestral, a_x, comprobar que dicho estimador es *consistente*. (Supuesto extraídas muestras de tamaño n, muestreo aleatorio simple.)

Resolución:

Por definición, a_x será estimador consistente de θ, si:

$$a_x \underset{P}{\rightarrow} \theta \Leftrightarrow P(|a_x - \theta| > \epsilon) \underset{n\rightarrow\infty}{\rightarrow} 0$$

es decir, si la media muestral *converge en probabilidad* a la media poblacional.

Como del comportamiento en probabilidad de la media muestral sabemos que:

$$E[a_x] = \theta$$
$$V[a_x] = \frac{\sigma^2}{n}$$

se tendrá que, habida cuenta la desigualdad de Tchebycheff,

$$P(|a_x - \theta| > \epsilon) < \frac{V(a_x)}{\epsilon^2} = \frac{\sigma^2}{n\epsilon^2}$$

y para n suficientemente grande, $(n \rightarrow \infty)$, se sigue que

$$\frac{\sigma^2}{n\epsilon^2} \rightarrow 0$$

de donde:

$$P(|a_x - \theta| > \epsilon) \rightarrow 0$$

Por tanto, la media muestral es estimador *consistente* de la media poblacional. Nótese que este resultado es válido *cualquiera que sea el tipo de distribución poblacional*, siempre que no carezca de valor medio y varianza, habida cuenta que, al aplicar la desigualdad de Tchebycheff, *sólo* hemos hecho uso de la información que proporciona el valor probable y la varianza.

122. Se considera una población representada por una variante ξ, de suerte que θ y σ^2, representan los parámetros media y varianza poblacionales, respectivamente. Si estimamos la media poblacional, θ, a través de θ^*, definido así:

$$\theta^* = \sum_{i=1}^{n} \lambda_i x_i \quad \text{con} \quad 0 \leq \lambda_i \leq 1 \quad , \quad \sum_{i=1}^{n} \lambda_i = 1$$

esto es, θ^* es cualquier combinación lineal convexa de las componentes muestrales, comprobar que dicho estimador es un estimador insesgado. (Supuesto extraídas muestras de tamaño n, muestreo aleatorio simple.)

Resolución:

Por definición, θ^* será estimador insesgado de θ, si:

$$E[\theta^*] = 0$$

es decir, si el valor probable de θ^* es igual a la media poblacional θ.

Determinemos, pues, el valor probable de θ^*. Será:

$$E[\theta^*] = E\left[\sum_{i=1}^{n} \lambda_i x_i\right] = \sum_{i=1}^{n} \lambda_i E[x_i]$$

y como quiera que:

$$E[x_i] = E[\xi] = \theta \qquad \forall i$$

habida cuenta que todas las componentes muestrales poseen igual distribución de probabilidad e igual a la distribución poblacional, por ser el muestreo considerado aleatorio simple, se tendrá:

$$E[\theta^*] = \sum_{i=1}^{n} \lambda_i \cdot \theta = \theta \sum_{i=1}^{n} \lambda_i = \theta$$

ya que θ, media poblacional, es constante, y

$$\sum_{i=1}^{n} \lambda_i = 1$$

por ser los λ_i los parámetros correspondientes a la combinación lineal convexa.

Por ello, podemos afirmar que θ^*, así definido, es estimador insesgado de la media poblacional.

Nótese, entonces, como casos particulares que:

a) La media muestral, a_x, es estimador insesgado de la media poblacional, θ, por cuanto la media muestral puede ser expresada en la forma:

$$a_x = \frac{1}{n} x_1 + \frac{1}{n} x_2 + \cdots + \frac{1}{n} x_n$$

en donde los coeficientes λ_i son ahora todos iguales entre sí, e iguales a:

$$\frac{1}{n} = \lambda_i \qquad \forall i$$

y, por tanto:

$$0 \leq \lambda_i = \frac{1}{n} \leq 1 \qquad\qquad \sum_{i=1}^{n} \lambda_i = \sum_{i=1}^{n} \frac{1}{n} = 1$$

esto es, la media muestral viene definida como una combinación lineal convexa de las componentes muestrales.

b) Si se tomara como estimador de la media poblacional, θ, cualquier componente muestral, x_i, sería un estimador insesgado, ya que:

$$x_i = 0 \cdot x_1 + 0 \cdot x_2 + \cdots + 0 \cdot x_{i-1} + 1 \cdot x_i + 0 \cdot x_{i+1} + \cdots + 0 \cdot x_m$$

esto es, cada componente muestral x_i puede expresarse como combinación lineal convexa de las componentes muestrales, siendo en este caso, los coeficientes de la combinación:

$$\lambda_i = 1$$

$$\lambda_j = 0 \qquad \forall i \neq j$$

y, por tanto:

$$0 \leq \lambda_i = 1 \leq 1$$

$$0 \leq \lambda_j = 0 \leq 1 \qquad \forall i \neq j$$

y:

$$\sum_{1}^{n} \lambda_i = \lambda_i = 1$$

123. Se considera una población representada por una variante ξ, de suerte que la distribución poblacional viene definida por la función de densidad:

$$f(x, \theta) = \frac{1}{\theta} \qquad \text{para} \qquad 0 \leq x \leq \theta$$

$$f(x, \theta) = 0 \qquad \text{para cualquier otro valor de } x$$

Si estimamos el parámetro θ a través de:

1) La media muestral, a_x, ¿es insesgado dicho estimador?
2) θ^*, definido así:

$$\theta^* = k\, a_x$$

determinar el valor de k, para que θ^* sea un estimador insesgado de θ.

En ambos casos, se supone, extraídas muestras de tamaño n, muestreo aleatorio simple.

Resolución:

1) Por definición, a_x será estimador insesgado del parámetro θ, si:

$$E[a_x] = \theta$$

esto es, si el valor probable de la media muestral es igual al parámetro θ a estimar.

Como, cualquiera que sea la distribución de probabilidad poblacional, sabemos, acerca del comportamiento en probabilidad de la media muestral, que su valor probable es igual a la media poblacional, al ser en este caso la distribución poblacional uniforme, se tendrá que:

$$E[a_x] = \frac{\theta}{2} \neq \theta$$

y por tanto, podremos afirmar que la media muestral *no* es un estimador insesgado de parámetro θ.

2) Análogamente, θ^* definido así:

$$\theta^* = k\, a_x$$

será un estimador insesgado del parámetro θ, si:

$$E[\theta^*] = \theta$$

Habida cuenta, entonces, la definición del estimador θ^*, se tiene que:

$$E[\theta^*] = E[k\, a_x] = k\, E[a_x] = k\, \frac{\theta}{2}$$

puesto que, del resultado del apartado 1), es:

$$E[a_x] = \frac{\theta}{2}$$

Por tanto, para que:

$$E[\theta^*] = \theta$$

habrá de ser:

$$k\frac{\theta}{2} = \theta$$

de donde se sigue que:

$$k = 2$$

De esta forma, θ^* definido:

$$\theta^* = 2\,a_x$$

es un estimador insesgado del parámetro θ.

124. Se considera una población representada por una variante ξ, de suerte que la distribución poblacional es:

$$N(\theta,\ \sigma)$$

Si estimamos la media poblacional, θ, a través de la media muestral, a_x, comprobar que dicho estimador es *eficiente*. (Supuesto extraídas muestras de tamaño n, muestreo aleatorio simple.)

Resolución:

Por definición, a_x será un estimador eficiente de θ, si:

$$E[a_x] = \theta$$
$$V[a_x] = \text{mínima}$$

Esto es, si la media muestral, a_x, es estimador insesgado y de mínima varianza de la media poblacional, θ.

Por ser la distribución poblacional $N(\theta, \sigma)$, sabemos que la media muestral posee una distribución:

$$N\left(\theta, \frac{\sigma}{\sqrt{n}}\right)$$

de ahí que:

$$E[a_x] = \theta$$
$$V[a_x] = \frac{\sigma^2}{n}$$

de donde se sigue que, por ser:

$$E[a_x] = \theta$$

la media muestral es un estimador insesgado de la media poblacional.

Pasemos entonces a comprobar si es estimador de mínima varianza. Para ello tendremos que comprobar que su varianza coincide con la *cota mínima* proporcionada por la desigualdad de Cramer-Rao que, en nuestro caso, al ser el muestreo aleatorio simple y saber, ya, que a_x es estimador insesgado de θ, vendrá expresada en la forma:

$$\frac{1}{nE\left[\frac{\partial \log f(x, \theta)}{\partial \theta}\right]^2}$$

donde $f(x, \theta)$ representa la función de densidad poblacional.

Determinemos, pues, esta *cota*. Al ser la distribución poblacional:

$$N(\theta, \sigma)$$

la función de densidad poblacional será:

$$f(x, \theta) = \frac{1}{\sigma\sqrt{2\pi}} e^{-(1/2)[(x-\theta)^2/\sigma^2]}$$

donde, tomando logaritmos neperiamos, se tiene:

$$\log f(x, \theta) = \log \frac{1}{\sigma\sqrt{2\pi}} - \frac{1}{2} \frac{(x-\theta)^2}{\sigma^2}$$

y derivando respecto de θ:

$$\frac{\partial \log f(x, \theta)}{\partial \theta} = \frac{\partial}{\partial \theta}\left[\log \frac{1}{\sigma\sqrt{2\pi}} - \frac{1}{2} \frac{(x-\theta)^2}{\sigma^2}\right] = \frac{\partial}{\partial \theta}\left[\log \frac{1}{\sigma\sqrt{2\pi}}\right] +$$
$$+ \frac{\partial}{\partial \theta}\left[-\frac{1}{2} \frac{(x-\theta)^2}{\sigma^2}\right] = -\frac{1}{2} \frac{2(x-\theta)(-1)}{\sigma^2} = \frac{x-\theta}{\sigma^2}$$

puesto que, al ser:

$$\log \frac{1}{\sigma\sqrt{2\pi}}$$

independiente de θ, es:

$$\frac{\partial}{\partial\theta}\left[\log \frac{1}{\sigma\sqrt{2\pi}}\right] = 0$$

Por ello:

$$E\left[\frac{\partial \log f(x, \theta)}{\partial\theta}\right]^2 = E\left[\frac{x - \theta}{\sigma^2}\right]^2 = \frac{1}{\sigma^4}E[x - \theta]^2 = \frac{1}{\sigma^4}\sigma^2$$

puesto que, por definición:

$$E[x - \theta]^2 = \sigma^2$$

al ser θ el valor probable de ξ.

De ahí que:

$$\frac{1}{nE\left[\frac{\partial \log f(x, \theta)}{\partial\theta}\right]^2} = \frac{1}{n\frac{1}{\sigma^2}} = \frac{\sigma^2}{n}$$

resultando ser la cota mínima para la varianza, igual a:

$$\frac{\sigma^2}{n}$$

Como el estimador media muestral es tal que, su varianza, $V[a_x] = \frac{\sigma^2}{n}$, coincide con dicha cota mínima, será por tanto un estimador de mínima varianza de la media poblacional.

Por ello, al ser la media muestral estimador:

—insesgado

y de:

—mínima varianza

de la media poblacional, podremos afirmar que es un estimador *eficiente*.

125. Si estimamos el parámetro poblacional θ, de una población $N(\theta, \sigma)$, a través de la primera componente muestral, x_1, supuesto extraídas muestras de tamaño n, muestreo aleatorio simple, establecer si dicho estimador:

1) Es consistente.
2) Es eficiente.

Resolución:

Si el muestreo utilizado es el aleatorio simple, muestras de tamaño n:

$$X \equiv (x_1, x_2, ..., x_n)$$

la primera componente muestral x_1 es una variante aleatoria que depende, obviamente, de la muestra X; es, pues, un estadístico. Tomado como estimador de la media poblacional θ:

1) Es consistente si converge en probabilidad al parámetro a estimar:

$$x_1 \underset{P}{\rightarrow} \theta$$

esto es, si

$$P[|x_1 - \theta| < \epsilon] \underset{n \to \infty}{\longrightarrow} 1$$

Como quiera que por ser el muestreo considerado el aleatorio simple, todas las componentes muestrales poseen igual distribución e igual a la distribución poblacional, la primera componente muestral es una variante cuya distribución de probabilidad será, por tanto:

$$N(\theta, \sigma)$$

esto es, su distribución de probabilidad es independiente del tamaño muestral. Por ello *no* será un estimador consistente.

2) Es eficiente si es un estimador insesgado y de varianza mínima. Por lo dicho en el apartado 1), se tiene que:

$$E[x_1] = \theta$$
$$V[x_1] = \sigma^2$$

con lo que podemos afirmar que es un estimador insesgado. Comprobemos, entonces, si es un estimador de mínima varianza.

Para ello, determinemos la cota mínima para la varianza, que, habida cuenta que es insesgado el estimador x_1, vendrá expresada en la forma:

$$\frac{1}{nE\left[\dfrac{\partial \log f(x, \theta)}{\partial \theta}\right]^2}$$

Como:

$$f(x, \theta) = \frac{1}{\sigma\sqrt{2\pi}} e^{-(1/2)[(x-\theta)^2/\sigma^2]}$$

resulta ser:

$$\log f(x, \theta) = -\log(\sigma\sqrt{2\pi}) - \frac{1}{2}\frac{(x-\theta)^2}{\sigma^2}$$

y:

$$\frac{\partial \log f(x, \theta)}{\partial \theta} = \frac{\partial}{\partial \theta}\left[-\log(\sigma\sqrt{2\pi}) - \frac{1}{2}\frac{(x-\theta)^2}{\sigma^2}\right] =$$

$$= \frac{\partial}{\partial \theta}\left[-\log(\sigma\sqrt{2\pi})\right] + \frac{\partial}{\partial \theta}\left[-\frac{1}{2}\frac{(x-\theta)^2}{\sigma^2}\right] = \frac{x-\theta}{\sigma^2}$$

De ahí que:

$$E\left[\frac{(x-\theta)^2}{\sigma^4}\right] = \frac{1}{\sigma^4}E[(x-\theta)^2] = \frac{1}{\sigma^4}\sigma^2 = \frac{1}{\sigma^2}$$

por ser $E[(x-\theta)^2]$, la expresión de la varianza poblacional.

Así:

$$\frac{1}{nE\left[\dfrac{\partial \log f(x, \theta)}{\partial \theta}\right]^2} = \frac{1}{n \cdot \dfrac{1}{\sigma^2}} = \frac{\sigma^2}{n}$$

Al ser, pues, la cota mínima para la varianza:

$$\frac{\sigma^2}{n}$$

y la varianza del estimador x_1:

$$V[x_1] = \sigma^2$$

resulta que:

$$V[x_1] < \frac{\sigma^2}{n} \qquad \forall n \qquad (n > 1)$$

por lo que, x_1 *no* es un estimador eficiente de la media poblacional θ.

126. Se considera una población representada por la variante ξ, de suerte que la distribución de probabilidad de la población viene definida por la función de densidad:

$$f(x, \theta) = \frac{1}{\theta} e^{-(1/\theta)x} \qquad \text{para} \qquad 0 \leq x$$

$$f(x, \theta) = 0 \qquad \text{para cualquier otro valor de } x$$

Si estimamos el parámetro poblacional θ, a través de la media muestral, a_x, comprobar que dicho estimador es:

1) Consistente.
2) Insesgado.
3) Eficiente.

(Supuesto extraídas muestras de tamaño n, muestreo aleatorio simple.)

Resolución:

Habida cuenta que, cualquiera que sea el tipo de distribución poblacional, del comportamiento en probabilidad de la variante media muestral conocemos su valor probable, que coincide con la media poblacional, y su varianza, que es igual a la varianza poblacional dividida por el tamaño muestral, para, en este caso, especificar esos resultados, hemos de determinar en primer lugar la media poblacional y la varianza poblacional.

Dichos parámetros poblacionales vendrán dados por:

$$E[\xi] = \int_0^{+\infty} x \frac{1}{\theta} e^{-(1/\theta)x}\, dx \quad ; \quad V(\xi) = \int_0^{+\infty} x^2 \frac{1}{\theta} e^{-(1/\theta)x}\, dx - \left[\int_0^{+\infty} x \frac{1}{\theta} e^{-(1/\theta)x}\, dx\right]$$

habida cuenta la definición de la función de densidad poblacional.

Para determinar dichas integrales, efectuaremos, para ambas, el cambio de variable:

$$x = \theta t \Rightarrow dx = \theta\, dt$$

siendo para

$$x = 0 \quad , \quad t = 0$$

y para

$$x = +\infty \quad , \quad t = +\infty$$

con lo que:

a)

$$\int_0^{+\infty} x \frac{1}{\theta} e^{-(1/\theta)x} \, dx = \int_0^{+\infty} t \, e^{-t} \, \theta \, dt = \theta \int_0^{+\infty} t \, e^{-t} \, dt = \theta \Gamma(2) = \theta$$

b)

$$\int_0^{+\infty} x^2 \frac{1}{\theta} e^{-(1/\theta)x} \, dx = \int_0^{+\infty} \theta^2 t^2 \frac{1}{\theta} e^{-t} \, \theta \, dt = \theta^2 \int_0^{+\infty} t^2 \, e^{-t} \, dt = \theta^2 \Gamma(3) = 2\theta^2$$

puesto que:

$$\Gamma(2) = 1 \quad , \quad \Gamma(3) = 2! = 2$$

De ahí que, el valor probable y la varianza poblacional sean:

$$E[\xi] = \theta$$
$$V[\xi] = 2\theta^2 - \theta^2 = \theta^2$$

y por tanto, la media muestral será tal que:

$$E[a_x] = \theta$$
$$V[a_x] = \frac{\theta^2}{n}$$

Pasemos, ya, a comprobar si a_x tomado como estimador del parámetro θ verifica las propiedades requeridas en el enunciado.

1) Consistente: la respuesta es afirmativa, habida cuenta que, tal y como hemos visto, la media poblacional es θ, y del resultado del problema 121, sabe-

mos que la media muestral es estimador consistente de la media poblacional, cualquiera que sea la distribución que ésta posea.

2) Insesgado: la respuesta es afirmativa, ya que por lo dicho anteriormente, θ es la media poblacional, y la media muestral es tal que su valor probable coincide con la media poblacional:

$$E[a_x] = \theta$$

3) Eficiente: como, por definición, a_x será estimador eficiente de θ, si es un estimador insesgado y de mínima varianza del parámetro θ, teniendo en cuenta, por el apartado 2), que sabemos que es insesgado, sólo nos resta verificar si a_x es estimador de mínima varianza.

Para ello, determinaremos la cota mínima para la varianza que, al ser el muestreo que se considera aleatorio simple, vendrá expresada en la forma:

$$\frac{1}{nE\left[\dfrac{\partial \log f(x, \theta)}{\partial \theta}\right]^2}$$

por cuanto que el estimador, empleado, a_x, es insesgado.

Tendremos, pues, que al ser:

$$f(x, \theta) = \frac{1}{\theta} e^{-(1/\theta)x} \qquad \text{para} \qquad 0 \leq x$$

será:

$$\log f(x, \theta) = \log \left[\frac{1}{\theta} e^{-(1/\theta)x}\right] = -\log \theta - \frac{1}{\theta} x$$

de donde:

$$\frac{\partial}{\partial \theta}[\log f(x, \theta)] = \frac{\partial}{\partial \theta}\left[-\log \theta - \frac{1}{\theta} x\right] = \frac{\partial}{\partial \theta}[-\log \theta] + \frac{\partial}{\partial \theta}\left[-\frac{1}{\theta} x\right] =$$

$$= -\frac{1}{\theta} + \frac{1}{\theta^2} x = \frac{x}{\theta^2} - \frac{1}{\theta} = \frac{x - \theta}{\theta^2}$$

De ahí que:

$$E\left[\frac{\partial \log f(x, \theta)}{\partial \theta}\right]^2 = E\left[\frac{(x - \theta)^2}{\theta^4}\right] = \frac{1}{\theta^4} E[x - \theta]^2 = \frac{1}{\theta^4}\theta^2 = \frac{1}{\theta^2}$$

puesto que, al ser θ la media poblacional, es $E[x - \theta]^2$ la varianza poblacional.

Con ello:

$$\frac{1}{nE\left[\frac{\partial \log f(x, \theta)}{\partial \theta}\right]^2} = \frac{1}{n \cdot \frac{1}{\theta^2}} = \frac{\theta^2}{n}$$

Al ser, pues, la varianza del estimador a_x, igual a:

$$V[a_x] = \frac{\theta^2}{n}$$

que coincide con la cota mínima para la varianza, podemos afirmar que a_x es un estimador de mínima varianza del parámetro θ, y, como ya sabemos que es insesgado, resultará ser la media muestral un estimador *eficiente* del parámetro θ.

127. Se considera una población representada por la variante ξ, de suerte que la distribución de probabilidad de la población viene definida así:

$$P(\xi = x) = \frac{\theta^x}{x!} e^{-\theta} \qquad \text{para} \qquad x = 0, 1, 2, \ldots$$

esto es, la distribución poblacional es una distribución de Poisson. Si estimamos el parámetro poblacional θ, a través de la media muestral a_x, comprobar que dicho estimador es *eficiente* (supuesto extraídas muestras de tamaño n, muestreo aleatorio simple).

Resolución:

Por definición, el estimador a_x será un estimador eficiente del parámetro θ, si es un estimador insesgado y de varianza mínima. Como acerca del comportamiento en probabilidad de la media muestral sabemos que:

$$E[a_x] = \theta$$

$$V[a_x] = \frac{\theta}{n}$$

ya que al ser la distribución poblacional una distribución de Poisson, es:

$$E[\xi] = \theta \quad , \quad V[\xi] = \theta$$

se seguirá que a_x es un estimador insesgado del parámetro θ, y restará comprobar que es de mínima varianza.

Para ello determinemos la cota mínima para la varianza, dada por la expresión:

$$\frac{1}{nE\left[\frac{\partial \log P(x,\ \theta)}{\partial \theta}\right]^2}$$

al ser, como hemos dicho anteriormente, insesgado el estimador a_x.

Se tendrá:

$$P(x,\ \theta) = \frac{\theta^x}{x!} e^{-\theta}$$

y

$$\log P(x,\ \theta) = \log \left[\frac{\theta^x}{x!} e^{-\theta}\right] = x \log \theta - \log x! - \theta$$

Derivando con respecto a θ:

$$\frac{\partial}{\partial \theta} [\log P(x,\ \theta)] = \frac{\partial}{\partial \theta} [x \log \theta - \log x! - \theta] =$$

$$= \frac{\partial}{\partial \theta} [x \log \theta] + \frac{\partial}{\partial \theta} [-\log x!] + \frac{\partial}{\partial \theta} [-\theta] =$$

$$= \frac{x}{\theta} - 1 = \frac{x - \theta}{\theta}$$

será:

$$E\left[\frac{\partial \log P(x,\ \theta)}{\partial \theta}\right]^2 = E\left[\frac{(x - \theta)^2}{\theta^2}\right] = \frac{1}{\theta^2} E[(x - \theta)^2] = \frac{1}{\theta^2}\theta = \frac{1}{\theta}$$

habida cuenta que $E[(x - \theta)^2]$ representa la esperanza de las desviaciones al cuadrado de la variante poblacional a su media, θ, que por definición es la varianza de la variable, y siendo la distribución poblacional la distribución de Poisson, dicha varianza es, también, igual a θ.

Con ello, la cota mínima para la varianza resulta ser:

$$\frac{1}{nE\left[\frac{\partial \log P(x,\ \theta)}{\partial \theta}\right]^2} = \frac{1}{n\frac{1}{\theta}} = \frac{\theta}{n}$$

y como la varianza de la media muestral es:

$$V[a_x] = \frac{\theta}{n}$$

el estimador a_x será un estimador de mínima varianza del parámetro θ, y al ser, también, insesgado es, por último, un estimador eficiente del parámetro θ.

128. Se considera una población representada por una variante ξ, de suerte que la distribución poblacional, viene definida así:

$$P(\xi = x) = \frac{\theta^x}{x!} e^{-\theta} \qquad \text{para } x = 0, 1, 2, \ldots$$

esto es, la distribución poblacional es una distribución de Poisson. Determinar el estimador de máxima verosimilitud del parámetro poblacional θ (supuesto extraídas muestras de tamaño n, muestreo aleatorio simple).

Resolución:

Por definición, el estimador de máxima verosimilitud de θ, será aquel, θ^*, que haga máxima la probabilidad de obtener la muestra, esto es, que haga máxima a la función de verosimilitud:

$$P(X/\theta)$$

Determinemos, entonces, la función de verosimilitud. Como quiera que las componentes muestrales son independientes en probabilidad, todas con igual distribución e igual a la distribución poblacional, puesto que el muestreo que se considera es el aleatorio simple, se tendrá que la probabilidad de obtener la muestra:

$$X \equiv (x_1\ x_2, \ldots, x_n)$$

probabilidad conjunta de las n variantes x_i, vendrá dada, habida cuenta la independencia, como producto de las probabilidades correspondientes a cada una de las componentes muestrales:

$$P(X/\theta) = P(x_1/\theta)\, P(x_2/\theta) \ldots P(x_n/\theta)$$

y en nuestro caso, al poseer todas las variantes x_i la distribución de Poisson, distribución poblacional, será:

$$P(X/\theta) = \left(\frac{\theta^{x_1}}{x_1!} e^{-\theta}\right) \left(\frac{\theta^{x_2}}{x_2!} e^{-\theta}\right) \ldots \left(\frac{\theta^{x_n}}{x_n!} e^{-\theta}\right) = \frac{\theta^{\sum_{i=1}^{n} x_i}}{\prod_{i=1}^{n} (x_i!)} e^{-n\theta}$$

Así pues, el valor de θ, θ^*, que haga máxima a esta función, es el estimador de máxima verosimilitud. Si se observa que, tal y como el problema está planteado, *no* nos interesa tanto el máximo de dicha función, sino *donde esté localizado* dicho máximo, (*el valor de* θ que haga máxima a la función), y verificándose, como sabemos, para cualquiera que sea la función:

$$g(x)$$

que esta función $g(x)$, y la función:

$$\log[g(x)]$$

tienen *localizados* sus máximos y mínimos en los mismos puntos, podemos proceder a determinar el valor de θ que haga máxima a la función de verosimilitud, a través del valor de θ que haga máxima a la función logaritmo neperiano de la función de verosimilitud:

$$\log P(X/\theta)$$

que es la llamada *segunda* función de verosimilitud.

Con ello, resulta, en nuestro caso:

$$\log P(X/\theta) = \log\left[\frac{\theta^{\sum_{i=1}^{n} x_i}}{\prod_{i=1}^{n} (x_i!)} e^{-n\theta}\right] =$$

$$= \left(\sum_{i=1}^{n} x_i\right) \log\theta - n\theta - \log\left[\prod_{i=1}^{n} (x_i!)\right]$$

y derivando con respecto a θ:

$$\frac{\partial}{\partial\theta}[\log P(X/\theta)] = \frac{\partial}{\partial\theta}\left[\left(\sum_{i=1}^{n} x_i\right)\log\theta - n\theta - \log\left(\prod_{i=1}^{n}(x_i!)\right)\right] =$$

$$= \frac{\partial}{\partial\theta}\left[\left(\sum_{i=1}^{n} x_i\right)\log\theta\right] - \frac{\partial}{\partial\theta}(n\theta) - \frac{\partial}{\partial\theta}\left[\log\left(\prod_{i=1}^{n}(x_i!)\right)\right] =$$

$$= \left(\sum_{i=1}^{n} x_i\right)\frac{1}{\theta} - n$$

por cuanto que

$$\log\prod_{i=1}^{n}(x_i!)$$

no depende de θ, y por tanto su derivada con respecto a θ es cero.

Igualando a cero la derivada:

$$\frac{\partial}{\partial \theta}[\log P(X/\theta)] = 0$$

resulta, pues, la ecuación:

$$\left(\sum_{i=1}^{n} x_i\right)\frac{1}{\theta} - n = 0$$

cuya solución es:

$$\theta^* = \frac{\sum_{i=1}^{n} x_i}{n}$$

Así, el estimador de máxima verosimilitud del parámetro θ, es:

$$\theta^* = a_x$$

o sea, la media muestral.

129. Se considera una población representada por la variante ξ, de suerte que la distribución poblacional es la distribución binomial. Determinar el estimador, por el método de la máxima verosimilitud, del parámetro poblacional θ, (supuesto efectuadas n observaciones, cada una de las cuales ha consistido en extraer h elementos de la población).

***Resolución*:**

Por definición, el estimador de máxima verosimilitud de θ, es aquél, θ^*, que haga máxima la probabilidad de obtener la muestra, esto es, que haga máxima a la función de verosimilitud:

$$P(X/\theta)$$

Como quiera que las componentes muestrales son variantes independientes en probabilidad, todas con igual distribución e igual a la distribución poblacional, puesto que el muestreo que se considera es el aleatorio simple, se tendrá que la probabilidad de obtener la muestra:

$$X \equiv (x_1, x_2, \ldots, x_n)$$

probabilidad conjunta de las n variantes x_i, vendrá dado como producto de las probabilidades correspondientes a cada una de las componentes muestrales:

$$P(X/\theta) = P(x_1/\theta)\, P(x_2/\theta) \ldots P(x_n/\theta)$$

y, en nuestro caso, al poseer todas las variantes x_i la distribución binominal, distribución poblacional, será:

$$P(X/\theta) = \left[\binom{h}{x_1} \theta^{x_1} (1-\theta)^{h-x_1}\right] \left[\binom{h}{x_2} \theta^{x_2} (1-\theta)^{h-x_2}\right] \ldots \left[\binom{h}{x_n} \theta^{x_n} (1 - \theta)^{h-x_n}\right] = \left[\binom{h}{x_1}\binom{h}{x_2}\ldots\binom{h}{x_n}\right] \theta^{\sum_{i=1}^{n} x_i} (1-\theta)^{\sum_{i=1}^{n}(h-x_i)}$$

Así, el valor de θ, θ^*, que haga máxima a esta función es el estimador de máxima verosimilitud de θ. Procediendo de manera análoga al problema 128, se seguirá que el valor de θ^* que haga máxima a la función de verosimilitud será el mismo que haga máxima a la función logaritmo neperiano de la función de verosimilitud:

$$\log P(X/\theta)$$

que resulta ser:

$$\log P(X/\theta) = \log \left[\left[\binom{h}{x_1}\binom{h}{x_2}\ldots\binom{h}{x_n}\right] \theta^{\sum_{i=1}^{n} x_i} (1-\theta)^{\sum_{i=1}^{n}(h-x_i)}\right] =$$

$$= \log\left[\prod_{i=1}^{n}\binom{h}{x_i}\right] + \left(\sum_{i=1}^{n} x_i\right)\log\theta + \left(\sum_{i=1}^{n}(h-x_i)\right)\log(1-\theta)$$

y derivando con respecto a θ:

$$\frac{\partial}{\partial\theta}[\log P(X/\theta)] = \frac{\partial}{\partial\theta}\left[\log\prod_{i=1}^{n}\binom{h}{x_i}\right] + \frac{\partial}{\partial\theta}\left[\left(\sum_{i=1}^{n} x_i\right)\log\theta\right] +$$

$$+ \frac{\partial}{\partial\theta}\left[\left(\sum_{i=1}^{n}(h-x_i)\right)\log(1-\theta)\right] =$$

$$= \left(\sum_{i=1}^{n} x_i\right)\frac{1}{\theta} - \frac{1}{1-\theta}\left(\sum_{i=1}^{n}(h-x_i)\right)$$

e igualando a cero la derivada:

$$\frac{\partial}{\partial\theta}[\log P(X/\theta)] = 0$$

resultará la ecuación:

$$\frac{1}{\theta}\left(\sum_{i=1}^{n} x_i\right) - \frac{1}{1-\theta}\left(\sum_{i=1}^{n} (h - x_i)\right) = 0$$

que puede escribirse en la forma:

$$\frac{\sum_{i=1}^{n} x_i}{\theta} = \frac{1}{1-\theta}\left(n\,h - \sum_{i=1}^{n} x_i\right)$$

o bien:

$$\sum_{i=1}^{n} x_i - \theta\left(\sum_{i=1}^{n} x_i\right) = n\,h\,\theta - \left(\sum_{i=1}^{n} x_i\right)\theta \Rightarrow \sum_{i=1}^{n} x_i = n\,h\,\theta$$

cuya solución:

$$\theta^* = \frac{\sum_{i=1}^{n} x_i}{n\,h} = \frac{a_x}{h}$$

es el estimador de máxima verosimilitud del parámetro θ.

130. Se considera una población representada por la variante ξ, de suerte que la distribución poblacional viene definida así:

$$P(\xi = x) = \theta(1-\theta)^{x-1} \qquad \text{para } x = 1, 2, 3, \ldots \qquad \text{con} \qquad 0 \leq \theta \leq 1$$

Determinar el estimador, por el método de la máxima verosimilitud, del parámetro poblacional θ (supuesto extraídas muestras de tamaño n, muestreo aleatorio simple).

Resolución:

Por definición, el estimador de máxima verosimilitud del parámetro θ, será aquel, θ^*, tal que haga máxima la probabilidad de obtener la muestra, esto es, que haga máxima a la función de verosimilitud:

$$P(X/\theta)$$

Como quiera que las componentes muestrales son variantes independientes en probabilidad, todas con igual distribución e igual a la distribución poblacional, puesto que el muestreo que se considera es el aleatorio simple, se tendrá que la probabilidad de obtener la muestra:

$$X \equiv (x_1, x_2, ..., x_n)$$

probabilidad conjunta de las n variantes x_i, vendrá dada como producto de las probabilidades correspondientes a cada una de las componentes muestrales:

$$P(X/\theta) = P(x_1/\theta)\, P(x_2/\theta) \ldots P(x_n/\theta)$$

y, en nuestro caso:

$$P(X/\theta) = [\theta\,(1-\theta)^{x_1-1}]\,[\theta\,(1-\theta)^{x_2-1}] \ldots [\theta\,(1-\theta)^{x_n-1}] =$$

$$= \theta^n\,(1-\theta)^{\sum\limits_{i=1}^{n} x_i - n}$$

Así, el valor de θ, θ^*, que haga máxima a esta función es el estimador de máxima verosimilitud de θ. Procediendo de manera análoga al problema 128, se seguirá que el valor de θ^* que haga máxima a la función de verosimilitud, será el mismo que haga máxima a la función logaritmo neperiano de la función de verosimilitud:

$$\log P(X/\theta)$$

que resulta ser:

$$\log P(X/\theta) = \log \left[\theta^n (1-\theta)^{\sum\limits_{i=1}^{n} x_i - n}\right] =$$

$$= n \log \theta + \left(\sum_{i=1}^{n} x_i - n\right) \log\,(1-\theta)$$

y derivando con respecto a θ:

$$\frac{\partial}{\partial\theta}[\log P(X/\theta)] = \frac{\partial}{\partial\theta}\left[n \log\theta + \left(\sum_{i=1}^{n} x_i - n\right)\log\,(1-\theta)\right] =$$

$$= \frac{\partial}{\partial\theta}[n\log\theta] + \frac{\partial}{\partial\theta}\left[\left(\sum_{i=1}^{n} x_i - n\right)\log\,(1-\theta)\right] =$$

$$= \frac{n}{\theta} - \frac{1}{1-\theta}\left(\sum_{i=1}^{n} x_i - n\right)$$

e igualando a cero la derivada:

$$\frac{\partial}{\partial\theta}[\log P(X/\theta)] = 0$$

resultará la ecuación:

$$\frac{n}{\theta} - \frac{1}{1-\theta} - \left(\sum_{i=1}^{n} x_i - n\right) = 0$$

que puede escribirse en la forma:

$$\frac{n}{\theta} = \frac{\sum_{i=1}^{n} x_i - n}{1-\theta} \Rightarrow n - n\theta = \left(\sum_{i=1}^{n} x_i\right)\theta - n\theta \Rightarrow n = \left(\sum_{i=1}^{n} x_i\right)\theta$$

cuya solución:

$$\theta^* = \frac{n}{\sum_{i=1}^{n} x_i} = \frac{1}{a_x}$$

es el estimador de máxima verosimilitud del parámetro θ.

131. Se considera una población representada por la variante ξ, de suerte que la distribución poblacional viene definida por la función de densidad:

$$f(x, \theta) = \frac{1}{\theta} e^{-(1/\theta)x} \qquad \text{para} \qquad 0 \leq x$$

$$f(x, \theta) = 0 \qquad \text{para cualquier otro valor de } x$$

Determinar el estimador, por el método de la máxima verosimilitud, del parámetro poblacional θ (supuesto extraídas muestras de tamaño n, muestreo aleatorio simple).

Resolución:

Por definición, el estimador de máxima verosimilitud del parámetro poblacional θ, será aquel, θ^*, que haga máxima la probabilidad de obtener la muestra, esto es, que haga máxima a la función de verosimilitud:

$$P(X/\theta)$$

Determinemos, entonces, la función de verosimilitud. Como quiera que las componentes muestrales son independientes en probabilidad, todas con igual distribución e igual a la distribución poblacional, puesto que el muestreo que se considera es el aleatorio simple, se tendrá que la probabilidad de obtener la muestra:

$$X \equiv (x_1, x_2, \ldots, x_n)$$

probabilidad conjunta de las n variantes x_i, vendrá expresada, teniendo en cuenta que la distribución de probabilidad poblacional es de tipo continuo, a través de la función de densidad conjunta:

$$f(X, \theta) = f(x_1, x_2, \ldots, x_n; \theta)$$

y, por ser las variantes x_i independientes, podrá expresarse en la forma:

$$f(x_1, x_2, \ldots, x_n, \theta) = f(x_1, \theta) \cdot f(x_2, \theta) \ldots f(x_n, \theta)$$

y, en nuestro caso, al poseer todas las variantes la misma distribución, la de la población, será:

$$f(X, \theta) = \left(\frac{1}{\theta} e^{-(1/\theta)x_1}\right)\left(\frac{1}{\theta} e^{-(1/\theta)x_2}\right) \cdots \left(\frac{1}{\theta} e^{-(1/\theta)x_n}\right) =$$

$$= \frac{1}{\theta^n} e^{-(1/\theta) \sum_{i=1}^{n} x_i}$$

Así, el valor de θ, θ^*, que haga máxima a esta función es el estimador de máxima verosimilitud. Procediendo de forma análoga al problema 128, puesto que la localización del máximo de la función:

$$f(X, \theta)$$

es la misma que la de la función:

$$\log f(X, \theta)$$

podemos proceder a determinar el valor de θ que haga máxima a la función de verosimilitud, a través del valor de θ que haga máxima a la función logaritmo neperiano de la función de verosimilitud.

Con ello, resulta, en nuestro caso:

$$\log f(X, \theta) = \log\left(\frac{1}{\theta^n} e^{-(1/\theta) \sum_{i=1}^{n} x_i}\right) = \log 1 - \log \theta^n - \frac{1}{\theta}\left(\sum_{i=1}^{n} x_i\right) =$$

$$= -n \log \theta - \frac{1}{\theta}\left(\sum_{i=1}^{n} x_i\right)$$

y derivando con respecto a θ:

$$\frac{\partial}{\partial\theta}\left[-n\log\theta-\frac{1}{\theta}\left(\sum_{i=1}^{n}x_i\right)\right]=\frac{\partial}{\partial\theta}\left[-n\log\theta\right]-\frac{\partial}{\partial\theta}\left[\frac{1}{\theta}\left(\sum_{i=1}^{n}x_i\right)\right]=$$

$$=-n\frac{1}{\theta}+\frac{1}{\theta^2}\left(\sum_{i=1}^{n}x_i\right)$$

Igualando a cero la derivada:

$$\frac{\partial}{\partial\theta}[\log f(X,\theta)]=0$$

resulta, pues, la ecuación:

$$-n\frac{1}{\theta}+\frac{1}{\theta^2}\left(\sum_{i=1}^{n}x_i\right)=0$$

cuya solución es:

$$\theta^*=\frac{\sum_{i=1}^{n}x_i}{n}=a_x$$

Así, el estimador de máxima verosimilitud del parámetro θ, es:

$$\theta^*=a_x$$

o sea, la media muestral.

132. Se considera una población representada por una variante ξ, de suerte que la distribución poblacional viene definida por la función de densidad:

$$f(x,\theta)=\theta\, e^{-\theta x} \quad \text{para} \quad \theta\le x$$
$$f(x,\theta)=0 \quad \text{para cualquier otro valor de } x$$

Determinar el estimador, por el método de la máxima verosimilitud, del parámetro poblacional θ. (Supuesto extraídas muestras de tamaño n, muestreo aleatorio simple.)

Resolución:

Por definición, el estimador de máxima verosimilitud del parámetro poblacional

θ, será aquel, θ^*, que haga máxima la probabilidad de obtener la muestra, esto es, que haga máxima a la función de verosimilitud:

$$P(X/\theta)$$

Determinemos, entonces, la función de verosimilitud. Como quiera que las componentes muestrales son independientes en probabilidad, todas con igual distribución e igual a la distribución poblacional, puesto que el muestreo que se considera es el aleatorio simple, se tendrá que la probabilidad de obtener la muestra:

$$X \equiv (x_1, x_2, \ldots, x_n)$$

probabilidad conjunta de las n variantes x_i, vendrá expresada, teniendo en cuenta que la distribución de probabilidad poblacional es de tipo continuo, a través de la función de densidad conjunta:

$$f(X, \theta) = f(x_1, x_2, \ldots, x_n; \theta)$$

y, por ser las variantes x_i independientes, podrá expresarse en la forma:

$$f(x_1, x_2, \ldots, x_n; \theta) = f(x_1, \theta) f(x_2, \theta) \ldots f(x_n, \theta)$$

y, en nuestro caso, al poseer todas las variantes la misma distribución, la de la población, será:

$$f(X, \theta) = (\theta\, e^{-\theta x_1})\,(\theta\, e^{-\theta x_2}) \ldots (\theta\, e^{-\theta x_n}) = \theta^n\, e^{-\theta \sum_{i=1}^{n} x_i}$$

Así, el valor de θ, θ^*, que haga máxima a esta función es el estimador de máxima verosimilitud. Procediendo de forma análoga al problema 128, puesto que la localización del máximo de la función:

$$f(X, \theta)$$

es la misma que la de la función:

$$\log f(X, \theta)$$

podemos proceder a determinar el valor de θ que haga máxima a la función de verosimilitud, a través del valor de θ que haga máxima a la función logaritmo neperiano de la función de verosimilitud.

Con ello, resulta, en nuestro caso:

$$\log f(X, \theta) = \log\left(\theta^n\, e^{-\theta \sum_{i=1}^{n} x_i}\right) = n \log \theta - \theta \left(\sum_{i=1}^{n} x_i\right)$$

y derivando con respecto a θ:

$$\frac{\partial}{\partial\theta}[\log f(X, \theta)] = \frac{\partial}{\partial\theta}\left[n \log \theta - \theta\left(\sum_{i=1}^{n} x_i\right)\right] =$$

$$= \frac{\partial}{\partial\theta}[n \log \theta] - \frac{\partial}{\partial\theta}\left[\theta\left(\sum_{i=1}^{n} x_i\right)\right] =$$

$$= n\frac{1}{\theta} - \sum_{i=1}^{n} x_i$$

Igualando a cero la derivada:

$$\frac{\partial}{\partial\theta}[\log f(X, \theta)] = 0$$

resulta, pues, la ecuación:

$$n\frac{1}{\theta} - \sum_{i=1}^{n} x_i = 0$$

cuya solución es:

$$\theta^* = \frac{n}{\sum_{i=1}^{n} x_i} = \frac{1}{\frac{\sum_{i=1}^{n} x_i}{n}} = \frac{1}{a_x}$$

Así, el estimador de máxima verosimilitud del parámetro θ, es:

$$\theta^* = \frac{1}{a_x}$$

o sea, el inverso de la media muestral.

133. Se considera una población representada por la variante ξ, de suerte que la distribución de probabilidad poblacional viene definida por la función de densidad:

$$f(x, \theta) = \frac{1}{\theta} \quad \text{para} \quad 0 \leq x \leq \theta$$

$$f(x, \theta) = 0 \quad \text{para cualquier otro valor de } x$$

Determinar el estimador, por el método de la máxima verosimilitud, del parámetro poblacional θ (supuesto extraídas muestras de tamaño n, muestreo aleatorio simple).

Resolución;

Por definición, el estimador de máxima verosimilitud del parámetro θ es el valor de θ, θ^*, tal que hace máxima la probabilidad de obtener la muestra, esto es, hace máxima a la función de verosimilitud:

$$P(X/\theta)$$

En nuestro caso, al ser la distribución de probabilidad poblacional de tipo continuo, dicha función de verosimilitud vendrá expresada a través de la función de densidad de la muestra:

$$f(X, \theta) = f(x_1, x_2, \ldots, x_n, \theta)$$

y como quiera que las componentes muestrales son variantes estocásticamente independientes, todas con igual distribución e igual a la distribución poblacional, puesto que el muestreo que se considera es el aleatorio simple, se tendrá:

$$f(X, \theta) = f(x_1, \theta) f(x_2, \theta) \ldots f(x_n, \theta)$$

con lo cual al ser la distribución poblacional *uniforme*, se sigue:

$$f(X; \theta) = \left(\frac{1}{\theta}\right)\left(\frac{1}{\theta}\right)\cdots\left(\frac{1}{\theta}\right) = \left(\frac{1}{\theta}\right)^n = \frac{1}{\theta^n}$$

Para la determinación del valor de θ que hace máxima a la función, *no* podemos, en este caso, proceder a través del cálculo diferencial, por cuanto que al ser la función de verosimilitud *decreciente para todo valor de* θ, la función derivada primera:

$$\frac{\partial}{\partial\theta}[f(X,\theta)] = \frac{\partial}{\partial\theta}\left[\frac{1}{\theta^n}\right] = -n\frac{1}{\theta^{n-1}}$$

de igualarla a cero:

$$-n\frac{1}{\theta^{n-1}} = 0$$

se seguiría que:

$$\theta \to \infty$$

Por ello, para la determinación del valor de θ que haga máxima a la función:

$$f(X, \theta) = \frac{1}{\theta^n}$$

procederemos así: supongamos ordenadas de menor a mayor las componentes muestrales:

$$(u_1, u_2, u_3, \ldots, u_n)$$

donde, por tanto, convenimos en presentar por:

$$u_1 = \min_i (x_1, x_2, \ldots, x_n)$$

$$u_n = \max_i (x_1, x_2, \ldots, x_n)$$

En principio, pues, el valor muestral que hace máxima a la función de verosimilitud sería el menor valor, u_1. Tomado entonces u_1 como estimador del parámetro poblacional θ, la distribución poblacional estaría determinada en la forma:

$$f(x) = \frac{1}{u_1} \quad \text{para} \quad 0 \leq x \leq u_1$$

$$f(x) = 0 \quad \text{para el resto de los valores de } x$$

Es decir, que el mayor valor que puede tomar la variante poblacional ξ es u_1; pero ello *no es compatible* con la información proporcionada por la muestra, habida cuenta que en la muestra han aparecido valores:

$$u_2, u_3, \ldots, u_n$$

mayores que u_1, y, por tanto al ser valores que proceden de la población, la variante ξ toma valores mayores que u_1. De ahí que u_1, *no* sea el estimador de máxima verosimilitud del parámetro θ.

Así, procediendo de forma análoga con las restantes componentes muestrales excepto para el valor u_n, máximo valor de la muestra, la conclusión sería la misma: las estimaciones producidas *no serían compatibles* con la información obtenida. Por ello el estimador de máxima verosimilitud del parámetro poblacional θ, será:

$$u_n$$

esto es, la mayor componente muestral.

134. Se considera una población representada por la variante ξ, de suerte que la distribución de probabilidad poblacional viene definida por la función de densidad:

$$f(x; \theta_1, \theta_2) = \frac{1}{\theta_2 \sqrt{2\pi}} e^{-(1/2)[(x-\theta_1)^2/\theta_2^2]} \qquad \forall x$$

donde θ_1 y θ_2 representan el valor probable y la desviación típica poblacionales, respectivamente. Determinar los estimadores, por el método de la máxima verosimilitud, de los parámetros poblacionales θ_1 y θ_2 (supuesto extraídas muestras de tamaño n, muestreo aleatorio simple).

Resolución:

Por definición, los estimadores de máxima verosimilitud de los parámetros θ_1 y θ_2, serán aquellos valores θ_1^* y θ_2^*, respectivamente, que hagan máxima a la función de verosimilitud:

$$P(X/\theta_1, \theta_2)$$

En nuestro caso, al ser la distribución de probabilidad poblacional de tipo continuo, dicha función de verosimilitud vendrá expresada a través de la función de densidad de la muestra:

$$f(X; \theta_1, \theta_2) = f(x_1, x_2, \ldots, x_n; \theta_1, \theta_2)$$

y, como quiera que las componentes muestrales son variantes estocásticamente independientes, todas con igual distribución e igual a la distribución poblacional, puesto que el muestreo que se considera es el aleatorio simple, se tendrá:

$$f(X; \theta_1\ \theta_2) = f(x_1; \theta_1, \theta_2)\, f(x_2; \theta_1, \theta_2) \ldots f(x_n; \theta_1, \theta_2)$$

con lo cual, al ser la distribución poblacional $N(\theta_1, \theta_2)$, se sigue:

$$f(X; \theta_1, \theta_2) = \left(\frac{1}{\theta_2\sqrt{2\pi}} e^{-(1/2)[(x_1-\theta_1)^2/\theta_2^2]}\right) \cdot \left(\frac{1}{\theta_2\sqrt{2\pi}} e^{-(1/2)[(x_1-\theta_1)^2/\theta_2^2]}\right) \ldots$$

$$\ldots \left(\frac{1}{\theta_2\sqrt{2\pi}} e^{-(1/2)[(x_n-\theta_1)^2/\theta_2^2]}\right) = \left(\frac{1}{\theta_2\sqrt{2\pi}}\right)^n e^{-1/2 \sum_{i=1}^{n} \frac{(x_i-\theta_1)^2}{\theta_2^2}}$$

Procediendo de manera análoga al problema 128, los valores de θ_1 y θ_2 que hagan máxima a la función de verosimilitud:

$$f(X; \theta_1, \theta_2)$$

son los mismos que hacen máxima a la función logaritmo neperiano de la función de verosimilitud:

$$\log f(X; \theta_1, \theta_2)$$

De ahí que:

$$\log f(X; \theta_1, \theta_2) = \log \left[\left(\frac{1}{\theta_2 \sqrt{2\pi}} \right)^n e^{-1/2 \left[\sum_{i=1}^{n} (x_i - \theta_1)^2 / \theta_2^2 \right]} \right] =$$

$$= n \log 1 - n \log \theta_2 \sqrt{2\pi} - \frac{1}{2} \frac{\sum_{i=1}^{n} (x_i - \theta_1)^2}{\theta_2^2} =$$

$$= -n \log \theta_2 - n \log \sqrt{2\pi} - \frac{1}{2} \frac{\sum_{i=1}^{n} (x_i - \theta_1)^2}{\theta_2^2}$$

Derivando, entonces, esta función, con respecto a θ_1 y θ_2:

$$\frac{\partial}{\partial \theta_1} [\log f(X; \theta_1, \theta_2)] = \frac{\partial}{\partial \theta_1} \left[-n \log \theta_2 - n \log \sqrt{2\pi} - \frac{1}{2} \frac{\sum_{i=1}^{n} (x_i - \theta_1)^2}{\theta_2^2} \right] =$$

$$= \frac{\partial}{\partial \theta_1} [-n \log \theta_2] + \frac{\partial}{\partial \theta_1} [-n \log \sqrt{2\pi}] +$$

$$+ \frac{\partial}{\partial \theta_1} \left[-\frac{1}{2} \frac{\sum_{i=1}^{n} (x_i - \theta_1)^2}{\theta_2^2} \right] = -\frac{1}{2} \frac{\sum_{i=1}^{n} 2(x_i - \theta_1)(-1)}{\theta_2^2} =$$

$$= \frac{\sum_{i=1}^{n} (x_i - \theta_1)}{\theta_2^2}$$

$$\frac{\partial}{\partial \theta_2} [\log f(X; \theta_1, \theta_2)] = \frac{\partial}{\partial \theta_2} \left[-n \log \theta_2 - n \log \sqrt{2\pi} - \frac{1}{2} \frac{\sum_{i=1}^{n} (x_i - \theta_1)^2}{\theta_2^2} \right] =$$

$$= \frac{\partial}{\partial \theta_2} [-n \log \theta_2] + \frac{\partial}{\partial \theta_2} [-n \log \sqrt{2\pi}] +$$

$$+ \frac{\partial}{\partial \theta_2} \left[-\frac{1}{2} \frac{\sum_{i=1}^{n} (x_i - \theta_1)^2}{\theta_2^2} \right] = -\frac{n}{\theta_2} - \frac{1}{2} \sum_{i=1}^{n} (x_i - \theta_1)^2 (-2) \frac{1}{\theta_2^3} =$$

$$= -\frac{n}{\theta_2} + \frac{\sum_{i=1}^{n} (x_i - \theta_1)^2}{\theta_2^3}$$

e igualando a cero las derivadas:

$$\frac{\partial}{\partial \theta_1}[\log f(X; \theta_1, \theta_2)] = 0$$

$$\frac{\partial}{\partial \theta_2}[\log f(X; \theta_1, \theta_2)] = 0$$

resultará el sistema:

$$\left.\begin{array}{r} \dfrac{\sum\limits_{i=1}^{n} (x_i - \theta_1)}{\theta_2^2} = 0 \\ \\ -\dfrac{n}{\theta_2} + \dfrac{\sum\limits_{i=1}^{n} (x_i - \theta_1)^2}{\theta_2^3} = 0 \end{array}\right\} \Rightarrow \left.\begin{array}{r} \sum\limits_{i=1}^{n} (x_i - \theta_1) = 0 \\ \\ -n + \dfrac{\sum\limits_{i=1}^{n} (x_i - \theta_1)^2}{\theta_2^2} = 0 \end{array}\right\}$$

cuya solución será, para la primera ecuación:

$$\sum_{i=1}^{n} (x_i - \theta_1) = 0 \Rightarrow \sum_{i=1}^{n} x_i - n\theta_1 = 0 \Rightarrow \theta_1{}^* = \frac{\sum\limits_{i=1}^{n} x_i}{n} = a_x$$

valor, $\theta_1{}^*$, que llevado a la segunda ecuación:

$$-n + \frac{\sum\limits_{i=1}^{n} (x_i - \theta_1^*)^2}{\theta_2^2} = 0 \Rightarrow (\theta_2^2)^* = \frac{\sum\limits_{i=1}^{n} (x_i - \theta_1^*)^2}{n} = s^2$$

esto es, los estimadores de máxima verosimilitud de θ_1, media poblacional, y θ_2^2, varianza poblacional, son la media muestral y la varianza muestral, respectivamente.

135. Se considera una población representada por una variante ξ, de suerte que la distribución poblacional, viene definida por la función de densidad:

$$f(x, \theta) = 0 \qquad \text{para} \qquad x < k$$

$$f(x, \theta) = \frac{\theta k^{\theta}}{x^{\theta+1}} \qquad \text{para} \qquad k \leq x \qquad \text{con} \qquad \theta > 0$$

Determinar el estimador de máxima verosimilitud del parámetro poblacional θ (supuesto extraídas muestras de tamaño n, muestreo aleatorio simple).

Resolución:

Por definición, el estimador de máxima verosimilitud de θ, será aquel, θ^*, que haga máxima la probabilidad de obtener la muestra, esto es, que haga máxima a la función de verosimilitud:

$$P(X/\theta)$$

En nuestro caso, al ser la distribución de probabilidad poblacional de tipo continuo, dicha función de verosimilitud vendrá expresada a través de la función de densidad de la muestra:

$$f(X, \theta) = f(x_1, x_2, ..., x_n; \theta)$$

y, como quiera que las componentes muestrales son variantes estocásticamente independientes, todas con igual distribución e igual a la distribución poblacional, puesto que el muestreo que se considera es el aleatorio simple, se tendrá:

$$f(X, \theta) = f(x_1, \theta)\, f(x_2, \theta)\, \dots\, f(x_n, \theta)$$

con lo cual, habida cuenta la función de densidad de la distribución poblacional:

$$f(X, \theta) = \frac{\theta\, k^\theta}{x_1^{\theta+1}} \cdot \frac{\theta\, k^\theta}{x_2^{\theta+1}} \cdots \frac{\theta\, k^\theta}{x_n^{\theta+1}} = \frac{\theta^n\, k^{n\theta}}{\left(\prod_{i=1}^{n} x_i\right)^{\theta+1}}$$

Procediendo de manera análoga al problema 128, el valor de θ que hace máxima a la función de verosimilitud:

$$f(X, \theta)$$

es el mismo que hace máxima a la función logaritmo neperiano de la función de verosimilitud:

$$\log f(X, \theta)$$

De ahí que:

$$\log f(X, \theta) = \log \left[\frac{\theta^n\, k^{n\theta}}{\left(\prod_{i=1}^{n} x_i\right)^{\theta+1}} \right] = n \log \theta + n\, \theta \log k - (\theta + 1) \cdot \log \left(\prod_{i=1}^{n} x_i \right)$$

Derivando esta función con respecto a θ:

$$\frac{\partial}{\partial\theta}\log f(X,\theta) = \frac{\partial}{\partial\theta}\left[n\log\theta + n\,\theta\log k - (\theta+1)\log\left(\prod_{i=1}^{n} x_i\right)\right] =$$

$$= \frac{\partial}{\partial\theta}[n\log\theta] + \frac{\partial}{\partial\theta}[n\,\theta\log k] + \frac{\partial}{\partial\theta}\left[-(\theta+1)\log\left(\prod_{i=1}^{n} x_i\right)\right] =$$

$$= n\frac{1}{\theta} + n\log k - \log\left(\prod_{i=1}^{n} x_i\right)$$

e igualando a cero la derivada:

$$\frac{\partial}{\partial\theta}[\log f(X,\theta)] = 0$$

resultará la ecuación:

$$n\frac{1}{\theta} + n\log k - \log\left(\prod_{i=1}^{n} x_i\right) = 0$$

cuya solución será:

$$\theta^* = \frac{n}{\log\left(\prod_{i=1}^{n} x_i\right) - n\log k} = \frac{n}{\sum_{i=1}^{n}\log x_i - n\log k}$$

siendo θ^*, así determinado, el estimador de máxima verosimilitud del parámetro poblacional θ.

136. Con objeto de planificar su producción, una empresa supone que el artículo que ofrece puede ser adquirido por el 40 %, o por el 50 % de los habitantes de una gran ciudad. Consultados diez de éstos, sólo tres de ellos se muestran dispuestos a la adquisición del producto. ¿Qué proporción, de las dos contempladas, será tomada en consideración si la elección entre ambas la efectúa la empresa, con base en el criterio de máxima verosimilitud?

Resolución:

Los diez individuos consultados constituyen una muestra de tamaño diez, y, si suponemos que las respuestas de cada uno de ellos se obtienen con independencia de las opiniones de los restantes, la muestra obtenida sería aleatoria simple.

Si la elección de una u otra proporción la efectuara la empresa, con base en el criterio de máxima verosimilitud, deberá determinar cuál de las dos proporciones asigna mayor probabilidad a la muestra obtenida:

$$P(X/0{,}5) \quad , \quad P(X/0{,}4)$$

Habida cuenta que todas las respuestas posibles de los diez individuos consultados puede ser representada por una variante cuya distribución de probabilidad es:

$$B(10, \theta)$$

donde θ representa la proporción de los que contestan afirmativamente, se tendrá que la probabilidad de que consultados diez individuos, tres de ellos contesten afirmativamente, vendrá expresada por:

$$P(X/\theta) = \binom{10}{3} \theta^3 (1 - \theta)^7$$

resultando, entonces, para:

$$\theta = 0{,}5 \qquad P(X/0{,}5) = \binom{10}{3} (0{,}5)^3 (1 - 0{,}5)^7$$

$$\theta = 0{,}4 \qquad P(X/0{,}4) = \binom{10}{3} (0{,}4)^3 (1 - 0{,}4)^7$$

Leídos en tablas, los valores:

$$\binom{10}{3} (0{,}5)^3 (1 - 0{,}5)^7 = 0{,}1172$$

$$\binom{10}{3} (0{,}4)^3 (1 - 0{,}4)^7 = 0{,}2150$$

es:

$$P(X/0{,}4) > P(X/0{,}5)$$

Así pues, la proporción 0,4 es la que proporciona mayor probabilidad a la muestra obtenida. Por ello la empresa adopta como proporción de clientes, que demandan el producto que ofrece, el 40 %.

137. Se considera una población representada por una variante ξ, de suerte que la distribución poblacional viene definida por la función de densidad:

$$f(x, \theta) = \theta \cdot e^{-\theta x} \qquad \text{para} \qquad 0 \leq x$$

$$f(x, \theta) = 0 \qquad \text{para cualquier otro valor de } x$$

Determinar el estimador, por el método de los momentos, del parámetro poblacional θ. (Supuesto extraídas muestras de tamaño n, muestreo aleatorio simple.)

Resolución:

Teniendo en cuenta que sólo es *uno* el parámetro a estimar, θ, el estimador por el método de los momentos, vendrá dado por la solución de la ecuación:

$$E[\xi] = \int_{-\infty}^{+\infty} x \, dF(x/\theta) = a_1$$

ecuación obtenida al igualar el momento de orden 1 de la población, (valor probable poblacional) al momento de orden 1 de la muestra (media muestral).

En nuestro caso, al ser la distribución poblacional de tipo continuo, y teniendo en cuenta la definición de la función de densidad, será:

$$\int_{0}^{+\infty} x \, \theta \, e^{-\theta x} \, dx = a_x$$

Determinemos la integral anterior. Se tendrá:

$$\int_{0}^{+\infty} x \, \theta \, e^{-\theta x} \, dx = \theta \int_{0}^{+\infty} x \, e^{-\theta x} \, dx$$

y efectuando el cambio de variable:

$$\theta x = t \qquad \theta \, dx = dt$$

siendo para:

$$x = 0 \quad , \quad t = 0$$

y para:

$$x = +\infty \quad , \quad t = +\infty$$

es:

$$\theta \int_{0}^{+\infty} x \, e^{-\theta x} \, dx = \theta \int_{0}^{+\infty} \frac{t}{\theta} e^{-t} \frac{dt}{\theta} = \frac{1}{\theta} \int_{0}^{+\infty} t \, e^{-t} \, dt = \frac{1}{\theta} \Gamma(2) = \frac{1}{\theta}$$

puesto que $\Gamma(2) = 1! = 1$.

Así, la ecuación anterior, puede ser escrita:

$$\frac{1}{\theta} = a_x$$

y con ello, el inverso de la media muestral:

$$\theta^* = \frac{1}{a_x}$$

será el estimador, por el método de los momentos, del parámetro θ.

138. Se considera una población representada por una variante ξ, de suerte que la distribución poblacional viene definida por la función de densidad:

$$f(x, \theta) = \frac{1}{\theta} e^{-(1/\theta)x} \quad \text{para} \quad 0 \leq x$$
$$f(x, \theta) = 0 \quad \text{para cualquier otro valor de } x$$

Determinar el estimador, por el método de los momentos, del parámetro poblacional θ (supuesto extraídas muestras de tamaño n, muestreo aleatorio simple).

Resolución:

Teniendo en cuenta que sólo es *uno* el parámetro a estimar, θ, el estimador por el método de los momentos, vendrá dado por la solución de la ecuación:

$$E[\xi] = \int_{-\infty}^{+\infty} x \, dF(x/\theta) = a_1$$

ecuación obtenida al igualar el momento de orden 1 de la población, (valor probabable poblacional), al momento de orden 1 de la muestra (media muestral).

En nuestro caso, al ser la distribución poblacional de tipo continuo, y teniendo en cuenta la definición de la función de densidad, será:

$$\int_0^{+\infty} x \frac{1}{\theta} e^{-(1/\theta)x} \, dx = a_x$$

Determinemos la integral anterior. Se tendrá:

$$\int_0^{+\infty} x \frac{1}{\theta} e^{-(1/\theta)x} \, dx = \frac{1}{\theta} \int_0^{+\infty} x \, e^{-(1/\theta)x} \, dx$$

y efectuando el cambio de variable:

$$\frac{1}{\theta} x = t \qquad dx = \theta \, dt$$

siendo para:

$$x = 0 \quad , \quad t = 0$$

y para:

$$x = +\infty \quad , \quad t = +\infty$$

es:

$$\frac{1}{\theta}\int_0^{+\infty} \theta t\, e^{-t}\theta\, dt = \theta \int_0^{+\infty} t\, e^{-t}\, dt = \theta\Gamma(2) = \theta$$

puesto que:

$$\Gamma(2) = 1! = 1$$

Así, la ecuación anterior, puede ser escrita:

$$\theta = a_x$$

y con ello la media muestral:

$$\theta^* = a_x$$

será el estimador, por el método de los momentos, del parámetro θ.

139. Se considera una población representada por una variante ξ, de suerte que la distribución de probabilidad de la población viene definida por la función de densidad:

$$f(x) = \frac{2(\theta - x)}{\theta^2} \qquad \text{para} \qquad 0 \leq x \leq \theta$$

$$f(x) = 0 \qquad \text{para cualquier otro valor de } x$$

Determinar el estimador, por el método de los momentos, del parámetro poblacional θ (supuesto extraídas muestras de tamaño n, muestreo aleatorio simple).

Resolución:

Teniendo en cuenta que sólo es *uno* el parámetro a estimar, θ, el estimador por el método de los momentos, vendrá dado como solución de la ecuación:

$$E[\xi] = \int_{-\infty}^{+\infty} x\, dF(x/\theta) = a_1$$

ecuación obtenida al igualar el momento de orden 1 de la población (valor probable poblacional), al momento de orden 1 de la muestra (media muestral).

En nuestro caso, al ser la distribución poblacional de tipo continuo y teniendo en cuenta la definición de la función de densidad, será:

$$\int_0^\theta x \frac{2(\theta - x)}{\theta^2}\, dx = a_x$$

Determinemos la integral anterior. Se tendrá:

$$\int_0^\theta x \frac{2(\theta - x)}{\theta^2}\, dx = \frac{2}{\theta^2} \int_0^\theta (\theta x - x^2)\, dx = \frac{2}{\theta^2} \left[\theta \frac{x^2}{2} - \frac{x^3}{3} \right]_0^\theta =$$

$$= \frac{2}{\theta^2} \left[\frac{\theta^3}{2} - \frac{\theta^3}{3} \right] = \frac{\theta}{3}$$

Así, la ecuación anterior, puede ser escrita:

$$\frac{\theta}{3} = a_x$$

y con ello:

$$\theta^* = 3\, a_x$$

será el estimador, por el método de los momentos, del parámetro θ.

140. Determinar por el método de los momentos el estimador del parámetro poblacional θ, y comprobar si el estimador obtenido es o no un estimador insesgado, para los casos en que la distribución poblacional sea:

1) La distribución binominal, $B(h, \theta)$.
2) La distribución de Poisson, de parámetro θ.
3) La distribución uniforme,

$$f(x, \theta) = \frac{1}{\theta} \quad \text{para} \quad 0 \leq x \leq \theta$$

$$f(x, \theta) = 0 \quad \text{para cualquier otro valor de } x$$

4) La distribución normal, $N(\theta, \sigma)$

(supuesto extraídas muestras de tamaño n, muestreo aleatorio simple).

Resolución:

Teniendo en cuenta, para todos los casos que vamos a abordar, que sólo es uno el parámetro θ a estimar, el estimador, por el método de los momentos, vendrá dado como solución de la ecuación:

$$E[\xi] = \int_{-\infty}^{+\infty} x \, dF(x/\theta) = \alpha_1 \qquad (1)$$

1) Si la distribución poblacional es la distribución binominal de parámetros h y θ, con $0 \leq \theta \leq 1$,

$$P(\xi = x) = \binom{h}{x} \theta^x (1 - \theta)^{h-x} \qquad \text{para} \qquad x = 0, 1, 2, \ldots, h$$

su valor probable será:

$$E[\xi] = h\,\theta$$

y por tanto la ecuación (1), vendrá expresada en la forma:

$$h\,\theta = a_x$$

cuya solución:

$$\theta^* = \frac{a_x}{h} = \frac{\dfrac{\sum_{i=1}^{n} x_i}{n}}{h} = \frac{\sum_{i=1}^{n} x_i}{nh}$$

será el estimador de θ.

Por definición, para que θ^* sea un estimador insesgado de θ, habrá de verificarse:

$$E[\theta^*] = \theta$$

Determinemos, pues:

$$E[\theta^*]$$

será:

$$E[\theta^*] = E\left[\frac{1}{h} a_x\right] = \frac{1}{h} E[a_x] = \frac{1}{h}(h\,\theta) = \theta$$

habida cuenta que el valor probable de la media muestral es la media poblacional:

$$E[\xi] = h\,\theta$$

Por tanto, θ^* estimador de θ, por el método de los momentos, es un estimador insesgado.

2) Si la distribución poblacional es la distribución de Poisson, de parámetro θ:

$$P(\xi = x) = \frac{\theta^x}{x!} e^{-\theta} \qquad \text{para} \qquad x = 0, 1, 2, \ldots$$

su valor probable será:

$$E[\xi] = \theta$$

y por tanto la ecuación (1), vendrá expresada en la forma:

$$\theta = a_x$$

cuya solución:

$$\theta^* = a_x$$

será el estimador de θ.

Por definición, para que θ^* sea un estimador insesgado de θ, habrá de verificarse:

$$E[\theta^*] = \theta$$

evidente en este caso, por cuanto, $\theta^* = a_x$, y la media muestral, cualquiera que sea el tipo de distribución poblacional, es estimador *insesgado* de la media poblacional.

3) Si la distribución poblacional es la distribución uniforme de parámetro θ:

$$f(x, \theta) = \frac{1}{\theta} \qquad \text{para} \qquad 0 \le x \le \theta$$

$$f(x, \theta) = 0 \qquad \text{para cualquier otro valor de } x$$

su valor probable será:

$$E[\xi] = \frac{\theta}{2}$$

y por tanto la ecuación (1), vendrá expresada en la forma:

$$\frac{\theta}{2} = a_x$$

cuya solución:

$$\theta^* = 2\,a_x$$

será el estimador de θ.

Por definición, para que θ^* sea un estimador insesgado de θ, habrá de verificarse:

$$E[\theta^*] = \theta$$

Determinemos pues:

$$E[\theta^*]$$

Será:

$$E[\theta^*] = E[2\,a_x] = 2\,E[a_x] = 2 \cdot \frac{\theta}{2} = \theta$$

habida cuenta que el valor probable de la media muestral es la media poblacional:

$$E[\xi] = \frac{\theta}{2}$$

Por tanto θ^* estimador de θ, por el método de los momentos, es un estimador *insesgado*.

4) Si la distribución poblacional es la distribución *normal* de parámetro θ:

$$f(x, \theta) = \frac{1}{\sigma\sqrt{2\pi}}\, e^{-(1/2)[(x-\theta)^2/\sigma^2]} \qquad \forall x$$

su valor probable será:

$$E[\xi] = \theta$$

y por tanto la ecuación (1), vendrá expresada en la forma:

$$\theta = a_x$$

cuya solución:

$$\theta^* = a_x$$

será el estimador de θ.

Por definición, para que θ^* sea un estimador insesgado de θ, habrá de verificarse:

$$E[\theta^*] = \theta$$

evidente en este caso, por cuanto $\theta^* = a_x$, y la media muestral, cualquiera que sea la distribución poblacional, es estimador insesgado de la media poblacional.

141. Determinar, por el método de los momentos, los estimadores de los parámetros θ, media poblacional, y σ^2, varianza poblacional, de una población cuya distribución es $N(\theta, \sigma)$ (supuesto extraídas muestras de tamaño n, muestreo aleatorio simple).

Resolución:

Teniendo en cuenta que son *dos* los parámetros a estimar, los estimadores de la media y varianza de la población, vendrán dados como solución del sistema:

$$E[\xi] = \int_{-\infty}^{+\infty} x \, dF(x/\theta, \sigma) = a_1$$

$$E[\xi^2] = \int_{-\infty}^{+\infty} x^2 \, dF(x/\theta, \sigma) = a_2$$

ecuaciones obtenidas al igualar los momentos de orden 1 y 2 de la población a sus análogos en la muestra.

Como quiera que la distribución poblacional es $N(\theta, \sigma)$, se tendrá que:

$$E[\xi] = \theta$$

y, si representamos por α_2 a:

$$E[\xi^2] = \alpha_2$$

se tendrá el sistema anterior escrito en la forma:

$$\theta = a_x$$

$$\alpha_2 = a_2$$

De donde, se seguirá que:

$$\theta^* = a_x$$

y al ser la varianza muestral:

$$s^2 = a_2 - a_1^2$$

se tiene que:

$$(\sigma^2)^* = a_2 - (\theta^*)^2$$

Por ello, a_x y s^2, media y varianza muestral, serán los estimadores, por el método de los momentos, de la media y varianza poblacional, respectivamente.

142. La duración aleatoria de las unidades producidas de un artículo, se distribuye según una ley normal, con desviación típica igual a seis minutos. Elegidas al azar cien unidades, resultó ser la duración media de 14,35 minutos. Elaborar el intervalo de confianza del 99 %, para la duración media de las unidades producidas.

Resolución:

Si convenimos en representar por la variante ξ, la duración aleatoria, dicha variante representa la población de la cual sabemos posee una distribución:

$$N(\theta, 6)$$

Para determinar el intervalo de confianza nos basaremos en la distribución del estadístico media muestral a_x que, sabemos, se distribuye como una variante:

$$N\left(\theta, \frac{6}{\sqrt{100}}\right)$$

puesto que la distribución poblacional es normal con varianza conocida, resultando, entonces, dicho intervalo expresado en la forma:

$$I_X \equiv \left[a_x \mp \frac{\sigma}{\sqrt{n}} \lambda_\alpha\right]$$

donde el valor λ_α es tal, que:

$$P\left[\frac{\sqrt{n}\,|a_x - \theta|}{\sigma} \leq \lambda_\alpha\right] = 0,99$$

o bien

$$P[|\xi'| \leq \lambda_\alpha] = 0{,}99$$

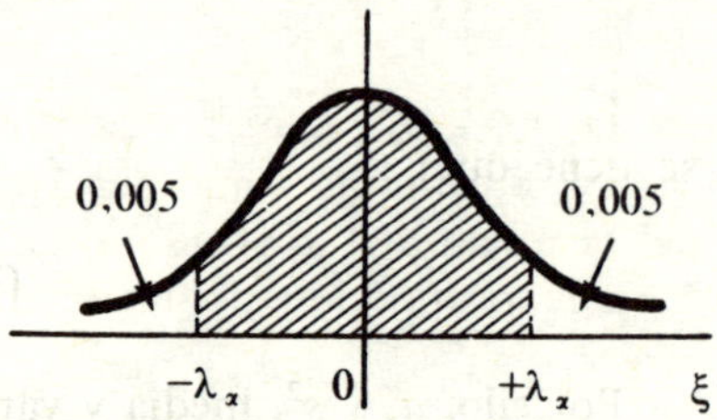

puesto que:

$$\frac{\sqrt{n}\,(a_x - \theta)}{\sigma}$$

es una variante cuya distribución es $N(0, 1)$ (variante tipificada de la variante a_x).

Leído el valor λ_α, en tablas, resulta ser:

$$\lambda_\alpha = 2{,}575$$

con lo que el intervalo de confianza para el que, con una probabilidad de 0,99, pertenece el parámetro θ, duración media, es:

$$[a_x - (0{,}6)2{,}575;\; a_x + (0{,}6)2{,}575]$$

y habida cuenta la información de que disponemos, dada por la muestra, al ser:

$$a_x = 14{,}35 \text{ minutos}$$

podemos esperar que, en un 99 % de los casos, la duración media esté comprendida entre los valores:

$$[14{,}35 - (0{,}6)2{,}575;\; 14{,}35 + (0{,}6)2{,}575]$$

esto es:

$$[12{,}805;\; 15{,}895]$$

habiendo tomado:

$$(0{,}6)2{,}575 = 1{,}545$$

143. Una empresa desea determinar la proporción de clientes dispuestos a demandar el producto que ofrece. Para ello consulta, al azar, a 100 de ellos, siendo los resultados obtenidos los siguientes: el 20 % estarían dispuestos a demandar el producto, y el 80 % restante no.

Establecer:

1) La estimación de la proporción poblacional.

2) Si se toma como desviación típica poblacional la que resulta de hacer uso del resultado del apartado anterior, determinar el intervalo de confianza del 95 % para la proporción poblacional.

Resolución:

Si convenimos en representar por la variante ξ la demanda aleatoria, dicha variante representa la población de la cual queremos obtener la estimación correspondiente a la proporción.

1) Estimación de la proporción poblacional: si elegimos como estimador de dicho parámetro a la proporción muestral, p, dicho estimador, por el resultado del problema 116, ha resultado ser insesgado, y la *estimación* que se obtiene con base en la muestra dada es:

$$p = 0{,}2$$

2) Supuesto que tomemos como valor de la varianza poblacional,

$$\sigma^2 = \pi(1 - \pi)$$

al que resulta de tomar como valor de π, proporción poblacional, el obtenido en el apartado anterior, $p^* = 0{,}2$, se tendrá que la varianza poblacional es:

$$\sigma^2 = 0{,}2(1 - 0{,}2) = (0{,}2)(0{,}8)$$

El intervalo de confianza para la proporción poblacional π, lo elaboraremos con base en la distribución del estadístico p proporción muestral, que, sabemos, se distribuye por suponer el tamaño muestral suficientemente grande como una variante:

$$N\left(\pi, \ \sqrt{\frac{0{,}2(1 - 0{,}2)}{100}}\right)$$

habida cuenta del resultado obtenido en el problema 116, resultando, entonces, dicho intervalo expresado en la forma:

$$I_X \equiv \left[p \mp \sqrt{\frac{p^*(1 - p^*)}{100}} \cdot \lambda_\alpha \right]$$

donde el valor λ_α es tal, que:

$$P\left[\frac{\sqrt{n}|p - \pi|}{\sqrt{p^*(1 - p^*)}} \leq \lambda_\alpha\right] = 0{,}95$$

o bien:

$$P[|\xi'| \leq \lambda_\alpha] = 0{,}95$$

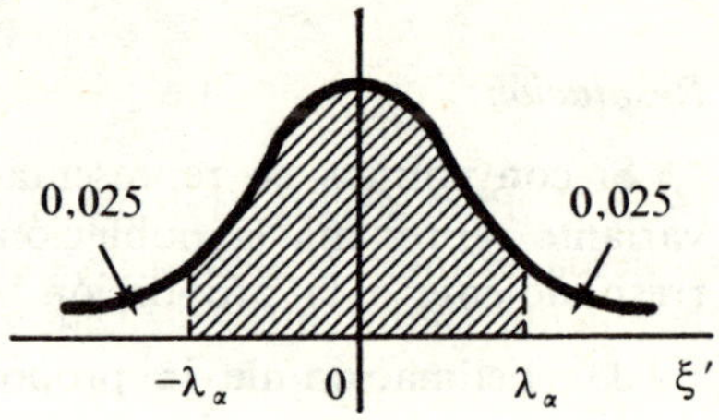

puesto que:

$$\frac{\sqrt{n}\,(p - \pi)}{\sqrt{p^*(1 - p^*)}}$$

es una variante cuya distribución es $N(0, 1)$.

Leído el valor λ_α, en tablas, resulta ser:

$$\lambda_\alpha = 1{,}96$$

con lo que el intervalo de confianza para el que con una probabilidad de 0,95, pertenece el parámetro π, proporción poblacional, es:

$$\left[p - \sqrt{\frac{(0{,}2)(1 - 0{,}2)}{100}}\,(1{,}96);\ p + \sqrt{\frac{(0{,}2)(1 - 0{,}2)}{100}}\,(1{,}96)\right]$$

y habida cuenta la información de que disponemos, dada por la muestra, al ser:

$$p = 0{,}2$$

podemos esperar que, en un 95 % de los casos, la proporción poblacional esté comprendida entre los valores

$$\left[(0{,}2) - \sqrt{\frac{(0{,}2)(1 - 0{,}2)}{100}}\,(1{,}96);\ 0{,}2 + \sqrt{\frac{(0{,}2)(1 - 0{,}2)}{100}}\,(1{,}96)\right]$$

esto es:

$$[0{,}1216;\ 0{,}2784]$$

habiendo tomado:

$$\sqrt{\frac{(0{,}2)(1-0{,}2)}{100}}\,(1{,}96) = 0{,}0784$$

144. Para discutir la conveniencia de aumentar sus instalaciones, una empresa desea estimar la demanda que espera recibir. Para ello, selecciona a diez de sus clientes habituales, al azar, observando que el número de unidades demandadas en el último año por éstos, se distribuye en la forma siguiente:

N.º de unidades	N.º de clientes
1.000	1
1.002	2
1.004	1
1.006	2
1.008	1
1.010	2
1.012	1

Supuesto que se confíe en que la demanda siga comportándose de manera análoga en el siguiente período, establecer:

1) Las estimaciones de la demanda media y de la desviación típica.

2) Si se toma como desviación típica de la población la obtenida en el apartado anterior, determinar un intervalo de confianza para la demanda media del 95 %,

a) sin efectuar hipótesis sobre la distribución de la demanda,

b) suponiendo que la demanda se comporte con arreglo a la ley normal.

Resolución:

Si convenimos en representar por la variante ξ la demanda aleatoria, dicha variante representa la población de la cual queremos obtener las estimaciones correspondientes a su media y varianza.

1) Estimaciones de la demanda media y de la desviación típica:

Si elegimos como estimadores de dichos parámetros a la media muestral y a la cuasi-desviación típica muestral, respectivamente, que, sabemos son estimadores insesgados, las *estimaciones* que se obtienen con base en la muestra dada son:

$$a_x = \frac{\sum_{i=1}^{10} x_i}{10} = 1.006$$

$$s_1 = \sqrt{s_1^2} = \sqrt{\frac{\sum_{i=1}^{10} (x_i - 1.006)^2}{9}} = 4$$

2) Supuesto que tomemos como valor de la desviación típica poblacional la estimación insesgada que ha producido la cuasi-desviación típica muestral,

$$\sigma = 4$$

el intervalo de confianza del 95 % para la media poblacional,

a) sin efectuar hipótesis sobre la distribución de la demanda: lo obtendremos con base en la desigualdad de Tchebycheff, puesto que dicha desigualdad hace uso *sólo* de la información que proporciona el valor probable y la varianza, siendo válida, por tanto, cualquiera que sea el tipo de distribución, que es el supuesto en el que nos estamos desenvolviendo. Así, teniendo en cuenta que la media muestral es tal, que:

$$E[a_x] = \theta$$

$$V[a_x] = \frac{\sigma^2}{n} = \frac{16}{10} = 1,6$$

donde θ representa a la media poblacional, y que según la desigualdad:

$$P(|a_x - \theta| \leq k) \geq 1 - \frac{V(a_x)}{k^2}$$

en nuestro caso es:

$$P(|a_x - \theta| \leq k) \geq 1 - \frac{1,6}{k^2} = 0,95$$

de donde:

$$\frac{1,6}{k^2} = 0,05 \quad \Rightarrow \quad k^2 = \frac{1,6}{0,05} = 32 \quad \Rightarrow \quad k = 5,65$$

Con ello, el intervalo de confianza para el que, con una probabilidad de *por lo menos* 0,95, pertenece el parámetro θ, demanda media, es:

$$|a_x - \theta| \leq 5{,}65$$

o bien:

$$a_x - 5{,}65 \leq \theta \leq a_x + 5{,}65$$

y, habida cuenta la información de que disponemos, dada por la muestra, al ser:

$$a_x = 1.006$$

podemos esperar que, por lo menos, en un 95 % de los casos la demanda media esté comprendida entre los valores:

$$[1.006 - 5{,}65;\ 1.006 + 5{,}65]$$

b) Supuesto que la demanda se comporta con arreglo a la ley normal: lo obtendremos con base en la distribución del estadístico media muestral, que, sabemos, se distribuye, por suponer la población normal, con varianza conocida, como una variante:

$$N(\theta, \sqrt{1{,}6})$$

resultando, entonces, dicho intervalo expresado en la forma:

$$I_X \equiv \left[a_x \mp \frac{\sigma}{\sqrt{n}}\lambda_\alpha\right]$$

donde el valor λ_α es tal que:

$$P\left[\frac{\sqrt{n}|a_x - \theta|}{\sigma} \leq \lambda_\alpha\right] = 0{,}95$$

o bien:

$$P[|\xi'| \leq \lambda_\alpha] = 0{,}95$$

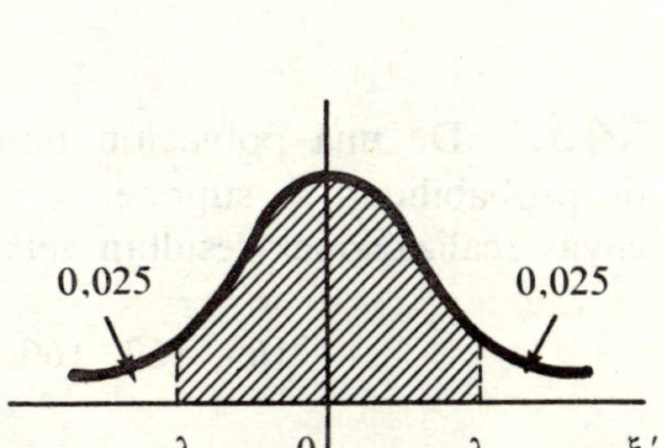

puesto que:

$$\frac{\sqrt{n}\,(a_x - \theta)}{\sigma}$$

es una variante cuya distribución es $N(0, 1)$ (variante tipificada de la variante a_x).

Leído el valor λ_α, en tablas, resulta ser:

$$\lambda_\alpha = 1{,}96$$

con lo que, el intervalo de confianza para el que, con una probabilidad de 0,95, pertenece el parámetro θ, demanda media, es:

$$[a_x - (\sqrt{1{,}6})1{,}96;\ a_x + (\sqrt{1{,}6})1{,}96]$$

y habida cuenta la información de que disponemos, dada por la muestra, al ser:

$$a_x = 1.006$$

podemos esperar que, en un 95 % de los casos, la demanda media esté comprendida entre los valores:

$$[1.006 - (\sqrt{1{,}6})1{,}96;\ 1.006 + (\sqrt{1{,}6})1{,}96]$$

esto es:

$$[1.003{,}52;\ 1.008{,}48]$$

habiendo tomado: $(\sqrt{1{,}6})1{,}96 = 2{,}48$.

145. De una población representada por una variante ξ cuya distribución de probabilidad se supone normal, se selecciona una muestra aleatoria simple, cuyas realizaciones resultan ser:

165, 162, 166, 164, 165, 170, 169, 165, 168

Elaborar el intervalo de confianza, del 98 %, para la media poblacional.

Resolución:

La elaboración del intervalo de confianza la haremos con base en la distribución del estadístico media muestral, a_x, que sabemos viene definida, por ser la población normal de varianza desconocida, a través de una variante t de Student en la forma:

$$a_x = \frac{\sqrt{\dfrac{ns^2}{n-1}}}{\sqrt{n}} t_{n-1} + \theta \qquad (\theta = \text{media poblacional})$$

resultando, entonces, dicho intervalo expresado en la forma:

$$I_X \equiv \left[a_x \mp \frac{\sqrt{\dfrac{ns^2}{n-1}}}{\sqrt{n}} t_\alpha \right]$$

donde el valor t_α es tal que:

$$P\left[\frac{\sqrt{n}|a_x - \theta|}{\sqrt{\dfrac{ns^2}{n-1}}} \leq t_\alpha \right] = 0{,}98$$

o bien:

$$P[|t_{n-1}| \leq t_\alpha] = 0{,}98$$

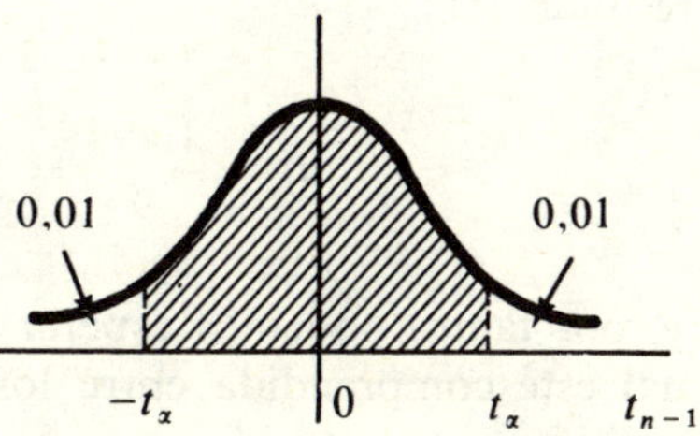

puesto que:

$$\frac{\sqrt{n}(a_x - \theta)}{\sqrt{\dfrac{ns^2}{n-1}}}$$

es una variante con distribución t de Student con $(n - 1)$ grados de libertad.

Leído el valor t_α, en tablas, resulta ser:

$$P(|t_8| \leq t_\alpha) = 0{,}98 \Rightarrow t_\alpha = 3{,}355$$

con lo que el intervalo de confianza para el que, con una probabilidad de 0,98, pertenece el parámetro θ, media poblacional, es:

$$I_X \equiv \left[a_x \mp \frac{\sqrt{\dfrac{ns^2}{n-1}}}{\sqrt{n}} 3{,}355 \right]$$

y, habida cuenta la información de que disponemos, dada por la muestra:

x_i	n_i	$n_i \cdot x_i$	$(x_i - a_x)$	$n_i(x_i - a_x)^2$
162	1	162	−4	16
164	1	164	−2	4
165	3	495	−1	3
166	1	166	0	0
168	1	168	2	4
169	1	169	3	9
170	1	170	4	16
	9	1.494		52

resultan ser:

$$a_x = \frac{1.494}{9} = 166 \qquad ns^2 = \sum_{i=1}^{9} (x_i - a_x)^2 = 52$$

y, por tanto, podemos esperar que, en un 98 % de los casos, la media poblacional esté comprendida entre los valores:

$$\left[166 - \frac{\sqrt{\dfrac{52}{8}}}{\sqrt{9}} 3{,}355;\ 166 + \frac{\sqrt{\dfrac{52}{8}}}{\sqrt{9}} 3{,}355 \right]$$

esto es:

$$[163{,}2;\ 168{,}8]$$

habiendo tomado:

$$\frac{\sqrt{\frac{52}{8}}}{\sqrt{9}} 3{,}355 = 2{,}851$$

146. Una empresa *A* produce un artículo cuya demanda posee desviación típica igual a 200, en tanto que otra empresa *B* se dedica a la obtención de otro artículo cuya demanda posee desviación típica igual a 100. Observados, simultáneamente, 125 puntos de oferta de ambos artículos, ha resultado ser la demanda media para el artículo de la empresa *A* de 300, y para la empresa *B* de 250. Elaborar el intervalo de confianza de 95 % para la diferencia de las demandas medias, si se supone que la ley de probabilidad que rige la demanda de ambos artículos es normal.

Resolución:

Si convenimos en representar por las variantes ξ_1 y ξ_2 la demanda correspondiente al artículo de la empresa *A* y de la empresa *B*, respectivamente, dichas variantes representan las poblaciones de las cuales sabemos que poseen una distribución:

$$—\xi_1 \colon N\left(\theta_1, \frac{200}{\sqrt{125}}\right)$$

$$—\xi_2 \colon N\left(\theta_2, \frac{100}{\sqrt{125}}\right)$$

El intervalo de confianza lo elaboraremos, con base en la distribución del estadístico diferencia de medias muestrales, $a_x - a_y$, que, sabemos, se distribuye como una variante:

$$N\left(\theta_1 - \theta_2;\ \sqrt{\frac{\sigma_1^2}{n} + \frac{\sigma_2^2}{m}}\right)$$

puesto que las distribuciones de ambas poblaciones son normales con varianza conocida, resultando, entonces, dicho intervalo expresado en la forma:

$$I_X \equiv \left[(a_x - a_y) \mp \sqrt{\frac{\sigma_1^2}{n} + \frac{\sigma_2^2}{m}} \cdot \lambda_\alpha\right]$$

donde el valor λ_α es tal que:

$$P\left[\frac{|(a_x - a_y) - (\theta_1 - \theta_2)|}{\sqrt{\dfrac{\sigma_1^2}{n} + \dfrac{\sigma_2^2}{m}}} \leq \lambda_\alpha\right] = 0{,}95$$

o bien:

$$P[|\xi'| \leq \lambda_\alpha] = 0{,}95$$

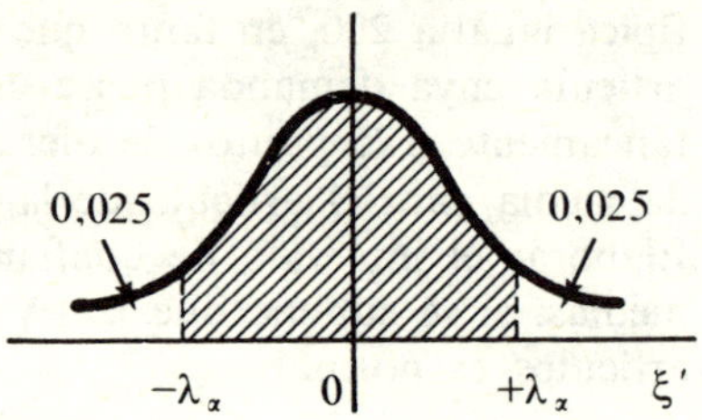

puesto que:

$$\frac{(a_x - a_y) - (\theta_1 - \theta_2)}{\sqrt{\dfrac{\sigma_1^2}{n} + \dfrac{\sigma_2^2}{m}}}$$

es una variante cuya distribución es $N(0, 1)$ (variante tipificada de la variante $(a_x - a_y)$).

Leído el valor λ_α, en tablas, resulta ser:

$$\lambda_\alpha = 1{,}96$$

con lo que el intervalo de confianza para el que, con una probabilidad de 0,95, pertenece la diferencia de medias $\theta_1 - \theta_2$, es:

$$\left[(a_x - a_y) - \left(\sqrt{\frac{(200)^2}{125} + \frac{(100)^2}{125}}\right)(1{,}96);\ (a_x - a_y) + \left(\sqrt{\frac{(200)^2}{125} + \frac{(100)^2}{125}}\right)1{,}96\right]$$

y habida cuenta la información de que disponemos, dada por la muestra, al ser:

$$a_x = 300$$
$$a_y = 250$$

podemos esperar que, en un 95 % de los casos, la diferencia de las demandas medias esté comprendida entre los valores:

$$[10{,}8;\ 89{,}2]$$

147. De una población representada por una variante ξ cuya distribución de probabilidad se supone normal, se selecciona una muestra, aleatoria simple, cuyas realizaciones resultan ser:

2,70; 2,71; 2,70; 2,76; 2,74; 2,78; 2,73

Elaborar el intervalo de confianza del 98 % para la varianza poblacional.

Resolución:

El intervalo de confianza lo elaboraremos con base en la distribución del estadístico varianza muestral, s^2, que sabemos está relacionado con una variante χ^2 de Pearson, en la forma:

$$s^2 = \frac{\sigma^2}{n} \chi^2_{n-1}$$

puesto que la distribución poblacional es normal, resultando entonces, dicho intervalo expresado en la forma:

$$I_X \equiv \left[\frac{ns^2}{k_2}, \frac{ns^2}{k_1} \right]$$

donde los valores k_2 y k_1 son tales que:

$$P[\chi^2_{n-1} \geq k_2] = 0{,}01$$
$$P[\chi^2_{n-1} \leq k_1] = 0{,}01$$

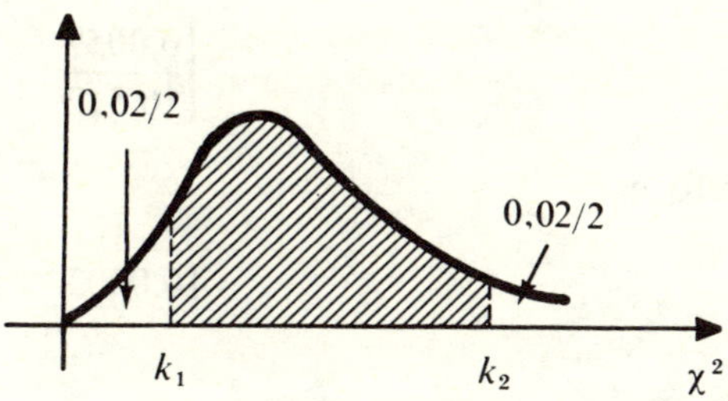

Leídos los valores k_1 y k_2, en tablas, resultan ser:

$$P[\chi^2_6 \geq k_2] = 0{,}01 \Rightarrow k_2 = 16{,}812$$
$$P[\chi^2_6 \leq k_1] = 0{,}01 \Rightarrow k_1 = 0{,}872$$

con lo que el intervalo de confianza para el que, con una probabilidad de 0,98, pertenece el parámetro σ^2, varianza poblacional, es:

$$I_X \equiv \left[\frac{ns^2}{16,812}; \quad \frac{ns^2}{0,872}\right]$$

y, habida cuenta la información de que disponemos, dada por la muestra,

x_i	n_i	$n_i \cdot x_i$	$(x_i - a_x)$	$(x_i - a_x)^2$
2,70	2	5,4	−0,03	0,0018
2,71	1	2,71	−0,01	0,0004
2,73	1	2,73	0	0
2,74	1	2,74	0,01	0,0001
2,76	1	2,76	0,03	0,0009
2,78	1	2,78	0,05	0,0025
	7	19,12		0,0057

donde se ha tomado:

$$a_x = \frac{19,12}{7} = 2,73$$

y al ser:

$$ns^2 = \sum_{i=1}^{7} (x_i - a_x)^2 = 0,0057$$

podemos esperar que en un 98 % de los casos, la varianza poblacional esté comprendida entre los valores:

$$\left[\frac{0,0057}{16,812} \quad ; \quad \frac{0,0057}{0,872}\right]$$

esto es:

$$[0,0003 \quad ; \quad 0,0065]$$

148. Se considera una población representada por una variante ξ, de suerte que la distribución de probabilidad de la población es $N(\theta, 2)$. Si como estimador del parámetro poblacional θ, se toma el estadístico media muestral, determinar el tamaño muestral n (número de observaciones) para que, con una probabilidad de 0,95, el error de la estimación producido no sea superior a 0,2.

Resolución:

Si la estimación de la media poblacional, θ, se realiza a través del estadístico media muestral, a_x, el error de la estimación vendrá dado por

$$\theta - a_x$$

y, habida cuenta el enunciado, hemos de obtener el tamaño muestral para el que:

$$P[|\theta - a_x| \leq 0{,}2] = 0{,}95$$

o bien:

$$P[a_x - 0{,}2 \leq \theta \leq a_x + 0{,}2] = 0{,}95$$

Como quiera que el intervalo de confianza para la media poblacional obtenido en base a la distribución del estadístico media muestral es:

$$\left[a_x - \frac{\sigma}{\sqrt{n}}\lambda_\alpha; \quad a_x + \frac{\sigma}{\sqrt{n}}\lambda_\alpha\right]$$

puesto que suponemos la población normal con varianza conocida, se tendrá que la «cota del error», 0,2, será igual a:

$$0{,}2 = \frac{\sigma}{\sqrt{n}}\lambda_\alpha$$

y, por tanto:

$$n = \frac{(\lambda_\alpha)^2\,\sigma^2}{(0{,}2)^2}$$

Teniendo en cuenta que λ_α es tal que:

$$P\left[\frac{\sqrt{n}\,|a_x - \theta|}{\sigma} \leq \lambda_\alpha\right] = 0{,}95$$

o bien

$$P[|\xi'| \leq \lambda_\alpha] = 0{,}95$$

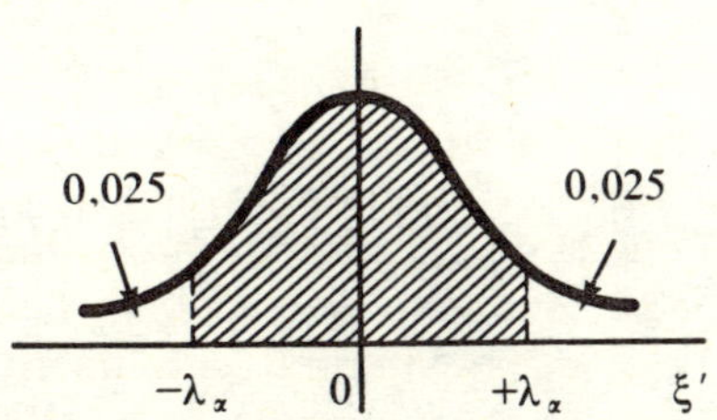

donde ξ' representa una variante de distribución $N(0, 1)$. Se tendrá, leído en tablas, el valor de λ_α, que

$$\lambda_\alpha = 1{,}96$$

Con ello:

$$n = \frac{(1{,}96)^2 \cdot 4}{(0{,}2)^2} = \frac{15{,}3664}{0{,}04} = 384{,}16$$

con lo que, al tener que ser el tamaño muestral un número entero, resultará:

$$n = 384$$

Así, pues, tomando muestras de tamaño 384, podemos esperar que en el 95 % de los casos, las estimaciones producidas por la media muestral produzcan errores no superiores a 0,2.

149. Para la estimación del parámetro media poblacional θ, de una población cuya distribución es $N(\theta, \sigma)$, con σ conocida, se elabora un intervalo de confianza del 90 %. Determinar el número de observaciones necesarias para aumentar el nivel de confianza de dicho intervalo, al 95 %.

Resolución:

El intervalo de confianza del 90 % para la estimación del parámetro θ, viene expresado, con base en la distribución del estadístico media muestral, en la forma:

$$I_X \equiv \left[a_x - \lambda_\alpha \frac{\sigma}{\sqrt{n}}; \quad a_x + \lambda_\alpha \frac{\sigma}{\sqrt{n}}\right]$$

donde λ_α es tal que:

$$P\left[\frac{\sqrt{n}\,|a_x - \theta|}{\sigma} \leq \lambda_\alpha\right] = 0{,}90$$

o bien:

$$P[|\xi'| \leq \lambda_\alpha] = 0{,}90$$

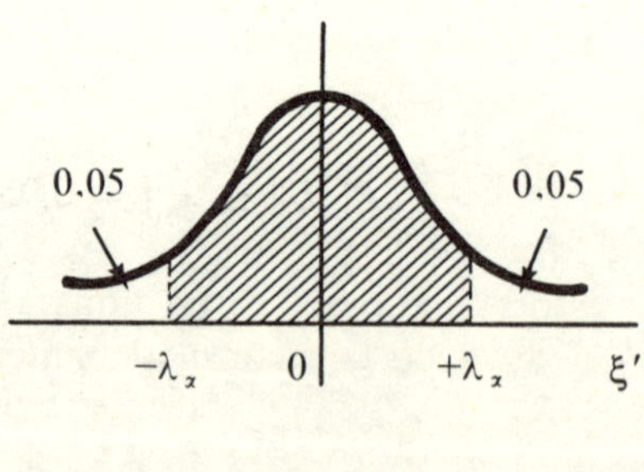

siendo la variante ξ' una variante $N(0, 1)$. Leído, en tablas, el valor de λ_α, resulta ser:

$$\lambda_\alpha = 1{,}64$$

Así, pues, para un nivel de confianza del 90 %, el intervalo de confianza será:

$$I_X \equiv \left[a_x - (1{,}64)\frac{\sigma}{\sqrt{n}};\quad a_x + (1{,}64)\frac{\sigma}{\sqrt{n}}\right]$$

Si deseamos aumentar el nivel de confianza de dicho intervalo al 95 %, el nuevo tamaño muestral n', habrá de ser tal que

$$P\left[a_x - \lambda_\alpha\frac{\sigma}{\sqrt{n'}};\quad a_x + \lambda_\alpha\frac{\sigma}{\sqrt{n'}}\right] = 0{,}95$$

de suerte que, procediendo de forma análoga al caso anterior, el valor λ_α vendrá dado por:

$$P[|\xi'| \leq \lambda_\alpha] = 0{,}95$$

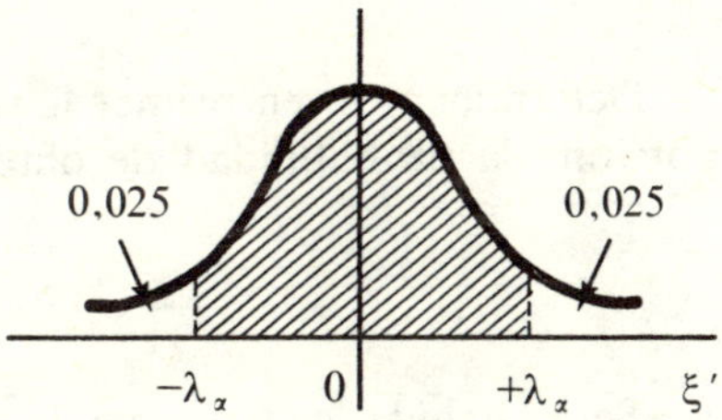

que leído en tablas, resulta ser:

$$\lambda_\alpha = 1{,}96$$

Con ello, como nos referimos en ambos casos al mismo intervalo, los límites de confianza son iguales, y por tanto:

$$(1{,}64) \cdot \frac{\sigma}{\sqrt{n}} = (1{,}96)\frac{\sigma}{\sqrt{n'}}$$

de donde se sigue:

$$\frac{n'}{n} = \frac{(1{,}96)^2}{(1{,}64)^2} = \frac{3{,}8416}{2{,}6896} = 1{,}428$$

esto es, se requiere un tamaño muestral una vez y media mayor para aumentar el nivel de confianza, del intervalo dado, del 90 % al 95 %.

150. Se considera una población representada por una variante ξ, de suerte que la distribución de probabilidad de la población es la distribución binomial de parámetro θ. Efectuadas dos hipótesis $H_0(\theta = \theta_0)$ y $H_1(\theta = \theta_1)$ acerca del parámetro poblacional θ, determinar la mejor región crítica, al nivel de significación α, para el contraste de la hipótesis H_0 respecto de la hipótesis alternativa H_1, supuesto extraídas muestras de tamaño n, muestreo aleatorio simple.

Resolución:

Según sabemos, por el teorema de Neymann-Pearson, la mejor región crítica, al nivel de significación α (región crítica óptima), viene dada por la razón de las funciones de verosimilitud, en las hipótesis H_0 y H_1, en la forma:

$$X \in R \Rightarrow \frac{L_0\,(X, \theta_0)}{L_1\,(X, \theta_1)} \leq k$$

$$X \notin R \Rightarrow \frac{L_0\,(X, \theta_0)}{L_1\,(X, \theta_1)} > k$$

Determinemos, en primer lugar, la función de verosimilitud (función que proporciona la probabilidad de obtener la muestra, dado el valor de θ),

$$L\,(X, \theta) = L\,(x_1, x_2, \dots, x_n; \theta)$$

Será, habida cuenta que la población viene representada por una variante binomial, y por tanto que podemos considerar que cada uno de los elementos de la población toma el valor 1 o el valor 0, con probabilidad θ o $(1 - \theta)$, respectivamente, y que el muestreo que se considera es el aleatorio simple:

$$L\,(X, \theta) = L\,(x_1, x_2, \dots, x_n; \theta) =$$

$$= \left[\binom{1}{x_1}\theta^{x_1}(1-\theta)^{1-x_1}\right]\left[\binom{1}{x_2}\theta^{x_2}(1-\theta)^{1-x_2}\right]\cdots\left[\binom{1}{x_n}\theta^{x_n}(1-\theta)^{1-x_n}\right] =$$

$$= \left[\prod_{i=1}^{n}\binom{1}{x_i}\right]\theta^{\sum_{i=1}^{n} x_i}(1-\theta)^{n-\sum_{i=1}^{n} x_i}$$

teniendo en cuenta que cada componente muestral x_i, por ser un elemento extraído de la población, toma el valor 1 o el valor 0, con probabilidad θ y $(1 - \theta)$, respectivamente.

Con ello la función de verosimilitud en la hipótesis:

—$H_0(\theta = \theta_0)$, será:

$$L_0(X, \theta_0) = \left(\prod_{i=1}^{n} \binom{1}{x_i}\right) \theta_0^{\sum_{i=1}^{n} x_i} (1 - \theta_0)^{n - \sum_{i=1}^{n} x_i}$$

—$H_1(\theta = \theta_1)$, será:

$$L_1(X, \theta_1) = \left(\prod_{i=1}^{n} \binom{1}{x_i}\right) \theta_1^{\sum_{i=1}^{n} x_i} (1 - \theta_1)^{n - \sum_{i=1}^{n} x_i}$$

y, por tanto, la razón de las funciones de verosimilitud,

$$\frac{L_0(X, \theta_0)}{L_1(X, \theta_1)} = \frac{\left[\prod_{i=1}^{n} \binom{1}{x_i}\right] \theta_0^{\sum_{i=1}^{n} x_i} (1 - \theta_0)^{n - \sum_{i=1}^{n} x_i}}{\left[\prod_{i=1}^{n} \binom{1}{x_i}\right] \theta_1^{\sum_{i=1}^{n} x_i} (1 - \theta_1)^{n - \sum_{i=1}^{n} x_i}} = \left(\frac{\theta_0}{\theta_1}\right)^{\sum_{i=1}^{n} x_i} \left[\frac{(1 - \theta_0)}{(1 - \theta_1)}\right]^{n - \sum_{i=1}^{n} x_i} =$$

$$= \left[\frac{(1 - \theta_0)}{(1 - \theta_1)}\right]^n \left[\frac{\theta_0(1 - \theta_1)}{\theta_1(1 - \theta_0)}\right]^{\sum_{i=1}^{n} x_i}$$

Observando que se ha invertido la segunda fracción por cuanto que ahora se está considerando el exponente $\left(\sum_{i=1}^{n} x_i\right)$, positivo.

Así, la región crítica óptima vendrá definida por la expresión:

$$\left[\frac{(1 - \theta_0)}{(1 - \theta_1)}\right]^n \left[\frac{\theta_0(1 - \theta_1)}{\theta_1(1 - \theta_0)}\right]^{\sum_{i=1}^{n} x_i} \leq k$$

expresión que puede transformarse en otra equivalente, si tomando logaritmos neperianos,

$$\log \left[\frac{(1 - \theta_0)}{(1 - \theta_1)}\right]^n + \left(\sum_{i=1}^{n} x_i\right) \log \left[\frac{\theta_0(1 - \theta_1)}{\theta_1(1 - \theta_0)}\right] \leq \log k$$

pasamos al segundo miembro de la desigualdad, $\log \left[\frac{(1 - \theta_0)}{(1 - \theta_1)}\right]^n$,

$$\left(\sum_{i=1}^{n} x_i\right) \log \left[\frac{\theta_0(1 - \theta_1)}{\theta_1(1 - \theta_0)}\right] \leq \log k - \log \left[\frac{(1 - \theta_0)}{(1 - \theta_1)}\right]^n$$

y habida cuenta que:

$$\sum_{i=1}^{n} x_i = na_x$$

se tiene:

$$a_x \log \left[\frac{\theta_0(1-\theta_1)}{\theta_1(1-\theta_0)}\right] \leq \frac{1}{n}\left[\log k - \log\left[\frac{(1-\theta_0)}{(1-\theta_1)}\right]^n\right]$$

Siendo θ_0, θ_1, n, $\log k$ constantes, podemos escribir:

$$k' = \frac{1}{n}\left[\log k - \log\left[\frac{(1-\theta_0)}{(1-\theta_1)}\right]^n\right]$$

con lo cual, la región crítica óptima podrá ser expresada en la forma:

$$a_x \log \left[\frac{\theta_0(1-\theta_1)}{\theta_1(1-\theta_0)}\right] \leq k'$$

Nótese, entonces, que si:

—$\theta_1 > \theta_0$, se tendrá que:

$$\theta_1(1-\theta_0) > (1-\theta_1)\theta_0 \Rightarrow \frac{\theta_0(1-\theta_1)}{\theta_1(1-\theta_0)} < 1$$

y por tanto:

$$\log \left[\frac{\theta_0(1-\theta_1)}{\theta_1(1-\theta_0)}\right] < 0$$

con lo que la expresión anterior puede transformarse en la equivalente:

$$a_x \geq \frac{k'}{\log \left[\frac{\theta_0(1-\theta_1)}{\theta_1(1-\theta_0)}\right]}$$

y llamando, por ser constante el segundo miembro de la desigualdad,

$$k^* = \frac{k'}{\log \left[\frac{\theta_0(1-\theta_1)}{\theta_1(1-\theta_0)}\right]}$$

resultará, finalmente, como expresión que define la región crítica óptima:

$$a_x \geq k^*$$

—$\theta_0 > \theta_1$, se tendrá que:

$$\theta_0(1 - \theta_1) > \theta_1(1 - \theta_0) \Rightarrow \frac{\theta_0(1 - \theta_1)}{\theta_1(1 - \theta_0)} > 1$$

y, por tanto:

$$\log\left[\frac{\theta_0(1 - \theta_1)}{\theta_1(1 - \theta_0)}\right] > 0$$

con lo que la expresión anterior puede transformarse en la equivalente:

$$a_x \leq \frac{k'}{\log\left[\dfrac{\theta_0(1 - \theta_1)}{\theta_1(1 - \theta_0)}\right]}$$

y, llamando, por ser constante el segundo miembro de la desigualdad,

$$k^* = \frac{k'}{\log\left[\dfrac{\theta_0(1 - \theta_1)}{\theta_1(1 - \theta_0)}\right]}$$

resultará, finalmente, como expresión que define la región crítica óptima:

$$a_x \leq k^*$$

Así pues, para la determinación de la región crítica óptima, bastará determinar el valor de k^*. Para ello se procederá teniendo en cuenta que:

$$P(X \in R/\theta_0) = \alpha$$

esto es, que la probabilidad de rechazar la hipótesis H_0, siendo H_0 cierta, es igual al nivel de significación α, prefijado, que según los casos contemplados,

—si $\theta_0 > \theta_1$, k^* será determinado teniendo en cuenta que:

$$\alpha = P(X \in R/\theta_0) = P(a_x \leq k^*/\theta_0)$$

—si $\theta_0 < \theta_1$, k^* será determinado teniendo en cuenta que:

$$\alpha = P(X \in R/\theta_0) = P(a_x \geq k^*/\theta_0)$$

esto es, con base en la distribución del estadístico media muestral, supuesto que tomamos como valor de θ, parámetro poblacional desconocido, el que proporciona la hipótesis $H_0(\theta = \theta_0)$. Es claro que el estadístico media muestral

$$a_x = \frac{\sum_{i=1}^{n} x_i}{n}$$

en este caso, es igual a la proporción de elementos en la muestra que toman el valor 1. Por ello su distribución de probabilidad, si la muestra es suficientemente grande, procede aproximarla por la distribución normal, resultando:

$$N\left(\theta_0, \sqrt{\frac{\theta_0(1-\theta_0)}{n}}\right)$$

y en el caso de que no lo fuera, su distribución correspondería a una binomial, por cuanto que viene definida como suma de variantes x_i binomiales independientes.

151. Se considera una población representada por una variante ξ, de suerte que la distribución de probabilidad de la población es la distribución de Poisson de parámetro θ. Efectuadas dos hipótesis $H_0(\theta = \theta_0)$ y $H_1(\theta = \theta_1)$ acerca del parámetro poblacional θ, determinar la mejor región crítica, al nivel de significación α, para contrastar la hipótesis H_0 respecto de la hipótesis alternativa H_1, supuesto extraídas muestras de tamaño n, muestreo aleatorio simple.

Resolución:

Según sabemos por el teorema de Neymann-Pearson, la mejor región crítica, al nivel de significación α (región crítica óptima), viene dada por la razón de las funciones de verosimilitud, en las hipótesis H_0 y H_1, en la forma:

$$X \in R \Rightarrow \frac{L_0(X, \theta_0)}{L_1(X, \theta_1)} \leq k$$

$$X \notin R \Rightarrow \frac{L_0(X, \theta_0)}{L_1(X, \theta_1)} > k$$

Determinemos, en primer lugar, la función de verosimilitud (función que proporciona la probabilidad de la muestra, dado el valor de θ),

$$L(X, \theta) = L(x_1, x_2, \ldots, x_n; \theta)$$

Será, habida cuenta la distribución poblacional, y que el muestreo que se considera es el aleatorio simple:

$$L(X, \theta) = L(x_1, x_2, \ldots, x_n; \theta) = \left(\frac{e^{-\theta}}{x_1!}\theta^{x_1}\right)\left(\frac{e^{-\theta}}{x_2!}\theta^{x_2}\right)\ldots\left(\frac{e^{-\theta}}{x_n!}\theta^{x_n}\right) =$$

$$= \frac{e^{-n\theta}}{\prod_{i=1}^{n}(x_i!)}\theta^{\sum_{i=1}^{n} x_i}$$

Con ello, la función de verosimilitud en la hipótesis:

—$H_0(\theta = \theta_0)$, será:

$$L_0(X, \theta_0) = \frac{e^{-n\theta_0}}{\prod_{i=1}^{n}(x_i!)}\theta_0^{\sum_{i=1}^{n} x_i}$$

—$H_1(\theta = \theta_1)$, será:

$$L_1(X, \theta_1) = \frac{e^{-n\theta_1}}{\prod_{i=1}^{n}(x_i)!}\theta_1^{\sum_{i=1}^{n} x_i}$$

y, por tanto, la razón de las funciones de verosimilitud,

$$\frac{L_0(X, \theta_0)}{L_1(X, \theta_1)} = \frac{e^{-n\theta_0}\,\theta_0^{\sum_{i=1}^{n} x_i}}{e^{-n\theta_1}\,\theta_1^{\sum_{i=1}^{n} x_i}} = e^{n(\theta_1 - \theta_0)}\left(\frac{\theta_0}{\theta_1}\right)^{\sum_{i=1}^{n} x_i}$$

Así, la región crítica óptima vendrá definida por la expresión:

$$e^{n(\theta_1 - \theta_0)}\left(\frac{\theta_0}{\theta_1}\right)^{\sum_{i=1}^{n} x_i} \leq k$$

expresión que puede transformarse en otra equivalente, si tomando logaritmos neperianos,

$$n(\theta_1 - \theta_0) + \left(\sum_{i=1}^{n} x_i\right)\log\left(\frac{\theta_0}{\theta_1}\right) \leq \log k$$

y pasando al segundo miembro de la desigualdad, $n(\theta_1 - \theta_0)$,

$$\left(\sum_{i=1}^{n} x_i\right) \log \left(\frac{\theta_0}{\theta_1}\right) \leq \log k - n(\theta_1 - \theta_0)$$

observamos que:

$$\sum_{i=1}^{n} x_i = na_x$$

por lo que:

$$a_x \log \left(\frac{\theta_0}{\theta_1}\right) \leq \frac{\log k - n(\theta_1 - \theta_0)}{n}$$

Habida cuenta que θ_0, θ_1, n, y $\log k$ son constantes, podemos escribir:

$$k' = \frac{\log k - n(\theta_1 - \theta_0)}{n}$$

con lo cual, la región crítica óptima podrá ser expresada en la forma:

$$a_x \log \left(\frac{\theta_0}{\theta_1}\right) \leq k'$$

Nótese, entonces, que si:

—$\theta_0 > \theta_1$, la expresión anterior puede transformarse en la equivalente:

$$a_x \leq k' \left(\log \frac{\theta_0}{\theta_1}\right)^{-1}$$

y llamando, por ser $\log \dfrac{\theta_0}{\theta_1}$ constante,

$$k^* = k' \left(\log \frac{\theta_0}{\theta_1}\right)^{-1}$$

resultará, finalmente, como expresión que define la región crítica óptima:

$$a_x \leq k^*$$

—$\theta_0 < \theta_1$, la expresión anterior puede transformarse en la equivalente,

$$a_x \geq k' \left(\log \frac{\theta_0}{\theta_1}\right)^{-1}$$

y llamando, por ser $\log \frac{\theta_0}{\theta_1}$ constante,

$$k^* = k' \left(\log \frac{\theta_0}{\theta_1}\right)^{-1}$$

resultará, finalmente, como expresión que define la región crítica óptima:

$$a_x \geq k^*$$

Así pues, para la determinación de la región crítica óptima bastará determinar el valor de k^*. Para ello se procederá teniendo en cuenta que:

$$P(X \in R/\theta_0) = \alpha$$

esto es, que la probabilidad de rechazar la hipótesis H_0, siendo H_0 cierta, es igual al nivel de significación α, prefijado, que según los casos contemplados:

—Si $\theta_0 > \theta_1$, k^* será determinada teniendo en cuenta que:

$$\alpha = P(X \in R/\theta_0) = P(a_x \leq k^*/\theta_0)$$

—Si $\theta_0 < \theta_1$, k^* será determinada teniendo en cuenta que:

$$\alpha = P(X \in R/\theta_0) = P(a_x \geq k^*/\theta_0)$$

esto es, con base en la distribución del estadístico media muestral, supuesto que tomamos como valor de θ, parámetro poblacional desconocido, el que proporciona la hipótesis $H_0(\theta = \theta_0)$. Es obvio que la distribución de probabilidad del estadístico media muestral será conocida, tanto si la muestra es suficientemente grande (por cuanto que, entonces, resulta procedente la aproximación de su distribución mediante la distribución normal), como en el caso que no lo sea, ya que tal y como está definido el estadístico media muestral:

$$a_x = \frac{\sum_{i=1}^{n} x_i}{n}$$

al estar definido como suma de variantes x_i, independientes y todas con igual distribución, la poblacional, igual a la distribución de Poisson, dicha variante a_x se distribuirá como una variante con distribución de Poisson.

152. Se considera una población representada por una variante ξ, de suerte que la distribución de probabilidad de la población viene definida por la función de densidad:

$$f(x, \theta) = \theta\, e^{-\theta x} \quad \text{para} \quad \theta \leq x$$

$$f(x, \theta) = 0 \quad \text{para cualquier otro valor de } x$$

Efectuadas dos hipótesis $H_0(\theta = \theta_0)$ y $H_1(\theta = \theta_1)$ acerca del parámetro poblacional θ, determinar la mejor región crítica, al nivel de significación α, para el contraste de la hipótesis H_0 respecto de la hipótesis alternativa H_1 (supuesto extraídas muestras de tamaño n, muestreo aleatorio simple).

Resolución:

Según sabemos, por el teorema de Neymann-Pearson, la mejor región crítica al nivel de significación α (región crítica óptima), viene dada por la razón de las funciones de verosimilitud, en las hipótesis H_0 y H_1, en la forma:

$$X \in R \Rightarrow \frac{L_0(X, \theta_0)}{L_1(X, \theta_1)} \leq k$$

$$X \notin R \Rightarrow \frac{L_0(X, \theta_0)}{L_1(X, \theta_1)} > k$$

Determinemos, en primer lugar, la función de verosimilitud (función que proporciona la probabilidad de obtener la muestra, dado el valor de θ)

$$L(X, \theta) = L(x_1, x_2, \ldots, x_n;\ \theta)$$

Será, habida cuenta la distribución poblacional, y que el muestreo considerado es el aleatorio simple,

$$L(X, \theta) = L(x_1, x_2, \ldots, x_n;\ \theta) = (\theta\, e^{-\theta x_1})(\theta\, e^{-\theta x_2}) \ldots (\theta\, e^{-\theta x_n}) =$$

$$= \theta^n\, e^{-\theta \left(\sum_{i=1}^{n} x_i \right)}$$

Con ello, la función de verosimilitud en la hipótesis:

—$H_0(\theta = \theta_0)$, será:

$$L_0(X, \theta_0) = \theta_0^n\, e^{-\theta_0 \left(\sum_{i=1}^{n} x_i \right)}$$

—$H_1(\theta = \theta_1)$, será:

$$L_1(X, \theta_1) = \theta_1^n\, e^{-\theta_1 \left(\sum_{i=1}^{n} x_i \right)}$$

y, por tanto, la razón de las funciones de verosimilitud,

$$\frac{L_0(X, \theta_0)}{L_1(X, \theta_1)} = \frac{\theta_0^n \, e^{-\theta_0 \sum_{i=1}^{n} x_i}}{\theta_1^n \, e^{-\theta_1 \sum_{i=1}^{n} x_i}} = \left(\frac{\theta_0}{\theta_1}\right)^n \cdot e^{(\theta_1 - \theta_0)\left(\sum_{i=1}^{n} x_i\right)}$$

Así, la región crítica óptima vendrá definida por la expresión

$$\left(\frac{\theta_0}{\theta_1}\right)^n e^{(\theta_1 - \theta_0)\left(\sum_{i=1}^{n} x_i\right)} \leq k$$

expresión que puede transformarse en otra equivalente, si tomando logaritmos neperianos

$$n \log \left(\frac{\theta_0}{\theta_1}\right) + (\theta_1 - \theta_0)\left(\sum_{i=1}^{n} x_i\right) \leq \log k$$

y pasando al segundo miembro de la desigualdad, $n \log \left(\frac{\theta_0}{\theta_1}\right)$,

$$(\theta_1 - \theta_0)\left(\sum_{i=1}^{n} x_i\right) \leq \log k - n \log \left(\frac{\theta_0}{\theta_1}\right)$$

observamos que:

$$\sum_{i=1}^{n} x_i = n\, a_x$$

por lo que:

$$a_x(\theta_1 - \theta_0) \leq \frac{\log k - n \log \left(\frac{\theta_0}{\theta_1}\right)}{n}$$

Habida cuenta que θ_0, θ_1, n y $\log k$, son constantes, podemos escribir

$$k' = \frac{\log k - n \log \left(\frac{\theta_0}{\theta_1}\right)}{n}$$

con lo cual, la región crítica óptima podrá ser expresada en la forma:

$$a_x(\theta_1 - \theta_0) \leq k'$$

Nótese, entonces, que si:

—$\theta_0 > \theta_1$, la expresión anterior puede transformarse en la equivalente:

$$a_x \geq \frac{k'}{\theta_1 - \theta_0}$$

y llamando, por ser $(\theta_1 - \theta_0)$ constante,

$$k^* = \frac{k'}{\theta_1 - \theta_0}$$

resultará, finalmente, como expresión que define la región crítica óptima:

$$a_x \geq k^*$$

—$\theta_0 < \theta_1$, la expresión anterior puede transformarse en la equivalente:

$$a_x \leq \frac{k'}{\theta_1 - \theta_0}$$

y llamando, por ser $\theta_1 - \theta_0$ constante,

$$k^* = \frac{k'}{\theta_1 - \theta_0}$$

resultará, finalmente, como expresión de la región crítica óptima:

$$a_x \leq k^*$$

Así pues, para la determinación de la región crítica óptima bastará con determinar el valor de k^*. Para ello se procederá teniendo en cuenta que,

$$P(X \in R/\theta_0) = \alpha$$

esto es, que la probabilidad de rechazar la hipótesis H_0, siendo H_0 cierta, es igual al nivel de significación α, prefijado, que según los casos contemplados,

—si $\theta_0 > \theta_1$, k^* será determinada teniendo en cuenta que:

$$\alpha = P(X \in R/\theta_0) = P(a_x \geq k^*/\theta_0)$$

—si $\theta_0 < \theta_1$, k^* será determinada teniendo en cuenta que:

$$\alpha = P(X \in R/\theta_0) = P(a_x \leq k^*/\theta_0)$$

esto es, con base en la distribución del estadístico media muestral, supuesto que tomamos como valor de θ, parámetro poblacional desconocido, el que proporciona la hipótesis $H_0(\theta = \theta_0)$. Si el tamaño muestral fuese suficientemente grande, procedería aproximar la distribución de probabilidad del estadístico media muestral mediante la distribución normal.

153. Se considera una población representada por una variante ξ, de suerte que la distribución poblacional es la distribución $N(\theta, \sigma)$. Efectuadas dos hipótesis, $H_0(\theta = \theta_0)$ y $H_1(\theta = \theta_1)$, acerca del parámetro poblacional θ, determinar la mejor región crítica, al nivel de significación α, para contrastar la hipótesis H_0 respecto de la hipótesis alternativa H_1, supuesto extraídas muestras de tamaño n, muestreo aleatorio simple.

Resolución:

Según sabemos, por el teorema de Neymann-Pearson, la mejor región crítica, al nivel de significación α (región crítica óptima), viene dada por la razón de las funciones de verosimilitud, en las hipótesis H_0 y H_1, en la forma:

$$X \in R \Rightarrow \frac{L_0(X, \theta_0)}{L_1(X, \theta_1)} \leq k$$

$$X \notin R \Rightarrow \frac{L_0(X, \theta_0)}{L_1(X, \theta_1)} > k$$

Determinemos en primer lugar, la función de verosimilitud (función que proporciona la probabilidad de obtener la muestra, dado el valor de θ),

$$L(X, \theta) = L(x_1, x_2, \ldots, x_n; \theta)$$

Será, habida cuenta la distribución poblacional, y que el muestreo que se considera es el aleatorio simple:

$$L(X, \theta) = L(x_1, x_2, \ldots, x_n; \theta) =$$

$$= \left(\frac{1}{\sigma\sqrt{2\pi}} e^{-(1/2)[(x_1-\theta)^2/\sigma^2]}\right)\left(\frac{1}{\sigma\sqrt{2\pi}} e^{-(1/2)[(x_2-\theta)^2/\sigma^2]}\right) \cdots \left(\frac{1}{\sigma\sqrt{2\pi}} e^{-(1/2)[(x_n-\theta)^2/\sigma^2]}\right) =$$

$$= \left(\frac{1}{\sigma\sqrt{2\pi}}\right)^n e^{-1/2\left(\sum_{i=1}^{n} (x_i-\theta)^2/\sigma^2\right)}$$

Con ello, la función de verosimilitud en la hipótesis:

—$H_0(\theta = \theta_0)$, será:

$$L_0(X, \theta_0) = \left(\frac{1}{\sigma\sqrt{2\pi}}\right)^n e^{-1/2\left(\sum_{i=1}^{n}(x_i-\theta_0)^2/\sigma^2\right)}$$

—$H_1(\theta = \theta_1)$, será:

$$L_1(X, \theta_1) = \left(\frac{1}{\sigma\sqrt{2\pi}}\right)^n e^{-1/2\left(\sum_{i=1}^{n}(x_i-\theta_1)^2/\sigma^2\right)}$$

y, por tanto, la razón de las funciones de verosimilitud,

$$\frac{L_0(X, \theta_0)}{L_1(X, \theta_1)} = \frac{e^{-1/2\left(\sum_{i=1}^{n}\frac{(x_i-\theta_0)^2}{\sigma^2}\right)}}{e^{-1/2\left(\sum_{i=1}^{n}(x_i-\theta_1)^2/\sigma^2\right)}} = e^{-1/(2\sigma^2)\left[\sum_{i=1}^{n}(x_i-\theta_0)^2 - \sum_{i=1}^{n}(x_i-\theta_1)^2\right]}$$

Así, la región crítica óptima vendrá definida por la expresión:

$$e^{-1/(2\sigma^2)\left[\sum_{i=1}^{n}(x_i-\theta_0)^2 - \sum_{i=1}^{n}(x_1-\theta_1)^2\right]} \leq k$$

donde, habida cuenta que:

$$\begin{aligned}\sum_{i=1}^{n}(x_i-\theta_0)^2 - \sum_{i=1}^{n}(x_i-\theta_1)^2 &= \left[\sum_{i=1}^{n}x_i^2 - 2\theta_0\sum_{i=1}^{n}x_i + n\theta_0^2\right] - \\ &- \left[\sum_{i=1}^{n}x_i^2 - 2\theta_1\sum_{i=1}^{n}x_i + n\theta_1^2\right] = \\ &= -2(\theta_0 - \theta_1)\left(\sum_{i=1}^{n}x_i\right) + n(\theta_0^2 - \theta_1^2) = \\ &= -2(\theta_0 - \theta_1)na_x + n(\theta_0^2 - \theta_1^2)\end{aligned}$$

se tendrá:

$$e^{[n(\theta_0-\theta_1)a_x/\sigma^2] - [n/(2\sigma^2)][\theta_0^2-\theta_1^2]} \leq k$$

expresión que puede transformarse en otra equivalente, si tomamos logaritmos neperianos,

$$\frac{n}{\sigma^2}(\theta_0 - \theta_1)\,a_x - \frac{n}{2\sigma^2}(\theta_0^2 - \theta_1^2) \leq \log k$$

y pasamos al segundo miembro de la desigualdad, $\frac{n}{2\sigma^2}(\theta_0^2 - \theta_1^2)$,

$$\frac{n}{\sigma^2}(\theta_0 - \theta_1)\, a_x \leq \log k + \frac{n}{2\sigma^2}(\theta_0^2 - \theta_1^2)^2$$

por lo que:

$$a_x(\theta_0 - \theta_1) \leq \frac{\sigma^2}{n}\left(\log k + \frac{n}{2\sigma^2}(\theta_0^2 - \theta_1^2)\right)$$

Habida cuenta que θ_0, θ_1, n, $\log k$ y σ^2 son constantes, podemos escribir:

$$k' = \frac{\sigma^2}{n}\left(\log k + \frac{n}{2\sigma^2}(\theta_0^2 - \theta_1^2)\right)$$

con lo cual, la región crítica óptima podrá ser expresada en la forma:

$$a_x(\theta_0 - \theta_1) \leq k'$$

Nótese, entonces, que si:

—$\theta_0 > \theta_1$, la expresión anterior puede transformarse en la equivalente:

$$a_x \leq \frac{k'}{\theta_0 - \theta_1}$$

y llamando, por ser $(\theta_0 - \theta_1)$ constante,

$$k^* = \frac{k'}{\theta_0 - \theta_1}$$

resultará, finalmente, como expresión que define la región crítica óptima:

$$a_x \leq k^*$$

—$\theta_0 < \theta_1$, la expresión anterior puede transformarse en la equivalente:

$$a_x \geq \frac{k'}{\theta_0 - \theta_1}$$

y llamando, por ser $(\theta_0 - \theta_1)$ constante,

$$k^* = \frac{k'}{\theta_0 - \theta_1}$$

resultará, finalmente, como expresión que define la región crítica óptima:

$$a_x \geq k^*$$

Así, pues, para la determinación de la región crítica óptima bastará determinar el valor de k^*. Para ello se procederá teniendo en cuenta que:

$$P(X \in R/\theta_0) = \alpha$$

esto es, que la probabilidad de rechazar la hipótesis H_0, siendo H_0 cierta, es igual al nivel de significación α, prefijado, que según los casos contemplados,

—si $\theta_0 > \theta_1$, k^* será determinada teniendo en cuenta que:

$$\alpha = P(X \in R/\theta_0) = P(a_x \leq k^*/\theta_0)$$

—si $\theta_0 < \theta_1$, k^* será determinada teniendo en cuenta que:

$$\alpha = P(X \in R/\theta_0) = P(a_x \geq k^*/\theta_0)$$

esto es, con base en la distribución del estadístico media muestral, supuesto que tomamos como valor de θ, parámetro poblacional desconocido, el que proporciona la hipótesis $H_0(\theta = \theta_0)$. Es obvio que la distribución de probabilidad del estadístico media muestral será, entonces:

$$N\left(\theta_0, \frac{\sigma}{\sqrt{n}}\right)$$

154. Se considera una población representada por una variante ξ, de suerte que la distribución de la población es $N(\theta, 10)$. Contrastar al nivel de significación del 5% la hipótesis $H_0(\theta = 100)$, respecto de su alternativa $H_1(\theta = 120)$, mediante una muestra aleatoria simple de tamaño 4, siendo las realizaciones muestrales: 110, 112, 107, 111.

Resolución:

Procediendo de manera análoga al problema 153, la región óptima para el contraste de la hipótesis H_0, respecto de la alternativa H_1, vendrá expresada por:

$$a_x \geq k^*$$

por cuanto que:

$$\theta_0 = 100 < 120 = \theta_1$$

Pasemos pues a determinar el valor de k^*. Teniendo en cuenta que la media muestral se distribuye con arreglo a una variante normal, de parámetros

$$N\left(\theta, \frac{10}{\sqrt{4}}\right)$$

esto es,

$$N(\theta, 5)$$

y que el nivel de significación, α, es 0,05, se tendrá que:

$$P(a_x \geq k^*/\theta_0) = 0{,}05$$

probabilidad, por tanto, de que la media muestral sea mayor o igual a k^*, cuando tomamos como valor del parámetro poblacional desconocido θ, el que proporciona la hipótesis H_0, $\theta_0 = 100$; de esta forma la media muestral posee una distribución:

$$N(100, 5)$$

y la probabilidad anterior puede ser expresada

$$P(5\xi' + 100 \geq k^*) = 0{,}05$$

donde ξ' representa una variante $N(0, 1)$. De aquí que:

$$P\left(\xi' \geq \frac{k^* - 100}{5}\right) = P(\xi' \geq \lambda_\alpha) = 0{,}05$$

llamando

$$\lambda_\alpha = \frac{k^* - 100}{5}$$

Leído en tablas, el valor λ_α,

$$P(\xi' \geq \lambda_\alpha) = 0{,}05 \Rightarrow \lambda_\alpha = 1{,}64$$

resultará como valor de k^*:

$$\frac{k^* - 100}{5} = 1{,}64 \Rightarrow k^* = 5(1{,}64) + 100 = 108{,}2$$

por lo que la región crítica óptima será:

$$a_x \geq 108{,}2$$

Así, la regla de decisión será: si la media muestral es mayor o igual a 108,2, *rechazaremos* la hipótesis H_0.

Como, de la información que disponemos, dada por la muestra,

$$110,\ 112,\ 107,\ 111$$

se sigue que:

$$a_x = 110$$

por ser:

$$110 > 108{,}2$$

rechazamos la hipótesis H_0. Se *acepta*, pues, la hipótesis alternativa:

$$H_1(\theta = 120)$$

resultando, por tanto, la distribución poblacional:

$$N(120,\ 10)$$

155. Se considera una población representada por una variante ξ, de suerte que la distribución de probabilidad de la población es $N(\theta, 5)$. Efectuadas dos hipótesis, sobre el valor de θ, H_0 y H_1 tales que:

$$H_0: (\theta = \theta_0 = 12)$$
$$H_1: (\theta = \theta_1 = 15)$$

mediante una muestra aleatoria simple de tamaño 25 se contrasta la hipótesis H_0 respecto de la hipótesis H_1, estableciéndose que si la media muestral es menor que 14 se aceptaría H_0. Determinar:

1) La probabilidad de cometer el error de primera especie.
2) La probabilidad de cometer el error de segunda especie.
3) La potencia del contraste.

Resolución:

La región crítica definida para el contraste de la hipótesis H_0, es dada por el enunciado, puesto que si se *acepta* la hipótesis H_0 cuando la media muestral es menor que 14, se *rechazará* dicha hipótesis H_0 cuando:

$$a_x \geq 14$$

Establecida, pues, la región crítica, pasemos a determinar:

1) La probabilidad de cometer el error de primera especie, o nivel de significación, que, por definición, viene expresada en la forma:

$$P(X \in R/H_0) = \alpha$$

esto es, probabilidad de rechazar la hipótesis H_0, cuando H_0 es cierta. En nuestro caso es:

$$\alpha = P(X \in R/H_0) = P(a_x \geq 14/\theta_0)$$

igual, por tanto, a la probabilidad de que la media muestral sea igual o mayor que 14, cuando tomamos como valor del parámetro poblacional θ, el valor que proporciona la hipótesis H_0; de esta forma la distribución de probabilidad de a_x, es:

$$N\left(12, \frac{5}{\sqrt{25}}\right)$$

con lo que:

$$\alpha = P\left(\frac{5}{\sqrt{25}}\,\xi' + 12 \geq 14\right) = P(\xi' + 12 \geq 14) = P(\xi' \geq 2)$$

donde ξ' representa una variante $N(0, 1)$.

Leída, en tablas, la probabilidad:

$$P(\xi' \geq 2) = 0{,}02275$$

resultará ser el nivel de significación:

$$\alpha = 0{,}02275$$

2) La probabilidad de cometer el error de segunda especie, que por definición viene expresado en la forma:

$$\beta = P(X \notin R/H_1)$$

esto es, probabilidad de aceptar la hipótesis H_0, cuando H_0 es falsa y por tanto, cuando la hipótesis H_1 es cierta.

En nuestro caso es:

$$\beta = P(X \notin R/H_1) = P(a_x < 14/\theta_1)$$

igual, por tanto, a la probabilidad de que la media muestral sea menor que 14, cuando tomamos como valor del parámetro poblacional desconocido, θ, el valor que proporciona la hipótesis H_1; de esta forma la distribución de probabilidad de a_x, es:

$$N\left(15, \frac{5}{\sqrt{25}}\right)$$

con lo que:

$$\beta = P\left(\frac{5}{\sqrt{25}}\xi' + 15 < 14\right) = P(\xi' + 15 < 14) = P(\xi' < -1)$$

donde ξ' representa una variante $N(0, 1)$.

Leída en tablas, la probabilidad:

$$P(\xi' < -1) = 0{,}15866$$

resultará ser la probabilidad de cometer el error de segunda especie:

$$\beta = 0{,}15866$$

3) La potencia del contraste, que, por definición, viene expresada en la forma:

$$\eta = P(X \in R/H_1)$$

esto es, probabilidad de rechazar la hipótesis H_0, cuando H_0 es falsa, y, por tanto, cuando la hipótesis H_1 es cierta. Por tanto, se sigue que:

$$\eta = P(X \in R/H_1) = 1 - P(X \notin R/H_1) = 1 - \beta$$

con lo que, al ser η y β probabilidades complementarias, respecto de la unidad, se sigue que la potencia del contraste es:

$$\eta = 1 - 0{,}15866 = 0{,}84134$$

Determinados los valores correspondientes a α y η, nivel de significación y potencia del contraste, respectivamente, la regla de decisión establecida para el contraste de la hipótesis H_0,

—si, $a_x \geq 14$, se *rechaza* la hipótesis H_0
—si, $a_x < 14$, se *acepta* la hipótesis H_0

es tal que, esperamos con ella:

—*Rechazar* la hipótesis H_0, cuando es H_0 *cierta*, en un 2,3 % de los casos ($\alpha = 0{,}23$).

—*Rechazar* la hipótesis H_0, cuando es H_0 *falsa*, en un 84,1 % de los casos ($\eta = 0{,}841$).

156. Al lanzarse un nuevo producto al mercado, el oferente supone que dicho producto puede ser adquirido por el 20 % de la población, si bien cabe suponer que también puede adquirirlo el 30 %. Seleccionada al azar una muestra de tamaño 400, y adoptándose la regla de decisión de que si en la muestra se manifiestan dispuestos a adquirir el producto menos del 25 % de los consultados se aceptará que el producto será adquirido por el 20 % de la población, determinar:

1) El nivel de significación del contraste.
2) La potencia del contraste.

Resolución:

Las hipótesis establecidas acerca de la reacción que los potenciales demandantes puedan tener, son:

$$H_0(\pi_0 = 0{,}2)$$
$$H_1(\pi_1 = 0{,}3)$$

Esto es, que la proporción de demandantes sea del 20 % de la población o del 30 % de ella, de tal forma que la región crítica que define el contraste de la hipótesis H_0, es:

$$p \geq 0{,}25$$

esto es: que si la proporción de clientes de entre los consultados que están dispuestos a adquirir el producto es igual o mayor del 25 %, se rechazará la hipótesis H_0.

Establecida, pues, la región crítica, pasemos a determinar:

1) El nivel de significación, que, por definición, viene expresado en la forma:

$$P(X \in R/H_0) = \alpha$$

esto es, la probabilidad de rechazar la hipótesis H_0, cuando H_0 es cierta.

En nuestro caso es:

$$\alpha = P(X \in R/H_0) = P(p \geq 0{,}25/\pi_0)$$

igual, por tanto, a la probabilidad de que la proporción muestral sea igual o mayor a 0,25, cuando tomamos como valor del parámetro poblacional desconocido π, el valor que proporciona la hipótesis H_0; de esta forma la distribución de la proporción muestral p, es:

$$N\left(0{,}2; \sqrt{\frac{0{,}2(1 - 0{,}2)}{400}}\right)$$

habida cuenta, por el resultado del problema 116, que, al ser la muestra suficientemente grande, procede aproximar la distribución del estadístico proporción muestral por la distribución normal.

Con ello:

$$\alpha = P\left(\sqrt{\frac{(0{,}2)(0{,}8)}{400}}\,\xi' + 0{,}2 \geq 0{,}25\right) = P\left((0{,}02)\,\xi' + 0{,}2 \geq 0{,}25\right) =$$

$$= P\left(\xi' \geq \frac{0{,}25 - 0{,}2}{0{,}02}\right) = P(\xi' \geq 2{,}5)$$

donde ξ' representa una variante $N(0,1)$.

Leída, en tablas, la probabilidad:

$$P(\xi' \geq 2{,}5) = 0{,}00621$$

resultará ser el nivel de significación:

$$\alpha = 0{,}00621$$

2) La potencia del contraste, que, por definición, viene expresada en la forma:

$$P(X \in R/H_1) = \eta$$

esto es, la probabilidad de rechazar la hipótesis H_0, cuando H_0 es falsa, y, por tanto, cuando la hipótesis H_1 es cierta.

En nuestro caso es,

$$\eta = P(X \in R/H_1) = P(p \geq 0{,}25/H_1)$$

igual, por tanto, a la probabilidad de que la proporción muestral sea igual o superior a 0,25, cuando tomamos como valor del parámetro poblacional desconocido π, el valor que proporciona la hipótesis H_1; de esta forma la distribución de probabilidad de la proporción muestral es,

$$N\left(0,3;\ \sqrt{\frac{0,3(1-0,3)}{400}}\right)$$

y con ello:

$$\eta = P\left(\sqrt{\frac{(0,3)(0,7)}{400}}\,\xi' + 0,3 \geq 0,25\right) = P(0,157\,\xi' + 0,3 \geq 0,25) =$$

$$= P\left(\xi' \geq \frac{0,25 - 0,3}{0,157}\right) = P(\xi' \geq -0,32)$$

donde ξ' representa una variante $N(0,1)$.

Leída en tablas, la probabilidad,

$$P(\xi' \geq -0,32) = 0,62930$$

resultará ser la potencia del contraste:

$$\eta = 0,62930$$

Determinados los valores de α y η, nivel de significación y potencia del contraste, respectivamente, la regla de decisión establecida para el contraste de la hipótesis H_0:

—si, $p \geq 0,25$, se *rechaza* la hipótesis H_0.
—si, $p < 0,25$, se *acepta* la hipótesis H_0,

es tal que, esperamos con ella:

—*Rechazar* la hipótesis H_0, cuando H_0 es *cierta*, en un 0,6 % de los casos ($\alpha = 0,006$).
—*Rechazar* la hipótesis H_0, cuando H_0 es *falsa*, en un 63 % de los casos ($\eta = 0,63$).

157. Los ingresos semanales de un grupo de nueve personas, seleccionadas al azar, entre un gran número de individuos, han resultado ser:

1.570, 1.550, 1.530, 1.520, 1.560, 1.500, 1.510, 1.540, 1.580

¿Debe rechazarse la hipótesis de que la muestra procede de una población cuyos ingresos semanales medios son de 1.557 ptas., al nivel de significación del 5%?

Resolución:

Para contrastar la hipótesis establecida, analizaremos si existen, o no, desviaciones significativas entre lo que la hipótesis establece y lo que nos dice la información obtenida, desviaciones que vendrán medidas, por tanto, a través de:

$$|a_x - \mu|$$

donde μ representa la media poblacional. En nuestro caso, pues, si las desviaciones:

$$|a_x - 1.553|$$

superan un determinado valor d_α, máxima desviación permitida al nivel de significación α,

$$|a_x - 1.553| > d_\alpha$$

rechazaremos la hipótesis establecida.

Ahora bien, si suponemos que los ingresos en la población se distribuyen de acuerdo a la ley normal (debido a que el número de individuos que la integran es suficientemente grande), la distribución del estadístico media muestral, vendrá expresada a través de la distribución de la variante t de Student, en la forma:

$$a_x = \frac{\sqrt{\dfrac{ns^2}{n-1}}}{\sqrt{n}}\, t_{n-1} + \mu$$

de donde se sigue:

$$a_x - \mu = \frac{\sqrt{\dfrac{ns^2}{n-1}}}{\sqrt{n}}\, t_{n-1}$$

lo que nos dice que la regla de decisión establecida, puede ser escrita en la forma:

$$\frac{\sqrt{\dfrac{ns^2}{n-1}}}{\sqrt{n}}\, |a_x - \mu| > t_{n-1}(\alpha)$$

donde el valor $t_{n-1}(\alpha)$ puede ser leído en tablas.

En nuestro caso, como $\alpha = 0{,}05$, es:

$$P\left(|t_8| > t_8(0{,}05)\right) = 0{,}05 \Rightarrow t_8(0{,}05) = 2{,}306$$

quedando determinada dicha regla de decisión, en la forma:

$$\frac{\sqrt{\dfrac{ns^2}{n-1}}}{\sqrt{n}} |a_x - \mu| > 2{,}262$$

De esta forma, habida cuenta la información que disponemos, dada por la muestra:

x_i	$(x_i - a_x)^2$
1.500	1.600
1.510	900
1.520	400
1.530	100
1.540	0
1.550	100
1.560	400
1.570	900
1.580	1.600

resultan ser:

$$a_x = 1.540 \quad , \quad ns^2 = 6.000$$

y, por tanto,

$$\frac{\sqrt{\dfrac{6.000}{8}}}{\sqrt{9}} |1.540 - 1.553| = 118{,}67$$

valor superior al obtenido, en tablas, 2,306.

Por ello, las desviaciones producidas son significativas. No se consideran sólo debidas a las fluctuaciones muestrales, lo que hace que *rechacemos* la hipótesis de que los ingresos provengan de tal población.

158. La demanda de un determinado tipo de artículo ha venido comportándose durante los últimos años con arreglo a una distribución $N(200, 20)$. A la empresa que lo produce se le ofrece una «campaña publicitaria» del artículo, con objeto de aumentar sus ventas. Si bien el precio de la campaña es alto, la empresa considera que si su aplicación eleva la venta media por encima de las 250 unidades, su contratación sería rentable. Con objeto de tomar una decisión, tal campaña se aplica durante un cierto período de prueba, obteniéndose como venta media, en dicho período, 260 unidades, correspondientes a 35 de sus clientes habituales. ¿Qué decisión adoptará la empresa, al nivel de significación del 1 %?

Resolución:

Como quiera que la decisión que la empresa debe adoptar es contratar o no contratar, la hipótesis que vamos a contrastar es de que, la aplicación de la campaña, lleva a que la venta media sea de 250 unidades:

$$H_0 = 250$$

frente a la alternativa:

$$H_1 > 250$$

de tal forma que si H_0 es rechazada, se acepta H_1, esto es, que las ventas medias superan las 250 unidades, lo que implica que la empresa contrate tal campaña.

Para ello, analizaremos si existen, o no, diferencias significativas entre lo que la hipótesis establece y lo que nos dice la información obtenida, diferencias que vendrán medidas, por tanto, a través de

$$a_x - 250$$

de suerte que si dichas desviaciones superan un determinado valor d_α, máxima desviación permitida al nivel de significación α,

$$a_x - 250 > d_\alpha$$

rechazaremos la hipótesis H_0.

Ahora bien, habida cuenta que el estadístico $a_x - 250$ posee una distribución normal, con desviación típica igual a:

$$\frac{20}{\sqrt{35}}$$

esto es,

$$a_x - 250 = \frac{20}{\sqrt{35}}\xi'$$

donde ξ' representa una variante $N(0, 1)$, la anterior regla de decisión puede ser escrita en la forma:

$$\frac{\sqrt{35}\,(a_x - 250)}{20} > \xi'(\alpha)$$

donde el valor $\xi'(\alpha)$ puede ser leído en tablas.

En nuestro caso, como $\alpha = 0{,}01$, es

$$P(\xi' > \xi'(0{,}01)) = 0{,}01 \Rightarrow \xi'(0{,}01) = 2{,}33$$

quedando determinada dicha regla de decisión, en la forma:

$$\frac{\sqrt{35}\,(a_x - 250)}{20} > 2{,}33$$

De esta forma, habida cuenta la información que disponemos, dada por la muestra:

$$a_x = 260$$

es:

$$\frac{\sqrt{35}\,(260 - 250)}{20} = 2{,}96$$

valor superior al obtenido en tablas, 2,33.

Por ello las desviaciones producidas son significativas. No pueden considerarse debidas sólo a las fluctuaciones muestrales, lo que hace que *rechacemos* la hipótesis H_0, y, por tanto, aceptamos la hipótesis H_1, las ventas medias superan las 250 unidades, y la decisión por parte de la empresa será, pues, contratar la compañía publicitaria.

159. En una investigación sociológica se efectúa una determinada pregunta a 5.000 personas, respondiendo todas ellas «sí» o «no». De estas respuestas, 2.449 son afirmativas y 2.551 negativas. ¿Puede afirmarse, al nivel de significación del 5 % que la población se halla igualmente repartida en orden a su opinión sobre la pregunta formulada?

Resolución:

Decir que la población se halla igualmente repartida en orden a su opinión sobre la pregunta formulada, es equivalente a establecer la hipótesis de que la proporción de respuestas afirmativas es igual a la proporción de respuestas negativas. Por ello, establecida dicha hipótesis, las frecuencias teóricas correspondientes a los dos sucesos, número de respuestas afirmativas y negativas que debían de aparecer en la muestra, serán:

Tipos de respuestas	Frecuencias teóricas
Afirmativas	2.500
Negativas	2.500

habida cuenta que el total de personas consultadas fueron 5.000.

Pasemos a analizar, con objeto de aceptar o rechazar la hipótesis establecida, si existen, o no, desviaciones significativas entre lo que la hipótesis establece y lo que nos dice la información obtenida. Para ello elaboraremos el indicador empírico de desviaciones:

$$I_d = \sum_{i=1}^{2} \frac{(f_i - Np_i)^2}{Np_i}$$

y siendo:

Tipos de respuestas	Frecuencias observadas (f_i)	Frecuencias teóricas (Np_i)	$(f_i - Np_i)^2$
Afirmativas	2.449	2.500	2.601
Negativas	2.551	2.500	2.601

se tiene:

$$I_d = \frac{2.601}{2.500} + \frac{2.601}{2.500} = 2{,}0808$$

Por otra parte, la máxima desviación que nos permitimos $I_d(\alpha)$, al nivel de significación α, vendrá dada por:

$$\alpha = P(I_d > I_d(\alpha))$$

valor que determinaremos con base en la distribución del estadístico I_d, que sabemos se comporta como una variante χ^2 de Pearson con $(r - 1)$ grados de libertad, donde r representa el número de clases de la muestra.

En nuestro caso, pues,

$$0{,}05 = P\big(I_d > \chi_1^2(0{,}05)\big)$$

y leído en tablas, el valor $\chi_1^2(0{,}05)$,

$$0{,}05 = P\big(I_d > \chi_1^2(0{,}05)\big) \Rightarrow \chi_1^2(0{,}05) = 3{,}841 = I_d(\alpha)$$

resulta ser:

$$I_d = 2{,}0808 < 3{,}841 = I_d(\alpha)$$

por lo que, al nivel de significación del 5 %, la desviación obtenida entre lo que establece la hipótesis y lo que la información obtenida dice, *no* es significativa. Dicha desviación es debida al azar, y por ello, *aceptaremos* la hipótesis de que la población se halla igualmente repartida en orden a la pregunta formulada.

160. El nivel de ingresos semanales de 100 familias consultadas de una población se distribuye en la forma siguiente:

Nivel de ingresos (en pesetas)	Número de familias
entre 4.000 y 6.000	10
6.000 y 8.000	25
8.000 y 10.000	25
10.000 y 12.000	20
12.000 y 14.000	20

Establecer una hipótesis sobre el modelo de distribución de probabilidad correspondiente a dicha distribución, y contrastarlo al nivel de significación del 1 %.

Resolución:

El análisis de la información que proporciona la distribución de los ingresos semanales, sugiere que la distribución de probabilidad a considerar sea la distribución uniforme, esto es que el número de familias por nivel de ingresos es la misma.

Establecida pues, dicha hipótesis, las frecuencias teóricas correspondientes a los distintos niveles de ingresos, número de familias por nivel de ingresos, serán:

Nivel de ingresos (en pesetas)	Frecuencias teóricas
entre 4.000 y 6.000	20
6.000 y 8.000	20
8.000 y 10.000	20
10.000 y 12.000	20
12.000 y 14.000	20

habida cuenta que el total de familias consultadas ha sido de 100.

Pasemos, con objeto de aceptar o rechazar la hipótesis establecida, a analizar si existen, o no, desviaciones significativas entre lo que la hipótesis establece y lo que nos dice la información obtenida. Para ello elaboraremos el indicador empírico de desviaciones:

$$I_d = \sum_{i=1}^{5} \frac{(f_i - Np_i)^2}{Np_i}$$

siendo

Nivel de ingresos (en pesetas)	Frecuencias observadas (f_i)	Frecuencias teóricas (Np_i)	$(f_i - Np_i)^2$
entre 4.000 y 6.000	10	20	100
6.000 y 8.000	25	20	25
8.000 y 10.000	25	20	25
10.000 y 12.000	20	20	0
12.000 y 14.000	20	20	0

con lo que:

$$I_d = \frac{100}{20} + \frac{25}{20} + \frac{25}{20} + \frac{0}{20} + \frac{0}{20} = \frac{150}{20} = 7{,}5$$

Por otra parte, la máxima desviación que nos permitimos $I_d(\alpha)$, al nivel de significación α, vendrá dada por:

$$\alpha = P\big(I_d > I_d(\alpha)\big)$$

valor que determinaremos con base en la distribución del estadístico I_d, que sabemos se comporta como una variante χ^2 de Pearson con $(r - 1)$ grados de libertad, donde r representa el número de clases de la muestra.

En nuestro caso, pues,

$$0{,}01 = P(I_d > \chi_4^2\,(0{,}01))$$

y leído en tablas, el valor $\chi_4^2(0{,}01)$,

$$0{,}01 = P(I_d > \chi_4^2(0{,}01)) \Rightarrow \chi_4^2(0{,}01) = 13{,}277 = I_d(\alpha)$$

resulta ser:

$$I_d = 7{,}5 < 13{,}277 = I_d(\alpha)$$

por lo que, al nivel de significación del 1 %, la desviación obtenida entre lo que establece la hipótesis y lo que la información obtenida dice, *no* es significativa. Dicha desviación es debida al azar, y por ello, *aceptaremos* que el número de familias por nivel de ingresos es la misma.

161. En una investigación sobre la demanda de un producto se consulta a 30 personas, preguntándoles el número de veces que efectúan la adquisición de dicho producto por semana. Las respuestas obtenidas son las siguientes:

ninguna vez. . . . . 9 de los consultados
una vez . . . . 10 de los consultados
dos veces . . . . 7 de los consultados
tres veces . . . . 3 de los consultados
cuatro veces . . . . 1 de los consultados

Elaborar una hipótesis sobre el modelo de distribución de probabilidad que corresponde a la demanda de la que procede la muestra, contrastándola al nivel de significación del 5 %.

Resolución:

Al analizar la información que proporcionan las 30 personas consultadas

Veces que efectúa la adquisición x_i	Número de personas n_i	$x_i n_i$	$x_i^2 n_i$
0	9	0	0
1	10	10	10
2	7	14	28
3	3	9	27
4	1	4	16

se sigue que el número medio de veces que una persona adquiere el producto por semana es:

$$a_x = \frac{37}{30} = 1,2$$

siendo la varianza s^2 igual a:

$$s^2 = \frac{81}{30} - (2,7)^2 = 1,19$$

de suerte que, al ser:

$$a_x \simeq s^2$$

dicha información sugiere que la distribución de probabilidad a considerar sea la distribución de Poisson. La estimación del número medio de adquisiciones, correspondiente a tal distribución, la haremos con base en la media muestral:

$$a_x = 1,2$$

Establecida, pues, la hipótesis, las frecuencias teóricas correspondientes al número de veces que se adquiere el producto las elaboraremos teniendo en cuenta que la probabilidad de que se produzcan h adquisiciones vendrá dada, según la hipótesis, por:

$$p_h = \frac{(1,2)^h}{h!} e^{-1,2}$$

y, por tanto, la frecuencia teórica estará expresada por:

$$Np_h$$

Leídos en tablas, los valores:

$$p_0 = \frac{(1,2)^0}{0!} e^{-1,2} = 0,3012$$

$$p_1 = \frac{(1,2)^1}{1!} e^{-1,2} = 0,3614$$

$$p_2 = \frac{(1,2)^2}{2!} e^{-1,2} = 0,2169$$

$$p_3 = \frac{(1,2)^3}{3!} e^{-1,2} = 0,0867$$

$$p_4 = \frac{(1,2)^4}{4!} e^{-1,2} = 0,0260$$

las frecuencias teóricas, número de personas que debían haber adquirido h veces el producto en la semana, resultarán ser:

$$Np_0 = 30(0{,}3012) = 9{,}036$$
$$Np_1 = 30(0{,}3614) = 10{,}842$$
$$Np_2 = 30(0{,}2169) = 6{,}507$$
$$Np_3 = 30(0{,}0867) = 2{,}601$$
$$Np_4 = 30(0{,}0260) = 0{,}78$$

Pasemos, con objeto de aceptar o rechazar la hipótesis establecida, a analizar si existen o no, desviaciones significativas entre lo que la hipótesis establece y lo que nos dice la información obtenida. Para ello elaboraremos el indicador empírico de desviaciones,

$$I_d = \sum_{i=1}^{5} \frac{(f_i - Np_i)^2}{Np_i}$$

siendo:

Número de veces que efectúa la adquisición	Frecuencias observadas (f_i)	Frecuencias teóricas (Np_i)
0	9	9,036
1	10	10,842
2	7	6,507
3	3	2,601
4	1	0,78

y como quiera que existen frecuencias teóricas Np_i, tales que

$$Np_i \leq 5$$

agruparemos las clases correspondientes, resultando,

Número de veces que efectúa la adquisición	Frecuencias observadas (f_i)	Frecuencias teóricas (Np_i)	$(f_i - Np_i)^2$
0	9	9,036	0,001
1	10	10,842	0,708
2 ó más	11	9,888	1,236

donde, ahora, el número de clases resulta ser tres. Por ello:

$$I_d = \frac{0,001}{9,036} + \frac{0,708}{10,842} + \frac{1,236}{9,888} = 0,0001 + 0,06 + 0,125 = 0,185$$

Por otra parte, la máxima desviación que nos permitimos, $I_d(\alpha)$, al nivel de significación α, vendrá dada por:

$$\alpha = P(I_d > I_d(\alpha))$$

valor que determinaremos con base en la distribución del estadístico I_d, que sabemos se comporta como una variante χ^2 de Pearson, con $[(r-1)-k]$ grados de libertad, donde r representa el número de clases en la muestra y k el número de parámetros a estimar para que la distribución de probabilidad, que se propone como hipótesis, quede por completo especificada.

En nuestro caso, pues,

$$0,05 = P\left(I_d > \chi_1^2(0,05)\right)$$

siendo 1 los grados de libertad de la χ^2, habida cuenta del agrupamiento efectuado en 3 clases, para la elaboración del indicador empírico I_d, y que hemos estimado un parámetro poblacional.

Leído en tablas, el valor $\chi_1^2(0,05)$,

$$0,05 = P(I_d > \chi_1^2(0,05)) \Rightarrow \chi_1^2(0,05) = 3,841 = I_d(\alpha)$$

resulta ser:

$$I_d = 0,185 < 3,841 = I_d(\alpha)$$

por lo que, al nivel de significación del 5 %, la desviación obtenida, entre lo que establece la hipótesis y lo que la información obtenida dice, *no* es significativa. Dicha desviación es debida al azar, y por ello, *aceptaremos* que el número de veces que se adquiere el producto por semana se distribuye según una distribución de Poisson en donde el número medio de adquisiciones por persona, en dicho período, es de 1,2.

162. Al nivel de significación del 5 %, contrastar la hipótesis de que una moneda está bien construida, sabiendo que los resultados obtenidos en 5.000 lanzamientos fueron:

Resultados	N.º de veces
Cara	1.820
Cruz	3.180

Resolución:

Al decir que la moneda está bien construida, quiere expresarse que los dos sucesos, cara y cruz, son igualmente probables. Por ello, establecida dicha hipótesis, las frecuencias teóricas correspondientes a los dos sucesos, número de veces que debían aparecer los sucesos «cara» y «cruz», serán:

Resultados	Frecuencias teóricas
Cara	2.500
Cruz	2.500

habida cuenta que el total de lanzamientos fueron de 5.000.

Pasemos a analizar, con objeto de aceptar o rechazar la hipótesis establecida, si existen o no, desviaciones significativas entre lo que la hipótesis establece y lo que nos dice la información obtenida. Para ello elaboraremos el indicador empírico de desviaciones:

$$I_d = \sum_{i=1}^{2} \frac{(f_i - Np_i)^2}{Np_i}$$

siendo:

Resultados	Frecuencias observadas (f_i)	Frecuencias teóricas (Np_i)	$(f_i - Np_i)^2$
Cara	1.820	2.500	462.400
Cruz	3.180	2.500	462.400

con lo que:

$$I_d = \frac{462.400}{2.500} + \frac{462.400}{2.500} = 369{,}92$$

Por otra parte, la máxima desviación que nos permitimos, $I_d(\alpha)$, al nivel de significación α, vendrá dada por,

$$\alpha = P(I_d > I_d(\alpha))$$

valor que determinaremos con base en la distribución del estadístico I_d, que sabemos se comporta como una variante χ^2 de Pearson con $(r - 1)$ grados de libertad, donde r representa el número de clases de la muestra.

En nuestro caso, pues,

$$0{,}05 = P(I_d > \chi_1^2(0{,}05))$$

y leído en tablas, el valor $\chi_1^2(0{,}05)$

$$0{,}05 = P(I_d > \chi_1^2(0{,}05)) \Rightarrow \chi_1^2(0{,}05) = 3{,}841 = I_d(\alpha)$$

resulta ser:

$$I_d = 369{,}92 > 3{,}841 = I_d(\alpha)$$

por lo que, al nivel de significación del 5 %, la desviación obtenida entre lo que establece la hipótesis y lo que la información obtenida dice, es significativa. Dicha desviación *no* es debida sólo al azar y, por ello, *rechazaremos* que la moneda esté bien construida.

163. Con objeto de estudiar la demanda de un producto durante los cuatro trimestres de un año se dispone de la siguiente información:

Trimestres	N.º de unidades demandadas
1.º	1.000
2.º	950
3.º	1.100
4.º	950

Establecer una hipótesis sobre el carácter de la distribución de la demanda, verificando la bondad del ajuste al nivel de significación del 1 %.

Resolución:

El análisis de la información que proporciona la distribución de la demanda a lo largo de los cuatro trimestres del año, sugiere que la distribución de probabilidad a considerar sea la distribución uniforme, esto es que la demanda se distribuye por igual a lo largo de los cuatro trimestres.

Establecida, pues, como hipótesis dicha distribución, las frecuencias «teóricas» correspondientes a los cuatro trimestres del año, número de unidades que se demandarían cada trimestre, serán:

Trimestres	Frecuencias teóricas
1.º	1.000
2.º	1.000
3.º	1.000
4.º	1.000

habida cuenta que el total de unidades demandadas en el año, es igual a 4.000.

Pasemos a analizar con objeto de aceptar o rechazar la hipótesis establecida si existen o no, desviaciones significativas entre lo que la hipótesis establece y lo que nos dice la información obtenida. Para ello elaboremos el indicador empírico de desviaciones:

$$I_d = \sum_{i=1}^{4} \frac{(f_i - Np_i)^2}{Np_i}$$

siendo:

Trimestres	Frecuencias observadas (f_i)	Frecuencias teóricas (Np_i)	$(f_i - Np_i)^2$
1.º	1.000	1.000	0
2.º	950	1.000	2.500
3.º	1.100	1.000	10.000
4.º	950	1.000	2.500

con lo que:

$$I_d = \frac{0}{1.000} + \frac{2.500}{1.000} + \frac{10.000}{1.000} + \frac{2.500}{1.000} = \frac{15.000}{1.000} = 15$$

Por otra parte, la máxima desviación que nos permitimos $I_d(\alpha)$, al nivel de significación α, vendrá dada por:

$$\alpha = P(I_d > I_d(\alpha))$$

valor que determinaremos con base en la distribución del estadístico I_d, que, sabemos se comporta como una variante χ^2 de Pearson con $(r - 1)$ grados de libertad, donde r representa el número de clases de la muestra.

En nuestro caso, pues,

$$0{,}05 = P(I_d > \chi_3^2(0{,}05))$$

y leído en tablas, el valor $\chi_3^2(0{,}05)$,

$$0{,}05 = P(I_d > \chi_3^2(0{,}05)) \Rightarrow \chi_3^2(0{,}05) = 7{,}815 = I_d(\alpha)$$

resulta ser:

$$I_d = 15 > 7{,}815 = I_d(\alpha)$$

por lo que, al nivel de significación del 5 %, la desviación obtenida entre lo que establece la hipótesis y lo que la información obtenida dice es significativa. Dicha desviación no es debida sólo al azar y por ello, *rechazaremos* que la demanda se distribuya por igual a lo largo de los cuatro trimestres del año.

164. Para conseguir determinada calificación profesional, 100 personas se someten a dos tipos de tests independientes entre sí; el resultado de cada test puede ser «favorable» (F) o «desfavorable» (D) para cada individuo. A la vista de los resultados que figuran en la tabla, los calificadores determinan 3 grupos, resultando indiferente, a efectos de la inclusión en el segundo, el test donde se obtuvo la calificación favorable. Contrastar, al nivel de significación del 5 %, la hipótesis de que la proporción teórica de individuos calificados con F o con D en cada test es la que se señala.

	Calificaciones	N.º de individuos	Proporciones teóricas
Grupo 1.º	*F. F.*	30	$\frac{1}{4}$
Grupo 2.º	*F. D.*	40	$\frac{1}{2}$
Grupo 3.º	*D. D.*	30	$\frac{1}{4}$

Resolución:

Establecida la hipótesis de que la proporción teórica es de 1/4, 1/2 y 1/4 para los grupos 1.º, 2.º y 3.º, respectivamente, las frecuencias teóricas que debían de haber resultado, número de individuos en cada grupo, serán:

	Frecuencias teóricas
Grupo 1.º	25
Grupo 2.º	50
Grupo 3.º	25

habida cuenta que el total de personas sometidas al test ha sido de 100.

Pasemos a analizar, con objeto de aceptar o rechazar la hipótesis establecida, si existen o no, desviaciones significativas entre lo que la hipótesis establece y lo que nos dice la información obtenida. Para ello elaboraremos el indicador empírico de desviaciones:

$$I_d = \sum_{i=1}^{3} \frac{(f_i - Np_i)^2}{Np_i}$$

siendo:

	Frecuencias observadas (f_i)	Frecuencias teóricas (Np_i)	$(f_i - Np_i)^2$
Grupo 1.º	30	25	25
Grupo 2.º	40	50	100
Grupo 3.º	30	25	25

con lo que:

$$I_d = \frac{25}{25} + \frac{100}{50} + \frac{25}{25} = 1{,}5$$

Por otra parte, la máxima desviación que nos permitimos, $I_d(\alpha)$, al nivel de significación α, vendrá dada por:

$$\alpha = P(I_d > I_d(\alpha))$$

valor que determinaremos con base en la distribución del estadístico I_d, que sabemos se comporta como una variante χ^2 de Pearson con $(r - 1)$ grados de libertad, donde r representa el número de clases de la muestra.

En nuestro caso, pues,

$$0{,}05 = P(I_d > \chi_2^2(0{,}05))$$

y leído en tablas, el valor $\chi_2^2(0,05)$,

$$0,05 = P(I_d > \chi_2^2(0,05)) \Rightarrow \chi_2^2(0,05) = 5,991 = I_d(\alpha)$$

resulta ser:

$$I_d = 1,5 < 5,991 = I_d(\alpha)$$

por lo que, al nivel de significación del 5 %, la desviación obtenida entre lo que establece la hipótesis y lo que la información obtenida dice, *no* es significativa. Dicha desviación es debida al azar, y por ello *aceptaremos* la hipótesis de que la proporción en los tres grupos es 1/4, 1/2, 1/4, respectivamente.

165. Una compañía de seguros registra los accidentes de automóvil, en una ciudad, durante 100 días, obteniendo la siguiente información:

Número de accidentes	0	1	2	3	4	5	6
Número de días	40	34	16	7	2	1	0

Establecer una hipótesis acerca de la distribución de probabilidad que corresponda, y contrastarla al nivel de significación del 5 %.

Resolución:

Al analizar la información que proporciona la distribución de los accidentes

Número de accidentes (x_i)	Número de días (n_i)	$x_i n_i$	$x_i^2 n_i$
0	40	0	0
1	34	34	34
2	16	32	64
3	7	21	63
4	2	8	32
5	1	5	25
6	0	0	0

se sigue que el número medio de accidentes por día es:

$$a_x = \frac{100}{100} = 1$$

siendo la varianza s^2, igual a:

$$s^2 = \frac{218}{100} - 1^2 = 1{,}18$$

de suerte que al ser:

$$a_x \simeq s^2$$

dicha información sugiere, que la distribución de probabilidad a considerar sea la distribución de Poisson. La estimación del número medio de accidentes, correspondiente a tal distribución, la haremos con base en la media muestral:

$$a_x = 1$$

Establecida, pues, la hipótesis de que los accidentes se distribuyen con arreglo a la distribución de Poisson, de valor medio igual a 1, las frecuencias teóricas correspondientes al número de accidentes las elaboraremos teniendo en cuenta que la probabilidad de que se produzcan h accidentes en un día vendrá dada, según la hipótesis, por:

$$p_h = \frac{(1)^h}{h!} e^{-1}$$

y por tanto, la frecuencia teórica estará expresada por

$$Np_h$$

Leídos en tablas, los valores,

$$p_0 = \frac{(1)^0}{0!} e^{-1} = 0{,}3679$$

$$p_1 = \frac{(1)^1}{1!} e^{-1} = 0{,}3679$$

$$p_2 = \frac{(1)^2}{2!} e^{-1} = 0{,}1839$$

$$p_3 = \frac{(1)^3}{3!} e^{-1} = 0{,}0613$$

$$p_4 = \frac{(1)^4}{4!} e^{-1} = 0{,}0153$$

$$p_5 = \frac{(1)^5}{5!} e^{-1} = 0{,}0031$$

$$p_6 = \frac{(1)^6}{6!} e^{-1} = 0{,}0005$$

Las frecuencias teóricas, número de días en que se debían de haber producido s accidentes, resultarán ser:

$$Np_0 = 100(0{,}3679) = 36{,}79$$
$$Np_1 = 100(0{,}3679) = 36{,}79$$
$$Np_2 = 100(0{,}1839) = 18{,}39$$
$$Np_3 = 100(0{,}0613) = 6{,}13$$
$$Np_4 = 100(0{,}0153) = 1{,}53$$
$$Np_5 = 100(0{,}0031) = 0{,}3$$
$$Np_6 = 100(0{,}0005) = 0{,}05$$

Pasemos, con objeto de aceptar o rechazar la hipótesis establecida, a analizar si existen o no, desviaciones significativas entre lo que la hipótesis establece y lo que nos dice la información obtenida. Para ello elaboraremos el indicador de desviaciones:

$$I_d = \sum_{i=1}^{7} \frac{(f_i - Np_i)^2}{Np_i}$$

siendo:

Número de accidentes	Frecuencias observadas (f_i)	Frecuencias teóricas (Np_i)
0	40	36,79
1	34	36,79
2	16	18,39
3	7	6,13
4	2	1,53
5	1	0,3
6	0	0,05

y como quiera que existen frecuencias teóricas Np_i, tales que:

$$Np_i \leq 5$$

agruparemos las clases correspondientes, resultando:

Número de accidentes	Frecuencias observadas (f_i)	Frecuencias teóricas (Np_i)	$(f_i - Np_i)^2$
0	40	36,79	10,304
1	34	36,79	7,784
2	16	18,39	5,712
3 ó más	10	7,71	5,244

donde, ahora, el número de clases resulta ser cuatro. Por ello,

$$I_d = \frac{10,304}{36,79} + \frac{7,784}{36,79} + \frac{5,712}{18,39} + \frac{5,244}{7,71} =$$

$$= 0,28 + 0,211 + 0,31 + 0,68 = 1,481$$

Por otra parte, la máxima desviación que nos permitimos, $I_d(\alpha)$, al nivel de significación α, vendrá dada por:

$$\alpha = P(I_d > I_d(\alpha))$$

valor que determinaremos con base en la distribución del estadístico I_d, que sabemos se comporta como una variante χ^2 de Pearson con $[(r - 1) - k]$ grados de libertad, donde r representa el número de clases en la muestra y k el número de parámetros a estimar para que la distribución de probabilidad, tomada como hipótesis, quede por completo especificada.

En nuestro caso, pues,

$$0,05 = P(I_d > \chi_2^2(0,05))$$

siendo 2 los grados de libertad de la χ^2, habida cuenta del agrupamiento efectuado en 4 clases para la elaboración del indicador empírico I_d, y que hemos estimado *un* parámetro poblacional.

Leído en tablas, el valor $\chi_2^2(0,05)$,

$$0,05 = P(I_d > \chi_2^2(0,05)) \Rightarrow \chi_2^2(0,05) = 5,991 = I_d(\alpha)$$

resulta ser:

$$I_d = 1,481 < 5,991 = I_d(\alpha)$$

por lo que, al nivel de significación del 5 %, la desviación obtenida entre lo que establece la hipótesis y lo que la información obtenida dice, *no* es significativa. Dicha desviación es debida al azar, y por ello, *aceptaremos* que el número de accidentes se distribuye según una distribución de Poisson, en donde el número medio de accidentes esperados es uno por día.

166. Una empresa, que provee de un cierto artículo a un gran número de pequeños comerciantes, obtiene acerca de las unidades demandadas por 900 de éstos, la siguiente información:

Unidades demandadas	Número de clientes	Unidades demandadas	Número de clientes
2.150-2.250	4	2.750-2.850	155
2.250-2.350	11	2.850-2.950	75
2.350-2.450	39	2.950-3.050	30
2.450-2.550	96	3.050-3.150	7
2.550-2.650	181	3.150-3.250	2
2.650-2.750	300		

¿Puede afirmarse, al nivel de significación del 1 %, que el número de unidades demandadas se comporta con arreglo a la ley normal?

Resolución:

Para contrastar la hipótesis de normalidad, necesitaremos, en primer lugar, las estimaciones correspondientes a los parámetros media y varianza poblacional, con objeto de que la población quede especificada, lo que nos permitirá la determinación de las frecuencias teóricas correspondientes a cada clase.

a) Estimación de la media y la varianza poblacionales.

Si tomamos como estimadores de dichos parámetros, sus análogos en la muestra:

$$a_x \quad , \quad s^2$$

las estimaciones que producen, podemos determinarlas con base en la muestra,

x_i	n_i	$n_i x_i$	$n_i x_i^2$
2.200	4	8.800	19.360.000
2.300	11	25.300	58.190.000
2.400	39	93.600	224.640.000
2.500	96	240.000	600.000.000
2.600	181	470.600	1.223.560.000
2.700	300	810.000	2.187.000.000
2.800	155	434.000	1.215.200.000
2.900	75	217.500	630.750.000
3.000	30	90.000	270.000.000
3.100	7	21.700	67.270.000
3.200	2	6.400	20.480.000
	900	2.417.900	6.516.450.000

resultando ser,

$$a_x = \frac{2.417.900}{900} = 2.686,5$$

$$a_2 = \frac{6.516.450.000}{900} = 7.240.500$$

$$s^2 = 7.240.500 - (2.686,5)^2 = 22.922,3$$

$$s = \sqrt{22.922,3} = 151,4$$

Así pues, las estimaciones de la media y desviación típica poblacional serán:

$$a_x = 2.686$$

$$s = 151$$

donde, para simplificar en lo posible futuros cálculos, se toman estas aproximaciones.

De esta forma, pues, la hipótesis establece como distribución poblacional:

$$N(2.686;\ 151)$$

b) Especificada la distribución poblacional, las frecuencias teóricas las elaboraremos teniendo en cuenta las probabilidades, que la distribución poblacional asigna a los intervalos

$$P(x_{i-1} < \xi < x_i) = p_i$$

donde ξ representa una variante $N(2.686;\ 151)$, y, por tanto, las frecuencias teóricas vendrán expresadas por:

$$Np_i$$

Leídas en tablas, las probabilidades:

$$P(2.150 < \xi < 2.250) = P(\xi' < -2,88) - P(\xi' < -3,55) = 0,0001$$

$$P(2.250 < \xi < 2.350) = P(\xi' < -2,22) - P(\xi' < -2,88) = 0,01121$$

$$P(2.350 < \xi < 2.450) = P(\xi' < -1,56) - P(\xi' < -2,22) = 0,04617$$

$$P(2.450 < \xi < 2.550) = P(\xi' < -0,9) - P(\xi' < -1,56) = 0,12468$$

$$P(2.550 < \xi < 2.650) = P(\xi' < -0,24) - P(\xi' < -0,9) = 0,22111$$

$$P(2.650 < \xi < 2.750) = P(\xi' < 0,42) - P(\xi' < -0,24) = 0,25759$$

$$P(2.750 < \xi < 2.850) = P(\xi' < 1{,}08) - P(\xi' < 0{,}42) = 0{,}19717$$
$$P(2.850 < \xi < 2.950) = P(\xi' < 1{,}75) - P(\xi' < 1{,}08) = 0{,}10001$$
$$P(2.950 < \xi < 3.050) = P(\xi' < 2{,}41) - P(\xi' < 1{,}75) = 0{,}03318$$
$$P(3.050 < \xi < 3.150) = P(\xi' < 3{,}07) - P(\xi' < 2{,}41) = 0{,}00691$$
$$P(3.150 < \xi < 3.250) = P(\xi' < 3{,}73) - P(\xi' < 3{,}07) = 0{,}0010$$

donde ξ' representa una variante $N(0,1)$.

Las frecuencias teóricas, para cada intervalo, resultan ser:

Np_i
0,09
10,089
41,553
112,212
198,999
231,831
177,453
90,009
29,86
6,219
0,9

notándose que las correspondientes al primero y último intervalo son menores de 5,

Agrupando, pues, dichos intervalos con sus contiguos, el número de clases que resultan es de nueve.

Pasemos, ya, con objeto de aceptar o rechazar la hipótesis establecida, a analizar si existen o no, desviaciones significativas entre lo que la hipótesis establece y lo que nos dice la información obtenida. Para ello elaboraremos el indicador de desviaciones,

$$I_d = \sum_{i=1}^{9} \frac{(f_i - Np_i)^2}{Np_i}$$

siendo:

Unidades demandadas	Frecuencias observadas (f_i)	Frecuencias teóricas (Np_i)	$\frac{(f_i - Np_i)^2}{Np_i}$
2.150-2.350	15	10,179	2,28
2.350-2.450	39	41,553	0,16
2.450-2.550	96	112,212	2,34
2.550-2.650	181	198,999	1,63
2.650-2.750	300	231,831	20,04
2.750-2.850	155	177,453	2,84
2.850-2.950	75	90,009	2,50
2.950-3.050	30	29,86	0,00
3.050-3.250	9	7,119	0,49
			32,28

Con ello:

$$I_d = 32{,}28$$

Por otra parte, la máxima desviación permitida $I_d(\alpha)$, al nivel de significación α, vendrá dada por:

$$\alpha = P(I_d > I_d(\alpha))$$

valor que determinaremos con base en la distribución del estadístico I_d, que sabemos se comporta como una variante χ^2 de Pearson, con $[(r - 1) - k]$ grados de libertad, donde r representa el número de clases en la muestra y k el número de parámetros a estimar para que la distribución de probabilidad, que se propone como hipótesis, quede por completo especificada.

En nuestro caso, pues,

$$0{,}01 = P(I_d > \chi_6^2(0{,}01))$$

siendo 6 los grados de libertad de la χ^2, habida cuenta del agrupamiento efectuado en 9 clases, para la elaboración del indicador empírico I_d, y que hemos estimado *dos* parámetros poblacionales.

Leído en tablas, el valor $\chi_6^2(0{,}01)$,

$$0{,}01 = P(I_d > \chi_6^2(0{,}01)) \Rightarrow \chi_6^2(0{,}01) = 16{,}812 = I_d(\alpha)$$

resulta ser,

$$I_d = 32{,}28 > 16{,}812 = I_d(\alpha)$$

por lo que, al nivel de significación del 1 %, la desviación obtenida es significativa. Dicha desviación no es debida sólo al azar, y por ello, *rechazaremos* que el número de unidades demandadas se distribuye con arreglo a una distribución normal.

167. Una empresa dedicada a la venta de automóviles desea determinar si la edad de sus clientes potenciales, puede explicar o no la preferencia por tres modelos que va a lanzar al mercado. Consultados 200 clientes habituales, la información obtenida es la siguiente:

Edad (años)	Tipo de modelo I	II	III
20-30	10	40	10
30-40	30	30	20
40-50	10	30	20

¿Aceptaría la empresa, a la vista de esta información, que la edad explicará la preferencia por el modelo, al nivel de significación del 5 %?

Resolución:

La empresa aceptará que la edad de los clientes explica la preferencia por el modelo ofrecido, si *rechaza* que la edad *no* explica la preferencia, esto es, si rechaza que exista *independencia* entre ambas.

Pasemos, por ello, a contrastar la *hipótesis de independencia.* Establecida dicha hipótesis, que la edad y la preferencia son independientes, se ha de verificar que:

$$p_{ij} = p_{i.}\, p_{.j}$$

y las frecuencias teóricas conjuntas correspondientes vendrán dadas por la expresión,

$$Np_{ij} = c_{ij} = \frac{f_{i.}\, f_{.j}}{N}$$

expresión que resulta de estimar las probabilidades $p_{i.}$ y $p_{.j}$ a través de $\frac{f_{i.}}{N}$ y $\frac{f_{.j}}{N}$, respectivamente, donde $f_{i.}$ y $f_{.j}$ representan las frecuencias marginales correspondientes a la edad y la preferencia por el modelo, y N el total de observaciones efectuadas. Por ello, como las frecuencias marginales resultan ser:

Edad	Modelo I	II	III	$f_{i.}$
20-30	10	40	10	60
30-40	30	30	20	80
40-50	10	30	20	60
$f_{.j}$	50	100	50	200

se tendrá:

$c_{11} = \dfrac{50 \cdot 60}{200}$	$c_{12} = \dfrac{100 \cdot 60}{200}$	$c_{13} = \dfrac{50 \cdot 60}{200}$
$c_{21} = \dfrac{50 \cdot 80}{200}$	$c_{22} = \dfrac{100 \cdot 80}{200}$	$c_{23} = \dfrac{50 \cdot 80}{200}$
$c_{31} = \dfrac{50 \cdot 60}{200}$	$c_{32} = \dfrac{100 \cdot 60}{200}$	$c_{33} = \dfrac{50 \cdot 60}{200}$

Habida cuenta la hipótesis establecida, de independencia, las frecuencias conjuntas debían haber sido:

	Modelo		
Edad	I	II	III
20-30	15	30	15
30-40	20	40	20
40-50	15	30	15

Pasemos a analizar, con objeto de aceptar o rechazar la hipótesis de independencia, si existen o no, desviaciones significativas entre lo que la hipótesis establece y lo que nos dice la información obtenida. Para ello elaboraremos el indicador de desviaciones:

$$I_d = \sum_{ij} \frac{(f_{ij} - c_{ij})^2}{c_{ij}}$$

y siendo:

$\dfrac{(f_{11} - c_{11})^2}{c_{11}} = \dfrac{25}{15}$	$\dfrac{(f_{12} - c_{12})^2}{c_{12}} = \dfrac{100}{30}$	$\dfrac{(f_{13} - c_{13})^2}{c_{13}} = \dfrac{25}{15}$
$\dfrac{(f_{21} - c_{21})^2}{c_{21}} = \dfrac{100}{20}$	$\dfrac{(f_{22} - c_{22})^2}{c_{22}} = \dfrac{100}{40}$	$\dfrac{(f_{23} - c_{23})^2}{c_{23}} = \dfrac{0}{20}$
$\dfrac{(f_{31} - c_{31})^2}{c_{31}} = \dfrac{25}{15}$	$\dfrac{(f_{32} - c_{32})^2}{c_{32}} = \dfrac{0}{30}$	$\dfrac{(f_{33} - c_{33})^2}{c_{33}} = \dfrac{25}{15}$

se tiene:

$$I_d = \frac{25}{15} + \frac{100}{30} + \frac{25}{15} + \frac{100}{20} + \frac{100}{40} + \frac{0}{20} + \frac{25}{15} + \frac{0}{30} + \frac{25}{15} = \frac{2.100}{120} = 17,5$$

Por otra parte, la máxima desviación permitida, $I_d(\alpha)$, al nivel de significación α, vendrá dada por:

$$\alpha = P(I_d > I_d(\alpha))$$

valor que determinaremos con base en la distribución del estadístico I_d, que sabemos se comporta como una variante χ^2 de Pearson, con $[(r - 1)(s - 1)]$ grados de libertad, donde r y s representan el número de clases correspondientes a cada una de las variables que se analizan.

En nuestro caso, pues,

$$0,05 = P(I_d > \chi_4^2(0,05))$$

y leído en tablas, el valor $\chi_4^2(0,05)$,

$$0,05 = P(I_d > \chi_4^2(0,05)) \Rightarrow \chi_4^2(0,05) = 9,488 = I_d(\alpha)$$

resulta ser:

$$I_d = 17,5 > 9,488 = I_d(\alpha)$$

por lo que, al nivel de significación del 5 %, la desviación obtenida entre lo que la hipótesis establece y lo que la información obtenida dice, es significativa. Dicha desviación no es debida sólo al azar, y por ello, *rechazaremos* la hipótesis de independencia. Así pues, se acepta que la edad de los clientes explica la preferencia por el modelo ofrecido.

168. Se observa que en un conjunto de 400 empresas se producen cuatro agrupaciones, conforme a los datos que figuran en el cuadro adjunto, según que dichas empresas tengan más o menos de 500 empleados y lleven funcionando en el sector más o menos de dos años:

	Más de dos años	Menos de dos años
Más de 500 empleados	115	65
Menos de 500 empleados	125	95

Al nivel de significación del 5 %, contrastar la hipótesis de que el número de empleados y la permanencia en el sector son independientes entre sí.

Resolución:

Si la permanencia en el sector y el número de empleados son independientes entre sí, se ha de verificar que:

$$p_{ij} = p_{i.}\, p_{.j}$$

y las frecuencias teóricas conjuntas correspondientes vendrán dadas por la expresión,

$$Np_{ij} = c_{ij} = \frac{f_{i.}\, f_{.j}}{N}$$

expresión que resulta de estimar las probabilidades $p_{i.}$ y $p_{.j}$ a través de $\frac{f_{i.}}{N}$ y $\frac{f_{.j}}{N}$, respectivamente, donde $f_{i.}$ y $f_{.j}$ representan las frecuencias marginales correspondientes al número de empleados y a la permanencia en el sector, y N el total de observaciones efectuadas. Por ello, como las frecuencias marginales resultan ser:

	Más de dos años	Menos de dos años	$f_{i.}$
Más de 500 empleados	115	65	180
Menos de 500 empleados	125	95	220
$f_{.j}$	240	160	400

se tendrá:

$c_{11} = \frac{240 \cdot 180}{400} = 108$	$c_{12} = \frac{160 \cdot 180}{400} = 72$
$c_{21} = \frac{240 \cdot 220}{400} = 132$	$c_{22} = \frac{160 \cdot 220}{400} = 88$

Habida cuenta la hipótesis establecida, de independencia, las frecuencias conjuntas debían haber sido:

	Más de dos años	Menos de dos años
Más de 500 empleados	108	72
Menos de 500 empleados	132	88

Pasemos a analizar, con objeto de rechazar o aceptar la hipótesis de independencia, si existen, o no, desviaciones significativas entre lo que la hipótesis establece y lo que nos dice la información obtenida. Para ello elaboraremos el indicador de desviaciones:

$$I_d = \sum_{ij} \frac{(f_{ij} - c_{ij})^2}{c_{ij}}$$

y siendo:

$\frac{(f_{11} - c_{11})^2}{c_{11}} = \frac{49}{108}$	$\frac{(f_{12} - c_{12})^2}{c_{12}} = \frac{49}{72}$
$\frac{(f_{21} - c_{21})^2}{c_{21}} = \frac{49}{132}$	$\frac{(f_{22} - c_{22})^2}{c_{22}} = \frac{49}{95}$

se tiene:

$$I_d = \frac{49}{108} + \frac{49}{72} + \frac{49}{132} + \frac{49}{95} = 1{,}911$$

Por otra parte, la máxima desviación permitida, $I_d(\alpha)$, al nivel de significación α, vendrá dada por:

$$\alpha = P(I_d > I_d(\alpha))$$

valor que determinaremos con base en la distribución del estadístico I_d, que sabemos se comporta como una variante χ^2 de Pearson, con $[(r - 1)(s - 1)]$ grados de libertad, donde r y s representan el número de clases correspondientes a cada una de las variables que se analizan.

En nuestro caso, pues,

$$0{,}05 = P(I_d > \chi_1^2(0{,}05))$$

y leído en tablas, el valor $\chi_1^2(0{,}05)$,

$$0{,}05 = P(I_d > \chi_1^2(0{,}05)) \Rightarrow \chi_1^2(0{,}05) = 3{,}841 = I_d(\alpha)$$

resulta ser:

$$I_d = 1{,}911 < 3{,}841 = I_d(\alpha)$$

por lo que, al nivel de significación del 5 %, la desviación obtenida entre lo que la hipótesis establece y lo que la información obtenida dice, no es significativa. Dicha desviación es debida al azar, y por ello, *aceptamos* la hipótesis de independencia entre el número de empleados y la permanencia en el sector.

169. Para examinar las consecuencias de un conjunto de medidas de política económica, se efectúan dos sondeos, en dos momentos distintos, entre un mismo grupo de 2.500 empresas dedicadas a la exportación, obteniéndose los siguientes resultados:

Resultados	Primer sondeo	Segundo sondeo
Incremento o estabilidad	60 %	58 %
Disminución	40 %	42 %

¿Puede afirmarse, al nivel de significación del 5 %, que se han modificado las expectativas de exportación?

Resolución:

Si la hipótesis que establecemos es que *no* existen diferencias significativas entre los porcentajes de las dos muestras obtenidas, respecto de la característica «incremento o estabilidad», o de su complementaria, «disminución» de las expectativas de exportación, al haber sido las observaciones obtenidas:

Resultado	Primer sondeo	Segundo sondeo		
Incremento o estabilidad	1.500	1.450	2.950	$f_{11} + f_{12}$
Disminución	1.000	1.050	2.050	$f_{21} + f_{22}$
	$N_1 = 2.500$	$N_2 = 2.500$	5.000	

la composición de las muestras, habida cuenta la hipótesis establecida, las frecuencias esperadas, serían:

$$c_{11} = \frac{N_1}{N}(f_{11} + f_{12}) \qquad c_{12} = \frac{N_2}{N}(f_{11} + f_{12})$$

$$c_{21} = \frac{N_1}{N}(f_{21} + f_{22}) \qquad c_{22} = \frac{N_2}{N}(f_{21} + f_{22})$$

esto es, el número de elementos que reúnen una u otra de las características examinadas, ha de ser proporcional al tamaño del colectivo.

En nuestro caso, se tiene:

$c_{11} = \frac{2.500}{5.000}(2.950) = 1.475$	$c_{12} = \frac{2.500}{5.000}(2.950) = 1.475$
$c_{21} = \frac{2.500}{5.000}(2.050) = 1.025$	$c_{22} = \frac{2.500}{5.000}(2.050) = 1.025$

Pasemos a analizar, con objeto de rechazar o aceptar la hipótesis, si existen o no, diferencias significativas entre lo que la hipótesis establece y lo que nos dice la información obtenida. Para ello elaboraremos el indicador de desviaciones:

$$I_d = \sum_{ij} \frac{(f_{ij} - c_{ij})^2}{c_{ij}}$$

y siendo:

$\frac{(f_{11} - c_{11})^2}{c_{11}} = \frac{25^2}{1.475}$	$\frac{(f_{12} - c_{12})^2}{c_{12}} = \frac{25^2}{1.475}$
$\frac{(f_{21} - c_{21})^2}{c_{21}} = \frac{25^2}{1.025}$	$\frac{(f_{22} - c_{22})^2}{c_{22}} = \frac{25^2}{1.025}$

se tiene:

$$I_d = \frac{625}{1.475} + \frac{625}{1.475} + \frac{625}{1.025} + \frac{625}{1.025} = 2{,}067$$

Por otra parte, la máxima desviación permitida, $I_d(\alpha)$, al nivel de significación α, vendrá dada por:

$$\alpha = P(I_d > I_d(\alpha))$$

valor que determinaremos con base en la distribución del estadístico I_d, que sabemos se comporta como una variante χ^2 de Pearson, con un grado de libertad.

En nuestro caso, pues:

$$0{,}05 = P(I_d > \chi_1^2(0{,}05))$$

y leído en tablas, el valor $\chi_1^2(0{,}05)$:

$$0{,}05 = P(I_d > \chi_1^2(0{,}05)) \Rightarrow \chi_1^2(0{,}05) = 3{,}841 = I_d(\alpha)$$

resulta ser:

$$I_d = 2{,}067 < 3{,}841 = I_d(\alpha)$$

por lo que, al nivel de significación del 5 %, la desviación obtenida entre lo que la hipótesis establece y lo que la información obtenida dice, *no* es significativa. Dicha desviación es debida al azar, y por ello, *aceptamos* la hipótesis de que *no* existen diferencias significativas, esto es, que no se han producido modificaciones en las expectativas de exportación.

PARTE QUINTA

Teoría de la decisión

Decisión en régimen de incertidumbre.
Decisión en régimen de riesgo.
Criterio de la máxima utilidad esperada.

Teoría de la decisión

CUESTIONES TEÓRICAS QUE FUNDAMENTAN ESTA PARTE

Los problemas de esta parte fundamentan su resolución en las cuestiones teóricas que hacen referencia al estudio de los procesos de decisión, elementos que intervienen en todo proceso de decisión, y la tipología existente para ellos: decisión en régimen de certidumbre, incertidumbre y riesgo.

COMENTARIO INICIAL

Establecidos los elementos que determinan todo proceso de decisión, se sabe que, de la información que el sujeto decisor disponga acerca de los estados de la naturaleza, surge una tipología de dichos procesos. Para todos ellos se ha puesto, en los problemas de esta parte, especial cuidado en distinguir los elementos que caracterizan al proceso: estrategias, estados de la naturaleza, matriz de resultados, sujeto decisor.

Siendo claro que, para el caso de que el sujeto decisor no posea ningún tipo de información acerca de los estados de la naturaleza, régimen de incertidumbre, las soluciones del problema deben venir dadas por las distintas posturas que adopte el sujeto decisor, se han tenido en cuenta, en la búsqueda de la solución, los diversos criterios que contemplan las diferentes posturas que pueda adoptar el sujeto decisor: Wald, Maximax, Hurwicz, Savage y Laplace. En particular, y con objeto de manifestar la particularidad que suponen los dos primeros criterios respecto del criterio de Hurwicz, se ha propuesto un problema cuya solución es obtenida a través de este último criterio.

Para los casos en que el problema de decisión sea clasificado como decisión en régimen de riesgo, es conocida por parte del sujeto decisor la distribución de probabilidad que corresponde a los estados de la naturaleza, se ha analizado en ellos el valor esperado de la información suplementaria (VEIS), y, consecuentemente, el límite a que está sometido el coste de la información suplementaria (CIS).

Por último, se ha propuesto un problema de decisión no resuelto a través del criterio del valor monetario esperado (VME), sino con base en el criterio de la máxima utilidad esperada. En este problema, pues, ha habido que suponer conocida la función de utilidad del dinero correspondiente al sujeto decisor.

170. Sea una empresa dedicada a la prestación de un determinado servicio, de suerte que por cada unidad demandada recibe un ingreso de 100 unidades monetarias, debiendo atender a un coste de 70 unidades monetarias. La empresa puede aprovisionarse con gran facilidad del artículo que ofrece, de tal manera que no necesita establecer stocks, y, además, puede suponer que la función de demanda es estable a lo largo del período considerado, siendo independiente el volumen que adquiera cada día respecto de los restantes. La empresa debe establecer cada día el número de unidades que requerirá al día siguiente, debiendo desembolsar el importe total de las mismas, tanto si las utiliza como si no. Además, cada unidad sólo alcanza a un día, por lo que, de no utilizarla, habrá de atender a sus costes sin posibilidad de resarcirse de los mismos en días sucesivos.

Si las unidades demandadas diariamente, se suponen, sólo pueden ser: 11, 12, 13, 14, 15, ¿qué número de unidades dispondrá a la venta dicha empresa?

Resolución:

Con objeto de determinar la decisión que adoptará la empresa, establezcamos, en primer lugar, las estrategias posibles y los estados de la naturaleza que pueden presentarse:

a) *Estrategias*: habida cuenta que la elección por parte de la empresa recae sobre el conjunto de unidades que ha de adquirir para ofrecerlas a la venta, las estrategias posibles serán (no adquirirá más unidades de las que esperan le demanden, ni menos).

$$A_1 = 11 \qquad A_2 = 12 \qquad A_3 = 13 \qquad A_4 = 14 \qquad A_5 = 15$$

b) *Estados de la naturaleza*: habida cuenta que la demanda puede concretarse sólo (pues así se ha supuesto) en el número de unidades ya citadas, los estados de la naturaleza serán:

$$E_1 = 11 \qquad E_2 = 12 \qquad E_3 = 13 \qquad E_4 = 14 \qquad E_5 = 15$$

Especificadas las alternativas y los estados de la naturaleza, la matriz de resultados la determinaremos sin más que tener en cuenta que el beneficio para la empresa vendrá dado por:

$$B = I - C$$

donde, el ingreso, I, y el coste, C, serán en este caso:

$$I = 100y$$

$$C = 70x$$

donde y representa el número de unidades demandadas, y x el número de unidades ofrecidas. Así, tendremos que si la empresa

—opta por la estrategia A_1 (ofrece 11 unidades), y el estado de la naturaleza que se presenta es E_1 (se demandan 11 unidades), el beneficio será:

$$B = 100(11) - 70(11) = 330$$

—opta por la estrategia A_1 (ofrece 11 unidades), y el estado de la naturaleza que se presenta es E_2 (se demandan 12 unidades), el beneficio será, también,

$$B = 330$$

por cuanto que, aunque la demanda es de 12 unidades, la oferta está limitada a 11 unidades. Es claro, entonces, que igual resultado se obtendrá

$$B = 330$$

para los estados de la naturaleza restantes, E_3, E_4, E_5, si la oferta se limita a 11 unidades.

—opta por la estrategia A_2 (ofrece 12 unidades), y el estado de la naturaleza que se presenta es E_1 (se demandan 11 unidades), el beneficio será:

$$B = 100(11) - 70(12) = 260$$

—opta por la estrategia A_2 (ofrece 12 unidades), y el estado de la naturaleza que se presenta es E_2 (se demandan 12 unidades), el beneficio será:

$$B = 100(12) - 70(12) = 360$$

—opta por la estrategia A_2 (ofrece 12 unidades), y el estado de la naturaleza que se presenta es E_3 (se demandan 13 unidades), el beneficio será, también,

$$B = 360$$

por cuanto que, aunque la demanda es de 13 unidades, la oferta está limitada a 12 unidades. Es claro, entonces, que igual resultado se obtendrá:

$$B = 360$$

para los estados de la naturaleza E_4 y E_5, si la oferta se limita a 12 unidades.

—opta por la estrategia A_3 (ofrece 13 unidades), y el estado de la naturaleza que se presenta es E_1 (se demandan 11 unidades), el beneficio será:

$$B = 100(11) - 70(13) = 190$$

—opta por la estrategia A_3 (ofrece 13 unidades), y el estado de la naturaleza que se presenta es E_2 (se demandan 12 unidades), el beneficio será:

$$B = 100(12) - 70(13) = 290$$

—opta por la estrategia A_3 (ofrece 13 unidades), y el estado de la naturaleza que se presenta es E_3 (se demandan 13 unidades), el beneficio será:

$$B = 100(13) - 70(13) = 390$$

—opta por la estrategia A_3 (ofrece 13 unidades), y el estado de la naturaleza que se presenta es E_4 (se demandan 14 unidades), el beneficio será, también,

$$B = 390$$

por cuanto que, aunque la demanda es de 14 unidades, la oferta está limitada a 13 unidades. Es claro, entonces, que igual resultado se obtendrá:

$$B = 390$$

para el estado de la naturaleza E_5, si la oferta se limita a 13 unidades.

Si se procede en forma análoga para las dos estrategias restantes, A_4 y A_5, habida cuenta los estados de la naturaleza, obtendríamos la matriz de resultados:

	E_1	E_2	E_3	E_4	E_5
A_1	330	330	330	330	330
A_2	260	360	360	360	360
A_3	190	290	390	390	390
A_4	120	220	320	420	420
A_5	50	150	250	350	450

Como quiera que acerca de los estados de la naturaleza el decisor, la empresa, no conoce la distribución de probabilidad de dichos estados de la naturaleza, el problema planteado corresponde a la categoría de decisión en régimen de incertidumbre. Por ello, la solución del problema, la adopción de la decisión, depende de criterios estrictamente vinculados al decisor (prudencia, optimismo, etc.). Las soluciones que pueden obtenerse, pues, con base a dichos criterios vendrán dadas por:

1) *Criterio de Wald.*

Puesto que los resultados que figuran en la matriz representan resultados favorables para la empresa, ésta optará por la estrategia que le proporcione el mayor de los menores beneficios, esto es, optará por la estrategia A_i tal que le corresponda:

$$\max_i \min_j (R_{ij})$$

Así, al ser:

A_i	mín R_{ij}
A_1	330
A_2	260
A_3	190
A_4	120
A_5	50

se tendrá que,

$$\max_i \min_j (R_{ij}) = \max_i [330, 260, 190, 120, 50] = 330$$

resultado al cual corresponde la estrategia A_1.

Por tanto, si el criterio seguido es el de Wald, la empresa optaría por ofrecer a la venta 11 unidades, esto es, adquiriría 11 unidades.

2) *Criterio maximax.*

Según este criterio, la empresa optaría por la estrategia que le proporcione el mayor de los mayores beneficios, esto es, optará por la estrategia A_i tal que le corresponda:

$$\max_i \max_j (R_{ij})$$

Así, al ser:

A_i	máx R_{ij}
A_1	330
A_2	360
A_3	390
A_4	420
A_5	450

se tendrá que:

$$\max_i \max_j (R_{ij}) = \max_i [330, 360, 390, 420, 450] = 450$$

resultado al cual corresponde la estrategia A_2.

Por tanto, si el criterio seguido es el *maximax*, la empresa optaría por ofrecer a la venta 15 unidades, esto es, adquiriría 15 unidades.

3) *Criterio de Hurwicz.*

Sabido es, que este criterio representa una postura intermedia, por parte del decisor, entre los dos anteriores, de suerte que si α es el coeficiente que mide el grado de «pesimismo relativo» del decisor, éste optará por la estrategia A_i tal que le corresponda:

$$\max_i C_i$$

donde C_i, coeficiente de optimismo asociado a cada estrategia, vendrá expresado en la forma:

$$C_i = \alpha (\min_j R_{ij}) + (1 - \alpha) (\max_j R_{ij})$$

Así, al ser:

A_i	$\min_j R_{ij}$	$\max_j R_{ij}$	$C_i(\alpha)$
A_1	330	330	330
A_2	260	360	$360 - 100\alpha$
A_3	190	390	$390 - 200\alpha$
A_4	120	420	$420 - 300\alpha$
A_5	50	450	$450 - 400\alpha$

de la representación gráfica de los C_i (ver página siguiente), se sigue que,

—para: $0 \leq \alpha < \frac{3}{10}$, es $C_5 > C_4 > C_3 > C_2 > C_1$

—para: $\alpha = \frac{3}{10}$, es $C_5 = C_4 = C_3 = C_2 = C_1$

—para: $\frac{3}{10} < \alpha \leq 1$, es $C_5 < C_4 < C_3 < C_2 < C_1$

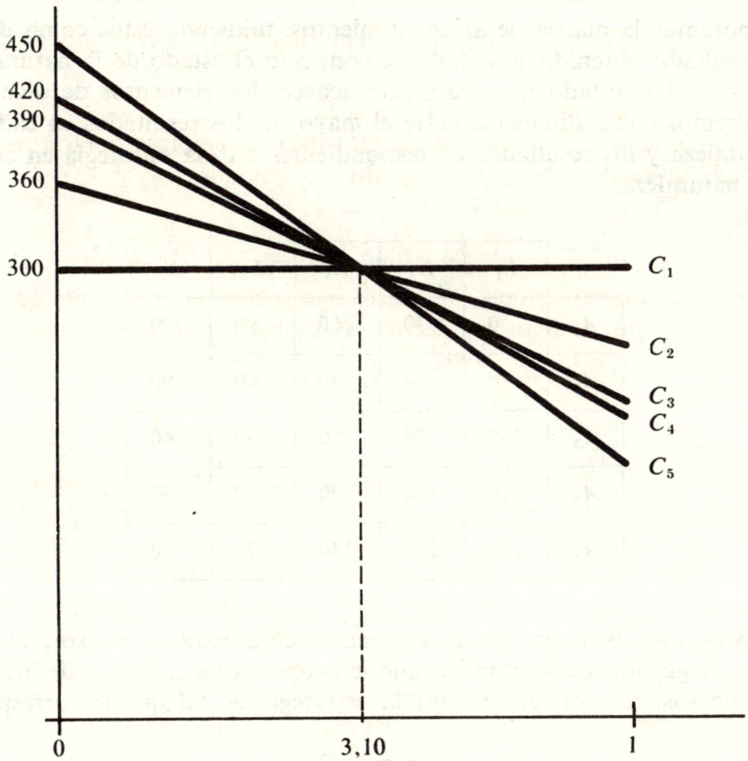

que viene a expresarnos que, según cuál sea el coeficiente de pesimismo relativo del decisor, la decisión vendrá dada por la anterior relación. Por ejemplo, si suponemos que la empresa en cuestión posee un coeficiente de pesimismo relativo

$$\alpha = 0{,}7$$

entonces, según el criterio de Hurwicz, la empresa optaría por ofrecer a la venta 11 unidades, esto es, adquiría 11 unidades puesto que, para $\alpha = 0{,}7$, el

$$\max_i C_i = C_1(\alpha) = 330$$

valor al que le corresponde la estrategia A_1.

Nótese que si el coeficiente de pesimismo relativo fuese:

$$\alpha = \frac{3}{10}$$

a la empresa le sería *indiferente* optar por una cualquiera de las estrategias.

4) *Criterio de Savage.*

Si elaboramos la matriz de arrepentimientos, midiendo éstos como diferencia entre el resultado obtenido si se hubiese conocido el estado de la naturaleza que se presenta y el resultado que realmente acaece, los elementos de dicha matriz los obtendremos como diferencia entre el mayor de los resultados en cada estado de la naturaleza y los resultados correspondientes a cada estrategia en cada estado de la naturaleza:

	E_1	E_2	E_3	E_4	E_5
A_1	0	30	60	90	120
A_2	70	0	30	60	90
A_3	140	70	0	30	60
A_4	210	140	70	0	30
A_5	280	210	140	70	0

Al representar dicha matriz el arrepentimiento para el decisor, la empresa optará por elegir aquella alternativa que le proporciona el menor de los mayores arrepentimientos, esto es, optará por la estrategia A_i tal que le corresponda

$$\min_i \max_j D_{ij}$$

donde D_{ij} representa la medida de los arrepentimientos.

Así, al ser:

A_i	$\max_j D_{ij}$
A_1	120
A_2	90
A_3	140
A_4	210
A_5	280

se tendrá que:

$$\min_i \max_j (D_{ij}) = \min_i [120,\ 90,\ 140,\ 210,\ 280] = 90$$

resultado al cual corresponde la estrategia A_2.

Por tanto, si el criterio seguido es el de Savage, la empresa optaría por ofrecer a la venta 12 unidades, esto es, adquiriría 12 unidades.

5) *Criterio de Laplace.*

Si suponemos, siguiendo este criterio, que los estados de la naturaleza son igualmente probables,

$$P(E_1) = P(E_2) = P(E_3) = P(E_4) = P(E_5) = \frac{1}{5}$$

el problema se transforma en un problema de decisión con riesgo, y por tanto, la estrategia elegida A_i sería aquella a la que corresponde,

$$\max_i E[A_i]$$

Como:

$$E(A_1) = \frac{1}{5}330 + \frac{1}{5}330 + \frac{1}{5}330 + \frac{1}{5}330 + \frac{1}{5}330 = 330$$

$$E(A_2) = \frac{1}{5}260 + \frac{1}{5}360 + \frac{1}{5}360 + \frac{1}{5}360 + \frac{1}{5}360 = 340$$

$$E(A_3) = \frac{1}{5}190 + \frac{1}{5}290 + \frac{1}{5}390 + \frac{1}{5}390 + \frac{1}{5}390 = 330$$

$$E(A_4) = \frac{1}{5}120 + \frac{1}{1}220 + \frac{1}{5}320 + \frac{1}{5}420 + \frac{1}{5}420 = 300$$

$$E(A_5) = \frac{1}{5}50 + \frac{1}{5}150 + \frac{1}{5}250 + \frac{1}{5}350 + \frac{1}{5}450 = 250$$

al ser:

A_i	$E[A_i]$
A_1	330
A_2	340
A_3	330
A_4	300
A_5	250

se tendrá que:

$$\max_i E(A_i) = \max_i [330, 340, 330, 300, 250] = 340$$

resultado al cual corresponde la estrategia A_2.

Por tanto, si el criterio seguido es el de Laplace, la empresa optaría por ofrecer a la venta 12 unidades, esto es, adquiriría 12 unidades.

171. Una empresa puede elegir tres políticas diferentes, A, B y C, respectivamente, pudiendo presentarse tres tipos de situaciones, I, II y III. Los beneficios obtenidos (estimados) por la empresa a lo largo de un ejercicio económico, de acuerdo con la política seguida y en cada situación, expresados en millones de pesetas, se recogen en el cuadro siguiente:

		Situaciones		
		I	II	III
Políticas	A	30	30	32,6
	B	28	28	40
	C	6,3	14,3	47,7

Establecer la política que seguiría la empresa según se adoptase el criterio de decisión de Wald, el de Hurwicz o el de Savage.

Resolución:

Dadas las diferentes estrategias, las políticas diferentes A, B y C, los estados de la naturaleza, los tres tipos diferentes de situaciones I, II y III, y conocida la matriz de resultados, pasemos a establecer la política que seguirá la empresa según el criterio:

1) *De Wald*:

Puesto que los resultados que figuran en la matriz, representan resultados favorables para la empresa, ésta optará por la estrategia que le proporcione el mayor de los menores beneficios, esto es, optará por la estrategia A_i, tal que le corresponda:

$$\max_i \min_j (R_{ij})$$

Así, al ser

A_i	$\min_j R_{ij}$
A_1	30
A_2	28
A_3	6,3

se tendrá que:

$$\max_i \min_j (R_{ij}) = \max [30,\ 28,\ 6{,}3]$$

resultado al que corresponde la estrategia A_1.

Por tanto, si el criterio seguido es el de Wald, la empresa optaría por la política A.

2) *De Hurwicz*:

Sabido es que en este criterio si α es el coeficiente que mide el grado de «pesimismo relativo» del decisor, éste optará por la estrategia A_i, tal que le corresponda,

$$\max_i C_i$$

donde C_i, coeficiente de optimismo asociado a cada estrategia, vendrá expresado en la forma;

$$C_i = \alpha (\min_j R_{ij}) + (1 - \alpha) (\max_j R_{ij})$$

Así, al ser:

A_i	$\min_j R_{ij}$	$\max_j R_{ij}$	$C_i(\alpha)$
A_1	30	32,6	$32{,}6 - 2{,}6\alpha$
A_2	28	40	$40 - 12\alpha$
A_3	6,3	47,7	$47{,}7 - 41{,}7\alpha$

de la representación gráfica de los C_i,

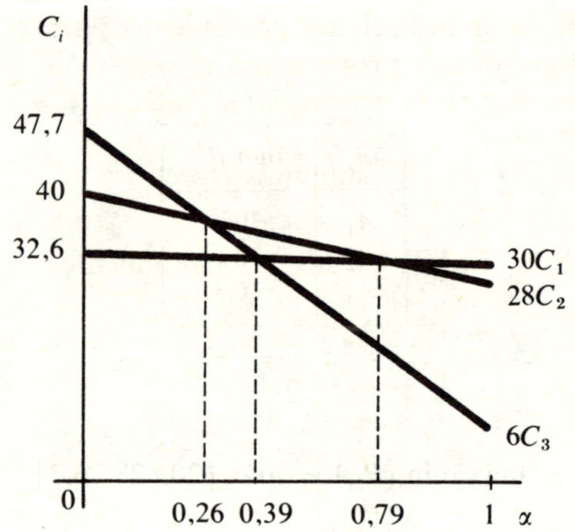

se sigue que:

—para: $\alpha < 0{,}26$, es $C_3 > C_2 > C_1$

—para: $\alpha = 0{,}26$, es $C_3 = C_2$ y mayores que C_1

—para: $0{,}26 < \alpha < 0{,}79$, es $C_2 > C_3 > C_1$

—para: $\alpha = 0{,}79$, es $C_1 = C_2$ y mayores que C_3

—para: $0{,}79 < \alpha \leq 1$, es $C_1 > C_2 > C_3$

que viene a expresarnos que, según el coeficiente de pesimismo relativo del decisor, la decisión vendrá dada por la relación anterior. Si, por ejemplo, suponemos que dicho coeficiente es:

$$\alpha = 0{,}5$$

entonces, según el criterio de Hurwicz, la empresa optaría por la política *B*.

3) *De Savage*:

Si elaboramos la matriz de arrepentimientos, midiendo éstos como diferencia entre el resultado obtenido si se hubiese conocido el estado de la naturaleza que se presenta y el resultado que realmente acaece, los elementos de dicha matriz los obtendremos como diferencia entre el mayor de los resultados en cada estado de la naturaleza y los resultados correspondientes a cada estrategia en cada estado de la naturaleza:

	E_1	E_2	E_3
A_1	0	0	15,1
A_2	2	2	7,7
A_3	23,7	15,7	0

Al representar dicha matriz el arrepentimiento para el decisor, la empresa optará por la estrategia que le proporciona el menor de los mayores arrepentimientos, esto es, optará por la estrategia A_i tal que le corresponde:

$$\underset{i}{\text{mín}}\ \underset{j}{\text{máx}}\ D_{ij}$$

donde D_{ij} representa la medida de los arrepentimientos.

Así, al ser:

A_i	$\underset{j}{\text{máx}}\ D_{ij}$
A_1	15,1
A_2	7,7
A_3	23,7

se tendrá que:

$$\underset{j}{\text{mín}}\ \underset{i}{\text{máx}}\ D_{ij} = \text{mín}\ [15{,}1,\ 7{,}7,\ 23{,}7] = 7{,}7$$

resultado al cual corresponde la estrategia A_2.

Por tanto, si el criterio seguido es el de Savage, la empresa optará por la política *B*.

172. El director de una empresa industrial debe optar entre someter su maquinaria a reparaciones cada tres meses a lo largo de un año, o sustituir ésta al comienzo del mismo. Los beneficios que se obtienen en el primer supuesto dependen de que la intensidad de las reparaciones sea «elevada», «media» o «escasa». En el primer caso, dichos beneficios son, respectivamente, diez millones de pesetas, doce millones de pesetas y quince millones de pesetas. Si se sustituye la maquinaria al comienzo del ejercicio se espera un beneficio de doce millones de pesetas. ¿Qué decisión debe adoptar la empresa, según el criterio de Hurwicz, y supuesto que el director de la empresa, por experiencias anteriores, es pesimista en el 10 % de los casos sobre el resultado de las reparaciones?

Resolución:

Establezcamos, en primer lugar, las estrategias posibles y los estados de la naturaleza que pueden presentarse.

a) *Estrategias*: habida cuenta que la elección por parte del director de la empresa es optar por reparar la maquinaria cada tres meses a lo largo de un año, o sustituir ésta al comienzo del mismo, las estrategias posibles serán:

$$A_1 = \text{reparar}, \qquad A_2 = \text{sustituir}$$

b) Estados de la naturaleza: lo constituirán las distintas intensidades correspondientes a las reparaciones; así:

$$E_1 = \text{reparación «elevada»}; \qquad E_2 = \text{reparación «media»};$$
$$E_3 = \text{reparación «escasa»}$$

La matriz de resultados, dada por el enunciado, expresados éstos en millones de pesetas, será:

	E_1	E_2	E_3
A_1	10	12	15
A_2	12	12	12

Siguiendo, pues, el criterio de Hurvicz, sabido es que si α es el coeficiente que mide el grado de «pesimismo relativo» del decisor, éste optará por la estrategia A_i tal que le corresponda:

$$\max_i C_i$$

donde C_i, coeficiente de optimismo asociado a cada estrategia, vendrá expresado en la forma:

$$C_i = \alpha\,(\min_j R_{ij}) + (1 - \alpha)\,(\max_j R_{ij})$$

Así, al ser:

A_i	$\min_j R_{ij}$	$\max_j R_{ij}$	$C_i(\alpha)$
A_1	10	15	$15 - 5\alpha$
A_2	12	12	12

de la representación gráfica de los C_i:

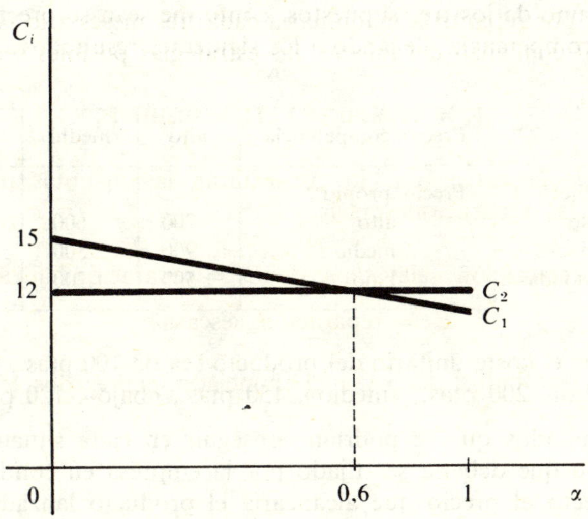

se sigue que:

—para $0 \leq \alpha < 0{,}6$, es $C_1 > C_2$
—para $\alpha = 0{,}6$, es $C_1 = C_2$
—para $0{,}6 < \alpha \leq 1$, es $C_2 > C_1$

que viene a expresarnos que, según cuál sea el coeficiente de pesimismo relativo del decisor, la decisión vendrá dada por la anterior relación. Habida cuenta que el director de la empresa, el decisor, posee un coeficiente de pesimismo relativo:

$$\alpha = 0{,}1$$

dado por el enunciado, según este criterio, el director optará por reparar la maquinaria cada tres meses a lo largo del año, puesto que, para $\alpha = 0{,}1$, el

$$\max_i C_i = C_1$$

valor al que corresponde la estrategia A_1.

173. Una empresa proyecta lanzar un producto al mercado, pretendiendo establecer el precio de éste atendiendo a que, en el período que sea lanzado, el precio de otro producto análogo, lanzado por una empresa competidora, puede ser «alto», «medio» o «bajo». La empresa desea fijar su propio precio en uno de estos niveles, para lo que efectúa una estimación de la demanda que conseguiría captar en cada uno de los tres supuestos, conforme sean su precio y el que puede darse según la competencia, llegando a los siguientes resultados:

	Precio competencia	alto	medio	bajo
Número de unidades demandadas	Precio propio:			
	alto	700	600	300
	medio	900	800	500
	bajo	1.500	1.200	1.000

Supuesto que el coste unitario del producto sea de 100 ptas., y que los precios se fijan así: «alto», 200 ptas., «medio», 150 ptas., «bajo», 120 ptas., determinar:

1) Los resultados que se podrían conseguir en cada situación.

2) El precio que debería ser fijado por la empresa en condiciones de incertidumbre, respecto al precio que alcanzaría el producto lanzado por la empresa competidora.

Resolución:

Es claro, en este problema, cuáles serán:

a) Las *estrategias*: habida cuenta que la elección por parte de la empresa recae sobre el conjunto de precios que ha de establecer para el producto que ofrece; por ello:

$$A_1 = \text{precio «alto»}; \qquad A_2 = \text{precio «medio»}; \qquad A_3 = \text{precio «bajo»}$$

b) Los estados de la naturaleza: habida cuenta que la empresa competidora puede fijar los precios de su producto en «alto», «medio» o «bajo»; por ello serán:

$$E_1 = \text{precio «alto»}; \qquad E_2 = \text{precio «medio»}; \qquad E_3 = \text{precio «bajo»}$$

1) Los resultados que se podrían conseguir en cada situación los determinaremos teniendo en cuenta que si la empresa:

—opta por la estrategia A_1 (fijar precio «alto»), y el estado de la naturaleza que se presenta es E_1 (la empresa competidora fija para su producto precio «alto») el número de unidades demandadas es 700, y por tanto el ingreso será:

$$I = (700)200 = 140.000 \text{ ptas.}$$

y al ser el coste:

$$C = (700)100 = 70.000 \text{ ptas.}$$

el beneficio vendrá dado por:

$$B_{11} = 140.000 - 70.000 = 70.000 \text{ ptas.}$$

—opta por la estrategia A_2 (fijar precio «medio») y el estado de la naturaleza que se presenta es E_1 (la empresa competidora fija para su producto precio «alto»), el número de unidades demandadas es 900, y, por tanto, el ingreso será:

$$I = (900)150 = 135.000 \text{ ptas.}$$

y al ser el coste:

$$C = (900)100 = 90.000 \text{ ptas.}$$

el beneficio vendrá dado por:

$$B_{21} = 135.000 - 90.000 = 45.000 \text{ ptas.}$$

Procediendo de forma análoga para cada una de las estrategias A_i, en cada uno de los estados de la naturaleza E_j, resultará la matriz de resultados, expresados en *miles* de pesetas,

	E_1	E_2	E_3
A_1	70	60	30
A_2	45	40	25
A_3	30	24	20

2) Como quiera que el precio será fijado por la empresa en régimen de incertidumbre, no es conocida, por tanto, la distribución de probabilidad de los estados de la naturaleza, la solución del problema se obtendrá, contemplando las diversas posturas del decisor (pesimismo, optimismo, etc.), a través de los criterios:

a) *De Wald*:

Puesto que los resultados que figuran en la matriz anterior, representan resultados favorables para la empresa, ésta optará por la estrategia que le proporciona el mayor de los menores beneficios, esto es, optará por la estrategia A_i, tal que le corresponde:

$$\max_i \min_j (R_{ij})$$

Así, al ser:

A_i	$\min\limits_j R_{ij}$
A_1	30
A_2	25
A_3	20

se tendrá que:

$$\max_i \min_j (R_{ij}) = \max [30,\ 25,\ 20] = 30$$

resultado al cual corresponde la estrategia A_1.

Por tanto, si el criterio seguido es el de Wald, la empresa optaría por fijar el precio de 200 ptas. por unidad.

b) *Maximax*:

Según este criterio, la empresa optaría por la estrategia que le proporcione el mayor de los mayores beneficios, esto es, optará por la estrategia A_i, tal que le corresponda:

$$\max_i \max_j (R_{ij})$$

Así, al ser:

A_i	$\max\limits_j R_{ij}$
A_1	70
A_2	45
A_3	30

se tendrá que,

$$\max_i \max_j (R_{ij}) = \max_i [70,\ 45,\ 30] = 70$$

resultado al cual corresponde la estrategia A_1.

Por tanto, si el criterio seguido es el *maximax*, la empresa optaría por fijar el precio de 200 ptas. por unidad.

c) *De Hurwicz*:

Sabido es, que este criterio representa, por parte del decisor, una postura intermedia entre los dos anteriores, de suerte que si α es el coeficiente que mide el grado de «pesimismo relativo» del decisor, éste optará por la estrategia A_i, tal que le corresponde

$$\max_i C_i$$

donde C_i, coeficiente de optimismo asociado a cada estrategia, vendrá expresado en la forma:

$$C_i = \alpha\,(\min_j R_{ij}) + (1 - \alpha)\,(\max_j R_{ij})$$

Así, al ser:

A_i	$\min_j R_{ij}$	$\max_j R_{ij}$	$C_i(\alpha)$
A_1	30	70	$70 - 40\alpha$
A_2	25	45	$45 - 20\alpha$
A_3	20	30	$30 - 10\alpha$

de la representación gráfica de los C_i,

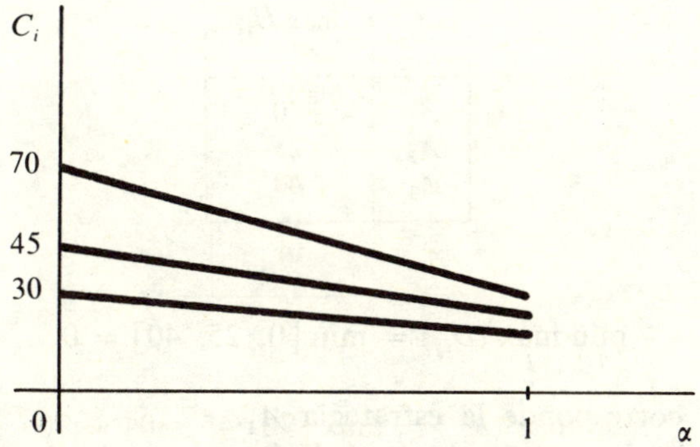

se sigue que,

—para todo valor de α, es $C_1 > C_2 > C_3$

esto es, cualquiera que sea el coeficiente de pesimismo relativo del decisor, la estrategia adoptada será la A_1.

Por tanto, si el criterio seguido es el de Hurwicz, la empresa optará por fijar el precio de 200 ptas. por unidad.

d) *De Savage*:

Si elaboramos la matriz de arrepentimientos, midiendo éstos por la diferencia entre el resultado obtenido si se hubiese conocido el estado de la naturaleza que se presenta, y el resultado que realmente acaece, los elementos de dicha matriz los obtendremos como diferencia entre el mayor de los resultados en cada estado de la naturaleza y los resultados correspondientes a cada estrategia en cada estado de la naturaleza:

	E_1	E_2	E_3
A_1	0	0	0
A_2	25	20	5
A_3	40	36	10

Al representar dicha matriz el arrepentimiento para el decisor, la empresa optará por la alternativa que le proporcione el menor de los mayores arrepentimientos, esto es, optará por la estrategia A_i tal que le corresponde:

$$\min_i \max_j D_{ij}$$

donde D_{ij} representa la medida de los arrepentimientos.

Así, al ser:

A_i	$\max_j D_{ij}$
A_1	0
A_2	25
A_3	40

se tendrá que,

$$\min_i \max_j (D_{ij}) = \text{mín } [0,\ 25,\ 40] = 0$$

resultado al cual corresponde la estrategia A_1.

Por tanto, si el criterio seguido es el de Savage, la empresa optaría por fijar el precio de 200 ptas. por unidad.

e) *De Laplace*:

Si suponemos, siguiendo este criterio, que los estados de naturaleza son igualmente probables,

$$P(E_1) = P(E_2) = P(E_3) = \frac{1}{3}$$

el problema se transforma en un problema de decisión con riesgo, y por tanto, la estrategia elegida, A_i, sería aquella a la que corresponde,

$$\max_i E[A_i]$$

Como:

$$E[A_1] = \frac{1}{3}(70) + \frac{1}{3}(60) + \frac{1}{3}(30) = 53{,}333$$

$$E[A_2] = \frac{1}{3}(45) + \frac{1}{3}(40) + \frac{1}{3}(25) = 36{,}666$$

$$E[A_3] = \frac{1}{3}(30) + \frac{1}{3}(24) + \frac{1}{3}(20) = 24{,}666$$

al ser:

A_i	$E[A_i]$
A_1	53,333
A_2	36,666
A_3	24,666

se tendrá que:

$$\max_i E[A_i] = \text{máx}\,[53{,}333,\ 36{,}666,\ 24{,}666] = 53{,}333$$

resultado al cual corresponde la estrategia A_1.

Por tanto, si el criterio seguido es el de Laplace, la empresa optaría por fijar el precio de 200 ptas. por unidad.

174. Al comienzo de un ejercicio económico, una sociedad financiera, proyecta realizar una inversión de 1.000.000 de pesetas adquiriendo títulos en Bolsa, a cuyos efectos puede adquirir tres diferentes tipos de títulos, A, B y C, cuyo precio, para todos ellos, en el momento de realizar la inversión, es de 500 pesetas por título. El servicio de estudios de la sociedad estima que al finalizar el ejercicio, los precios de cotización de dichos títulos pueden haber alcanzado diferentes valores, según cuatro distintas posibilidades:

Títulos	Posibilidades I	II	III	IV
A	600	800	200	600
B	500	600	400	600
C	400	100	400	700

De acuerdo con los resultados que se derivarían de la opción seguida por la sociedad, discutir la decisión que se adoptaría conforme al criterio de Hurwicz.

Resolución:

Establezcamos, en primer lugar, las estrategias posibles y los estados de la naturaleza que pueden presentarse.

a) *Estrategias*: habida cuenta que la elección por parte de la sociedad recae sobre el conjunto de títulos que puede adquirir, las estrategias posibles serán:

$$A_1 = \text{título } A \qquad A_2 = \text{título } B \qquad A_3 = \text{título } C$$

b) *Estados de la naturaleza*: lo constituirán las cuatro posibilidades que pueden darse, y que se han representado por I, II, III y IV; así:

$$E_1 = \text{I} \qquad E_2 = \text{II} \qquad E_3 = \text{III} \qquad E_4 = \text{IV}$$

La matriz de resultados la determinaremos teniendo en cuenta que si la cantidad destinada a la inversión es de 1.000.000 de pesetas, y el precio es de 500 pesetas título, el número de éstos que puede adquirir es de 2.000, de suerte que si contemplamos la:

—primera posibilidad, I, y se opta por la adquisición del título *A*, al ser la cotización total:

$$600 \times 2.000 = 1.200.000 \text{ pesetas}$$

el resultado será:

$$R_{11} = 1.200.000 - 1.000.000 = 200.000 \text{ pesetas}$$

—segunda posibilidad, II, y se opta por la adquisición del título *A*, al ser la cotización total:

$$800 \times 2.000 = 1.600.000 \text{ pesetas}$$

el resultado será:

$$R_{12} = 1.600.000 - 1.000.000 = 600.000 \text{ pesetas}$$

—tercera posibilidad, III, y se opta por la adquisición del título *A*, al ser la cotización total:

$$200 \times 2.000 = 400.000 \text{ pesetas}$$

el resultado será:

$$R_{13} = 400.000 - 1.000.000 = -600.000 \text{ pesetas}$$

—cuarta posibilidad, IV, y se opta por la adquisición del título *A*, al ser la cotización total:

$$600 \times 2.000 = 1.200.000 \text{ pesetas}$$

el resultado será:

$$R_{14} = 1.200.000 - 1.000.000 = 200.000 \text{ pesetas}$$

Procediendo de forma análoga para los títulos *B* y *C*, obtendremos la matriz de resultados, expresados los resultados en miles de pesetas:

	E_1	E_2	E_3	E_4
A_1	200	600	−600	200
A_2	0	200	−200	200
A_3	−200	−800	−200	400

Discutamos la decisión que se adoptaría conforme al criterio de Hurwicz. Sabido es que, en este criterio, si α es el coeficiente que mide el grado de «pesimismo relativo» del decisor, éste optará por la estrategia A_i tal que le corresponda:

$$\max_i C_i$$

donde C_i, coeficiente de optimismo asociado a cada estrategia, vendrá expresado en la forma:

$$C_i = \alpha (\min_j R_{ij}) + (1 - \alpha) (\max_j R_{ij})$$

Así, al ser:

A_i	$\min_j R_{ij}$	$\max_j R_{ij}$	$C_i(\alpha)$
A_1	-600	600	$600 - 1.200\alpha$
A_2	-200	200	$200 - 400\alpha$
A_3	-800	400	$400 - 1.200\alpha$

de la representación gráfica de los C_i:

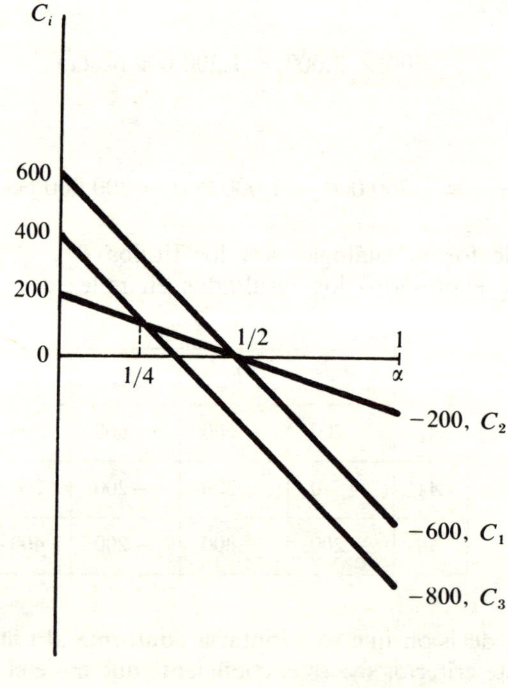

se sigue que:

—para: $0 \leq \alpha < \frac{1}{2}$ es C_1 mayor que C_2 y C_3

—para: $\alpha = \frac{1}{2}$ es $C_1 = C_2$ mayores que C_3

—para: $\frac{1}{2} < \alpha \leq 1$ es C_2 mayor que C_1 y C_3

que viene a expresarnos que, según cual sea el coeficiente de pesimismo relativo del decisor, la decisión vendrá dada por la anterior relación. Si suponemos, por ejemplo, que el valor de:

$$\alpha = 0{,}3$$

entonces, según este criterio, la sociedad optaría por invertir el 1.000.000 de pesetas en la adquisición del título A, puesto que, para:

$$\alpha = 0{,}3$$

el:

$$\max_i C_i = C_1 = 600 - 1.200(0{,}3) = 240$$

valor al que corresponde la estrategia A_1.

Nótese que si el coeficiente de pesimismo fuera:

$$\alpha = 0$$

el:

$$\max_i C_i = C_1(\alpha) = 600$$

y la sociedad optaría por invertir 1.000.000 de pesetas en la adquisición del título A (solución que se corresponde con la que proporciona el criterio maximax):

$$\alpha = 1$$

el:

$$\max_i C_i = C_2(\alpha) = -200$$

y la sociedad optaría por invertir 1.000.000 de pesetas en la adquisición del título B (solución que se corresponde con la que proporciona el criterio de Wald).

175. Con objeto de adoptar una decisión acerca de lanzar o no un nuevo producto al mercado, una empresa determina:

1) Que la producción del nuevo producto entraña:

—Un coste fijo, durante un año, de 800.000.000 de pesetas.
—Un coste variable por unidad de 150 ptas.

2) El precio de venta por unidad en 250 ptas.

3) Que la demanda, con base en la información obtenida a través del análisis del mercado, se concretará en 20, 15, 10 ó 5 millones de unidades, con probabilidades 0,3, 0,4, 0,2 y 0,1, respectivamente.

¿Qué decisión adoptará la empresa?

Resolución:

Establezcamos, en primer lugar, las estrategias posibles y los estados de la naturaleza que pueden presentarse.

a) *Estrategias*: habida cuenta que la elección por parte de la empresa se limita a «lanzar» o «no lanzar», las estrategias posibles serán:

$$A_1 = \text{lanzar el artículo} \qquad A_2 = \textit{no} \text{ lanzar el artículo}$$

b) *Estados de la naturaleza*: habida cuenta que la demanda puede concretarse en 20, 15, 10 ó 5 millones de unidades, los estados de la naturaleza serán:

$$E_1 = 20 \qquad E_2 = 15 \qquad E_3 = 10 \qquad E_4 = 5$$

expresados en millones de unidades.

Especificadas las alternativas y los estados de la naturaleza, la matriz de resultados la determinaremos sin más que tener en cuenta que el beneficio para la empresa vendrá dado por:

$$B = I - C$$

donde, el ingreso, I, y el coste, C, serán en este caso:

$$I = 250x$$
$$C = 150x + 800.000.000$$

donde x representa el número de unidades demandadas y ofrecidas (la empresa sólo produciría las unidades que se demandan). Así, si la empresa:

—opta por la estrategia A_1 (decide lanzar el producto), y el estado que se presenta es E_1 (se demandan 20 millones de unidades), el beneficio será:

$$B = (250)\, 20 \cdot 10^6 - (150)\, 20 \cdot 10^6 - 800 \cdot 10^6 = 1.200 \cdot 10^6$$

—opta por la estrategia A_1 (decide lanzar el producto), y el estado de la naturaleza que se presenta es E_2 (se demandan 15 millones de unidades), el beneficio será:

$$B = (250)\, 15 \cdot 10^6 - (150)\, 15 \cdot 10^6 - 800 \cdot 10^6 = 700 \cdot 10^6$$

—opta por la estrategia A_1 (decide lanzar el producto), y el estado de la naturaleza que se presenta es E_3 (se demandan 10 millones de unidades), el beneficio será:

$$B = (250)\,10 \cdot 10^6 - (150)\,10 \cdot 10^6 - 800 \cdot 10^6 = 200 \cdot 10^6$$

—opta por la estrategia A_1 (decide lanzar el producto), y el estado de la naturaleza que se presenta es E_4 (se demandan 5 millones de unidades), el beneficio será:

$$B = (250)\,5 \cdot 10^6 - (150)\,5 \cdot 10^6 - 800 \cdot 10^6 = -300 \cdot 10^6$$

—opta por la estrategia A_2 (decide no lanzar el producto) el resultado correspondiente es cero, cualquiera que sea el estado de la naturaleza que se presente.

Así, la matriz de resultados, expresados éstos en millones de pesetas, resulta ser:

	E_1	E_2	E_3	E_4
A_1	1.200	700	200	−300
A_2	0	0	0	0

Como quiera que acerca de los estados de la naturaleza el decisor, la empresa, conoce la distribución de probabilidad de dichos estados de la naturaleza:

E_i	p_i
E_1	0,3
E_2	0,4
E_3	0,2
E_4	0,1

el problema planteado corresponde a la categoría de decisión en régimen de riesgo.

Por tanto, la estrategia A_i por la que optaría la empresa, será aquella para la cual es:

$$\max_i E[A_i]$$

y como:

$$E[A_1] = (0{,}3)\,1.200 + (0{,}4)\,700 + (0{,}2)\,200 + (0{,}1)\,(-300) = 380$$
$$E[A_2] = 0$$

resultado al cual corresponde la estrategia A_1.

Por tanto, la empresa optará por lanzar el producto al mercado.

176. El coste para una empresa distribuidora de un determinado artículo es de 100 ptas. unidad, siendo el ingreso por venta de 150 ptas., también por unidad, de suerte que las unidades adquiridas por la empresa han de ser abonadas por ésta, tanto si consigue colocarlas en el mercado como si no. La demanda, en un día, de este artículo puede situarse en: 180, 190 ó 200 unidades. ¿Qué decisión debe tomarse respecto del número de unidades a adquirir por la empresa?:

1) Supuesto que las ventas, en días anteriores, se han distribuido:

Ventas	Frecuencias
180 unidades	20 %
190 unidades	70 %
200 unidades	10 %

2) Teniendo en cuenta la información del apartado anterior, ¿cuál es el valor esperado si el sujeto que toma la decisión conociera cada vez cuál de los posibles estados va a darse? ¿Cuál sería el límite del coste correspondiente a esa información adicional?

Resolución:

Con objeto de determinar la decisión que adoptará la empresa, establezcamos, en primer lugar, las estrategias posibles y los estados de la naturaleza que pueden presentarse.

a) *Estrategias*: habida cuenta que la elección por parte de la empresa recae sobre el conjunto de unidades que ha de adquirir para ofrecerlas a la venta, las estrategias posibles, ofrecerá las unidades que espera le demanden, serán:

$$A_1 = 180 \qquad A_2 = 190 \qquad A_3 = 200$$

b) *Estados de la naturaleza*: habida cuenta que la demanda puede concentrarse sólo en 180, 190 ó 200 unidades, los estados de la naturaleza serán:

$$E_1 = 180 \qquad E_2 = 190 \qquad E_3 = 200$$

La matriz de resultados la determinaremos teniendo en cuenta que el beneficio para la empresa vendrá dado por:

$$B = I - C$$

donde, el ingreso, I, y el coste, C, serán en este caso:

$$I = 150\,y$$
$$C = 100\,x$$

representando y el número de unidades demandadas, y x el número de unidades ofrecidas. Así, procediendo de forma análoga al problema 170, los beneficios B_{ij} que se siguen en cada estrategia A_i para cada estado de la naturaleza E_j, serán:

$B_{11} = 150(180) - 100(180) = 9.000$ $\quad B_{12} = 9.000$ $\quad B_{13} = 9.000$
$B_{21} = 150(180) - 100(190) = 8.000$ $\quad B_{22} = 150(190) - 100(190) = 9.500$
$B_{23} = 9.500$
$B_{31} = 150(170) - 100(200) = 7.000$ $\quad B_{32} = 150(190) - 100(200) = 8.500$
$B_{33} = 150(200) - 100(200) = 10.000$

y la matriz de resultados resultará ser:

	E_1	E_2	E_3
A_1	9.000	9.000	9.000
A_2	8.000	9.500	9.500
A_3	7.000	8.500	10.000

1) Como quiera que acerca de los estados de la naturaleza el decisor, la empresa, conoce la distribución de probabilidad de dichos estados de la naturaleza:

E_i	P_i
180	0,2
190	0,7
200	0,1

habiendo estimado dichas probabilidades a través de la proporción en que cada uno de ellos se ha dado en días anteriores, el problema planteado corresponde a la categoría de decisión en régimen de riesgo.

Por tanto, la estrategia A_i por la que optará la empresa, será aquella para la cual es:

$$\max_i E[A_i]$$

y, como:

$$E[A_1] = (0{,}2)\,9.000 + (0{,}7)\,9.000 + (0{,}1)\,9.000 = 9.000$$
$$E[A_2] = (0{,}2)\,8.000 + (0{,}7)\,9.500 + (0{,}1)\,9.500 = 9.200$$
$$E[A_3] = (0{,}2)\,7.000 + (0{,}7)\,8.500 + (0{,}1)\,10.000 = 8.350$$

al ser:

A_i	$E[A_i]$
A_1	9.000
A_2	9.200
A_3	8.350

se tendrá que:

$$\max_i E[A_i] = \text{máx}\ [9.000,\ 9.200,\ 8.350] = 9.200$$

resultado al cual corresponde la estrategia A_2.

Por tanto, la empresa optará por ofrecer a la venta 190 unidades, esto es, adquirirá 190 unidades.

2) Si el sujeto que toma la decisión conociera cada vez, qué estado de los posibles va a darse, ello le habría permitido mejorar la solución, en el sentido de que la estrategia adoptada, dado el estado de la naturaleza E_j, sería la que correspondiera al mejor de los resultados correspondientes a dicho estado:

$$\max_j R_{ij} = R_j^0$$

y por tanto el valor esperado, *en régimen de información perfecta*, vendría dado como el valor medio de los mejores resultados para cada estado:

$$REIP = \sum_{j=1}^{3} R_j^0 \cdot p_j$$

donde p_j representa la probabilidad correspondiente al estado E_j.

En nuestro caso, pues:

$$R_1^0 = \max_i R_{i1} = \text{máx}\ [9.000, 8.000, 7.000] = 9.000$$

$$R_2^0 = \max_i R_{i2} = \text{máx}\ [9.000, 9.500, 8.500] = 9.500$$

$$R_3^0 = \max_i R_{i3} = \text{máx}\ [9.000, 9.500, 10.000] = 10.000$$

y al ser:

	R_j^0
E_1	9.000
E_2	9.500
E_3	10.000

el resultado esperado en régimen de información perfecta, es:

$$REIP = (0{,}2)\,9.000 + (0{,}7)\,9.500 + (0{,}1)\,10.000 = 9.450$$

igual a 9.450 pesetas.

La adquisición de información suplementaria entrañará un coste, *CIS*, que vendrá limitado por el valor esperado de la información suplementaria, *VEIS*, valor éste, medido por la diferencia entre el valor esperado en régimen de información perfecta (máximo resultado esperado), y el valor esperado en régimen de riesgo, *RR*:

$$VEIS = REIP - RR$$

Así, al ser:

$$REIP = 9.450$$

$$RR = 9.200$$

resultará que:

$$VEIS = 250$$

y, por tanto, el coste esperado de la información suplementaria:

$$CIS \leq 250$$

esto es, no debe ser mayor de 250 ptas.

177. Una empresa dedicada a la venta de automóviles se dispone a fabricar tres tipos de modelos: de precio «bajo», de precio «medio» y de «lujo». Si la economía está en recesión, el modelo de precio bajo tendrá mejor mercado; si se logra estabilidad el modelo de precio medio se venderá bien, mientras que si la economía es floreciente permitirá a la empresa obtener mayores beneficios con el modelo de lujo, situaciones recogidas a través de los beneficios en pesetas estimados en cada caso, por:

	Recesión	Estabilidad	Prosperidad
Precio bajo	$5 \cdot 10^{10}$	$4 \cdot 10^{10}$	$1 \cdot 10^{10}$
Precio medio	$4 \cdot 10^{10}$	$8 \cdot 10^{10}$	$5 \cdot 10^{10}$
Precio lujo	$3 \cdot 10^{10}$	$6 \cdot 10^{10}$	$10 \cdot 10^{10}$

Establecer cuál será la decisión de la empresa respecto a la producción de un modelo u otro, si se dispone de información que permite suponer que las situaciones previstas para la evolución de la coyuntura van a darse con probabilidades 0,6, 0,3 y 0,1, respectivamente. Si la empresa estuviera dispuesta a adquirir información adicional, ¿cuál será el límite del coste correspondiente a esa información adicional?

Resolución:

Dadas las diferentes estrategias, los tres tipos de modelos a fabricar, los estados de la naturaleza, las tres posibles situaciones de la coyuntura económica, y conocida la matriz de resultados, como quiera que son conocidas las probabilidades de las situaciones previstas para la evolución de la coyuntura, la empresa conoce la distribución de probabilidad de los estados de la naturaleza:

E_i	p_i
E_1	0,6
E_2	0,3
E_3	0,1

el problema planteado corresponde a la categoría de decisión en régimen de riesgo.

Por tanto la estrategia A_i, por la que optará la empresa, será aquella para la cual es:

$$\max_i E[A_i]$$

y como:

$$E[A_1] = (0{,}6)\,5 \cdot 10^{10} + (0{,}3)\,4 \cdot 10^{10} + (0{,}1)\,1 \cdot 10^{10} = (4{,}3)\,10^{10}$$
$$E[A_2] = (0{,}6)\,4 \cdot 10^{10} + (0{,}3)\,8 \cdot 10^{10} + (0{,}1)\,5 \cdot 10^{10} = (5{,}3)\,10^{10}$$
$$E[A_3] = (0{,}6)\,3 \cdot 10^{10} + (0{,}3)\,6 \cdot 10^{10} + (0{,}1)\,10 \cdot 10^{10} = (3{,}8)\,10^{10}$$

al ser:

A_i	$E[A_i]$
A_1	$(4{,}3)\ 10^{10}$
A_2	$(5{,}3)\ 10^{10}$
A_3	$(3{,}8)\ 10^{10}$

se tendrá que:

$$\max_i E[A_i] = \max\ [(4{,}3)\ 10^{10},\ (5{,}3)\ 10^{10},\ (3{,}8)\ 10^{10}] = (5{,}3)\ 10^{10}$$

resultado al cual corresponde la estrategia A_2.

Por tanto, la empresa optará por fabricar el modelo de precio medio.

La adquisición de información suplementaria entrañaría un coste, *CIS*, que vendrá limitado por el valor esperado de la información suplementaria, *VEIS*, valor éste, medido por la diferencia entre el valor esperado en régimen de información perfecta, *REIP*, y el valor esperado en régimen de riesgo, *RR*:

$$VEIS = REIP - RR$$

Como el resultado esperado en régimen de información perfecta, valor medio de los mejores resultados para cada estado, es:

$$REIP = (0{,}6)\ 5 \cdot 10^{10} + (0{,}3)\ 8 \cdot 10^{10} + (0{,}1)\ 10^{10} = (5{,}5)\ 10^{10}$$

y el valor esperado en régimen de riesgo, obtenido anteriormente, es:

$$RR = (5{,}3)\ 10^{10}$$

resultará que:

$$VEIS = (5{,}5)\ 10^{10} - (5{,}3)\ 10^{10} = (0{,}2)\ 10^{10}$$

y, por tanto, el coste de la información suplementaria:

$$CIS \leq (0{,}2)\ 10^{10}$$

esto es, no debe ser mayor de $2 \cdot 10^9$ ptas.

178. Una empresa valora en millones de pesetas los resultados que espera obtener al finalizar el ejercicio corriente según opte por uno de cuatro posibles tipos de inversiones en función a cuatro posibles situaciones de la coyuntura económica. Dichos resultados, clasificados según el tipo de inversión que se elija, son:

20	20	0	10
10	10	10	10
0	40	0	0
10	30	0	0

Determinar el tipo de inversión que será elegida si se dispone de información que permita suponer que las situaciones previstas para la evolución de la coyuntura van a darse con probabilidades, respectivamente, 0,20, 0,15, 0,25 y 0,4. Establecer en este caso, si resultaría conveniente a la empresa tratar de mejorar su información estadísticamente y si realmente llegará a mejorarla, supuesto que el coste de tal mejora fuese 5,75 millones.

Resolución:

Dadas las diferentes estrategias, los cuatro posibles tipos de inversión, los estados de la naturaleza, las cuatro posibles situaciones de la coyuntura económica, y conocida la matriz de resultados, como quiera que son conocidas las probabilidades de las situaciones previstas para la evolución de la coyuntura, la empresa conoce la distribución de probabilidad de los estados de la naturaleza:

E_i	p_i
E_1	0,2
E_2	0,15
E_3	0,25
E_4	0,4

el problema planteado corresponde a la categoría de decisión en régimen de riesgo.

Por tanto la estrategia A_i por la que optará la empresa, será aquella para la cual es:

$$\max_i E[A_i]$$

y como:

$$E[A_1] = (0{,}2)\,20 + (0{,}15)\,20 + (0{,}25)\,0 + (0{,}4)\,10 = 11$$

$$E[A_2] = (0{,}2)\,10 + (0{,}15)\,10 + (0{,}25)\,10 + (0{,}4)\,10 = 10$$

$$E[A_3] = (0{,}2)\,0 + (0{,}15)\,40 + (0{,}25)\,0 + (0{,}4)\,0 = 6$$

$$E[A_4] = (0{,}2)\,10 + (0{,}15)\,30 + (0{,}25)\,0 + (0{,}4)\,0 = 6{,}5$$

al ser:

A_i	$E[A_i]$
A_1	11
A_2	10
A_3	6
A_4	6,5

se tendrá que:

$$\max_i E[A_i] = \text{máx}\,[11,\ 10,\ 6,\ 6{,}5] = 11$$

resultado al cual corresponde la estrategia A_1.

Por tanto la empresa optará por el primer tipo de inversión.

2) Si el sujeto que toma la decisión conociera cada vez, qué estado de la naturaleza va a darse, ello le habría permitido mejorar la solución, en el sentido de que la estrategia adoptada, dado el estado de la naturaleza E_j, sería la que correspondiera al mejor de los resultados correspondientes a dicho estado:

$$\max_j R_{ij} = R_j^0$$

y por tanto el valor esperado, *en régimen de información perfecta*, vendría dado por el resultado de los mejores resultados para cada estado:

$$REIP = \sum_{j=1}^{4} R_j^0\, p_j$$

donde p_j representa la probabilidad correspondiente al estado E_j.

Si dicho valor, *REIP*, es mayor que el obtenido en régimen de riesgo, con base en la información que dispone la empresa acerca del comportamiento en probabilidad de los estados de la naturaleza, a la empresa le resultaría conveniente tratar de mejorar su información estadística, ante la perspectiva de obtener un mayor beneficio, siempre y cuando el incremento de beneficio esperado, diferencia entre el *REIP* y el obtenido en régimen de riesgo, *RR*, que será el valor esperado en régimen de información perfecta, supere el coste de la información suplementaria.

Pasemos, pues, a determinar dichos elementos. Como:

$$R_1^0 = \max_i R_{i1} = \text{máx}\,[20, 10, 0, 10] = 20$$

$$R_2^0 = \max_i R_{i2} = \text{máx}\,[20, 10, 40, 30] = 40$$

$$R_3^0 = \max_i R_{i3} = \text{máx}\,[0, 10, 0, 0] = 10$$

$$R_4^0 = \max_i R_{i4} = \text{máx}\,[10, 10, 0, 0] = 10$$

al ser:

	R_j^0
E_1	20
E_2	40
E_3	10
E_4	10

el resultado esperado en régimen de información perfecta, es:

$$REIP = (0,2)\,20 + (0,15)\,40 + (0,25)\,10 + (0,4)\,10 = 16,5$$

Así, al ser:

$$VEIS = REIP - RR = 16,5 - 11 = 5,5$$

el incremento máximo esperado de beneficio, con base en la información suplementaria, es de cinco millones quinientas mil pesetas.

Ahora bien, al ser el coste de la información suplementaria, dado por el enunciado:

$$CIS = 5,75$$

se tiene que:

$$VEIS = 5,5 < 5,75 = CIS$$

dicho incremento esperado de beneficios es inferior al coste de la información suplementaria, y, por tanto, a la empresa no le resulta conveniente mejorar la información que dispone.

179. A un sujeto económico que dispone de 2.000 pesetas, se le ofrece la oportunidad de invertir dicha cantidad de dinero en valores correspondientes a ciertos tipos de títulos que se cotizan en Bolsa. Al estudiar la posible evolución de la situación económica durante el período de tiempo en el que mantendrá invertidas las 2.000 pesetas, estima que el rendimiento de su inversión será:

1.000 ptas. con probabilidad 0,5
2.000 ptas. con probabilidad 0,3
3.000 ptas. con probabilidad 0,1
4.000 ptas. con probabilidad 0,1

Si la función de utilidad del dinero, para dicho sujeto, viene dada por:

$$\mu(x) = x^2 - 2x + 3 \qquad \text{cuando} \qquad 1 \leq x \leq 4$$

donde x viene expresado en miles de pesetas, ¿qué decisión adoptará?

Resolución:

Las alternativas existentes para el sujeto económico, resultan ser:

$$A_1 = \text{invertir} \qquad A_2 = \text{no invertir}$$

de suerte que los resultados que se siguen de cada una de las estrategias medidas en unidades monetarias, pueden ser ordenados, expresando las preferencias del sujeto económico, a través de la función de utilidad del dinero para dicho sujeto.

Así, obteniendo los índices de utilidad, a través de la función:

$$\mu(x) = x^2 - 2x + 3 \qquad \text{cuando} \qquad 1 \leq x \leq 4$$

se tendrá:

—Para los resultados que se siguen de la decisión de invertir:

$\mu(4) = 11$ correspondiente a 4.000 ptas.
$\mu(3) = 6$ correspondiente a 3.000 ptas.
$\mu(2) = 3$ correspondiente a 2.000 ptas.
$\mu(1) = 2$ correspondiente a 1.000 ptas.

—Para los resultados que se siguen de la decisión de *no* invertir:

$\mu(2) = 3$ correspondiente a 2.000 ptas.

Con ello, la utilidad esperada:

—Si opta por invertir, será:

$$\mu_{A_1} = (0{,}1)\,11 + (0{,}1)\,6 + (0{,}3)\,3 + (0{,}5)\,2 = 3{,}6$$

—Si opta por no invertir, será:

$$\mu_{A_2} = (1)3 = 3$$

Como la máxima utilidad esperada corresponde a la estrategia A_1, el sujeto económico optará por invertir las 2.000 pesetas.

ALGUNOS TÍTULOS PUBLICADOS EN ESTA COLECCIÓN

EJERCICIOS DE ECONOMETRÍA II, *A. Aznar Grasa, A. García Ferrer y A. Martín Arroyo.*
ESTADÍSTICA Y TÉCNICAS DE INVESTIGACIÓN SOCIAL, *A. Pulido.*
ESTADOS FINANCIEROS COMPLEMENTARIOS, LOS, *J. L. Gallizo* (dirección y coordinación).
ESTRUCTURA ECONÓMICA Y SISTEMA CAPITALISTA MUNDIAL, *J. M. Vidal Villa y J. Martínez Peinado.*
FISCALIDAD DE COOPERATIVAS. Teoría y práctica, *J. F. Juliá y R. J. Server.*
FONDO MONETARIO INTERNACIONAL, EL BANCO MUNDIAL Y LA ECONOMÍA ESPAÑOLA, EL, *M. Varela* (coordinación).
FUNDAMENTOS DE ECONOMÍA Y ADMINISTRACIÓN DE EMPRESAS, *A. Aguirre Sádaba* (dirección y coordinación).
FUNDAMENTOS DE ECONOMÍA DE LA EMPRESA. APLICACIONES PRÁCTICAS, *C. Rodrigo Illera y M.ª T. Nogueras Lozano.*
FUNDAMENTOS DE ECONOMÍA DE LA EMPRESA. UNA PERSPECTIVA TEÓRICA, *C. Rodrigo Illera.*
FUNDAMENTOS Y MÉTODOS DE ESTADÍSTICA, *M. López Cachero.*
GESTIÓN FINANCIERA EN LOTUS 1-2-3. Cálculos de TAE, rentabilidad y presupuestos, *M. Ferrando Bolado* (coordinador).
INFERENCIA ESTADÍSTICA. Un enfoque clásico, *A. Martínez Almécija, C. Rodríguez Torreblanca y R. Gutiérrez Jaímez.*
INTRODUCCIÓN A LA ECONOMÍA, *D. Such y J. Berenguer* (coordinadores).
INTRODUCCIÓN A LA ECONOMÍA DE LA EMPRESA II, *E. Díez de Castro, J. L. Galán González y E. Martín Armario.*
INTRODUCCIÓN A LA ECONOMÍA MATEMÁTICA, *M. A. San Millán y F. Viejo.*
MANUAL DE CONTABILIDAD I y II. Nuevo Plan General, *J. Buireu Guarro y S. Buireu Buades.*
MANUAL DE CONTABILIDAD GENERAL, *J. L. Wanden-Berghe* (dirección y coordinación).
MANUAL DE CONTABILIDAD PÚBLICA, *B. Benito López.*
MANUAL DE INVESTIGACIÓN COMERCIAL, *E. Ortega y cols.*
MARKETING: CONCEPTOS Y ESTRATEGIAS, *M. Santesmases.*
MARKETING INTERNACIONAL, *A. Nieto y O. Llamazares.*
MATEMÁTICAS APLICADAS A LA ECONOMÍA Y A LA EMPRESA, *R. E. Caballero, S. Calderón, T. P. Galache, A. C. González, M. L. Rey y F. Ruiz de la Rúa.*
MATEMÁTICAS PARA ECONOMISTAS, *E. Costa Reparaz.*
MERCADOS DE FUTUROS EN INSTRUMENTOS FINANCIEROS, *A. Bergés y E. Ontiveros.*
MÉTODOS Y EJERCICIOS DE ECONOMÍA APLICADA, *T. Domingo, I. Fernández, L. García, M. Sanchís y C. Suárez.*
MÉTODOS DE VALORACIÓN DE EMPRESAS, *V. Caballer.*
MODELOS ECONOMÉTRICOS, *A. Pulido.*
NUEVA MACROECONOMÍA CLÁSICA, LA, *C. Usabiaga y J. M. O'Kean.*
NUEVO DICCIONARIO BILINGÜE DE ECONOMÍA Y EMPRESA (Inglés-Español/Español-Inglés), *J. M.ª Lozano Irueste.*
NUEVO PLAN GENERAL DE CONTABILIDAD. Análisis comparativo con el Plan de 1973, *A. Martínez Arias y J. M. Prado Lorenzo.*
OPCIONES FINANCIERAS, *M. Casanovas.*
ORGANIZACIÓN ECONÓMICA INTERNACIONAL. Problemas actuales de la economía mundial, *M. Varela* (coordinador).
ORGANIZACIÓN SOCIAL DEL TRABAJO, LA, *L. Finkel.*
PLAN GENERAL DE CONTABILIDAD. Comentarios y casos prácticos, *C. Cubillo.*
PLANIFICACIÓN PUBLICITARIA, *E. C. Díez de Castro y E. Martín Armario.*
POLÍTICA ECONÓMICA-LOCAL, *A. Vázquez Barquero.*
PRÁCTICAS DE CONTABILIDAD, *L. Cañibano y J. A. Gonzalo.*
PRÁCTICAS DE GESTIÓN DE EMPRESAS, *A. M. Castillo Clavero, I. Martín Rojo, F. Moreno Lorente, A. Ruiz Molina y D. Tous Zamora.*
PREDICCIÓN ECONÓMICA Y EMPRESARIAL, *A. Pulido.*
PROBLEMAS BÁSICOS RESUELTOS DE CONTABILIDAD SUPERIOR. Nuevo Plan de Contabilidad, *J. Buireu Guarro y S. Buireu Buades*
PROBLEMAS Y CUESTIONES DE MATEMÁTICAS PARA ECONOMISTAS, *E. Costa Reparaz.*
PROBLEMAS DE ECONOMÍA APLICADA, R. Fuentes y M. Hidalgo (coordinación).
PROBLEMAS DE ESTADÍSTICA, *J. López de la Manzanara.*
PROBLEMAS DE ESTADÍSTICAS ECONÓMICAS, *J. Rodríguez Ruiz y C. Arenales Abad.*
REPÚBLICA DE TAXONIA, LA. Ejercicios de matemáticas aplicadas a la economía, *J. Borrell Fontelles.*
SERVICIOS EN ESPAÑA, LOS, *J. R. Cuadrado y C. del Río.*
SISTEMAS DE OPTIMIZACIÓN PARA LA PLANIFICACIÓN Y TOMA DE DECISIONES, *D. Villalba y M. Jerez.*
SOCIOLOGÍA INDUSTRIAL, *W. Burisch.*
SUBSISTEMA COMERCIAL EN LA EMPRESA, EL. Problemas y fundamentos teóricos, *J. A. Domínguez, S. Durbán y E. Martín.*

SUBSISTEMA DE INVERSIÓN Y FINANCIACIÓN EN LA EMPRESA, EL. Problemas y fundamentos teóricos, *J. A. Domínguez, S. Durbán y E. Martín.*

SUBSISTEMA PRODUCTIVO DE LA EMPRESA, EL. Problemas y fundamentos teóricos, *J. A. Domínguez, S. Durbán y E. Martín.*

SUPUESTOS DE CONTABILIDAD FINANCIERA, *A. Martínez Arias y J. García Díez.*

SUPUESTOS DE ECONOMÍA DE LA EMPRESA, *M.ª F. Madrid Garre y J. A. López Yepes.*

TÉCNICAS DE GESTIÓN DE EMPRESA. Previsiones, decisiones y estrategias, *A. Kaufmann y J. Gil Aluja.*

TÉCNICAS DE PROGRAMACIÓN Y CONTROL DE PROYECTOS, *C. Romero.*

TRATAMIENTO CONTABLE DEL IMPUESTO SOBRE SOCIEDADES. Nuevo Plan General de Contabilidad, *J. Buireu Guarro.*